D1436793

A COMPLETE GERMAN GRAMMAR

COMPILED BY

ALFRED OSWALD,

PRINCIPAL LECTURER AND MASTER OF METHOD, MODERN LANGUAGES DEPARTMENT
GLASGOW COLLEGE FOR THE TRAINING OF TEACHERS ;
ORAL EXAMINER IN GERMAN TO THE UNIVERSITY OF LONDON AND TO THE
CIVIL SERVICE COMMISSION, LONDON ;
MEMBER OF THE SCOTTISH COUNCIL OF RESEARCH IN EDUCATION
(M. L. PANEL);
AUTHOR OF VARIOUS GERMAN TEXT BOOKS FOR
SECONDARY SCHOOLS.

ROBERT GIBSON & SONS (GLASGOW), LIMITED,
Publishers, - - - - - - - - - - - GLASGOW.

Printed in Great Britain at the Press of the Publishers.

PREFACE

THIS Text Book forms a complete Grammar for the study of the German language and is the result of a long number of years of practical experience in the teaching of Modern Languages, as well as careful study of methods most suitable for the acquisition of a knowledge of German as a written and spoken language.

It offers, in the first place, a means of systematic study of the construction of the German language required for examination purposes, such as the Scottish Leaving Certificate, the University Preliminary, the English Matriculation and other Examinations.

None will deny that a certain amount of Grammar is essential even for a purely conversational knowledge of German, if something more is aimed at than a mere " Traveller's Vocabulary " or a " Waiter's Phraseology."

The second, and by no means less important object of this Text Book, is to foster, from the earliest stages, the oral use of the language and to enable the students or pupils to *speak*, *read* and *write* the language correctly. For this purpose material for conversation (questions, phrases, idioms, etc.) is provided with each lesson, and is intended to act as a stimulus, both for Teachers and Pupils, for oral practice and at the same time offers a helpful guide to younger Teachers of German.

The third and equally important feature is contained in the ten " *Preliminary Lessons* " (p. 15 to p. 30), which provide systematic *Sound Drill* and the acquisition of an Elementary Vocabulary, designed to make the pupils acquainted with the German names of concrete objects in their immediate surroundings and their application to *daily conversational practice*. After these " Preliminary Lessons " have been mastered, the pupils should have acquired, in an easy and natural way, not only some knowledge of elementary Grammar, but also some facility in speaking German.

The actual study of systematic Grammar in Parts I and II is, therefore, shorn of the usual drudgery and an interest has been aroused for the further and more intensive study of the German language.

It is recommended to introduce a Simple German Reader after the " Preliminary Lessons," so that the pupils may realise that German is a living language, used in daily intercourse and also may build up a sound Vocabulary.

Another feature embodied in this Grammar is *a summary* of every five lessons taught, and Teachers will readily agree that Revision forms a necessary means of ensuring thoroughness and a firm grasp of the difficulties of the German language and, for that matter, of any subject of a school curriculum.

Great attention is paid throughout to differences between German and the Mother tongue, and the *Verbs* receive a full share of attention in all their intricate forms.

The *stories*, *poems* and *songs* should form a welcome relief from the ordinary class routine work, apart from their value as a means of encouraging the oral use of the language.

Several " addenda," at the beginning of this Text Book, such as : " German Sound Table," " German Abbreviations," " German Punctuation Table " and " Specimen of German Script," should be found useful aids for Teachers and Pupils alike. An Alphabetical List of Irregular Verbs, a List of Idioms with Prepositions, 12 Graded Passages for Translation and a German-English Vocabulary have been supplied at the end of the Text Book.

In conclusion, I venture to hope that this " Complete German Grammar " will be received by Teachers and Pupils with the same favour as my former publications.

A. O.

PREPARATORY NOTE TO SECOND EDITION.

A FEW corrections as well as some additions in form of an *" Appendix "* have been made in this edition.

To conform to the wishes of some Teachers this Grammar is now obtainable in two volumes, if desired.

Part I. contains the ten preliminary lessons as well as the ordinary Grammar Lessons up to XLV., including passages for translation into English, list of Idioms with prepositions, list of Irregular Verbs and a German-English Vocabulary.

Part II. consists of Lessons XLVI.-LXXV. and a few additions in form of an *" Appendix."* A few blank leaves have been added for additional notes by the pupils.

A. O.

THIRD EDITION.

By the desire of several teachers an English-German Vocabulary has been added to this edition.

A. O.

CONTENTS

PART II.

8

SPECIMEN OF GERMAN SCRIPT.

1. Alphabet.

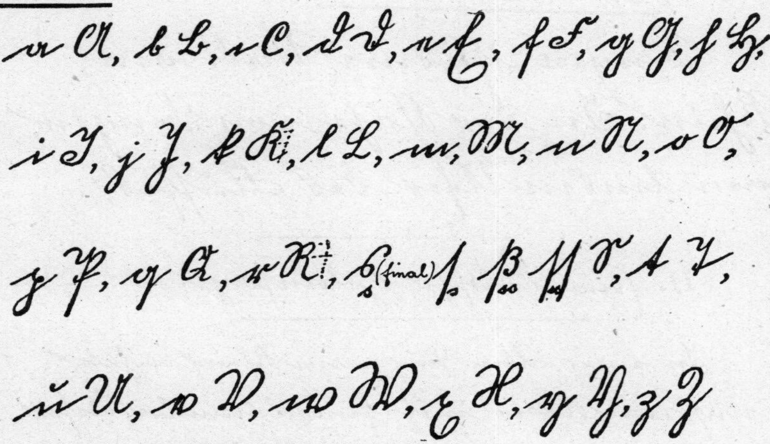

[handwritten German script alphabet: a A, b B, c C, d D, e E, f F, g G, h H,]

[i I, j J, k K, l L, m M, n N, o O,]

[p P, q Q, r R, s (final) ß, ss, t T, u U,]

[ü Ü, v V, w W, x X, y Y, z Z]

2. Diphthongs and Modified Vowels.

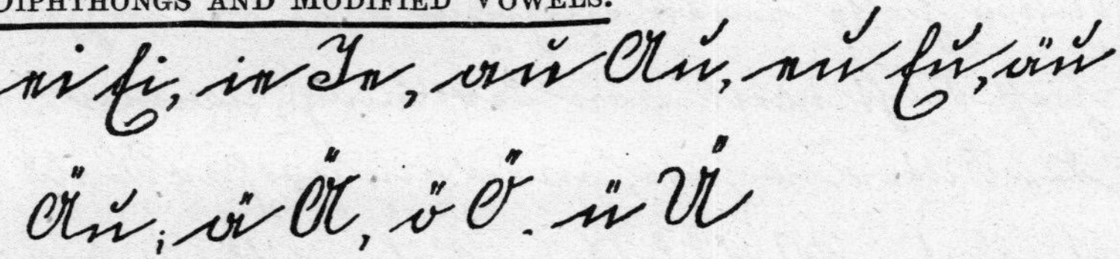

[handwritten: ai Ai, ie Ie, au Au, äu Äu, äu]

[Äu, äi Äi, ö Ö, ü Ü]

3. Double Consonants.

[handwritten double consonant forms]

[handwritten double consonant forms]

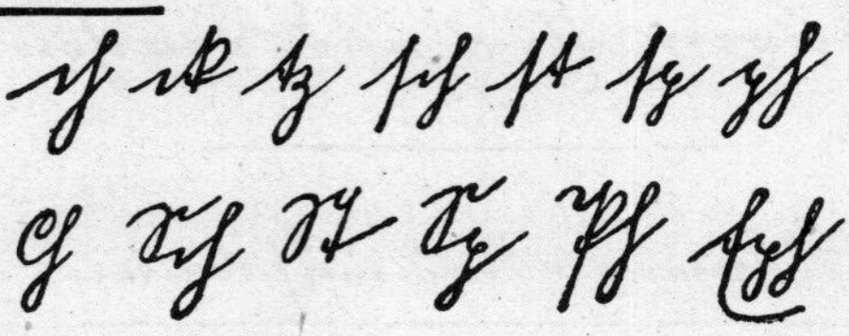

N.B. ß (ss) — used after a long vowel or a diphthong and always at the end of a word or when followed by a "t."

ss (ss) — used after a short vowel, but never at the end of a word.

Ex. 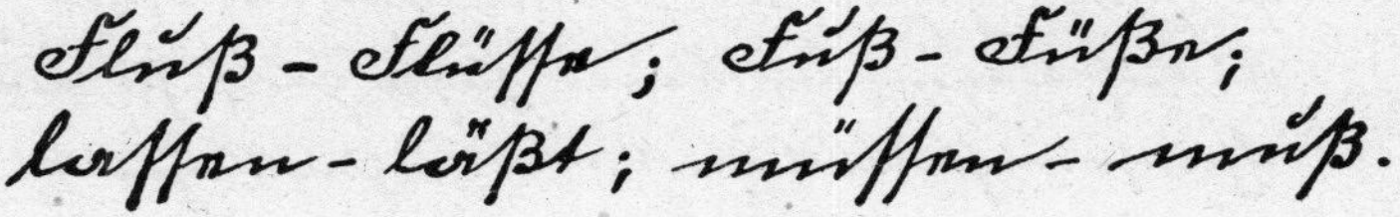 Fluß – Flüsse ; Fuß – Füße ; lassen – läßt ; müssen – muß.

I. Der Mäuseturm.

Bingen ist eine Stadt am Rhein. In der Nähe von Bingen, am linken Ufer des Flusses, ...

II. Eine deutsche Heldensage.

In einer alten Burg am Rhein wohnte einst ein Ritter mit seiner Familie. Dieser Ritter hatte einen einzigen Sohn, der Siegfried hieß. Nicht weit von der Burg, worin der Ritter wohnte, war ein großer Wald. In diesem Wald lebten viele wilde Tiere: Wölfe, Bären, Eber und Drachen.

III. Die Bremer Stadtmusikanten.

Ein Bauer hatte einen Esel. Jahrelang mußte dieser Esel die schweren Säcke in die Mühle tragen. Als der Esel alt geworden war, konnte er nicht mehr so schnell gehen und so viele Säcke auf dem Rücken tragen. Der Bauer sagte zu sich: „Der Esel ist nicht das Futters wert, ich will ihn ....

GERMAN SOUND TABLE

I. Vowel Sounds :

Phonetic sign.

a (" far ") : man, kam, das, las,   –   –   –   [a]

i (" bee ") : mit, ist, link, trinken,   –   –   –   [i]

ie (" bee," long) : die, hier, Tier,   –   –   –   [i]

e (long = Fr. é) : heben, reden, Meer (when followed by one consonant or double " ee "),   [e]

e (short = Fr. è = " set ") : rennen, nennen, bellen (when followed by double consonant),   –   [ɛ]

e (final = Fr. " e," mute) : habe, Tage, Name,   –   [ə]

o (long = " note ") : Boden, holen, Sohn (when followed by one consonant or " h "),   –   [o]

o (short = " not ") : komm, soll, roll, Morgen (when followed by a double consonant or r and another consonant),   –   –   –   [ɔ]

u (Eng. oo) : du, nur, kur,   –   –   –   [u]

ä (Fr. è = " fair ") : sät, Bär, käm, –   –   –   [ɛ]

ö (long = Fr. " deux ") : höre, Töne, flöge, Söhne (when followed by one consonant or " h "),   [ø]

ö (short = Fr. " peur ") : Hölle, könne, Rösser (when followed by a double consonant),   –   [œ]

ü (Fr. " u ") : müde, dürfe, Hüte,   –   –   –   [y]

II. Diphthongs :

au (" house ") : Haus, kauf, laut,   –   –   –   [au]

ei or ai (" fine ") : mein, dein, kein, Mai, –   –   [ai]

eu (" boy ") : neu, neun, heute,   –   –   –   [oy]

äu (" boy ") : Bäume, läuft, Mäuse, –   –   –   [oy]

III. Consonants :

d (final = " t ") : blind, Kind, Hand.

b (final = " p ") : ab, hab, lab.

g (initial = hard " g " in " greet ") : Garten, glauben, gelb.

g (final = soft, see under " ch " soft) : Tag, Berg, folg(t), sag(t).

g (followed by " *e* " final = hard (see under " g " initial):
   Tage, Berge, folgen, sagen.

j (= y) :   ja, je, jeder, jung.

ch (preceded by : **a, o, u,** = softer than Scotch " ch " in
   " lo**ch** ") :   ma**ch**en, la**ch**en, ho**ch**, Bu**ch**.

ch (preceded by " **i** " = " h " in " Hugh ") :   mi**ch**, di**ch** ;
   and after " **l**," " **n** " and " **r** " :   sol**ch**, man**ch**, dur**ch**.

sch (= " sh ") :   **sch**lau, **Sch**ule, **sch**ön.

s (initial = " z ") :   **s**ie, **s**o, **s**ein, **s**agen.

st (initial = " sht ") :   **St**ein, **st**arb, **st**ark

sp (initial = " shp ") :   **sp**rechen, **sp**eisen, **sp**ielen.

qu (= " kw ") :   **Qu**al, **qu**älen, **Qu**artal.

l (tip of tongue curling against palate) :   **l**ieb, **l**ob, fa**ll**en,
   so**ll**en, a**ll**e.

v (= " f ") :   **v**on, **v**or, **v**ier, **V**ater.

w (= " v ") :   **w**ann, **w**em, **W**asser, **W**etter.

z (= " ts ") :   **z**art, Tan**z**, **z**um, **z**ur.

chs (= " x ") :   Fu**chs**, se**chs**, wa**chs**en, we**chs**eln.

ng (soft " ng " in " bring ") :   bri**ng**en, si**ng**en, kli**ng**en.

r (guttural, similar to Scotch " r ") :   **r**ot, **R**iese, **R**and, G**r**ab.

IV. Lengthening and Shortening of Vowel Sounds :

(*a*) **German Vowels are long :** (1) when followed by one
   consonant or " h ", or
   " ie " :   haben, hohl,
   lieben.

(2) double vowels :   Haar,
   Meer, Boot.

(*b*) **German Vowels are short :** when followed by a double
   Consonant * :   fallen, rennen, Mann, stecken, Katze.

V. Glottal Stop = stopping of the breath before a word or syllable
   beginning with a vowel (*contrary to the French* " *liaison* ") :

   Ein ⋀ alter Mann.
   Der ⋀ eine war ⋀ arm, der ⋀ andere reich.
   Ein Märchen ⋀ aus ⋀ alten Zeiten.

---

* **ck** stands for double **kk** and is therefore considered a double consonant.
tz stands for double **zz** and is therefore considered a double consonant.

HINTS ON TEACHING PRONUNCIATION.

There are three distinct steps which should be taught in a First Year's Class:—

(*a*) **Practice in Sounds** (Vowels and Consonants) (see pp. 11 and 12).

(*b*) **Division of Words** into phonetic syllables, *i.e.*, syllables beginning with a consonant, if possible.

> *Ex.*—ü | ber | ein | stim | men.
> Son | nen | un | ter | gang.

(*c*) **Breath Spaces**, *i.e.*, dividing sentences into logical parts (usually indicated by punctuation marks).

> *Ex.*—In einer alten Burg | wohnte einst ein Ritter | mit seiner Familie.
> An einem schönen Sommertag | ging ein alter Mann | langsam die Strasse der Stadt hinab.

GERMAN ABBREVIATIONS

Abf.—Abfahrt,	*departure.*
Abg.—Abgang,	*departure.*
Ank.—Ankunft,	*arrival.*
B.W.—Bitte, wenden,	*P.T.O.*
bezw.—beziehungsweise,	*respectively.*
d.M.—dieses Monats,	*inst.*
desgl.—desgleichen,	*suchlike, also.*
geb.—geboren,	*born (né).*
geb.—gebunden,	*bound (of a book).*
l.J.—letztes Jahr,	*last year.*
l.J.—laufenden Jahres,	*a.c.*
n.M.—nächsten Monats,	*prox.*
Nachf.—Nachfolger,	*successor(s).*
s.S.—siehe Seite ....,	*see page .....*
sog. } —sogenannt, sogen. }	*so-called.*
s.Z.—seiner Zeit,	*at that (his) time.*
u.dergl.—und dergleichen,	*and such (the) like.*
u.s.f.—und so fort,	*etc.*
u.s.w.—und so weiter,	*etc.*
vergl.—vergleichen Sie,	*cf.*
v.J.—voriges Jahr,	*last year.*
v.M.—vorigen Monats,	*ult.*
z.B.—zum Beispiel,	*for example.*
z.Z.—zur Zeit,	*at this time.*

PUNCTUATION TERMS

. = Punkt (m.).

, = Komma (n.).

; = Strichpunkt (m.).

: = Doppelpunkt (m.).

? = Fragezeichen (n.)

— = Gedankenstrich (m.).

= = Bindestrich (m.).

! = Ausrufszeichen (n.).

„ . . . .“ = Anführungszeichen (n.).

(   ) = Klammern (f. pl.).

GERMAN ALPHABET

a	b	c	d	e	f	g	h	i	j	k	l	m	n
𝔄	𝔅	ℭ	𝔇	𝔈	𝔉	𝔊	ℌ	ℑ	𝔍	𝔎	𝔏	𝔐	𝔑
(ah)	(bay)	(tsay)	(day)	(ay)	(eff)	(gay)	(haa)	(ee)	(jod)	(kaa)	(ell)	(emm)	(enn)

o	p	q	r	ſ, s	t	u	v	w	x	y	z
𝔒	𝔓	𝔔	𝔕	𝔖	𝔗	𝔘	𝔙	𝔚	𝔛	𝔜	ℨ
(o)	(pay)	(koo)	(err)	(ess)	(tay)	(oo)	(fow)	(vay)	(ix)	(ipsilon)	(tzet)

Preliminary Lesson No. 1.

A. Sound Practice : (from Sound Table, p. 11) = **a, i, e** (é), **e** (è), **e** (final).

B. Vocabulary :

1. *Nouns :*

Masculine	*Feminine*	*Neuter*
der Tisch, *table*	die Feder, *pen*	das Buch, *book*
der Stuhl, *chair*	die Tinte, *ink*	das Papier, *paper*

2. *Adjectives :*

alt, *old*
neu, *new*
gross, *big, large, tall*
klein, *small, little*
weiss, *white*
schwarz, *black*

3. *Additional :*

was, *what*
wie, *how*
ist, *is*
was ist das ?   *What is this (that) ?*
nicht, *not*
ja, *yes*
nein, *no*
guten Morgen, *good morning*

C. Translate into English : Die Feder ist neu. Das Papier ist weiss. Der Tisch ist alt. Der Stuhl ist neu. Die Feder ist nicht alt. Das Buch ist neu. Ist das Buch gross ? Nein, das Buch ist klein. Ist das Papier weiss ? Ja, das Papier ist weiss.

D. Translate into German : The chair is small. The book is old. The table is new. Is the chair big ? No, the chair is not big. The ink is not white, the ink is black. How is the paper ? Is the pen new ? No, the pen is old. The paper is not black.

E. Conversation : Was ist das ? Wie ist das Papier ? Ist das Buch nicht alt ? Wie ist der Tisch ? Ist die Tinte schwarz ? Ist der Tisch alt ? Wie ist die Tinte ? Ist die Feder alt ? Ist das Buch neu ? Ist das Papier schwarz ? Wie ist der Stuhl ?

Preliminary Lesson No. 2.

A. Sound Practice : (from Sound Table, pp. 11 and 12) : **o** (long and short,) **u, sch, w.**

B. Vocabulary :

1. *Nouns :*

Masculine	*Feminine*	*Neuter*
der Hut, *hat*	die Wand, *wall*	das Pult, *desk*
der Boden, *floor*	die Bank, *seat,*	das Bild, *picture*
der Schrank, *cup-*	*bench*	das Fenster, *win-*
board	die Uhr, *watch, clock*	*dow*

2. *Adjectives :*
   lang, *long*
   kurz, *short*
   rund, *round*
   hoch, *high*
   breit, *broad, wide*

3. *Additional :* wer, *who*
   er hat, *he has*
   sie hat, *she has*
   aber, *but*
   und, *and*
   oder, *or*

er hat den Hut, die Uhr, das Buch—
   he has the hat, the watch, the book.

C. Translate into English : Wer hat das Buch ? Der Boden ist lang und breit. Die Bank ist nicht hoch, aber der Schrank ist hoch. Er hat den Hut. Der Hut ist alt, aber das Buch ist neu. Was ist schwarz ? Wer hat die Uhr ? Er hat das Buch und die Feder, sie hat den Hut. Ist der Schrank nicht alt ? Nein, der Schrank ist nicht alt, aber die Bank ist alt. Die Uhr ist klein und rund.

D. Translate into German : Is the wall high ? No, the wall is not high, but long and broad. The watch is new, but the hat is old and round. She has the pen and the paper, he has the picture. Is the hat round ? Yes, the hat is round. The bench is old and small. She has the paper and he has the ink. Who has the hat ? He has the hat. The floor is long and broad and the window is high and old.

E. Conversation : Ist der Tisch rund ? Was ist kurz ? Wer hat das Buch ? Wie ist der Boden ? Wie ist das Fenster ? Ist der Hut weiss ? Ist das Bild rund ? Ist die Feder kurz ? Ist die Uhr gross ? Ist das Pult alt oder neu ? Wie ist die Tinte ? Was hat Marie ? Was hat Robert ?

Preliminary Lesson No. 3.

A. Sound Practice (from Sound Table, pp. 11 and 12): **ä, ö, ü—z.**

B. Vocabulary :

1. *Nouns :*

Masculine	*Feminine*	*Neuter*
der Stock, *stick*	die Kreide, *chalk*	das Zimmer, *room*
der Kasten, *box,*	die Tür, *door*	das Feuer, *fire*
cupboard	die Decke, *ceiling*	das Kamin,
der Bleistift, *pencil*		*chimney*

2. *Adjectives :*
rot, *red.*
blau, *blue.*
grau, *grey.*
gelb, *yellow.*
grün, *green.*
hart, *hard.*
weich, *soft.*

3. *Additional :*
wo, *where.*
hier, *here.*
dort, *there.*

4. *Phrases :*
ich habe d**en** Hut, di**e** Uhr, d**as** Buch—I have the hat, the watch, the book.

Sie haben d**en** Stock, di**e** Feder, d**as** Papier—You have the stick, the pen, the paper.

sie haben d**en** Hut, di**e** Tinte, d**as** Buch—They have the hat, the ink, the book.

Zeigen Sie mir, *show me.*
Geben Sie mir, *give me.*
bitte, *please.*

C. Translate into English : Wer hat den Bleistift? Sie haben den Bleistift und die Feder. Wo ist der Stock? Der Stock ist nicht hier. Ist der Bleistift grün? Nein, der Bleistift ist blau oder grau. Die Kreide ist weiss, aber die Tinte ist rot oder schwarz. Ist das Zimmer gross? Ja, das Zimmer ist gross und hoch. Hat sie die Tinte? Ja, sie hat die Tinte und die Feder. Wo ist die Kreide? Die Kreide ist hier. Ist der Bleistift weich oder hart? Der Bleistift ist hart.

D. Translate into German : Where is the stick? Who has the ink? The hat is there, but the book is not here. The pencil is yellow, but the chalk is white. The ink is black or red. Is the ceiling white or grey? What is hard? The chimney

2

is black. Have you the hat and the stick? The box is not
long, but the box is new. The room is high and broad. Has
he the pencil? No, he has the chalk and she has the pencil
The door is big and new.

E. **Conversation :** Zeigen Sie mir das Fenster (die Tür, das Kamin,
die Decke, etc.) bitte! . . . Was ist lang und breit?
Haben Sie die Kreide oder die Feder? Ist die Tür gross?
Ist das Zimmer hoch? Geben Sie mir das Buch, bitte! Hier
ist das Buch. Was hat er? Hat sie den Hut? Ist der Bleistift
grün? Wie ist die Decke? Wo ist das Fenster? Wer hat den
Hut? Ist die Kreide hart oder weich? Wo ist das Feuer?
Haben Sie die Uhr? Wer hat das Papier?

Preliminary Lesson No. 4.

A. **Sound Practice** (from Sound Table, pp. 11 and 12): **au, ei,
ai, eu, äu, ie—v.**

B. **Vocabulary :**

1. *Nouns :*

Masculine	Feminine	Neuter
der Vater, *father*	die Mutter, *mother*	das Kind, *child*
der Bruder, *brother*	die Schwester, *sister*	das Kindlein, *baby*
der Onkel, *uncle*	die Tante, *aunt*	das Fräulein, *Miss*
der Sohn, *son*	die Tochter, *daughter*	das Mädchen, *girl*
der Neffe, *nephew*	die Nichte, *niece*	

2. *Adjectives :*

müde, *tired*
faul, *lazy*
artig, *good, well behaved*
unartig, *naughty*
jung, *young*
alt, *old*
warm, *warm*
kalt, *cold*
sehr, *very*

3. *Additional :*

ich bin, *I am*
er ist, *he is*
sie ist, *she is*
es ist, *it is*
Sie sind, *you are*
ich heisse, *I am called*
er heisst, *he is called*
sie heisst, *she is called*
wie heissen Sie? *what is
your name?*

C. Translate into English: Die Tante ist nicht sehr alt. Das Feuer ist sehr warm. Ist das Kind artig? Ja, aber der Neffe ist sehr unartig. Der Sohn hat die Tinte und das Papier. Wo ist der Onkel? Er ist nicht hier, er ist in London. Das Kind ist sehr müde. Die Schwester heisst Marie und der Bruder heisst Karl. Ist das Mädchen klein? Ja, das Mädchen ist klein und jung. Guten Morgen, Fräulein Jung. Wer ist faul? Der Sohn ist sehr faul. Das Mädchen ist jung, aber die Mutter ist alt. Das Kindlein ist sehr jung.

D. Translate into German: The fire is warm, but the room is cold. The girl is not lazy, she is tired. The niece is called Roberta and the nephew is called Johann. Who is naughty? The child is very naughty. I am not very young. Miss Young is not here, she is in Berlin. The brother has the stick, but the sister has the pencil. Where is the room? Show me the picture, please! The father has the stick and the son has the book and the pencil. Is she naughty? No, she is not naughty, but very tired. The baby is called Tina.

E. Conversation: Wie ist der Neffe? Sind Sie müde? Wer ist faul? Wie ist der Sohn? Wie heisst die Tochter? Wie heissen Sie? Ist die Nichte alt? Ist der Vater hier? Wie ist das Kindlein? Haben Sie den Hut oder den Stock?

F. Learn this Poem by heart:

> Eins, zwei, drei,
> Alt ist nicht neu,
> Neu ist nicht alt,
> Warm ist nicht kalt,
> Kalt ist nicht warm,
> Reich ist nicht arm.

[**reich**, *rich*; **arm**, *poor*; **eins**, *one*; **zwei**, two; **drei**, *three*.]

E. Zählen Sie die Finger der Hände! (Count the fingers on your hands): ein, zwei, drei, vier, fünf = 1-5; sechs, sieben, acht, neun, zehn = 6-10.

Preliminary Lesson No. 5.

A. Sound Practice (from Sound Table, pp. 11 and 12): revise all vowel sounds—**j, st** (initial), **sp** (initial), **d** (final).

B. Vocabulary :

1. *Nouns :*

Masculine	Feminine	Neuter
der Lehrer, *teacher*	die Lehrerin, *teacher* (*lady*)	das Haus, *house*
der Schüler, *pupil*	die Schülerin, *pupil* (*girl*)	das Glas, *glass*
der Vetter, *cousin*	die Cousine, *cousin*	das Wasser, *water*
der Mann, *man*	die Frau, *Mrs.,* *wife*	das Wetter, *weather*
der Herr, *Mr.,* *gentleman*		ein Glas Wasser, *a glass of water*

2. *Adjectives :*

schön, *beautiful*
heiss, *hot*
nass, *wet*
fleissig, *industrious, diligent*
klar, *clear*

3. *Additional :*

nicht so alt wie der Vater, *not as old as the father*
ein, zwei, drei, vier, fünf Jahre alt—*one, two three, four, five years old* (*of age*)

4. wie viel, *how much*
wie viele, *how many*

C. Translate into English : Die Schwester ist sehr fleissig, aber der Neffe ist faul. Das Kind heisst Marta. Sie ist drei Jahre alt. Der Bruder ist nicht so alt wie die Nichte. Sie heisst Anna und sie ist vier Jahre alt. Die Lehrerin ist nicht so alt wie der Lehrer. Wie heisst die Lehrerin? Sie heisst Fräulein Braun. Das Wasser ist sehr klar. Das Wetter ist nass und kalt. Ist der Vetter jung? Er ist nicht jung, aber er ist nicht so alt wie die Cousine. Geben Sie mir ein Glas Wasser, bitte! Ich bin sehr müde. Herr Jung ist nicht so alt wie ich.

D. Translate into German: Is the fire hot? Yes, the fire is hot, but the water is very cold. Mrs. Braun is very tired. The house is large and beautiful. What is Miss Young's name? She is called Emma. Where is the man? He is not here. Give me the pencil and the paper, please! Here is a glass of water. Mr. Braun is very old, but he is not so old as the uncle.

E. Conversation: Wie ist das Wetter? Ist der Schüler fleissig? Ist das Wasser klar? Wie alt ist Johann (Anna)? Ist der Bruder so alt wie die Schwester? Wie alt ist das Kindlein? Ist Marie (Karl) klein? Ist das Wetter kalt oder warm? Ist der Onkel reich oder arm? Wie viele Fenster sind in dem Zimmer?

F. Poem (learn it by heart):

> Höher als ein Haus,
> Kleiner als eine Maus,
> Grüner als Klee,
> Weisser als Schnee,
> Bitter wie Galle,
> Wir essen es alle!

[**Höher.** *higher;* **Maus** (f.), *mouse;* **Klee** (m.), *clover;* **Schnee** (m.), *snow;* **Galle** (f.), *gall;* **wir essen**, *we eat.*]

Revision Lesson No. 1—5.

A. Sound Practice : haben, sind, klein, wie, schwarz, Tinte, Uhr, breit, blau, Tür, Feuer, Bleistift, grün, Lehrerin, zeigen, grau, Schwester, Vetter, Sohn, Mädchen, Wetter, Wasser, faul, müde, jung, schön, fünf, Fräulein, Stock, Neffe, Wand.

B. Conversation : Was ist das ? Wie ist der Tisch ? Wie alt ist das Kindlein ? Wie ist das Feuer ? Wie heisst der Neffe ? Wie ist das Zimmer ? Ist das Wetter schön ? Wie ist die Kreide ? Ist die Tinte grau ? Was ist kalt ? Sind Sie müde ? Ist Karl fleissig ? Zeigen Sie mir. . . .

C. Translate into German : The chair is round. The pen is not new. He has the pencil. She has the chalk. The fire is very hot. The room is long, broad and high. The ceiling is white. The baby is two years old. What is your name ? I am called Robert (Anna) . . . The aunt is very old. The nephew is not so old as the niece. Is he tired ? No, he is not tired, but he is lazy. The water is not very clear.

D. Give German, with definite article, for : window, pencil, fire, door, paper, floor, child, ceiling, chalk, table, pen, house, cupboard, water, desk.

E. Give German for the following adjectives : long, yellow, lazy, cold, white, green, wet, young, hot, new, clear, grey, tired, high, diligent, short, little, red, naughty, beautiful.

F. Form a German sentence with each of the following words : wie, hier, wo, sehr, wer, ist, hat, nicht, aber, sind, haben, heisst, geben Sie, dort, schwarz.

Preliminary Lesson No. 6.

A. Sound Practice (from Sound Table, p. 12): **ch** (after **a, o, u**), **ch** (after **i**).

B. Vocabulary :

Masculine	Feminine	Neuter
der Kopf, *head*	die Nase, *nose*	das Haar, *hair*
der Hals, *neck*	die Stirn, *forehead, brow*	das Auge, *eye*
der Arm, *arm*	die Wange, *cheek*	das Ohr, *ear*

M.	**für den** Vater, *for the father*	**ohne den** Hut, *without the hat*
F.	**für die** Mutter, *for the mother*	**ohne die** Tante, *without the aunt*
N.	**für das** Kind, *for the child*	**ohne das** Buch, *without the book*

M. **durch den** Boden, *through the floor.*
F. **durch die** Decke, *through the ceiling.*
N. **durch das** Haus, *through the house.*

wer ? *who ?* **wen ?** *whom ?*

elf, zwölf, dreizehn, vierzehn, fünfzehn = **11-15.**

sechzehn, siebzehn, achtzehn, neunzehn, zwanzig = **16-20.**

C. Translate into English : Der Stock ist für den Onkel, die Kreide ist für den Lehrer. Ist der Hut für den Sohn oder für die Nichte ? Er ist für das Kind. Sie ist ohne den Hut. Geben Sie mir das Glas ohne das Wasser ! Das Haar ist grau. Der Kopf ist rund und gross. Die Stirn ist hoch und die Nase ist kurz. Der Arm ist lang. Haben Sie den Stock für den Vater ? Nein, ich habe die Tinte für die Mutter. Geben Sie mir das Buch für den Onkel und die Kreide für die Lehrerin ! Das Ohr ist rund, aber das Auge ist blau und klar.

D. Translate into German : For whom is the glass of water ? It is for the child. Give me the pencil for the girl ! Are you without a hat ? Is the book for the girl ? The cheek is red, the eye is grey. Is the child without the brother ? Give me the ink without the pen ! Is the hair white ? The room is without the cupboard. It is not for the child, it is for the uncle.

E. Conversation : Zeigen Sie mir den Kopf (die Nase, das Ohr, etc.) bitte ! Für wen ist das Buch (der Hut, die Tinte, etc.) . . .? Was ist das ? Das ist der Hals, etc. . . . Ist Karl ohne das Buch ? Ist Marie ohne den Hut ? Wo ist das Buch ? (hier, dort). Ist der Arm kurz oder lang ? Ist das Haar schwarz oder grau ? Ist das Auge blau oder grau ?

Preliminary Lesson No. 7.

A. Sound Practice (from Sound Table, p. 12): **Lengthening of vowel Sounds.**

B. Vocabulary :

Masculine	*Feminine*	*Neuter*
der Finger, *finger*	die Hand, *hand*	das Bein, *leg*
der Fuss, *foot*	die Faust, *fist*	das Kinn, *chin*
der Leib, *body*	die Zehe, *toe*	das Knie, *knee*

= einundzwanzig (21) ; dreissig (30) ; einunddreissig (31) ; vierzig (40) ; fünfzig (50) ; dreiundfünfzig (53).

	Nominative	*Accusative*
M.	**der** link**e** Fuss, *the left foot*	**den** link**en** *Fuss, the left foot*
F.	**die** recht**e** Hand, *the right hand*	**die** recht**e** Hand, *the right hand*
N.	**das** link**e** Bein, *the left leg*	**das** link**e** Bein, *the left leg*

Obs. : **für**, *for* ; **ohne**, *without* ; **durch**, *through*—govern the Accusative case.

C. Translate into English : Für die linke Hand ; für den rechten Fuss ; das rechte Auge ; das linke Ohr ; ohne die linke Hand ; durch das rechte Auge ; durch den linken Arm : das ist die rechte Faust ; das ist der linke Arm ; ohne den Finger.

D. Translate into German : For the right hand ; through the floor and the ceiling ; without the left leg ; for the right foot ; through the body ; the right hand is very warm ; the left hand has 5 fingers (Finger, pl.) ; the left foot has 5 toes (Zehen, pl.) ; the left leg is cold ; the chin is round ; the toes are short.

E. Conversation : Zeigen Sie mir die Hand (das Auge, etc.), bitte ! Zeigen Sie mir den kleinen Finger (das rechte Auge, das linke Ohr, etc.) bitte ! Für wen ist das Buch ? Ist die Zehe so lang wie der Finger ? Wie viele Zehen hat der linke Fuss ? Ist das die linke (rechte) Hand ? Wie viele Finger hat die rechte Hand ?

Preliminary Lesson No. 8.

A. Sound Practice (from Table p. 12): **Shortening of vowels.**

B. Vocabulary :

1. *Nouns :*

Masculine	*Feminine*	*Neuter*
der Hund, *dog*	die Katze, *cat*	das Schaf, *sheep*
der Ochs, *ox*	die Maus, *mouse*	das Lamm, *lamb*
der Bär, *bear*	die Kuh, *cow*	das Kalb, *calf*
der Esel, *donkey*	die Ziege, *goat*	das Pferd, *horse*

2. *Adjectives :*

klein, *small*	klein**er**, *smaller*	
gross, *big, tall*	gr**ö**ss**er**, *bigger, taller*	**wie** (*as*)
schön, *beautiful*	schön**er**, *more beautiful*	**als** (*than*)
alt, *old*	**ä**lt**er**, *older*	
jung, *young*	j**ü**ng**er**, *younger*	

C. Translate into English : Die Katze ist nicht so alt wie der Hund, aber der Hund ist schöner als die Katze. Das Schaf ist ohne das Lamm. Das Pferd und die Kuh sind grösser als das Schaf und die Ziege. Ist die Ziege grösser als der Esel ? Nein, der Esel ist grösser als die Ziege. Wie heisst der Hund ? Er heisst "Spitz." Haben Sie den Hund ohne die Katze ? Nein, ich habe den Hund und die Katze. Das Lamm ist kleiner als das Schaf. Das Pferd ist schöner als der Esel.

D. Translate into German : The dog is beautiful, but the horse is more beautiful than the dog. The donkey is bigger than the goat. The mother is older than the aunt. The child is younger than the nephew. The bear is bigger than the calf, but the lamb is smaller than the sheep. Is the cat younger or older than the dog ? Is the sister taller than the brother ? The mouse is smaller than the cat, but the cow is bigger than the calf.

E. Conversation : Was ist grösser, der Tisch oder der Stuhl ? Was ist länger, der Bleistift oder die Kreide ? Wer ist jünger, der Onkel oder der Sohn ? Ist der Esel schöner als das Pferd ? Ist die Kuh grösser oder kleiner als der Esel ? Wie alt ist die Katze ? Wie heisst der Hund ? Was ist grösser als der Hund ? Wer ist älter, der Vater oder der Sohn ?

Preliminary Lesson No. 9.

A. Sound Practice : Glottal Stops. (see p. 12.)

B. Vocabulary :

1. *Nouns :*

Masculine	Feminine	Neuter
ein Baum, *a tree*	**eine** Blume, *a flower*	**ein** Blatt, *a leaf*
ein Garten, *a garden*	**eine** Wiese, *a meadow*	**ein** Feld, *a field*
ein Wald, *a wood*	**eine** Rose, *a rose*	**ein** Tier, *an animal*

2. *Adjectives :*

grün, *green*
kühl, *cool*
dunkel, *dark*
dunkelblau, *dark blue*
hellblau, *light blue*
rot, *red*
hellrot, *pink*

3. *Additional :*

ich gehe, *I go, I am going*
er geht, *he goes, he is going*
sie geht, *she goes, she is going*
es geht, *it goes, it is going*
Sie gehen, *you go, you are going*
gehen Sie ?—*are you going, do you go ?*
gehen Sie !—*go !*

M. **mit dem** Hund, *with the dog*   **zu dem** Onkel, *to the uncle*

F. **mit der** Katze, *with the cat*   **zu der** Tante, *to the aunt*

N. **mit dem** Lamm, *with the lamb*   **zu dem** Mädchen, *to the girl*
   wem ? *to whom ?*

C. Translate into English : Der Hund geht mit dem Vater. Gehen Sie zu dem Onkel oder zu der Tante ? Die Schwester geht nicht mit dem Bruder. Ein Pferd ist ein Tier. Geht er nicht mit dem Bruder zu der Tante ? Ein Blatt ist hellgrün oder dunkelgrün. Ist eine Rose dunkelblau ? Gehen Sie mit dem Bruder zu dem Lehrer ? Gehen Sie mit der Schwester ! Ein Kind ist jünger als ein Onkel. Ein Wald ist kühler als ein Garten, aber ein Garten ist schöner als eine Wiese. Wer geht mit dem Bruder zu dem Vetter ?

D. Translate into German : The tree is without a leaf. He goes through the garden with the dog. A rose is dark red or white, but a leaf is lightgreen or darkgreen. Are you going to the uncle or to the aunt? I am going with the teacher through the wood. Go through the garden and give me a flower, please! The bear is an animal and the rose is a flower. Are you going with the child through the garden? No, I am going with the dog through the wood and through the meadow. Give me a rose with a leaf for the teacher, please!

E. Conversation : Wie ist ein Baum? Wie ist eine Blume? Gehen Sie durch den Wald? Ist eine Maus ein Tier? Ist ein Garten grösser oder kleiner als ein Wald? Wie ist eine Wiese? Wie ist eine Katze? Ist eine Zehe kürzer oder länger als ein Finger? Was ist grün? Was ist hellblau? Was ist dunkelrot? Mit wem gehen Sie zu der Tante?

Preliminary Lesson No. 10.

A. Sound Practice : Revise short and long Vowel Sounds and Glottal Stops.

B. Vocabulary :

1. *Nouns :*

Masculine.	*Feminine.*	*Neuter.*
ein Rock, *a coat*	eine Weste, *a vest*	ein Kleid, *a dress*
ein Schuh, *a shoe*	eine Mütze, *a cap*	ein Paar, *a pair*
ein Kragen, *a collar*	eine Kravate, *a tie*	ein Paar Schuhe, *a pair of shoes*
ein Stiefel, *a boot*	eine Schürze, *an apron*	ein Paar Stiefel, *o pair of boots*

2. *Adjectives :*

zu eng, *too tight*   nicht eng **genug**, *not tight enough*
zu kurz, *too short*   nicht kurz **genug**, *not short enough*
zu gross, *too big*   nicht gross **genug**, *not big enough*
lieb, *dear*
weit, *far*

3. *Additional :*

> ich kaufe, *I buy, I am buying.*
> er kauft, *he buys, he is buying.*
> sie kauft, *she buys, she is buying.*
> es kauft, *it buys, it is buying.*
> Sie kaufen, *you buy, you are buying.*
> sie kaufen, *they buy, they are buying.*
> kaufen Sie ? *are you buying ? do you buy ?*
> kaufen Sie ! *buy !*

kaufen
(*to buy*).

C. Translate into English : Er geht mit dem Hund durch den
Wald. Ein Wald ist kühl und dunkel. Ich kaufe ein Paar
Schuhe ? Der Rock ist nicht lang genug. Er kauft eine Rose
für die Mutter. Kaufen Sie ein Paar Schuhe oder ein Paar
Stiefel ? Ich kaufe ein Paar Schuhe für die Schwester. Die
Tante geht mit dem Mädchen durch den Wald. Er geht ohne
die Mütze durch den Garten. Sie kauft ein Kleid für die
Tochter. Wer geht durch den Wald ? Gehen Sie ohne den
Stock durch den Wald ? Ich kaufe eine Kravate für den
Bruder.

D. Translate into German : The collar is too tight. Give me a
tie and a collar ! Is the apron too short ? No, the apron is
not too short, but the dress is too long. Go to the teacher
with the flower ! Does he buy a cap or a pair of shoes ? He
buys a cap. The vest is too tight and too short. I am buying
a collar and a tie. The collar is white, but the tie is dark
blue. Who goes through the house ? Go to the uncle with
the cap ! He is going without a hat.

E. Conversation : Ist das Kleid lang genug ? Was kauft sie ?
Ist die Schürze lang genug ? Ist die Mütze zu gross ? Wie
ist eine Kravate ? Ist das Zimmer gross genug ? Ist der
Bleistift zu klein ? Ist das Feuer warm genug ? Was kaufen
Sie ? Ist der Kragen zu eng ?

Revision Lesson 6—10.

A. Reading Lesson and Sound Practice : Wir haben das Buch nicht. Wer hat die Blume und das Blatt ? Das linke Auge ist offen. Ein Ochs ist grösser als ein Esel. Das Haar ist kurz und braun. Der Arm ist lang, aber das Bein ist länger. Die Katze ist älter als die Ziege. Die Wiese ist grün und der Wald ist kühl und dunkel. Der Stiefel ist zu eng, aber der Rock ist zu weit. Ist die Mütze gross genug ? Gehen Sie mit dem Onkel durch den Wald ? Eine schöne, rote Rose für die liebe Mutter.

B. Translate into German : Give me a pen and ink, please ! Where is the paper ? The garden is not so large as the meadow. The wood is cooler than the garden. Show me the left arm, please ! The dress is not long enough. The hat is too small. Are you going with the child to the aunt ? For whom do you buy a collar and a tie ? I am not going through the garden with the uncle. I am buying an apron for the girl. The leaf is dark green. The eye is blue, but the hair is grey. Mary and I are going to the cousin. The stick is for the son, but the hat is for the daughter. The dog is older than the cat. Show me the flower, please ! Is the flower for the aunt or for the mother ?

C. Conversation : Für wen ist der Stock ? Wie heisst der Neffe ? Ist er älter oder jünger als die Nichte ? Gehen Sie zu dem Onkel oder zu der Tante ? Was ist grösser, der Esel oder der Hund ? Was ist schöner, die Blume oder die Knospe ? Wie alt ist die Katze ? Ist die Kreide weiss oder grau ? Ist das Zimmer warm oder kalt ? Ist Robert älter oder jünger als Marie ? Was kaufen Sie für die Mutter ? Wie ist der Wald ? Ist die Kravate blau oder grau ? Ist der Onkel alt ?

D. Give German for : Without a book ; for a girl ; through the room ; without a hat ; for an uncle ; through the garden ; the left hand ; the right ear ; the left leg ; the right arm ; without the child ; to the aunt ; to the teacher ; with the hat ; too short ; not long enough ; a pair of shoes ; is he going? are they buying? they are not going ; are you going? go !

E. Give the numerals from 11-31.

F. Poem : (for recitation) :

Die Vögelein.

In die Hecke, auf die Ästchen,
Baut der Vogel sich ein Nestchen,
Er legt hinein fünf Eierlein,
Brütet aus fünf Vögelein.
Sie rufen der Mutter : Piep, piep, piep !
Mütterchen, du bist uns lieb.

die Hecke, *hedge* : das Ästchen, *the little branch* (*twig*) ; das Nestchen, *the little nest* ; das Eierlein, *the little egg* ; das Vögelein, *the little bird* ; bauen, *to build* ; brüten (aus), *to breed* ; rufen, *to call* ; lieb, *dear*.

Das Alphabet. (see p. 14.)

A B C D E F und G,   H I K L M N O P,

Q R S T U V W,   Q R S T U V W,

X und Y-psi-lon, Z, oh weh ! Nun kann ich das A   B   C !

PART I.

Lesson I.

German Nouns are spelt with a capital letter.

They are either **Masculine** or **Feminine** or **Neuter**.

The definite articles for the three genders, in the **Nominative case singular,** are :—

Masculine.	Feminine.	Neuter.
der	die	das (the)

Ex.—der Mann (man) die Frau (Mrs., woman) das Kind (child)

In the Accusative case singular the masculine definite article is : **den** (the). (Feminine and Neuter do not change in the Accusative).

	Masculine.	Feminine.	Neuter.
Nominative :	der	die	das (the)
Accusative :	den	die	das (the)

Ex. der Hut ist alt; die Kreide ist weiß; das Buch ist klein; er hat den Hut; haben Sie die Kreide? Sie haben das Buch.

Phrases.

Geben Sie mir den Bleistift, bitte ! —give me the pencil, please !

Wer hat den Stock ?—Who has the stick ?

Zeigen Sie mir den Boden, bitte !—Show me the floor, please !

Haben Sie das Buch und die Tinte ?—Have you the book and the ink ?

The indefinite articles for the three genders, in the **Nominative and Accusative singular,** are :—

	Masculine.	Feminine.	Neuter.
Nominative :	ein	eine	ein (a, an)
Accusative :	einen	eine	ein

Obs.—In the accusative of the masculine definite article (der) the ending " er " is changed into " en " (der, den), but in the accusative of the masculine indefinite article (ein), the ending " en " is added to the nominative case (ein, einen).

Present Indicative of „ſein "—to be.			Present Indicative of „haben "—to have.		
ich bin,	–	– I am	ich habe,	–	– I have
du biſt,	–	– thou art	du haſt,	–	– thou hast
er iſt,	–	– he is	er hat,	–	– he has
ſie iſt,	–	– she is	ſie hat,	–	– she has
es iſt,	–	– it is	es hat,	–	– it has
wir ſind,	–	– we are	wir haben,	–	– we have
* Sie ſind,	–	– you are	*Sie haben,	–	– you have
ſie ſind,	–	– they are	ſie haben,	–	– they have

Obs.—After „ ſein " use the Nominative case.

After „ haben " use the Accusative case.

Vocabulary.

Masculine.	Feminine.	Neuter.
der Baum—tree	die Blüte—blossom	das Obſt—fruit
„ Apfel—apple	„ Birne—pear	„ Gemüſe—vegetables
„ Apfelbaum—appletree	„ Kirſche—cherry	„ Brot—bread (loaf)
„ Birnbaum—pear tree	„ Pflaume—plum	„ Waſſer—water
„ Kirſchbaum—cherry tree	„ Milch—milk	„ Haus—house
reif—ripe	ſüß—sweet	klar—clear
unreif—unripe	ſauer—sour	hell—light, bright

A. Insert the definite and indefinite article in the following :
—Kind; iſt—Kirſche ſüß? Hat er—Hut?—Apfel iſt reif. Haben
Sie—Stock? Iſt—Birne ſauer? Wer hat—Bleiſtift? Hat
ſie—Apfel? Ich habe—Feder. Haben Sie—Brot?

B. Translate into German :—The pear is ripe ; they have fruit
and vegetables ; we have bread and milk ; the child has an
apple and a plum ; is the water clear ? have they an apple
tree ? the father has a house ; it is bright ; has he an apple ?
a cherry is sweet ; has he a hat ? the child has a pear ;
Mrs. Braun has a book ; we have a pencil ; he has a book.

* **Sie** (you) is always spelt with a capital letter.

C. **Conversation :**—Wie ift die Birne? Ift der Apfel füß? Haben Sie einen Bleiftift? Wer hat einen Hut? Wie ift das Waffer? Ift die Milch fauer? Hat er eine Birne? Ift das Obft reif? Ift die Pflaume fauer? Haben Sie einen Stock? Wie ift das Brot? Wie ift der Apfel? Haben Sie einen Hut oder eine Müße?

Lesson II.

All *German Verbs* end in „ n " or „ en " in the Infinitive : lernen—to learn ; fein—to be.

Present Indicative.	*Imperfect Indicative.*
ich lerne—I learn, I am learning	ich lernte—I learnt, I was learning
du lernft—thou learnest, thou art learning	du lernteft—thou learntest, thou wast learning
er, (fie) (es) lernt—he (she) (it) learns, is learning	er (fie) (es) lernte—he (she) (it) learnt, he (she) (it) was learning
wir lernen—we learn, we are learning	wir lernten—we learnt, we were learning
Sie lernen—you learn, you are learning	Sie lernten—you learnt, you were learning
fie lernen—they learn, they are learning	fie lernten—they learnt, they were learning

Imperative.

lern(e) !—learn (to a child or animal)
lernt !—learn (to children or animals)
lernen Sie !—learn (lady or gentleman)
            (ladies or gentlemen)

Past Participle.

gelernt, learnt

(Put to the end of the sentence)

Vocabulary.

die Aufgabe—exercise	hören—to hear, listen	machen—to make, do
die Lektion—lesson	lehren—to teach	legen—to lay, put
das Lied—song	fagen—to say, tell	leben—to live
das Gedicht—poem	fragen—to ask	wohnen—to live, dwell

nicht—not ; nichts—nothing (not . . . anything) ; noch—yet, still , noch nicht—not yet ; deutfch—German.

Phrases.

Machen Sie schnell!—Hurry up! (make haste!)
Das macht nichts—That does not matter.
Lernen Sie es auswendig!—Learn it by heart!
Wo wohnen Sie?—Where do you live?
Ich wohne in Schloßstraße, Nummer 23—I live in No. 23
                                                   Castle Street.

A. Grammar Drill:—We learn; they ask; he lives (dwells);
I was asking; they were living; were they learning? who
is asking? she does not teach (is not teaching); what are
they making? she is listening; do you hear? they were
teaching; listen! (3 ways); he is living; ask! (3 ways); does
she ask? we say nothing; learn German!

B. Translate into English: Er fragte nicht. Wir lernen englisch
und deutsch. Lernen Sie ein Gedicht? Marie lernte die Lektion
und Karl machte die Aufgabe. Sie wohnte in Berlin, aber
der Onkel wohnte in London. Sie haben einen Garten. Die
Tante lebt noch, aber sie ist sehr alt. Er zeigte mir den Apfel=
baum. Das Obst ist noch nicht reif. Was fragte er? Er fragte,
wo die Tante wohnt. Die Schülerin lernt deutsch. Die Lehrerin
hörte es nicht. Hat sie den Bleistift und das Papier? Sie
lehrte ein Lied. Machen Sie die Aufgabe!

C. Translate into German: Where is the bread? Ask the
teacher! What do you learn? They live in London. I was
learning a poem. We are learning a lesson. They do not
ask. What was she saying? She was saying nothing. Do
you hear the teacher? Are they still living? Do you still
learn German? We are doing an exercise and they are learning
a song. Were they asking the teacher? Say it in (auf)
German! The sister teaches German.

D. Conversation: Wo wohnen Sie? Wo wohnt der Onkel?
Was lernen Sie? Lebt die Tante noch? Ist der Onkel alt?
Lernen Sie die Lektion? Wohnt die Tante in Berlin?
Was hören Sie? Was macht Johann? Wohnt Frau Braun
in London?

Lesson III.

1. The following words are declined like the definite article (der, die, das). The ending „er" of the masculine Nominative case is changed into „en" in the Accusative. The Feminine and Neuter forms do not change in the Accusative.

Masculine.		*Feminine.*	*Neuter.*
Nominative.	Accusative.	Nom. + Accus.	Nom. + Acc.
dieser (this)	diesen	diese	dieses
jener (that)	jenen	jene	jenes
jeder (each, every)	jeden	jede	jedes
welcher (which)	welchen	welche	welches
solcher (such)	solchen	solche	solches

Practice with demonstrative Adjectives: Ich höre jenes Kind; hören Sie diesen Mann? Welche Frau? Geben Sie mir diesen Apfel. Welchen Stock hat er? Dieses Wasser ist kalt. Solches Wetter! Für jeden Mann und jede Frau. Jeder Apfel ist reif. Jenes Haus ist klein.

2. The following prepositions govern the accusative case:

für—for   ohne—without   gegen—towards,
durch—through   um—about, around   against

Complete the following phrases and expressions: durch dies—Zimmer; ohne ein—Hut; für jen—Kind; um dies—Baum; gegen jen—Wand; für ein—Bruder; durch ein—Aufgabe; ohne jen—Stock; für welch—Haus? gegen dies—Baum.

3. Personal Pronouns in the Accusative:

mich—me   uns—us
dich—thee   Sie—you
ihn—him, it   sie—them
sie—her, it
es—it *

Practice with these Pronouns: Jener Stock ist für den Vater, nicht für ihn; sie ist ohne ihn; dieser Hut ist für ihn; sie machte die Aufgabe ohne mich; dieses Buch ist für Sie; ist jene Blume für mich? er lernte es ohne den Lehrer; gegen den Garten.

* When the accusative pronoun "it" stands for a masculine noun it must be rendered by "ihn" and for a feminine noun by "sie."

Vocabulary.

der Garten—garden
der Gärtner—gardener
die Gärtnerin—gardener (fem.,
          gardener's wife)
der Jäger—hunter
arbeiten—to work
jagen—to hunt

der Fischer—fisherman
der Bauer—peasant, farmer
die Bäuerin—farmer's wife
der Wirt—landlord
die Wirtin—landlady
mieten—to hire, rent

Phrases.

ich esse gern Brot—I like bread
essen Sie gern Brot?—do you like bread?
wir essen lieber Obst—we prefer fruit
ich trinke gern Wasser—I like water
trinken Sie gern Wasser?—do you like water?
wir trinken lieber Milch—we prefer milk

A. Translate into English: Dieser Fischer wohnt in B. Die Bäuerin arbeitet für uns. Wer kaufte jenes Haus? Dieser Garten und jenes Haus sind sehr schön. Was jagt dieser Jäger? Kauften sie das Haus für ihn? Wir mieten das Haus. Trinken Sie lieber Milch oder Wasser? Essen Sie lieber Brot oder Obst? Hören Sie ihn? Nein, aber wir hören den Wirt. Er ist ohne seinen Hut und Stock. Wie ist jener Apfel? Er ist sauer? Wer hat den Hut? Er hat ihn. Wo ist die Kreide? Sie ist hier.

B. Translate into German: For whom do you work? Do you prefer water? This girl does not like milk. She prefers water. Every child learns the lesson. This landlady bought that house and that garden. Do you hear that song? Do they rent that house? We bought this apple for her. The gardener and the gardener's wife work for this landlord. Who bought that pear? Whom has he asked? Do not ask him!

C. Conversation: Für wen ist dieses Buch? Ist der Bleistift für ihn oder für sie? Was ist klar? Trinken Sie gern Milch? Essen Sie gern Obst? Trinken Sie lieber Wasser oder Milch? Essen Sie lieber Obst oder Brot? Hören Sie mich?

Lesson IV.

1. The Dative case of the definite article:

	Masculine.	*Feminine.*	*Neuter.*
Nominative,	der	die	das (the)
Dative,	**dem**	**der**	**dem** (to the)

Note the change of the ending „ er " of the nominative masculine into „ em," in the feminine „ ie " into „ er," and in the neuter „ as " into „em."

2. Dative of indefinite article:

	Masculine.	*Feminine.*	*Neuter.*
Nominative,	ein	eine	ein
Dative,	**einem**	**einer**	**einem**

Note.—In the indefinite article the endings „ em " and „ er " are added to the nominative case.

3. The following Prepositions govern the Dative case:

mit—with	bei—at (house of), near	gegenüber—*
aus—out of	nach—to (a place), after	*opposite*
von—from, of	zu—to (a person)	seit—since

Practice with Dative Prepositions: With a book: with a flower; to an uncle; after a hunter; at the landlord's; at the landlady's; from a brother; from a child; out of a garden; with a pear; with whom? after a song; with an exercise.

4. Personal Pronouns in the Dative:

mir—to me	uns—to us
dir—to thee	Jhnen—to you
ihm—to him, to it	ihnen—to them
ihr—to her, to it	
ihm—to it	

Vocabulary.

der Brunnen—fountain	die Stadt—town	das Dorf—village
der Turm—tower	die Kirche—church	das Eßzimmer— dining-room
der Bahnhof—station	die Schule—school	
der Obstgarten—orchard	die Küche—kitchen	das Wohnzimmer— parlour
der Keller—cellar	die Ecke—corner	
der Freund—friend	allein—alone	gegangen—gone

* May stand before or after the Noun or Pronoun. Ex.: dem Haus gegenüber *or* gegenüber dem Haus.

Phrases.

ich gehe auf den Bahnhof—I am going *to the* station.
ich war auf dem Bahnhof—I was *at the* station
er geht in die Stadt—he is going *to* town.
er war in der Stadt—he was *in* town.
wir gehen in die Kirche—we are going *to* church.
wir waren in der Kirche—we were *at* church.
gehen Sie in die Schule?—do you go *to* school?
waren Sie in der Schule?—were you *at* school?

A. Translate into English: Ich gehe mit dem Vater zu dem Onkel. Geht er mit Ihnen? Sie geht mit der Tante nach Berlin. Der Bruder war in der Stadt. Kommen Sie mit uns auf den Bahnhof? Waren Sie in der Kirche? Das Nest mit dem Ei war in dem Obstgarten. Sie kommen mit dem Wirt aus dem Dorf. Er geht mit ihr in die Schule. Gehen Sie mit dem Onkel nicht in die Stadt? Wir waren in der Schule. Waren Sie bei dem Gärtner? Wir kauften dieses Gemüse bei dem Gärtner. Mit wem sind Sie gestern auf den Bahnhof gegangen? Haben Sie das Obst in der Stadt gekauft?

B. Translate into German: The gardener goes out of the garden. We are going to the aunt's. Are you going to Berlin with the uncle? We were at the station with the brother. They are going to school. They were in town with the aunt and with the uncle. The station is near the village. It is out of the dining room. Were you at church? They are going with a friend to Berlin. She goes out of the parlour with a book and a pencil. They are going to you. We are not going with them. We were alone in town. When (*wann*) were they with their aunt? He was learning a poem by heart. He did not say anything.

C. Conversation: Mit wem gehen Sie? Von wem haben Sie den Apfel? Gehen Sie in die Stadt? Waren Sie auf dem Bahnhof? Mit wem waren Sie in der Kirche? Zu wem gehen Sie? Wer geht mit Ihnen in die Schule?

Lesson V.

1. **The following words form the Dative case similarly to the definite article :** dieſer, jener, jeder, welcher, ſolcher (see Lesson III.). They change the terminations **er, e** and **es** into **em, er** and **em.**

Masculine.	*Feminine.*	*Neuter.*
Nom.+Dative.	*Nom.+Dative.*	*Nom.+Dative.*
dieſer—dieſem	dieſe—dieſer	dieſes—dieſem (this)
jener—jenem	jene—jener	jenes—jenem (that)
jeder—jedem	jede—jeder	jedes—jedem (each) (every)
welcher—welchem	welche—welcher	welches—welchem (which)
ſolcher—ſolchem	ſolche—ſolcher	ſolches—ſolchem (such)

Practice with Dative case : with this stick ; from every house ; out of which garden ? with which pen ? from that nest ; out of this kitchen ; from every corner ; at my uncle's ; to my aunt's ; at the gardener's house.

2. **The following Prepositions govern the Dative when rest or remaining is implied and the Accusative if motion or movement is indicated :**

* an—at, on (side of)	vor—in front of
auf—on, upon	hinter—behind
† in—in, into	über—over, above
neben—beside, near	unter—under, below
‡ entlang—along	zwiſchen—between

Vocabulary.

Masculine.	*Feminine.*	*Neuter.*
der Fluß—river	die Taſche—pocket	das Meer—sea, ocean
der Bach—stream	die Hand—hand	das Dach—roof
der See—lake	die Mauer—wall (outside)	das Gemälde—picture
der Spiegel—mirror	die Wand—wall (inside)	das Tal—valley
		das Gras—grass

* **am** = an dem ; **aus** = an das.

† **im** = in dem ; **ins** = in das.

‡ Always after the Noun : dem (den) Fluss entlang.

kommen—to come
bleiben—to remain, stay
legen—to lay, put
liegen—to lie, to be situated
wo?—where, wohin?—where (to), woher?—where (from)

stellen—to put (upright)
sitzen—to sit
stecken—put (into the pocket)
stehen—to stand

Phrases.

Accusative.	*Dative.*
wir gehen <u>ans</u> Meer	wir waren <u>am</u> Meer
we are going to the seaside	we were at the seaside
ich gehe <u>aufs</u> (auf das) Land	Er war <u>auf dem</u> Land
I am going to the country	he was in the country
gehen Sie <u>ins</u> Konzert?	waren Sie <u>im</u> Konzert?
are you going to the concert?	were you at the concert?
er ging <u>ins</u> Nebenzimmer	sie ist <u>im</u> Nebenzimmer
he went to the next room	she is in the next room

A. Translate into English: Wo ist Johann? Er ist in dem (im) Garten. Woher kommt dieser Mann? Er kommt aus der Stadt. Der Obstgarten liegt hinter dem Haus. Der Bauer arbeitet auf der Wiese. Legen Sie den Bleistift auf das Pult! Das Haus steht neben dem Fluß. Wir sitzen in dem Wohnzimmer. Er steckt das Messer in die Tasche. Die Katze liegt auf dem Boden. Sie legten das Buch unter das Pult. Das Gemälde ist über dem Stuhl an der Wand. Wir gehen aufs Land. Haben Sie die Feder in der Tasche? Die Tante geht in die Kirche. Sie geht mit dem Onkel ans Meer. Er geht ins Konzert. Wir kommen mit Ihnen in die Stadt. Er bleibt im Garten. Die Blume liegt auf dem Tisch.

B. Complete the following phrases: Ich lege es auf d— Tisch. Er sitzt neben d— Nichte. Was kaufte er in d— Stadt? D— Kirche steht hinter d— Dorf. Er kommt mit d— Buch in d— Hand. D— Haus liegt zwischen d— Garten und d— Fluß. Sie legte d— Blume auf d— Stuhl. Stellen Sie d— Glas auf d— Tisch! D— Tante ist in d— Wohnzimmer oder in d— Küche. Legen Sie d— Buch hinter d— Pult! Ich stellte d— Stock neben d— Tür in d— Wohnzimmer.

C. **Translate into German :** Charles and Mary are going to school. We are going to the station. The station is situated beside the river. The mirror is on the wall. They are not coming to church, they are going to the country. Put the bread on this table. She is putting a flower on every table. The mother puts a chair in front of the fire. We sit between the fire and the table. Do not sit on the grass, it is very wet. The paper is below that book. He is putting the book into the pocket. The farmer is working in the orchard. That house is situated beside the lake. An egg is in the nest on the roof. Put that stick behind the door. Come with me to the farmer. He lives in that house beside the church.

D. **Conversation :** Wo ist das Buch? Wohin gehen Sie? Wo sitze ich? Wo ist der Spiegel? Ist das Dach unter dem Haus? Wo ist das Gemälde? Legen Sie das Buch auf den Boden! Was ist neben dem Feuer? Neben wem sitzen Sie? Stecken Sie den Bleistift in die Tasche! Legen Sie die Feder neben das Buch! Kommen Sie zu mir! Stehen Sie! Sitzen Sie?

Revision Lesson I—V.

A. **Give German for :** He is not tired, but he is young. Have they a dog or a cat? This book is for a child. He is a teacher. We are learning German. The brother is still alive (lives still). She is without a hat. He comes out of the garden. Which house? I am going to London. This flower is from the gardener. Every town has a church. With which hat do you go? Are you going after her? He is coming through this village. Are you going to the station? Where is the stick? It is lying on that chair.

B. Give the present indicative and imperfect indicative of : stellen, legen, zeigen, fragen, kaufen.

C. Give the German personal pronouns in the Accusative and Dative.

D. Give six prepositions in German, with English translation, which govern the Dative and the Accusative and state when the Dative is required.

E. Give the Accusative and Dative—masculine, feminine and neuter—of : welcher, dieser, jeder.

Action Song—Der Bauer.

Wollt ihr wiſ=ſen, wie der Bau=er, ſein Ge=trei=de aus=

ſät? Seht, ſo ſät der Bau=er ſein Ge=trei=de ins Feld.

1. Wollt ihr wiſſen, wie der
   Bauer
   Sein Getreide ausſät?—
   Seht, ſo ſät der Bauer
   Sein Getreide ins Feld!

   Do you want to know, how the
   farmer
   Sows the seeds of his corn?—
   See, so sows the farmer
   His corn on to the field !

2. Wollt ihr wiſſen, wie der
   Bauer
   Sein Getreide abmäht?—
   Seht, ſo mäht der Bauer
   Sein Getreide vom Feld !

   Do you want to know, how the
   farmer
   Mows down his corn?—
   See, so does the farmer
   Mow the corn in the field.

3. Wollt ihr wiſſen, wie der
   Bauer
   Sein Getreide ausdriſcht?—
   Seht, ſo driſcht der Bauer
   Sein Getreide vom Feld !

   Do you want to know how the
   farmer
   Thrashes his corn?—
   See, so does the farmer
   Thrash the corn from the field.

Lesson VI.

1. Imperfect Indicative and Imperative of „ſein " **and** „ haben."

Imperfect of „ ſein."

ich war—I was
du warſt—thou wert
er (ſie, es) war—he (she, it) was
wir waren—we were
Sie waren—you were
ſie waren—they were

Imperfect of „ haben."

ich hatte—I had
du hatteſt—thou hadst
er (ſie, es) hatte—he (she, it) had
wir hatten—we had
Sie hatten—you had
ſie hatten—they had

Imperative of „ ſein."

ſei !—be ! (to a child)
ſeid !—be ! (to children)
ſeien Sie !—be ! (lady or gentleman)

Imperative of „ haben."

hab(e) !—have ! (to a child)
habt !—have ! (to children)
haben Sie !—have ! (lady or gentleman)

Examples with the Imperative of „ ſein " *and* „ haben."

ſei artig !—be good
ſeid geduldig !—be patient
ſeien Sie ſo gütig !—be so kind

habe Geduld !—have patience
habt acht !—heed ! (mind)
haben Sie die Güte !—have the kindness

2. How to render the interrogative pronoun " whose " :

(*a*) by „weſſen " (genitive of „wer "), when referring to a person :

> *Ex.*—*whose* son is he ?—weſſen Sohn iſt er ?
> *whose* niece is she ?—weſſen Nichte iſt ſie ?

(*b*) by „wem gehört (gehören—to belong to), when referring to an inanimate object :

> *Ex.*—*whose* book is this ?—wem gehört dieſes Buch ?
> It is mine—es gehört mir.
> *whose* books are these ?—wem gehören dieſe Bücher ?
> They are his—ſie gehören ihm.

Phrases.

er hat recht—he *is* right

Sie hatten recht—you *were* right

ich habe unrecht—I *am* wrong

sie hatte unrecht—she *was* wrong

ich bin hungrig—I am hungry

er war hungrig—he was hungry

sie ist durstig—she is thirsty

Sie waren durstig—you were thirsty

Vocabulary.

der Schneider—tailor

der Uhrmacher—watchmaker

der Schuhmacher—bootmaker

der Schuster—cobbler

der Maurer—mason

der Haarschneider—hairdresser

der Kellner—waiter

nun—now ; bald—soon.

heißen—to be called

er heißt Wilhelm—he is called William

wie heißt sie ?—what is her name ?

wie heißt das auf deutsch ?—what is that called in German ?

Gretchen—Margaret, Maggie

Fritz—Fred

Friedrich—Frederick

A. Grammar Drill : (Translate the following phrases) : We were hungry ; have patience ; whose child ? they had ; they were right ; at the tailor's ; she is called Margaret ; I was thirsty ; have the kindness to show me the flower. they were hungry ; he was right ; they were wrong.

B. Translate into English : Wer war mit ihm in unserem Garten ? Mit wem waren Sie gestern Nachmittag in der Stadt ? Wem gehören diese Stiefel ? Wir waren heute Vormittag bei dem Uhrmacher. Wer war gestern Vormittag bei dem Schuhmacher ? Haben Sie die Güte mir den Obstgarten zu zeigen ! Wem gehört dieses Haus ? Es gehört dem Schneider. Kauft Fritz einen Hut oder eine Mütze ? Er kaufte einen Hut bei dem Schneider in der Stadt. Wir spielten am Abend mit der Nichte und der Tochter von Frau Braun. Wie heißt "*soon*" auf deutsch ? Wie lange waren Ihr Onkel und Ihre Tante in Berlin ? Sie waren drei Tage in Berlin und eine Woche in Hamburg.

C. Translate into German: Fred was ill and he is now sitting in the garden. Were you with the waiter in the dining room? What is his sister's name? He found (*fand*) an apple in your garden. We were at the hairdresser's. You were right, he put his book under the desk. They will go to Berlin with their father. Whose hat is this? It belongs to my brother. Have patience, she will soon come from the station. He was wrong, I showed him the pencil. Whose son is he? He is the son of (*von*) the bootmaker and his sister is called Gretchen. They live near (beside) the station. Have the kindness to show me (dat.) your garden.

D. Conversation: Sind Sie hungrig? Wie heißen Sie? Wie heißt "*ripe*" auf deutsch? Wie heißt Ihre Schwester? Wem gehört dieses Buch? Zeigen Sie mir die Tür! Sind Sie durstig? Wo waren Sie gestern Abend? Haben Sie die Aufgabe gelernt?

E. Story for reading, translation and conversation or dictation:

Der Geburtstag.

Es war ein kalter Tag im Winter. Wilhelm hatte seinen Geburtstag. Er war nun sieben Jahre alt. Die Mutter machte einen großen, süßen Kuchen für den kleinen Sohn und steckte sieben kleine Wachskerzen auf den Kuchen und stellte ihn auf den Tisch im Speisezimmer. Der Vater hatte für den Sohn Wilhelm viele Spielsachen in der Stadt gekauft: eine Eisenbahn, rote, grüne und blaue Stifte zum Malen und einen Schlitten.

Wilhelm hatte am Abend vor dem Geburtstag drei Freunde eingeladen: Karl Jung, Adolf Braun und Robert Weiß. Am Nachmittag des Geburtstages waren die Eltern, Wilhelm und seine Freunde in dem Speisezimmer. Sie hatten Schokolade, Nüsse, Kuchen und Limonade. Sie spielten nach dem Essen mit der Eisenbahn. Der Vater photographirte die Kinder. Die Freunde dankten den Eltern und Wilhelm und gingen spät am Abend nach Hause.

der Kuchen—cake	zum Malen—for painting
die Wachskerze (n)—candle(s)	der Schlitten—sledge
die Spielsache (n)—plaything(s), toy(s)	eingeladen—invited
die Eisenbahn—railway	Nüsse (*f. pl.*)—nuts
die Stifte (*pl.*)—crayons	gingen—went

LESSON VII.

1. The following possessive adjectives (and "kein") form the Accusative and Dative in the same way as the indefinite article—they add the terminations **en, em, er** to the nominative case :—[Revise here Prepositions in Lessons III. IV. and V.]

	Masculine.	*Feminine.*	*Neuter.*
Nominative :	mein	meine	mein (my)
Accusative :	mein**en**	meine	mein (my)
Dative :	mein**em**	mein**er**	mein**em** (to my)

mein—my
dein—thy
sein—his, its
ihr—her, its

unser—our
Ihr—your
ihr—their
kein—no

2. Present indicative of " werden " (to become, get) :

ich werde müde—I get (I am getting) (I become) tired
du wirst böse—thou gettest (art getting) (becomest) angry
er wird alt—he gets (he is getting) (he becomes) old
sie wird traurig—she gets (she is getting) (she becomes) sad
es wird dunkel—it gets (it is getting) (it becomes) dark
wir werden naß—we get (we are getting) (we become) wet
Sie werden bleich—you get (you are getting) (you become) pale
sie werden stark—they get (are getting) (become) strong

3. Imperfect indicative of " werden " :

ich wurde böse—I got (I was getting) (I became) angry
du wurdest naß—thou gottest (**was getting**) (**becamest**) wet
er wurde traurig—he got (was getting) (became) sad
sie wurde müde—she got (was getting) (became) tired
es wurde dunkel—it got (it was getting) (it became) dark
wir wurden alt—we got (we were getting) (we became) old
Sie wurden stark—you got (were getting) (became) strong
sie wurden bleich—they got (were getting) (became) pale

4. Perfect indicative of " werden " :

ich bin sehr müde geworden—I have got very tired
ist es dunkel geworden ?—did it (has it got) dark ?
Sie sind sehr bleich geworden—you have got very pale
etc.   etc.

Complete the following : von ihr— Tante ; mit mein— Bruder ; für sein—Vater ; durch Ihr— Garten ; aus mein— Buch gegen ihr— Schwester ; auf unser— Dach ; hinter sein— Bruder ; mit kein— Stock ; ohne sein— Hut ; von mein— Onkel ; für sein— Sohn ; von ihr— Vater ; aus sein— Garten ; mit unser— Hund ; für kein— Apfel ; bei ihr—Tante ; nach sein— Pferd ; durch uns— Obstgarten ; ohne ihr— Hut ; nach jen— Stadt ; zu uns— Tante ; gegen sein— Kopf ; bei ihr— Schneider.

Vocabulary.

der Tag—day	das Wetter—weather
der Morgen—morning	schön—fine, beautiful
der Mittag—noon, midday	trübe—dull, muddy
der Abend—evening	naß—wet
der Vormittag—forenoon	feucht—damp, moist
der Nachmittag—afternoon	böse—angry
die Nacht—night	krank—ill
die Mitternacht—midnight	warum ?—why ?

Phrases.

bei Tag—by day	bei schönem Wetter—in fine weather
bei Nacht—at night	bei kaltem Wetter—in cold weather
um Mitternacht—at midnight	guten Morgen—good morning
am Morgen—in the morning	guten Abend—good evening
am Abend—in the evening	gute Nacht—good night
am Vormittag—in the forenoon	

A. Translate into English : Ist das Obst für meinen Bruder ? Er kommt mit seiner Schwester aus dem Haus. Sie gehen ohne den Sohn zu ihrem Onkel. Es wird kalt. Sein Vater wurde böse. Das (that) ist nicht für meinen Sohn, das ist für meine Tochter. Unsere Schwester wurde krank. Warum wurde Ihr Bruder böse ? Ich gehe jeden Morgen mit meinem Bruder in die Schule. Sie kommt am Abend aus der Stadt. Das Wetter wurde kalt und naß. Wir kommen am Abend zu Ihnen. Es wurde sehr spät am Abend. Das Wasser in dem See wurde kalt und trübe. Warum gehen Sie bei schönem Wetter nicht in den Garten? Gehen Sie mit Ihrem Onkel am Nachmittag in die Stadt?

B. Translate into German: This flower is out of our garden. Our farmer has fruit in his garden. Give me my hat and my stick. Show him (to him) our house. It was getting cold. We sit in our garden in warm weather. They go every day to town. Her uncle became very ill. Is the water getting clear? No, it is still very muddy. His aunt is getting very old. Put that flower on my desk. It got very dark in the afternoon. He is sitting in his chair with a book. Your uncle got very angry. We are going with your sister in the evening. It got very warm at mid-day.

C. Story for reading, translation and conversation or dictation:

Ein Mädchen hat einen Hund. Dieser Hund ist weiß, er ist auch jung und klein. Das Mädchen geht jeden Morgen mit dem Hund in die Stadt. Sie kauft in der Stadt eine Wurst für den Hund. Dieser Hund will die Wurst fressen, aber ein großer Hund kommt und will die Wurst auch fressen. Der Hund mit der Wurst geht zu dem Mädchen. Das Mädchen hat einen Stock in der Hand. Sie legt die Wurst in ihren Korb, aber der andere Hund kommt und will die Wurst aus dem Korb nehmen. Das Mädchen wird böse und stellt den Korb auf die Straße. Sie schlägt den andern Hund mit ihrem Stock, aber der Hund geht zu dem Korb, nimmt die Wurst aus dem Korb und rennt mit der Wurst durch die Straße.

Ein Herr kommt auf der Straße gegen das Mädchen. Er hat auch einen Stock. Er sieht den Hund mit der Wurst. Er schlägt den Hund mit seinem Stock. Der Hund läßt die Wurst auf die Straße fallen. Der Herr nimmt die Wurst und bringt sie dem Mädchen. Das Mädchen ist sehr froh und sagt: „Ich danke Ihnen, mein Herr!" Sie gibt die Wurst ihrem Hund und beide sind wieder glücklich und gehen nach Hause.

die Wurst—sausage	nehmen—to take	er sieht—he sees
fressen—to eat (of animals)	sie schlägt—she strikes	läßt ... fallen— drops (lets fall)
der Korb—basket	er nimmt—he takes	beide—both
der andere—the other	er rennt—he runs	

Lesson VIII.

1. The **Future** and **Conditional** of all German Verbs are formed with the auxiliary „werden" and the Infinite of the verb. **In a Principal Sentence the Infinitive is put to the end.**

Future.	*Conditional.*
(I shall go)	(I should or would go)
ich werde morgen gehen	ich würde morgen gehen
du wirst heute gehen	du würdest heute gehen
er (sie, es) wird am Morgen gehen	er (sie, es) würde am Morgen gehen
wir werden früh gehen	wir würden früh gehen
Sie werden morgen gehen	Sie würden morgen gehen
sie werden heute nicht gehen	sie würden heute nicht gehen

Practice with Future and Conditional: Er wird am Nachmittag kommen. Wir würden nicht so früh gehen. Sie würde mit ihrer Schwester in die Stadt gehen, aber sie ist krank. Werden Sie ohne Ihren Hut in die Stadt gehen? Ich würde bei kaltem Wetter nicht in die Stadt gehen. Wir werden am Vormittag hinter dem Haus sitzen. Würde ihr Bruder ohne sie in die Kirche gehen? Es wird am Abend sehr kalt werden.

2. The Genitive or Possessive case singular of the definite and indefinite articles and words like: dieser, jener, jeder, welcher (see Lesson V.), and: mein, dein, sein, ihr, unser, Ihr, kein (see Lesson VII.), is formed, as follows:

	Masculine.	*Feminine.*	*Neuter.*
Nominative:	der (the)	die (the)	das (the)
Genitive:	des (of the)	der (of the)	des (of the)
Nominative:	dieser (this)	diese (this)	dieses (this)
Genitive:	dieses (of this)	dieser (of this)	dieses (of this)

	Masculine.	*Feminine.*	*Neuter.*
Nominative:	ein (a)	eine (a)	ein (a)
Genitive:	eines (of a)	einer (of a)	eines (of a)
Nominative:	kein (no)	keine (no)	kein (no)
Genitive:	keines (of no)	keiner (of no)	keines (of no)

4

3. Most Masculine and Neuter Nouns add " es " or " s " in the Genitive singular („ es " is added to Nouns of one syllable and „ s " to those of more than one syllable). **Feminine Nouns do not change in the Genitive singular.**

Masculine.	*Feminine.*	*Neuter.*
Nominative :		
der Vater (father)	die Mutter (mother)	das Zimmer (room)
Genitive :		
des Vaters (of the father)	der Mutter (of the mother)	des Zimmers (of the room)
des Sohnes (of the son)	der Frau (of the woman)	des Kindes (of the child)

Complete the following : Der Hut d— Bruder—; die Feder d— Mädchen—; das Haus mein— Onkel—; der Garten jen— Bauer—; die Tochter unser— Gärtner—; die Wand dies— Zimmer—; der Stock Ihr— Sohn—; die Tasche sein— Schwester; die Hand d— Kind—; das Dach jed— Haus—; der Garten unser— Nachbar—.

4. Prepositions which govern the Genitive case :

statt (anstatt)—instead of
* wegen—on account of
längs—along

während—during
trotz—in spite of
diesseit—on this side of
jenseit—on that side of (on the other side of)

Vocabulary.

der Himmel—sky, heaven
der Mond—moon
der Stern—star
der Monat—month
der Wind—wind

die Sonne—sun
die Wolke—cloud
die Woche—week
scheinen—to shine
spielen—to play

morgen—to-morrow
heute—to-day
gestern—yester-day
lange—long (for a long time

*May stand before or after the noun : **wegen des Wetters** or **des Wetters wegen** (on account of the weather).

Phrases.

Die Sonne scheint am Himmel—the sun is shining in the sky
Wann gehen Sie nach Hause?—when do you go home?
Er war gestern nicht zu Hause—he was not at home yesterday
Wir gehen im Sommer nach Berlin—we are going to Berlin in
summer
leben Sie wohl!—good bye!
auf Wiedersehn!—good bye! (Au revoir!)

A. Translate into English: Die Nichte des Wirtes kommt heute nach Hause. Sehen Sie den Mond am Himmel? Sie wird morgen mit dem Sohn des Gärtners in die Stadt gehen. Wir werden nicht lange bleiben. Der Sohn unseres Wirtes wird trotz des Wetters in den Garten gehen. Er wird während des Abends zu uns kommen. Die Sonne scheint während des Tages und der Mond scheint während der Nacht. Sie werden diesen Monat ans Meer gehen. Der Wind wurde sehr kalt. Spielen sie mit dem Kind des Bauers in dem Garten? Das Wetter wird kalt und trübe bleiben. Warum geht er morgen mit der Tante nicht nach Hause? Er geht jede Woche mit dem Bruder des Wirtes in die Stadt. Wir werden am Nachmittag jenseit des Flusses spielen.

B. Translate into German: He has his father's stick (the stick of his father). My uncle bought your father's house. She would go with you, but her uncle's child is very ill. Our teacher's brother lives in that house along the orchard. We shall go every morning to school with your sister's child. Our aunt will come home early to-morrow. They will come during the evening. We shall remain a week or a month. The fruit in this orchard is not yet ripe. Their daughter's child became very ill during the night. I shall play in spite of the wind. His uncle's house is situated (lies) on the other side of the village. They would come in spite of the rain.

C. Conversation: Wo scheint der Mond? Wohin werden Sie im Sommer gehen? Wann spielen Sie? Wo spielen Sie? Wann scheint die Sonne? Wann gehen Sie ans Meer? Scheint die Sonne bei Tag oder bei Nacht? Was scheint bei Nacht? Mit wem gehen Sie in die Schule? Gehen Sie im Sommer aufs Land? Wo ist die Wolke? Wie lange bleiben Sie am Meer?

Lesson IX.

1. The Past Participle of a regular or weak German Verb is formed from the root of the verb by prefixing "ge" and adding the termination "t" (or "et"):

Infinitive.	*Present Perfect.*
kaufen (to buy)	ich habe einen Hut gekauft*
lernen (to learn)	er hat die Aufgabe gelernt
hören (to hear)	sie hat mich gehört
zeigen (to show)	wir haben ihr das Haus gezeigt
haben (to have)	Sie haben einen Apfel gehabt
mieten (to rent)	sie haben das Haus gemietet

2. The Past Participles of „sein" and „werden" are irregular and conjugated with the verb "to be" (sein):

Present Perfect of „sein."	*Present Perfect of „werden."*
(I have been . . .)	(I have got (become) . . .)
ich bin krank gewesen	ich bin müde geworden
du bist artig gewesen	du bist groß geworden
er (sie, es) ist böse gewesen	er (sie, es) ist kalt geworden
wir sind müde gewesen	wir sind krank geworden
Sie sind in Berlin gewesen	Sie sind alt geworden
sie sind naß gewesen	sie sind böse geworden

Phrases :

Was ist aus Ihrem Bruder geworden ?—What has become of your brother ?

Was wird aus ihm werden ?—What will become of him ?

Sind Sie je in Berlin gewesen ?—Have you ever been in Berlin ?

---

* **The Past Participle goes to the end of a principal sentence** (*same as the Infinitive; see Lesson VIII.*).

3. In a Negative Sentence the „ nicht " (*not*) goes usually in front of the Infinitive or Past Participle.

Ex. wir werden heute nicht gehen—we shall not go to-day.

sie haben das Haus nicht gekauft—they did not buy the house

er würde es ihm nicht gezeigt haben—he would not have shown it to him

Note.—If any part of the sentence is specially emphasised the „ nicht " precedes the emphasised word or expression.

Ex. wir werden heute nicht in die Stadt gehen—

we shall not go to town to-day

er würde nicht allein kommen—he would not come alone

warum sind Sie nicht in der Schule gewesen?—

Why were you not at school ?

Vocabulary.

der Regen—rain
es regnet—it is raining
der Schnee—snow
es schneit—it is snowing
der Donner—thunder
es donnert—it thunders
der Blitz—lightning
es blitzt—there is lightning

der Hagel—hail
es hagelt—it is hailing
gesehen (*p. p.*)—seen
gefunden (*p. p.*)—found
genommen (*p. p.*)—taken

A. Translate into English : Was haben Sie in der Stadt gekauft ? Es hat gestern Vormittag geregnet. Wer hat Sie deutsch gelehrt ? Haben Sie den Hut in dem Wohnzimmer gesehen ? Sie sind heute sehr naß geworden. Wir sind diesen Sommer in Berlin gewesen. Er wird diesen Monat mit seinem Bruder ans Meer gehen. Der Sohn des Gärtners hat mir das Obst gezeigt. Es hat am Abend geblitzt und gedonnert. Haben Sie gestern Nachmittag den Blitz nicht gesehen ? Wann hat er das Haus neben der Kirche gekauft ? Ich habe diesen Apfel in dem Obstgarten gefunden. Was ist aus der Schwester geworden ? Warum sind Sie gestern Vormittag nicht in der Schule gewesen ? Wo haben Sie das Buch gefunden ?

B. Translate into German: They have been in the dining room. His brother's hat has got very wet. His aunt has bought a house in town. She has lived for a long time in our village. Her father's house has an orchard along the river. We have not seen the lightning, but we have heard the thunder. It has been snowing during the afternoon. He has not yet found the book. Did you see him (have you seen him)? What did he find in the garden? I have shown them (to them) my brother's house. Why did you not take your father's stick? They have got very tired. It has been raining every morning. The snow is still lying on the other side of the river. Where have you been to-day? Has the water got clear? They have got very wet during the rain.

C. Learn the following poem by heart:

> Regen, Regen, Tröpfchen,
> Es regnet auf mein Köpfchen;
> Es regnet in das kühle Gras,
> Da werden meine Füße naß.
> Es regnet, es regnet,
> Es regnet seinen Lauf,
> Und wenn's genug geregnet hat,
> So hört es wieder auf!

---

das Tröpfchen—little drop; das Köpfchen—little head; kühl, cool; der Lauf—course; es hört . . . auf—it stops.

Lesson X.

1. Verbs with final root vowel ð or t add et (instead of „ t") in the 3rd Person Singular of the Present Indicative and the Past Participle, and ete, eteſt, eten (instead of „ te," „ teſt," „ ten ") in the Imperfect Indicative.

Infinitive.	3rd Singular Pres. Indic.	Past Participle.
reden—to talk	er redet—he is talking	geredet—talked
baden—to bathe	er badet—he is bathing	gebadet—bathed
arbeiten—to work	er arbeitet—he is working	gearbeitet—worked
beten—to pray	er betet—he is praying	gebetet—prayed
retten—to rescue	er rettet—he is rescuing	gerettet—rescued
warten—to wait	er wartet—he is waiting	gewartet—waited

Imperfect Indicative.

ich redete mit ihm—I was talking to him
du redeteſt mit uns—thou wert talking to us
er redete mit Jhnen—he was talking to you
wir redeten mit ihr—we were talking to her
Sie redeten mit ihm—you were talking to him
ſie redeten mit mir—they were talking to me

ich wartete auf Sie—I was waiting for you
du warteteſt auf mich—thou wert waiting for me
er wartete auf uns—he was waiting for us
wir warteten auf ſie—we were waiting for her (them)
Sie warteten auf mich—you were waiting for me
ſie warteten auf ihn—they were waiting for him

2. Verbs with final root vowel s, ß, ſch or z add eſt (instead of ſt) in the 2nd Person Singular of the Present Indicative.

Infinitive.	2nd Sing. Pres. Indicative.
reiſen—to travel	du reiſeſt—thou art travelling
haſſen—to hate	„ haſſeſt—thou art hating
heißen—to be called	„ heißeſt—thou art called
pflanzen—to plant	„ pflanzeſt—thou art planting
tanzen—to dance	„ tanzeſt—thou art dancing
ſitzen—to sit	„ ſitzeſt—thou art sitting
wünſchen—to wish, desire	„ wünſcheſt—thou art wishing

3. **Verbs in „ eln" drop the „ e " before the „ l " in the first Person Singular of the Present Indicative and in the Singular of the Imperative.**

Infinitive.	*Pres. Ind.* (1st *Sing.*)	*Imperative* (*Sing.*).
tabeln (to blame)	ich table	table ihn nicht !
schmeicheln (to flatter)	„ schmeichle	schmeichle ihm !
lächeln (to smile)	„ lächle	lächle nicht !

Vocabulary.

der Löffel—spoon	die Gabel—fork	das Messer—knife
der Teller—plate	die Tasse—cup	das Fleisch—meat
der Tee—tea	die Untertasse—saucer	das Salz—salt
der Kaffee—coffee	die Milch—milk	das Stück—piece
der Pfeffer—pepper	die Suppe—soup	das Tischtuch—table-cloth

reichen—to hand, pass ; danke—I thank you.

4. **Grammar Drill :** He is praying ; thou art sitting ; she was bathing ; he has been working ; thou art called Charles ; have you been waiting for him ? What art thou wishing ? Has he been travelling ? he rescued ; we have been bathing ; has he been talking to you ? were they waiting for her ? Wait for me, please. Why were you not talking to him ? Hand me the salt, please. Why do you smile ? I am not smiling.

Phrases.

geben Sie mir eine Tasse Tee, bitte !—give me a cup of tea, please.

Wünschen Sie noch ein Glas Milch ?—Do you wish another (one more) glass of milk ?

Ich danke—no, thank you.

Ja, gern—yes, thank you.

Bitte, reichen Sie mir den Pfeffer!—please hand me the pepper.

Bitte, geben Sie mir ein Stück Butterbrot !—please give me a piece of bread and butter.

A. Translate into English : Er badet jeden Morgen in dem Fluß neben dem Wald. Stellen Sie die Flasche Milch neben den Teller auf dem Tisch! Ich redete mit unserem Gärtner, er arbeitete in dem Garten und pflanzte Gemüse. Die Mutter wartete auf dem Bahnhof. Bitte, geben Sie mir noch eine Tasse Tee, ich bin sehr durstig! Das Mädchen stellte die Tasse ohne die Untertasse auf den Tisch. Die Gabel und das Messer liegen neben dem Teller. Haben Sie den Löffel neben der Tasse gesehen? Wo haben Sie auf ihn gewartet? Wir trinken lieber Kaffee als Tee. Essen Sie gern Fleisch? Bitte, reichen Sie mir das Salz! Wünschen Sie ein Glas Milch oder eine Tasse Kaffee? Ich trinke lieber ein Glas Wasser oder eine Tasse Schokolade.

B. Translate into German : Have you been waiting long? He rescued a child in the river behind our house. Why did you not wait for us? Whose knife is this? Put the salt and pepper beside the meat on the table, please. To whom did she talk? Please give me another piece of bread and butter, I am very hungry. With whom has he been dancing? I have found this spoon on the floor. She drinks a glass of milk every morning. Do you prefer tea or coffee? We shall wait for her at the station. His uncle travels every week to London. What do you wish? A plate of soup and a piece of bread, please. Have you been working in the garden?

C. Conversation : Mit wem redeten Sie? Essen Sie gern Butterbrot? Baden Sie gern? Auf wen warten Sie? Mit wem gehen Sie nach Hause? Haben Sie am Abend oder am Morgen gearbeitet? Wer wartete auf Sie? Was wünschen Sie? Trinken Sie den Kaffee gern heiß oder kalt? Wartete er lange auf Sie?

Revision Lesson VI.—X.

1. Form one sentence, showing case governed by the following prepositions : with, between, during ; to (a person), from, instead of, at (house of), after, for, on account of.

2. Decline : (singular only) : welches Buch? mein Vater; diese Tochter; unser Sohn; jede Woche; Ihr Haus; jener Stuhl; kein Garten.

3. Give German for : He has been ill. We shall not come. They were bathing. What have you bought in town? Did he rescue the child? Will it rain? Has it been snowing? They were getting tired. They would not come. Have you shown them the flower? Did he get angry? We did not hear the thunder, but we have seen the lightning. Have patience. He was talking to your brother. This hat belongs to his sister. Hand her the bread, please. Go home.

4. Translate the following Phrases : Good evening, where are you going? Au revoir. She was not at home. Where do you go in the morning? What has become of your friend Charles? Was he wrong? Do you wish a glass of water? Please hand me the milk. He does not bathe in cold weather. I wish another cup of tea. Whose house is this? The sun shines by day. I shall wait for you. What is his name? What do you call that (das) in German?

5. Answer the following questions (in German) : Wann gehen Sie in die Schule? Wie heißen Sie? Wo liegt das Buch? Trinken Sie gern Milch? Essen Sie lieber Brot oder Kuchen? Hat es heute geregnet? Wem gehört dieses Buch? Sind Sie hungrig oder durstig? Wann scheint der Mond? Wo scheint die Sonne? Wohin gehen Sie im Sommer?

Passage for Reading, Translation and Dictation : An einem schönen Sommertag ging Marie mit ihrer Schwester Lina in den Wald. Auf dem Weg nach dem Wald sah Marie ein Goldstück. Sie bückte sich, nahm das Geld in die Hand und zeigte es der Lina. Es war ein zehn Mark Goldstück. Lina sah das schöne Goldstück und sagte : „ Wir werden am Nachmittag in die Stadt gehen und mit dem Geld etwas kaufen."—„ Nein," antwortete Marie, „ das Geld gehört nicht dir und nicht mir, wir werden fragen, wem es gehört."

Sie gingen weiter gegen den Wald. Marie hatte das Goldstück in die Tasche gesteckt. Eine Dame kam aus dem Wald und sah auf den Boden. Marie und Lina kamen zu der Dame und Marie fragte: „Was suchen Sie? Haben Sie etwas verloren"?—„Ja," sagte die Dame," ich habe zehn Mark verloren, es war ein Goldstück." Marie steckte die Hand in die Tasche, zeigte der Dame das Goldstück und sagte: „Meine Schwester und ich haben das Goldstück auf dem Wege gefunden." Marie gab das Geld der Dame und die Dame war sehr dankbar. Sie gab der Marie eine Mark und sagte: „Du bist ein ehrliches Mädchen, ich danke dir."

---

der Weg—path, road	gingen—went	dankbar—grateful
sah—saw	kam(en)—came	ehrlich—honest
das Geld—money	der Boden—ground	
das Geldstück—coin	suchen—to look for, search	
sich bücken—to bend	verloren—lost	
nahm—took	die Mark—German shilling	
das Goldstück—gold coin	gab—gave	
antworten—to answer		

Der Sommer ist da.

Tra = ri = ra, der Sommer, der ist da! Wir
Tra = ri = ra, der Sommer, der ist da! Wir

gehen in den Gar = ten, dort auf den Sommer war = ten.
gehen in die He = cken, Und dort den Sommer we = cken.

Ja, ja, ja, der Sommer, der ist da!
Ja, ja, ja, der Sommer, der ist da!

die Hecke(n)—hedge(s) wecken—to waken

Lesson XI.

1. Comparison of Adjectives.

Positive.	Comparative.	Superlative.
lang—long	länger—longer	der (die, das) längſte—the longest
		am längſten—longest
arm—poor	ärmer—poorer	der (die, das) ärmſte—the poorest
		am ärmſten—poorest
ſchön—beautiful	ſchöner—more beautiful	der (die, das) ſchönſte—the most beautiful
		am ſchönſten—most beautiful(ly)

(a)

faul—lazy	fauler—lazier	der (die, das) faulſte—the laziest
		am faulſten—laziest
laut—loud	lauter—louder	der (die, das) lauteſte—the loudest
		am lauteſten—loudest

(b)

langſam—slow	langſamer—slower	der (die, das) langſamſte—the slowest
		am langſamſten—slowest
artig—well-behaved	artiger—better behaved	der (die, das) artigſte—the best behaved
		am artigſten—best behaved

(c)

heiß—hot	heißer—hotter	der (die, das) heißeſte—the hottest
		am heißeſten—hottest
kurz—short	kürzer—shorter	der (die, das) kürzeſte—the shortest
		am kürzeſten—shortest

(d)

The Comparative of Adjectives is formed by modifying the root vowel a, o, u and adding er; the Superlative is formed by modifying the root vowel a, o, u and adding ſte. There are two forms of the Superlative in German: der (die, das) längſte and am längſten. The latter form translates the English superlative without the definite article.

Exceptions :

(*a*) Adjectives with the diphthong „ **au** " **do not modify** in the Comparative and Superlative. (see under (*b*)).

(*b*) Adjectives **of more than one syllable do not modify** the root vowel a, o, u (see under (*c*)).

(*c*) Adjectives **ending in** s̲, ß̲, ſ̲ch̲ or z̲ **insert an** „ e " in the superlative (see under (*d*)).

2. Irregular Comparison of Adjectives.

Positive.	Comparative.	Superlative.
gut—good	beſſer—better	der (die, das) beſte—the best
		am beſten —best
hoch —high	höher—higher	der (die, das) höchſte—the highest
		am höchſten— highest
nahe—near	näher—nearer	der (die, das) nächſte—the nearest, next
		am nächſten—nearest
groß—big, great, tall	größer—bigger	der (die, das) größte—the biggest
		am größten—biggest

3. The following Adjectives do not modify :

blaß—pale	lahm—lame	ſtumpf—blunt
flach—flat	raſch—quick	voll —full
froh—glad	rund—round	wahr—true
hohl—hollow	ſchlank—slender, slim	zahm—tame
kahl—bare, bald		
klar—clear	ſtolz—proud	zart—delicate, tender

4. Note the following forms of Comparison :

Er iſt älter als die Schweſter—he is older *than* the sister.

er iſt ſo groß als (wie) Sie—he is *as tall as* you.

ſie iſt nicht ſo alt wie (als) ihr Bruder—she is *not so* old *as* her brother.

das iſt das allerbeſte—that is the *best of all* (the *very best*).

Je länger, deſto (je) beſſer—*the* longer *the* better.

Vocabulary.

die Seite—page, side	der erstere—former	hübsch—pretty, nice
die Zeile—line (printed or written)	der letztere—latter	stark—strong
	früher als gewöhnlich earlier than usual	schwach—weak
die Zeitung—news-paper		dumm—stupid
	eng—narrow, tight	breit—broad
das Wort—word		klug—clever

Grammar Drill : later ; the best hat ; longest ; the prettiest garden ; nearest ; more beautiful ; the longest word ; the largest newspaper ; stronger ; the shortest page ; tamer ; highest.

A. Translate into English : Die Milch war wärmer als der Tee. Es war am kältesten um Mitternacht. Der höchste Baum in unserem Garten ist ein Apfelbaum. Diese Birne ist reifer als jener Apfel. Das ist der kürzeste Weg durch den Wald. Der Fluß ist am breitesten längs des Dorfes. Seine Schwester ist die klügste Schülerin. Je früher Sie kommen, desto besser. Sie ist heute schwächer als gestern. Er kam gestern Nachmittag früher als gewöhnlich. Es ist heute nicht so kalt gewesen wie gestern. Es war am heißesten am Nachmittag. Er ist nicht so klug wie sein Bruder. Der letztere ist höher als der erstere. Das ist die allergrößte Zeitung.

B. Translate into German : Is this (dies) the shortest way to the station ? His uncle is not so old as your father. Which tree is higher, the apple tree or the pear tree ? The day is longer than the night. My sister will come later than usual. This is the most beautiful day of the week. He is lazier than his brother. Please go slower, I am tired. Why does he not talk louder ? The longer you wait, the better. Come earlier ! The broadest street in that town is called Station Street. I like coffee better. It was hot in the forenoon, but it was hottest in the afternoon. Their house is the largest in this village.

C. Conversation : Was ist höher, die Kirche oder die Schule? Was ist länger im Winter, der Tag oder die Nacht? Ist die Marie so groß wie die Marta? Wer ist das größte Mädchen? Wann ist der kürzeste Tag? Ist es heute kälter oder wärmer als gestern? Wann war es am heißesten, am Vormittag oder am Nachmittag? Ist ein Dorf größer oder kleiner als eine Stadt? Trinken Sie gewöhnlich Kaffee oder Tee am Morgen?

Lesson XII.

1. Comparison of Adverbs.

There is no difference in German between Adjectives and Adverbs.

Ex. ſchön—beautiful(ly)
ſhübſch—pretty (prettily)
langſam—slow(ly)

2. Irregular Comparison of Adverbs.

Positive.	Comparative.	Superlative.
* wohl—well	beſſer—better	am beſten—best
† gern—(denotes "liking")	lieber—liking better	am liebſten—liking best
bald—soon	früher—sooner (earlier)	am früheſten—soonest
	eher—sooner (rather)	am eheſten—soonest
viel—much	mehr—more	am meiſten—most
wenig—little (quantity)	weniger—less	am wenigſten—least
	minder—less	am mindeſten—least

Learn the following Adverbs :

Adverbs of Time.	Adverbs of Place.	Other Adverbs.
heute Morgen—this morning	rechts—to the right	ziemlich—rather, pretty
geſtern Abend—last night	links—to the left	im allgemeinen—in general
vorgeſtern—the day before yesterday	gerade aus—straight on	gewiß—certainly
übermorgen—the day after to-morrow	überall—everywhere	wahrſcheinlich—probably
	hinten—behind	
	vorn—in front	natürlich—of course, naturally
alle Tage—every day	irgendwo—somewhere	
	nirgends—nowhere	umſonſt—in vain

* when speaking of health only ; otherwise render " well " by **gut.**
† when joined to a verb, it expresses liking ; ich gehe gern—I like to go.

Adverbs of Time.	*Adverbs of Place.*	*Other Adverbs.*
neulich—the other day	hier—here	keineswegs—by no means
kürzlich—recently	da—there	gar nicht—not at all
nächstens—shortly	dort—there	hoffentlich—it is to be hoped
sogleich—immediately	hierher—hither	erst—not until
gleich—presently	dorthin—thither	lauter—nothing but
auf immer—for ever	dorther—from there	zufällig—by chance
nach und nach—gradually	anderswo—elsewhere	
dann und wann—now and then	nebenan—next door	

Phrases.

ich danke bestens —many thanks

besten Dank—many thanks

es kostet mindestens drei Mark—it costs 3 Marks at least

höchstens zwei Tage—two days at most

spätestens am Montag—on Monday at the latest

ich bin nicht im geringsten müde—I am not in the least tired

heute vor acht Tagen—this day week (past)

heute über acht Tage—this day week (fut.)

zu Weihnachten—at Christmas

zu Ostern—at Easter

---

3. When a German Sentence begins with an Adverb or Adverbial Phrase, the Verb or auxiliary precedes the Subject :

Ex. Gestern | war | ich | in London—
  yesterday I was in London

  Wahrscheinlich | geht | er | im Sommer | nach Berlin—
  he will probably go to Berlin in summer

Note.—Adverbial expressions of Time precede those of Place.

4. The following co-ordinate conjunctions do not affect the position of words in a German sentence : und, oder, aber, denn.

Ex. aber er geht wahrscheinlich im Sommer nach Berlin.

  aber wahrscheinlich geht er im Sommer nach Berlin.

Vocabulary.

das Jahr—year
jährlich—annually
die Woche—week
wöchentlich—weekly
der Monat—month
monatlich—monthly
die Stunde—hour

stündlich—hourly, every hour
der Tag—day
täglich—daily
eines Tages—one day
die Jahreszeit(en)— season(s)

im Frühling (m.)— in spring
im Sommer (m.)— in summer
im Herbst (m.)—in autumn
im Winter (m.)—in winter

A. Translate into English : Wir hören es gern. Jedes Jahr gehen sie zu ihrem Onkel in Berlin. Gestern ist er nicht sehr wohl gewesen, aber heute ist er nicht so krank. Ich gehe am liebsten mit der Tante. Sie sehen es besser hinter dem Haus. Gestern Abend kamen wir später nach Hause als gewöhnlich. Sie würde eher zu Hause bleiben als mit dem Bruder in die Stadt gehen. Er kommt mindestens jeden Monat. Karl hat heute die Aufgabe am besten gelernt. Jeden Sommer gehen Sie an das (ans) Meer. Das Zimmer ist mindestens so groß wie unseres. Geben Sie mir ein wenig Wasser, bitte !

B. Translate into German : One day she bought a hat for her sister. Did you see him last night ? The day before yesterday we travelled to London. Will they come at Christmas ? He prefers his coffee cold. My mother likes tea best, but my father prefers coffee. In summer we go to school earlier than in winter. He will remain at least three days. This day week we shall go to London. Many thanks for the flower. It will cost at least as much as the hat. He would rather go alone. The day after to-morrow he will come with his sister.

C. Form one sentence beginning with each of the following Adverbial expressions : Alle Tage; im Winter; zu Ostern; jeden Morgen; eines Tages; hoffentlich; kürzlich; vorgestern; heute über acht Tage; heute; gestern; jeden Vormittag; dann und wann; überall; im Herbst.

D. Conversation : Was trinken Sie am liebsten? Gehen Sie lieber ans Meer oder auf das Land? Wann ist Weihnachten? Wie viele Jahreszeiten hat das Jahr? Wie heißen die vier Jahreszeiten? Welches ist die schönste Jahreszeit? Wann ist der längste Tag? Wann gehen Sie ans Meer?

Lesson XIII.

1. Conjugation of Mixed Verbs.

These verbs have the same terminations as the regular verbs, but change the root vowel of the Infinitive in the Imperfect and Past Participle.

Infinitive.	*Imperfect Indicative.*	*Perfect.*
brennen—to burn	brannte	es hat <u>gebrannt</u>
denken—to think	dachte	sie hat es <u>gedacht</u>
kennen*—to know	kannte	wir haben ihn <u>gekannt</u>
nennen—to name	nannte	sie haben ihn Karl <u>genannt</u>
rennen—to run	rannte	ich bin <u>gerannt</u>
senden—to send	sandte	haben Sie es <u>gesandt</u>?
wenden—to turn	wandte	er hat das Buch <u>gewandt</u>
bringen—to bring	brachte	hat sie es <u>gebracht</u>?
wissen*—to know	wußte	er hat es nicht <u>gewußt</u>

* <u>kennen</u> = to know, to be acquainted with a person or a thing (*Fr.* " connaître ").

  Ex. ich kenne ihn—I know him.
  er kennt den Weg—he knows the road.

* <u>wissen</u> = to know a fact (to know that, why, where, when, what, how) (*Fr.* "savoir").

  Ex. ich weiß nicht, wo er ist—I do not know where he is.
  er wußte, daß ich krank war—he knew that I was ill.

The Present Indicative of „ wiſſen " is irregular in the singular.

> ich weiß—I know
> du weißt—thou knowest
> er weiß—he knows
> wir wiſſen—we know
> Sie wiſſen—you know
> ſie wiſſen—they know

2. Learn the following compound words with " da " (there) and a preposition :

These can only be used when referring to inanimate objects. When the preposition begins with a vowel an „ r " is inserted.

daran—at it (them)

darauf—on it (them)

daraus—out of it (them)

dabei—thereby, by it (them)

dadurch—through it (them)

dafür—for it (them)

damit—with it (them)

darin—in it (them)

darüber—over it (them)

darunter—under it (them)
  below it (them)

davon—from it (them)
  of it (them)

dazu—to it (them)

Phrases.

er redet nicht davon—he does not talk about it

was denken Sie davon ?—What do you think of it ?

ich dachte nicht daran—I did not think of it

er lachte darüber—he laughed at it

ſie lächelte darüber—she smiled at it

warum tadeln Sie mich immer ?—why do you always find
  fault with me ?

Vocabulary.

der Schwager—brother-in-law.

die Schwägerin—sister-in-law.

der Enkel—grandson

die Enkelin—granddaughter

der Großvater—grandfather

die Großmutter—grandmother

die Eltern—parents

die Großeltern—grandparents

der Gemahl—husband

die Gemahlin—wife

ſprechen—to speak

Grammar Drill: I thought so (it); we knew her; who sent it? he laid it on it; has he known it? we ran; has he brought it? put it over it! have you heard of it? she has not heard from them; they are coming with it; I do not know her; did he bring them? he knew it; do not stand on it!

A. Translate into English: Sie brachte mir eine Blume aus ihrem Garten. Eine Schwägerin ist die Schwester eines Gemahls oder einer Gemahlin. Vorgestern hat er es aus der Stadt gebracht. Er wird wahrscheinlich nicht daran denken. Dann und wann lachen sie darüber. Warum haben sie das Buch darauf gelegt? Er wandte den Kopf rechts. Jeden Abend haben wir damit gespielt. Wir haben es erst gestern darüber gelegt. Wissen Sie, wo er wohnt? Nein, ich weiß es nicht. Mein Schwager hat mir einen Stock aus Berlin gebracht. Was denken Sie davon? Wir warteten lange darauf.

B. Translate into German: He does not know where it is. Every morning he brought a flower to his teacher. She turned the book and showed me the page. My brother-in-law was smiling at it. Do you know where my hat is? Her husband did not know me, but he knows where I live. Last night we put a paper over it. Did you not think of it? This morning we (have) found the knife under it. My grandparents sent me a book for (zu) my birthday. I have not heard from them until yesterday.

C. Story for Reading, Translation and Conversation or Dictation:

Der Großvater und der Enkel.

Der Großvater war sehr alt und zu schwach weit zu gehen. Er saß hinter dem Ofen auf einem Stuhl. Beim Mittagessen reichte ihm der Enkel die Suppe, das Fleisch und das Gemüse in einem Teller. Eines Tages ließ der Großvater den Teller fallen. Die Mutter wurde böse und kaufte in der Stadt einen Teller aus Holz. Eines Nachmittags brachte der Enkel ein Messer, einen Hammer und ein Stück Holz in die Wohnstube. Der Vater fragte: „Was machst du mit dem Holz?" Der Sohn antwortete: „Ich werde einen Teller aus Holz machen, aus diesem Teller werden meine Eltern essen, wenn ich groß bin." Die Eltern antworteten nichts, aber die Mutter weinte und dann sagte sie: „Jetzt muß der Großvater mit uns am Tisch essen." Von diesem Tag saß der Großvater am Tisch neben dem Enkel und der Mutter.

---

saß—sat   der Ofen—oven
aus Holz—of wood   der Hammer—hammer
weinen—to weep   am Tisch—at table
            beim Mittagessen—at dinner

D. Learn the following Poem by heart:

Die Verwandten.

Mein Vater heißt Emanuel,
Der Großpapa heißt Daniel,
Die Mutter heißt Rosina,
Großmütterlein Regina;
Den Bruder nennt man Christian,
Der Onkel heißt Sebastian.
Die Schwester heißt Susanna,
Die Tante Marianna,
Der Vetter nennt sich Konstantin,
Die Base Anna Katerin,
Die Patin, die heißt Ester,
Mein Pate Hans Sylvester,
Und ich? Ich bin Emilie.
Nun kennst du die Familie.

---

der Vetter—cousin
die Base (f.)—cousin
der Pate—godfather
die Patin—godmother
die Familie—family

Lesson XIV.

Cardinal Numerals.

1 eins	11 elf	23 dreiundzwanzig	100 hundert
2 zwei	12 zwölf	27 siebenund= zwanzig	101 hundert (und) eins
3 drei	13 dreizehn	30 dreißig	128 hundert acht und zwanzig
4 vier	14 vierzehn	31 einunddreißig	200 zwei hundert
5 fünf	15 fünfzehn	40 vierzig	237 zweihundert sieben und dreißig
6 sechs	16 sechzehn	50 fünfzig	1,000 tausend
7 sieben	17 siebzehn	60 sechzig	1,001 tausend und eins
8 acht	18 achtzehn	70 siebzig	1,054 tausend und vier und fünfzig
9 neun	19 neunzehn	80 achtzig	1,000,000 eine Million
10 zehn	20 zwanzig	90 neunzig	
	21 einund= zwanzig		

einmal—once
zweimal—twice
dreimal—three times
zehnmal—ten times
hundertmal—a hundred times
tausendmal—a thousand times
ein= für allemal—once for all
mehrmals—several times
einerlei—one kind of
dreierlei—three kinds of

vielerlei—many kinds of
allerlei—all kinds of
einfach—single, one-fold
zweifach—two-fold, double
(doppelt—double)
dreifach—threefold
dreifältig—threefold
zehnfach—ten-fold
zehnfältig—ten-fold

Phrases.

im Jahre neunzehnhundert ein und dreißig—in 1931
vor zwei Tagen—two days ago
vor acht Tagen—a week ago
vor vierzehn Tagen—a fortnight ago
es ist mir einerlei—it is all one to me
kein einziges Mal—not a single time
mein einziger Bruder—my only brother

Vocabulary.

am Sonntag (*m.*)—on Sunday
  „ Montag (*m.*)—on Monday
  „ Dienstag (*m.*)—on Tuesday
  „ Mittwoch (*m.*)—on Wednesday
  „ Donnerstag (*m.*)—on Thursday
  „ Freitag (*m.*)—on Friday
  „ Samstag (*m.*)—on Saturday

geboren (*p.p.*)—born
gestorben (*p.p.*)—died
starb (*imperf.*)—died
etwa—about
ungefähr—about
was kostet . . . —what is the price of . . .

A. **Translate into English:** Unser Großvater starb im Jahre neunzehnhundert einundzwanzig, er war dreiundachtzig Jahre alt. Vor drei Monaten waren mein Bruder und ich bei unserem Vetter in Berlin. Er reiste am Mittwoch von Dresden nach Hamburg. Wir werden ungefähr vier Wochen am Meer bleiben. Es ist ihm einerlei, ob (if) (whether) Sie kommen oder nicht. Diesen Monat werden wir wahrscheinlich mehrmals nach Berlin gehen, denn der Onkel ist sehr krank. Bei schönem Wetter gehen wir jeden Sonntag Nachmittag in den Wald. Wir haben ihn mehr als zehnmal in Berlin gesehen. Seine einzige Schwester starb vor vier Jahren. Ich fragte ihn, was es kostet und er antwortete: zehn Mark.

B. **Translate into German:** What is the price of this watch? 255 Marks. On Sunday we go twice to church—in the forenoon and in the evening. He died about 3 years ago. On Saturday we usually play in the garden or along the river. He comes every Friday morning. We waited at the station about two hours. Their only child was born two years ago. I have not been a single time in London. More than 750 pupils are in our school. Seven times twelve are (*is*) eighty-four. Three years ago we lived in No. (Numero) 137 Station Street. You have asked me more than ten times. It is all one to me whether you wait or not.

C. **Conversation:** Wie alt sind Sie? Wie viele Tage hat die Woche? Wie heißen die Tage der Woche? Wie viel ist fünf mal acht? Wie viel ist neunundzwanzig weniger dreizehn? Wie viele Mädchen sind in diesem Zimmer? Wie viele Schüler?

Lesson XV.

1. How to express Time of Day.

Wie ſpät iſt es ?—What time is it ?
wie viel Uhr iſt es ?—What o'clock is it ?
es iſt ein Uhr (eins)—It is one o'clock (one).
es iſt zwölf Uhr ?—It is twelve o'clock.

---

um wie viel Uhr ? —at what o'clock (time) ?
um vier Uhr —at four o'clock.
gegen neun Uhr—about nine o'clock.
bis zehn Uhr—till (by) ten o'clock.

---

es iſt halb vier (Uhr)—it is half past three.
         (Scottish : " hauf fower.")
es iſt halb eins—it is half past twelve.

---

es iſt ein Viertel nach zehn—it is a quarter past ten.
*es iſt ein Viertel (auf) elf—it is a quarter past ten.
        (a quarter on to eleven.)
es iſt ein Viertel vor zehn—it is a quarter to ten.
*es iſt drei Viertel (auf) zehn—it is a quarter to ten.
       (three quarters on to ten).
es iſt fünf Minuten nach ſechs—it is 5 minutes past six.
es iſt zehn Minuten vor acht—it is ten minutes to eight.

---

eine Uhr aufziehen—to wind up a watch or a clock.
ich ziehe meine Uhr jeden Abend auf—I wind up my watch
           every evening.

2. Names of Months (these are all Masculine).

im Januar —in January		im Juli —in July	
„ Februar— „ February		„ Auguſt — „ August	
„ März — „ March		„ September— „ September	
„ April — „ April		„ Oktober — „ October	
„ Mai -- „ May		„ November — „ November	
„ Juni — „ June		„ Dezember — „ December	

*„ auf " may be omitted in conversation.

Vocabulary.

die Stunde(n) —hour(s) lesson(s)

eine deutsche Stunde—a German lesson

die Uhr—watch, clock

die Armuhr—wristlet watch

die Wanduhr—clock (on wall)

die Kirchenuhr—church clock

die Sonnenuhr—sun dial

die Pause—interval

der Zeiger—hand (of clock)

das Uhrwerk —watch movement

das Uhrgehäuse—case (of watch)

das Zifferblatt—dial

am Mittag—at mid-day, noon

um Mitternacht —at midnight

a.m. = (m.) morgens

p.m. = (a.) abends

Phrases.

Meine Uhr geht nicht —my watch stops

Ihre Uhr geht 5 Minuten vor—your watch is 5 minutes *fast*

die Wanduhr geht 3 Minuten nach—the clock is 3 minutes *slow*

im Monat Februar—in the month *of* February

er geht immer früh zu Bett—he goes always early to bed

A. Translate into English : Vor zwei Tagen hat es geregnet, aber heute scheint die Sonne. In drei Tagen kommt der Onkel von Berlin zu uns. Der Sohn des Uhrmachers war vorgestern zwölf Jahre alt. Er ist zwei Jahre älter als der Sohn des Gärtners. Die Wanduhr geht nicht, wir werden sie zu dem (zum) Uhrmacher senden. Geht Ihre Uhr vor? Heute Morgen badeten wir vor sieben Uhr in dem Fluß. Wir gehen jeden Tag um halb neun Uhr in die Schule und wir haben eine Pause am Vormittag von elf bis ein Viertel nach elf und am Nachmittag von ein Viertel vor drei bis fünf Minuten vor drei. Im Monat Juli gehen wir immer ans Meer oder aufs (auf das) Land.

B. Translate into German : Yesterday was his birthday and his parents bought him (*dat.*) a wristlet watch. Every Sunday we go to church at eleven o'clock in the forenoon and at

half past six in the evening. Your watch is more than ten
minutes slow. In two days we shall be in Berlin. We have no
interval in the afternoon. We have a German lesson every
day from a quarter to eleven till half past eleven. When
does she usually go to bed? My birthday is in the month of
August. Have you seen the sun dial in my uncle's garden?
The dial of the church clock is white, but the hands are black.
Did you hear the clock at 12 o'clock noon?

C. **Conversation:** Wie viele Tage hat die Woche? Wie viele
Fenster sind in diesem Zimmer? Wann haben wir eine deutsche
Stunde? Wie spät ist es? Um wie viel Uhr gehen Sie zu
Bett? Wie viele Monate hat das Jahr? Wie viele Wochen hat
das Jahr? Wie heißen die Monate des Jahres?

D. **Story for Conversation, Reading, Translation and
Dictation:**

Die Zeit.

Sehen Sie die Uhr dort auf dem Turm? Jeden Morgen
sehen wir auf unserem Weg in die Schule, wie spät es ist. Diese
Kirchenuhr hat eine große, runde, weiße Scheibe. Diese
Scheibe heißt das Zifferblatt. Darauf sind Ziffern oder Zahlen
von eins bis zwölf. In der Mitte des Zifferblattes sind zwei
große Arme. Diese Arme heißen die Zeiger. Sie zeigen die
Stunden und die Minuten. Ein Zeiger ist länger als der
andere. Er geht in 5 Minuten von einer Ziffer zu der nächsten
und er geht viel schneller als der andere Zeiger. Der kleine
Zeiger geht viel langsamer. Er geht in einer Stunde von einer
Ziffer zu der anderen. Am Mittag und um Mitternacht stehen
der große und der kleine Zeiger auf der Ziffer zwölf.

Die Uhr in unserer Wohnstube ist viel kleiner als die Kirchen=
uhr und eine Armuhr ist kleiner als eine Wanduhr oder eine
Taschenuhr. Die Taschenuhr und die Armuhr sind in einem
Gehäuse von Gold oder Silber.

---

der Turm—tower   die Ziffer—figure, number
die Scheibe—disc   die Zahl(en)—number(s)

Revision Lesson XI.—XV.

1. Give the Comparative and Superlative of : tall, strong, round, pretty, cold, hot, proud, soon, near, high, short, lazy, slow, tame, clear.

2. Rewrite the following sentences, beginning with words underlined : Er geht täglich in die Stadt. Wir haben heute keine Schule. Der Geburtstag meines Bruders ist am Freitag. Die Tage sind am längsten im Sommer. Sie ist gestern nicht so wohl gewesen. Er wird hoffentlich früh kommen.

3. Give German for : at Christmas ; now and then ; not at all ; not in the least ; for ever ; somewhere ; in vain ; in general ; the day before yesterday ; straight on.

4. Translate into German : he ran through it ; we knew him ; do you know it ? I knew it ; we thought of it ; has he brought it ? does she know it ? they have burnt it ; she has turned it ; we brought it.

5. Give the German for : 31 ; a hundred times ; once for all ; 376 ; 10 fold ; 915 ; several times ; 4 kinds of ; 2497 ; not a single time ; 2 days ago.

6. Give the names of the days of the week in German !

7. Translate into German : at half past four a.m. ; in the month of March, 1931 ; your watch is fast ; it is a quarter to 12 noon ; a quarter past 3 p.m. (2 ways) ; he laughed at it ; it is all one to her ; many thanks ; 3 days at least.

Wie ist doch die Erde so schön.

1. Wie ist doch die Er=de so schön, so schön! Das wis=sen die Vö = ge =
2. Wie ist doch die Er=de so schön, so schön! Das wis=sen die Flüss' und die
3. Und Sänger und Ma=ler wis=sen es, Und es wissen's viel an=de=re

lein. . . . . Sie ha = ben ihr leich=tes Ge = fie = der, Und
See'n. . . . Sie ma = len im kla = ren Spie = gel, Die
Leut'!. . . Und wer es nicht malt, der singt es, Und

sin=gen so fröh=li=che Lie = der, In den blau=en Him=mel hin=
Gärten und Städt' und die Hü=gel, Und die Wolken, die drü=ber
wer es nicht singt, dem klingt es In dem Her = zen vor lau=ter

ein,— . . . in den blau = en Him=mel hin=ein. . . . .
gehn,— . . und die Wolken, die drü = ber geh'n. . . .
Freud', . . in dem Herzen vor lau = ter Freud'!. .

Lesson XVI.

1. Ordinal Numerals.

1st	—der erste	
2nd	— „ zweite	
3rd	— „ dritte	
4th	— „ vierte	2-19 are formed by adding "te" to the cardinals (except 1st, 3rd and 8th erste, dritte, achte.
5th	— „ fünfte	
6th	— „ sechste	
7th	— „ siebente	
8th	— „ achte	
9th	— „ neunte	
10th	— „ zehnte	
11th	— „ elfte	
12th	— „ zwölfte	
16th	— „ sechzehnte	
19th	— „ neunzehnte	

20th	—der zwanzigste	
21st	— „ einundzwanzigste	
30th	— „ dreißigste	
31st	— „ einunddrei=ßigste	20-100 are formed by adding "ste" to the cardinals.
47th	— „ siebenundvier=zigste	
69th	— „ neunundsechzigste	
70th	— „ siebzigste	
100th	— „ hundertste	
101st	— „ hundert(und)erste	
1000th	— „ tausendste	
1001st	— „ tausend(und)erste	
2003rd	— „ zweitausend(und)dritte	

2. Fractional Numerals.

$\frac{1}{2}$	—ein Zweitel *	
$\frac{1}{3}$	— „ Drittel	
$\frac{1}{4}$	— „ Viertel	1-19 are formed by adding "tel" to the cardinals.
$\frac{1}{8}$	— „ Achtel	
$\frac{1}{12}$	— „ Zwölftel	
$\frac{1}{19}$	— „ Neunzehntel	

$\frac{1}{20}$	—ein Zwanzigstel	
$\frac{1}{21}$	— „ Einundzwanzigstel	
$\frac{1}{30}$	— „ Dreißigstel	20-100 are formed by adding "stel" to the cardinals.
$\frac{1}{45}$	— „ Fünfundvierzigstel	
$\frac{1}{90}$	— „ Neunzigstel	
$\frac{1}{100}$	— „ Hundertstel	

3. Note the following Numerals :

erstens—firstly	das erstemal—the first time	zum erstenmal—for the 1st time
zweitens—secondly	das zweitemal—the second time	zum zweitenmal—for the 2nd time
drittens—thirdly	das drittemal—the third time	zum drittenmal—for the 3rd time
viertens—fourthly	das viertemal—the fourth time	zum viertenmal—for the 4th time
etc.	etc.	etc.

* "tel" denotes "Teil" (m.) a part ; these fractionals are all neuter, "das Zweitel," etc

Phrases.

den ersten Januar (den 1. Januar)—the first of January.
am ersten Januar (am 1. Januar)—on the first of January.
zum letztenmal—for the last time.
das nächste Mal—the next time.
der wievielte ist heute?—What day of the month is it?
heute ist der einunddreißigste August—to-day is the 31st August.

Vocabulary.

die Ferien (*pl.*)—holidays
der Feiertag—holiday
das Schaltjahr—leap year
eine Viertelstunde—a quarter of an hour
eine halbe Stunde—half an hour
ein halbes Jahr—half a year (6 months)
ein Vierteljahr—three months
am Anfang—at the beginning
am Ende—at the end
halb—half
die Hälfte—the half

einen halben Tag—half a day
drei und einen halben Tag—3 days and a half
zwei und eine Viertelstunde—2 hours and a quarter
feiern—to celebrate (keep)
dauern—to last
Weihnachten (*f. pl.*) Christmas
das Neujahr—New Year
der Neujahrstag—New Year's day
zuerst—at first
zuletzt—at last (finally)
endlich—at last

A. Translate into English: Heute ist der einundzwanzigste März neunzehnhundert einunddreißig. Am Anfang des Jahres hatten wir zwei und eine halbe Woche Ferien. Gestern feierten wir den Geburtstag unserer Mutter. Letzte Woche war seine Schwester die erste in der deutschen Klasse. Wir haben jede Woche fünf Stunden deutsch. Unsere Lehrerin geht nächsten Sommer ein und einen halben Monat nach Dresden. Wir haben mehr als eine halbe Stunde gewartet. Während der ersten Hälfte unserer Sommerferien gehen wir ans Meer. Unsere Ferien dauern vom achtundzwanzigsten Juni bis zum ersten September. Zuerst kauften wir einen Hut und dann besuchten wir die Tante. Endlich haben wir Ferien.

B. **Translate into German :** His birthday is on the 30th of December. On the 3rd of July he will be fourteen years of age (old). During the month of August we shall go to the country. I have waited more than 20 minutes for (auf) you, why are you so late? We shall go to school again at the beginning of the month of April. The first pupil in our German class has been in Berlin last summer for the first time. At the end of this month we shall go to the seaside and we shall stay there about three weeks and a half. His uncle died last summer in the month of July in his 71st year. Where did you celebrate New Year? I tell you for the last time, I am not going to town this afternoon. At first we waited, but after half an hour we were tired.

C. **Conversation :** Wann ist Ihr Geburtstag? Wie heißt der erste Tag des Jahres? Wie alt ist Ihre Schwester? Wie heißt der dritte Monat des Jahres? Wann ist Weihnachten? Der wievielte ist heute? Wie viele Tage hat der Monat Februar? Wie viele Tage hat ein Schaltjahr?

Lesson XVII.

Auxiliary Verbs of Mood.

[sollen, wollen, können, mögen, dürfen, müssen.]

wollen :

Present Indicative.	*Imperfect Indicative.*	*Past Participle.*
(I will, wish to, want to)	(I wished to, wanted to, was about to)	
ich will	ich wollte	
du willst	du wolltest	
er will	er wollte	gewollt
wir wollen	wir wollten	
Sie wollen	Sie wollten	
sie wollen	sie wollten	

Ex.—er will nicht kommen—He does not want to come.

sie wollten früh zu Bett gehen—They wanted to go to bed early.

wollen Sie mir das Salz reichen?—Will you hand me the salt?

wir wollen gehen!—Let us go!

Obs.—I *shall* go—ich <u>werde</u> gehen.

I *will* go—ich <u>will</u> gehen.

sollen :

Present Indicative. (I am to, I am said to)	Imperfect Indicative. (I was to, I was said to, I ought to)	Past Participle.
ich soll	ich sollte	
du sollst	du solltest	
er soll	er sollte	gesollt
wir sollen	wir sollten	
Sie sollen	Sie sollten	
sie sollen	sie sollten	

Ex.—Er soll sehr reich sein—he is said to be very rich.

Wir sollten warten—we ought to wait.

Die Mutter sagte, wir sollten nicht lange bleiben—Mother said we were not to remain long.

können :

Present Indicative. (I can, I am able to)	Imperfect Indicative. (I could, I was able to)	Past Participle.
ich kann	ich konnte	
du kannst	du konntest	
er kann	er konnte	gekonnt
wir können	wir konnten	
Sie können	Sie konnten	
sie können	sie konnten	

Ex.—Wir können morgen nicht gehen—We **cannot** (are not able to) go to-morrow.

er konnte nicht warten—he could not (was not able to) wait.

Obs.—I could—ich konnte (past action).

Ich konnte gestern nicht kommen—I could not come yesterday.

I could—ich könnte (future action).

Ich könnte morgen nicht kommen—I could not come to-morrow.

mögen :

Present Indicative. (I like to, I feel inclined to)	Imperfect Indicative. (I liked to, I felt inclined to)	Past Participle.
ich mag	ich mochte	
du magst	du mochtest	
er mag	er mochte	gemocht
wir mögen	wir mochten	
Sie mögen	Sie mochten	
sie mögen	sie mochten	

Ex.—Ich mag diese Suppe nicht—I do not like this soup.

wir mögen nicht allein gehen—we do not like (feel inclined) to go alone.

Obs.—I should like to go alone—ich möchte (gern) allein gehen.

dürfen :

Present Indicative. (I may, I am allowed to)	Imperfect Indicative. (I was allowed to)	Past Participle.
ich darf	ich durfte	
du darfst	du durftest	
er darf	er durfte	gedurft
wir dürfen	wir durften	
Sie dürfen	Sie durften	
sie dürfen	sie durften	

Ex.—Darf ich in den Garten kommen?—May I come into the garden?

er durfte nicht spielen—he was not allowed to play.

müssen:

Present Indicative.	Imperfect Indicative.	Past Participle.
(I have to, I am obliged to, I must)	(I had to, I was obliged to)	
ich muß	ich mußte	
du mußt	du mußtest	
er muß	er mußte	gemußt
wir müssen	wir mußten	
Sie müssen	Sie mußten	
sie müssen	sie mußten	

Ex.—Der Vater sagt, ich muß gehen—Father says, I have to go
Wir mußten warten—we had to (were obliged to) wait
Sie müssen früher kommen—You must come earlier

Grammar Drill: You ought to go; they are said to be lazy; does he want to come? she does not like the apple; ought we to wait? she does not want to sing; we should like to hear it; you could go the day after to-morrow; he wanted to play; I do not feel inclined to play; she is said to be very clever; you ought not to laugh.

Vocabulary.

bürsten—to brush	baden—to bathe
die Bürste—brush	das Bad—bath
die Zahnbürste—tooth brush	waschen—to wash
die Stiefelbürste—boot brush	die Seife—soap
die Kleiderbürste—clothes brush	spazieren—to walk
kämmen—to comb	besuchen—to visit
der Kamm—comb	der Besuch—visit

Phrases.

wir gehen morgen spazieren—we are going for a walk to-morrow

wir machen morgen einen Spaziergang—we shall *go* for a walk to-morrow

wir machten einen langen Spaziergang—we took a long walk

er machte uns gestern einen Besuch—he *paid* us a visit yesterday

Sie sollten sich schämen!—you ought to be ashamed of yourself

---

A. Translate into English: Gestern Nachmittag wollten wir einen langen Spaziergang machen, aber das Wetter war zu naß. Jenen Morgen wollte er mir einen Besuch machen, aber ich war nicht zu Hause. Ich möchte gern mit Ihrem Bruder spielen, aber ich muß meine Aufgabe lernen. Seine Schwester soll sehr krank sein. Sie sollten Ihre Tante besuchen. Sie müssen die Kleiderbürste nicht auf den Tisch legen! Wir möchten ihm gern einen Besuch machen. Er wollte die Stiefel bürsten, aber er konnte die Stiefelbürste nicht finden. Wir mußten eine halbe Seite auswendig lernen. Wir durften mit dem Onkel einen Spaziergang machen.

B. Translate into German: Could you come earlier to-morrow? His sister had to go to school. Will you give me a glass of water? We could not wait for his brother. He was not able to visit me. He has to go to town with his brother. This girl is said to be very tired. We had to show them our orchard. Had you to wait long for them? Could you come with us on Saturday afternoon? They ought to go for a walk. How long will you remain? His brother has to go to town every morning at half past seven. They ought to show you their house. He ought to be ashamed of himself. They are not allowed to go without their brother.

C. Conversation: Dürfen Sie oft ins Theater gehen? Müssen Sie früh zu Bett gehen? Wann haben Sie Ihren Onkel besucht? Gehen Sie oft spazieren? Möchten Sie gern einen Spaziergang machen? Könnten Sie mich morgen besuchen? Wollen Sie mir einen Bleistift geben?

Lesson XVIII.

1. Indefinite Numerals.

alles —all, everything
* alle (*pl.*)—all
ganz—all, quite, whole
mehr—more
mehrere—several
mancher—(—e, —es) many a
wenig—little (quantity)
wenige—few
einige (*pl.*)—a few, some

† ein paar (*pl.*)—a few, some
etwas (was)—something, anything
nichts—nothing, not anything
beide—both
viel—much
viele—many
der (die, das) andere—the other
kein (—e,) (*adj.*)—no, not any
keiner (—e, —es) (*pron.*)—none

Phrases.

alle Tage —every day
jeden Tag —every day
alle zwei Tage—every other day
das ganze Jahr—all the year, the whole year
kein Wasser mehr—no more water

alle Fenster —all the windows
meine beiden Freunde —both my friends, my two friends
wir beide—both of us
Brot genug—enough bread

---

2. How to render " some " or " any."

(*a*) When followed by a plural Noun render it by „ **einige** " ("*ein paar*"):

    Ex.—We bought some books—wir kauften einige Bücher.

(*b*) When followed by a singular Noun, denoting material, do not translate " some " or " any " (or use „ <u>etwas</u> "):

    Ex.—Give me some water—geben Sie mir (etwas) Wasser.
          Have you any milk ?—haben Sie Milch ?

    Except.—Nach **einiger** Zeit—after some time.
          Wir hatten **einige** Schwierigkeit—we had some difficulty.

---

* Use " **all** " when followed by a possessive adjective or a demonstrative adjective.
        Ex.—**all** meine Brüder—all my brothers.
             all diese Fenster—all these windows.

† **ein Paar** = a pair, couple,

3. How to render " one," followed by " of."

	Masculine.	Feminine.	Neuter.
Nom.	einer	eine	ein(e)s
Accus.	einen	eine	eines
Dative	einem	einer	einem
Genit.	eines	einer	eines

Ex.—One of my brothers—einer meiner Brüder.

With one of her sisters—mit einer ihrer Schwestern.

For one of those children—für eins jener Kinder.

4. Notes on Indefinite Pronouns.

jemand—somebody, someone, anybody

niemand—nobody, not . . anybody, no one

jedermann—everybody, anybody

man—one (Fr. " on ")

jemand, niemand, jedermann take " es " or " s " in Genitive Singular, but are rarely declined in the Dative or Accusative (niemandes, jedermanns).

man (Acc. einen; Dat. einem; Gen. eines) is often rendered by " people," " we," " they," and is also used to express the English Passive Voice (see Lesson XLVII).

Ex.—man sagt, er sei sehr arm—it is said that he is very poor

man weiß nicht, was man tun soll—one does not know what to do

hier darf man nicht rauchen—smoking is prohibited here

das heißt man klug—that's what we call clever

man gehorchte ihm nicht—he was not obeyed

A. **Translate into English :** Einige seiner Freunde machten ihm letzte Woche einen Besuch, denn er reist am zwölften April nach Berlin. Es hat den ganzen Tag geregnet. Sie geht alle zwei Tage mit einem ihrer Brüder in die Stadt. Wir konnten die Blumen nicht kaufen, denn wir hatten kein Geld mehr. Wir beide mußten zu Hause bleiben, denn die Mutter war in der Stadt. Den ganzen Abend spielte ich mit einem meiner Freunde in der Wohnstube. Seine beiden Schwestern machten vor drei Tagen einen langen Spaziergang. Eins ihrer Kinder soll sehr krank gewesen sein. Alle Mädchen mußten eine Viertelstunde länger bleiben, denn sie hatten nur die Hälfte der Aufgabe gelernt.

B. Translate into German : All afternoon we played in our garden. Every other day he pays us a visit. Do you want some milk or some water? In the evening both of us took a walk through the town. All these houses (Häuser) are new, but the church is more than a hundred years old. All the trees (Bäume) in our orchard are very old. Do you know all the girls in this class? One of those windows is smaller than the other. Why did you not bring any paper? Have you found anything in the garden? One of these girls is a sister-in-law of our teacher. None of these children has been at school this week.

C. Conversation : Gehen Sie jeden Tag in die Schule? Weiß man, wer Amerika entdeckt hat? Was sagt man auf Deutsch, wenn man mehr Brot will? Wie heißt "*no more water*" auf Deutsch? Kennen Sie jemand in London? Darf man auf der Straße spielen? Wohin geht man in den Sommerferien? Ist gestern Abend jemand im Kino gewesen? Wie ist man, wenn man kein Geld hat?

D. Learn the following Poem by heart!

<u>Der Kuckuck und der Esel.</u>

1. Der Kuckuck und der Esel
   Die hatten einen Streit,
   Wer wohl am besten sänge
   Zur schönen Maienzeit.

2. Der Kuckuck sprach: „Ich kann es,"
   Und fing gleich an zu schreien;
   „Ich aber kann es besser,"
   Fiel gleich der Esel ein.

3. Das klang so schön und lieblich,
   So schön von fern und nah',
   Sie sangen alle beide:
   „Kuckuck, Kuckuck, J—A."

der Kuckuck—cuckoo
der Streit—quarrel
wohl—likely
sänge—would (could) sing
fing . . . an—began
schreien—cry, yell
fiel . . . ein—interrupted
klang—sounded

Lesson XIX.

1. Use of " der," " die," " das."

(*a*) **Definite Article** (the): Der Mann, die Frau, das Kind.

(*b*) **Demonstrative Adjective** (this, that): (**always accented** to distinguish it from the article):

Ex.—der Mann hat es gesagt—this (that) man said it.

die Frau glaubt es nicht—this (that) lady does not believe it.

das Kind ist älter—this (that) child is older.

(*c*) **Relative Pronoun** (who, which, that)—(*the verb or auxiliary is put to the end of the sentence*):

Ex.—Ein Mann, der ihn gesehen hat—a man who saw him.

Eine Frau, die gestern einen Hut kaufte—

a lady who bought a hat yesterday.

Ein Buch, das ich auf dem Tisch gesehen habe—

a book which I saw on the table.

Note.—**The relative pronoun cannot be omitted in German:**

Ex.—Das Haus, das (welches) sie letzten Monat kauften—

The house they bought last month.

Die Stadt, die (welche) wir gestern besuchten—

The town we visited yesterday.

2. Declension of " der," " die," " das."

(*a*) **Definite Article** (the):

	Masculine.	*Feminine.*	*Neuter.*	*Plural.*
Nom.	der	die	das	die
Accus.	den	die	das	die
Dative	dem	der	dem	den
Genitive	des	der	des	der

(*b*) **Demonstrative Adjective** (this, that, these, those):

	Masculine.	*Feminine.*	*Neuter.*	*Plural.*
Nom.	der	die	das	die
Accus.	den	die	das	die
Dative	dem	der	dem	denen
Genitive	dessen	deren	dessen	deren

(*c*) **Relative Pronoun** (who, which, that): (same as the demonstrative adjective).

3. Compounds of Relative Pronouns with Prepositions.

(These are only used when denoting inanimate objects.)

woran—at which (what)

worauf—on which (what)

woraus—out of which (what)

wobei—by or through which

wodurch—through which, whereby

wofür—for which (what)

worin—in which (what)

womit—with which (what)

worüber—over (above) which

worunter—under (below) which

wovon—from (of) which

wozu—to which (what)

> *Note.*—When an indirect question (a dependent clause) begins with one of these compounds the verb or auxiliary is put to the end of the clause.
>
> *Ex.*—Der Tisch, worauf Sie das Buch gelegt haben, ist sehr alt— The table on which you put the book is very old.
>
> Das Haus, worin sie seit letzten Sommer wohnen, liegt neben der Kirche—The house in which they have lived since last summer is situated (lies) near the church.

Phrases.

Woran denken Sie ?—What are you thinking about ?

Wovon sprechen Sie ?—What are you talking about ?

Worüber lachen Sie ?—What are you laughing about ?

Wozu sind diese Steine ? — What are these stones for ?

Vocabulary.

das Landhaus—country house

das Gasthaus—hotel

das Wirtshaus—inn

der Hügel—hill

hügelig—hilly

der Berg—mountain

das Tal—valley, dale

steigen (auf, *acc.*)—to climb

lieblich—lovely, pleasant

lustig—merry, bright

fröhlich—happy, cheerful

kurz—in short

schreiben—to write

lesen—to read

Grammar Drill: The house he bought; the book we have found; the house in which he lives; the dog we have seen; the child whose uncle is ill; the table on which the book lies; the son whose aunt is here; the village we visited; the paper that lies on the floor; the room out of which we are coming.

A. Translate into English: Wir schreiben jede Woche einen Brief an die Tante, die in Dresden wohnt. Gestern sandte er mir einen Brief, worin er sagte, daß er mich am Montag besuchen würde. Die Dame, deren Sohn ich sehr gut kannte, geht nächsten Sommer nach Berlin. Wozu sind diese Bleistifte? Die Kirche ist neben dem Fluß, worüber wir jeden Tag in die Schule gehen. Der Schüler, dessen Schwester letzten Monat sehr krank war, hat diesen Bleistift neben dem Tisch gefunden. Das Land= haus, worin sie im Sommer wohnen, ist nicht weit von dem Hügel, worauf wir gestern spielten. Die Straße, worauf wir einen Spaziergang machten, ist sehr hügelig. Das Kind, dessen Mutter in dem Garten arbeitete, war sehr fröhlich.

B. Translate into German: Did you put this paper over it? The hotel in which we lived lies at (an) the foot of a mountain. The valley in which the village lies is very lovely. The lady and (the) gentleman with whom you were in Berlin last autumn live in this village. The coffee you brought me this morning was very strong. Do you know the husband of the lady whose son bought our house last year? The gentleman whose garden lies behind the river, goes to town every Saturday afternoon. Where did you put the paper I bought this morning? I have put it under the book on the table. Every Sunday afternoon they climb the hill which lies near (beside) the wood. What is he laughing at? Why do they laugh at it? Do you know what I was thinking of? I thought of the hill that lies near the village.

C. Conversation: Worauf lege ich das Buch? Womit schreiben Sie die Aufgabe? Wovon lesen wir? Welche Stadt haben Sie letzten Sommer besucht? Worauf liegt die Feder? Mit wem haben Sie geredet? Worauf warten Sie? Auf wen warten Sie? Mit welcher Hand schreiben Sie?

Lesson XX.

Subordinate Conjunction.

(*a*) When a German Sentence begins with a subordinate Conjunction, the Verb or Auxiliary is put to the end (see examples below).

(*b*) When a dependent clause precedes the principal sentence, the verb comes before the subject in the principal sentence.

Ex.—Als ich gestern in der Stadt war, kaufte | ich | einen Hut— When I was in town yesterday, I bought a hat.

Wenn Sie morgen nach London gehen, müssen | Sie | früh zu Bett gehen—If you go to London to-morrow, you must go early to bed.

Learn the following Subordinate Conjunctions by heart:

als—when
wenn—when, if
bis—until
*da—because, as
weil—because, as
daß—that
ob—if (whether)
indem—while

ehe (bevor)—ere, before
seit (seitdem)—since
damit—in order that
während—while
obgleich
obschon } although
obwohl
als ob—as if
nachdem—after

How to render "When" in German:

1. *By „wann " in a direct or indirect question.*
   Ex.—Wann sind Sie in Berlin gewesen?

   When were you in Berlin?
   Ich weiß nicht, wann er in Berlin gewesen ist.

   I do not know when he was in Berlin.

---

* When "da" stands for "then" or "there" invert Subject and Predicate.
Ex.—Da | kam | ein Mann, der es hörte—Then a man came who heard it.
    Da | kann | er | es nicht hören—He cannot hear it there.

2. *By „als" when followed by the Past Tense, but not used interrogatively.*

   Ex.—Als ich ihn gestern besuchte, war er krank.
   When I visited him yesterday, he was ill.

3. *By „wenn," when neither used interrogatively nor followed by the Past Tense.*

   Ex.—Wenn ich in Berlin bin, so besuche ich immer meine Tante.
   When I am in Berlin, I always visit my aunt.

4. *By „wo" when preceded by a Noun denoting time.*

   Ex.—Im Augenblick, wo er mich sah, lächelte er.
   The moment (*when*) he saw me, he smiled.

   Von dem Tag an, wo er abreiste . . .
   From the day (*when*) he left . . .

Vocabulary.

die Briefmarke—postage stamp
der Briefkasten—pillar box
der Briefträger—postman
das Couvert—envelope
die Post—mail, Post Office
das Postamt—Post Office
die Postkarte—post card

das Briefpapier—writing paper
der Briefwechsel—correspondence
die Adresse—address
das Datum—date
kleben—to stick, fasten

Phrases.

Tragen Sie den Brief auf die Post, bitte!—Please take (carry) the letter to the P.O.

Werfen Sie den Brief in den Briefkasten, bitte!—Please (throw) post the letter (into the) at the pillar box.

Gehen Sie auf die Post?—Are you going to the P.O.?

Ich war auf der Post—I was at the P.O.

Geben Sie mir zwei Briefmarken zu 10 Pfennig, bitte!—Please give me two Penny Stamps.

A. **Translate into English :** Wenn Sie morgen in die Stadt gehen, werde ich meinem Onkel einen Brief schreiben. Ich wartete, bis der Briefträger die Postkarte brachte. Ich konnte den Brief nicht senden, weil ich die Adresse nicht kannte. Ehe wir auf den Hügel steigen, werden wir dem Wirt in dem Gasthaus einen Besuch machen. Schreiben Sie die Adresse auf das Couvert, ehe Sie die Briefmarke darauf kleben! Da wir kein Briefpapier hatten, mußten wir eine Postkarte senden. Obschon wir eine halbe Stunde auf ihn warteten, mußten wir allein nach Hause gehen. Er wußte nicht, daß ich mehr als zehn Monate in Berlin wohnte. Da es kalt und naß war, machten wir gestern Nachmittag keinen Spaziergang. Wir konnten nicht länger warten, weil wir um 10 Uhr zu Hause sein mußten. Nachdem er den Brief in das Couvert gelegt hatte, klebte er eine Briefmarke zu 25 Pfennig ($2\frac{1}{2}$d.) darauf.

B. **Translate into German :** Why do you not read the letter the postman brought you this evening? Because I cannot read German. While we were at the Post Office, we bought a post card and a stamp. Do you know, if she has found the stamp which I bought for her yesterday at the Post Office? While we were in the garden, she brought us a cup of tea. We shall go earlier than usual to bed, because we are going for a walk at half-past five in the morning. Before we go to bed, we shall drink a glass of milk. When were you at the Post Office? Do you not know that the postman comes at a quarter to five? I have not seen the postman, although I was in the garden all afternoon. If you go straight on, you will be at the Post Office in less than five minutes. Have you heard that he has been in Berlin all summer? As I was in Berlin last year, I could not go to the seaside.

C. **Conversation :** Was kostet eine Briefmarke? Wo können Sie Briefmarken kaufen? Ist das Postamt weit von hier? Was schreiben Sie auf das Couvert? Was essen Sie, ehe Sie zu Bett gehen? Was lernen Sie in der deutschen Stunde? Wann kommt der Briefträger? Wie lange waren Sie gestern in der Schule?

Position of Words.

A. Principal Sentences.

	Subject	Verb or Auxil.	Pronoun Obj.	Adverbs (Time—Place)	Noun Objects (Person—Thing)	Past Participle	Infinitive
Ex.—	Der Vater	kaufte	mir	gestern	einen Hut	—	—
	Er	hat	ihm	heute	einen Stock	gekauft	haben
	Sie	würde	uns	gestern	Blumen	gebracht	haben

B. Inverted Sentences.

	Adverbs	Verb or Auxil.	Pronoun Obj.	Subject (Noun)	Noun Objects	Past Participle	Infinitive
(a) Ex.—	Gestern	würde	mir	der Vater	einen Hut	gekauft	haben

	Adverbs	Verb or Auxil.	Subject (Pron.)	Pronoun Obj.	Noun Objects	Past Participle	Infinitive
(b) Ex.—	Gestern	hat	er	ihm	einen Hut	gekauft	—

C. Dependent Clauses.

	Subord. Conj. (Relat. Pron.)	Subject	Pronoun Obj.	Adverbs	Noun Objects	Past Participle	Infinitive	Verb or Auxil.
Ex.—	, daß	er	mir	gestern	einen Hut	gekauft	—	hat
	, welche	sie	uns	heute	—	—	—	zeigte

Obs.—Weil | er | gestern | krank | war, konnte | er | nicht in die Schule | gehen.

Subject and Verb in the Principal Sentence are inverted, if the dependent clause precedes.

Revision Lessons, XVI to XX.

1. Give the German for the following: 3rd; 19th; 21st; 53rd; 124th; $\frac{2}{3}$; the third time; for the 3rd time; several; a few; 127 times; the half; 3 days and $\frac{1}{2}$; a quarter of an hour; 73rd; $\frac{1}{20}$th; every day; all the year; few.

2. Translate the following into German: We had to go; he could not come; may I go? I should like to sing; you ought to work; we want to go; he is said to be ill; she is not allowed to come; we are to remain; they have to go.

3. Translate into German: The son whose mother is ill; the boy whose brother was in town; whose brother is he? whose book is this? the child whose father is a teacher; the tailor whose son was at school; the girl whose sister is in the garden; the farmer whose daughter is very clever.

4. Give German for the following Phrases: for the last time; we took a long walk; are you going for a walk? both of us; both my friends; what is he thinking about? why are you laughing at it? we were at the Post Office; what day of the month is it? on the 31st of March.

Die grüne Stadt.

1. Ich weiß euch eine schöne
      Stadt,
   Die lauter grüne Häuser hat.
   Die Häuser, die sind groß und
      klein,
   Und wer nur will, der darf
      hinein.

2. Die Straßen, die sind freilich
      krumm;
   Sie führen hier und dort herum.
   Doch stets gerade fortzugehn,
   Wer findet das wohl allzuschön?

3. Es wohnen viele Leute dort,
   Und alle lieben diesen Ort.
   Ganz deutlich sieht man dies
      daraus,
   Daß jeder singt in seinem
      Haus.

4. Die Leute, die sind alle klein,
   Denn es sind lauter Vögelein,
   Und meine ganze grüne
      Stadt
   Ist, was den Namen—
      Wald—sonst hat.

krumm—crooked	sieht man—can be seen	lauter—only
gerade—straight on	daraus—from the fact	sonst—otherwise
der Ort—place, spot	deutlich—distinctly, clearly	stets—always

Lesson XXI.

PLURAL OF NOUNS.

I. Masculine Nouns of one syllable add „ e " and <u>modify</u> the root vowel :

All German Nouns end in „ n " in the Dative Plural.

	Singular.	*Plural.*
Nom.	der Stuhl (chair)	die Stühle (chairs)
Accus.	den Stuhl	die Stühle
Dat.	dem Stuhl	den Stühlen
Gen.	des Stuhles	der Stühle
Nom.	der Baum (tree)	die Bäume (trees)
Accus.	den Baum	die Bäume
Dat.	dem Baum	den Bäumen
Gen.	des Baumes	der Bäume

In the same way decline in Singular and Plural :

der Sohn (son), der Tisch (table), der Hut (hat) ; der Stock (stick), der Schrank (cupboard), der Hals (neck), der Fuß (foot), der Rock (coat) ; der Wirt (landlord), der Turm (tower), der Fluß (river), der Bach (stream), der Stern (star), der Zahn (tooth), der Gast (guest), der Hahn (cock), der Fuchs (fox), der Kamm (comb).

Exception I.—The following add „ e," **but do not modify** the root vowel :

der Arm (arm), der Tag (day), der Hund (dog), der Schuh (shoe).

Exception II.—The following and those ending in „ tum " add „ er " <u>and modify</u> the root vowel :

der Mann (man), der Wald (wood), der Rand (edge, margin) der Wurm (worm), der Irrtum (error), der Reichtum (riches).

Exception III.—The following add „ en " or „ n," **but do not modify** the root vowel :

der Dorn (thorn), der See (lake), der Staat (state, country), der Strahl (ray, beam).

Note : Further exceptions see *Appendix*, p. 319., Part II.

II. Masculine Nouns ending in „ e " and a few foreign nouns, with accent on the last syllable, add „ n " or „ en " in all cases singular and plural, but do not modify the root vowel :

	Singular.	Plural.
Nom.	der Neffe (nephew)	die Neffen (nephews)
Accus.	den Neffen	die Neffen
Dat.	dem Neffen	den Neffen
Gen.	des Neffen	der Neffen
Nom.	der Student (student)	die Studenten (students)
Accus.	den Studenten	die Studenten
Dat.	dem Studenten	den Studenten
Gen.	des Studenten	der Studenten

Obs.—der Herr (gentleman) takes „ n " in singular and „ en " in plural :

	Singular.	Plural.
Nom.	der Herr	die Herren
Accus.	den Herrn	die Herren
Dat.	dem Herrn	den Herren
Gen.	des Herrn	der Herren

Decline in same way, singular and plural :
der Knabe (boy), der Löwe (lion) ; der Hase (hare), der Affe (monkey), der Elefant (elephant), der Kamerad (comrade, chum), der Monarch (monarch), der Poet (poet), der Soldat (soldier).

The following used to end in „ e," they add „ en " in singular and plural, without modification (same as those ending in „ e " (*Neffe, Knabe,* etc.)
der Bär (bear), der Prinz (prince) ; der Fürst (prince), der Held (hero), der Mensch (man), der Ochs (ox), der Narr (fool), der Tor (fool), der Graf (count).

Practice in Plural of Nouns (with prepositions): through the woods ; for the boys ; with the soldiers ; after the guests ; without the coats ; from the towers ; towards the streams ; instead of the sons ; opposite the cupboards ; with the teeth ; for these monarchs ; on the margins ; for these gentlemen.

Note : Further exceptions see *Appendix,* p. 319., Part II.

Vocabulary.

der Strom—river	der Westen—west	herrlich—splendid
der Zug—train	westlich—western	sichtbar—visible
der Norden—north	der Osten—east	unsichtbar—invisible
nördlich—northern	östlich—eastern	lauter—nothing but (only)
der Süden—south	die Aussicht—view	sonderbar—odd, strange
südlich—southern	der Kahn—boat	steil—steep
Spanien—Spain	Italien—Italy	Frankreich—France

Phrases.

Er arbeitete fleißig—he was hard at work (he worked hard)
Ich machte mich an die Arbeit—I set to work
Wir waren erstaunt darüber—we were astonished at it
Sie überraschen mich—I am surprised at you (you surprise me)
Welche Überraschung !—What a surprise !

A. **Translate into English :** Diese Herren wohnen im Westen der Stadt. Von jenen Hügeln ist die Aussicht sehr schön. Die Neffen dieses Fürsten kommen jeden Sommer in unser Dorf. Östlich von dem Bahnhof ist eine Kirche, deren Turm höher ist als der Hügel hinter dem Dorf. Vor vielen Jahren waren viele Bären in jenen Wäldern. Die Züge gehen sehr langsam, weil der Berg sehr hoch und steil ist. Im Winter gehen die Jäger in die Wälder und jagen Hasen und andere Tiere. Die Söhne des Herrn Braun sind Studenten in Berlin. Die Berge im Norden des Landes waren gestern nicht sichtbar, weil es den ganzen Tag geregnet hat. Lauter Tische und Stühle waren in dem Zimmer, in dem die Studenten am Abend arbeiteten. Es ist sonderbar, daß diese Bäume im Winter so grün bleiben.

B. **Translate into German :** Many hills and mountains lie in the South of our country. The view from the mountains in the West is much more beautiful than from the hills in the North. The stars were invisible last night, because it was snowing. Those mountains in the West of our town are said to be very steep. Many boats were on the lake this afternoon. Is it not strange that this rose (die Rose) has no thorns ? The view from these towers is splendid, but we were astonished that the village at the foot of those mountains in the North was not visible. When we took a walk through the wood on the other side of the town, we saw many hares and foxes. How many trees are in your orchard? I do not know (it), but my grandfather planted more than twenty last year. The trees in those woods on the North side of the village are all the year (the whole year) green.

C. **Conversation :** Wie heißen die Staaten im Süden von Europa? Wo scheinen die Sterne? Nennen Sie Bäume, die in den Wäldern wachsen! Wo sind die Hügel in Schottland? In welchem Land leben die Elefanten, die Bären, die Wölfe? Wann sind die Sterne sichtbar? Wie viele Türme hat Ihre Kirche? Wie ist die Aussicht von unserer Schule? Wo geht die Sonne auf?

Lesson XXII.

PLURAL OF NOUNS.

III. Masculine Nouns ending in er, en, el, **modify the root vowel** (those in „el" and „er" add „n" in the Dative Plural).

	Singular.	*Plural.*
Nom.	der Bruder (brother)	die Brüder (brothers)
Accus.	den Bruder	die Brüder
Dat.	dem Bruder	den Brüdern
Gen.	des Bruders	der Brüder
Nom.	der Garten (garden)	die Gärten (gardens)
Accus.	den Garten	die Gärten
Dat.	dem Garten	den Gärten
Gen.	des Gartens	der Gärten
Nom.	der Vogel (bird)	die Vögel (birds)
Accus.	den Vogel	die Vögel
Dat.	dem Vogel	den Vögeln
Gen.	des Vogels	der Vögel

Decline in same way, singular and plural :
der Apfel (apple), der Vater (father), der Bruder (brother), der Boden (floor), der Nagel (nail), der Hammer (hammer), der Ofen (stove, oven), der Spiegel (mirror), der Flügel (wing).

Exception I.—**The following do not modify :**

Singular.	Plural.
der Kasten (cupboard)	die Kasten (cupboards)
„ Onkel (uncle)	„ Onkel (uncles)
„ Wagen (carriage)	„ Wagen (carriages)
„ Kragen (collar)	„ Kragen (collars)
„ Kuchen (cake)	„ Kuchen (cakes)
„ Brunnen (well)	„ Brunnen (wells)

Exception II.—**The following add „ n " throughout the plural, but do not modify** ("*s*" *in Genitive Singular*) :

Singular.	Plural.
der Bauer (peasant)	die Bauern (peasants)
„ Vetter (cousin)	„ Vettern (cousins)
„ Nachbar (neighbour)	„ Nachbarn (neighbours)

Practice in Plural of Nouns (with prepositions): for the birds ; with the peasants ; without the apples ; with 2 hammers and many nails ; instead of the neighbours ; in 2 carriages ; on these floors ; for cakes ; with wings ; in the gardens ; only in 3 cupboards ; with his 3 sons ; in the mirrors ; under the stoves.

Vocabulary.

das Frühstück—breakfast	bereit—ready
frühstücken—to breakfast	bereiten—to get ready
das Mittagessen—dinner	heizen—to heat
zu Mittag essen—to dine	blühen—to bloom
speisen—to dine	die Blüte—blossom
das Abendessen—supper	backen—to bake
zu Abend essen—to take supper	der Bäcker—baker

Phrases.

vor dem Frühstück—before breakfast
nach dem Mittagessen—after dinner
beim (bei dem) Nachtessen—at supper
zum (zu dem) Frühstück—for breakfast

Note: Further exceptions see *Appendix*, p. 319., Part II.

A. Translate into English : Am Sonntag Nachmittag machen wir gewöhnlich einen Spaziergang und kommen zum Abendessen nach Hause. Heute haben wir sehr spät gefrühstückt, weil wir spät zu Bett gingen. Letzten Sonntag speisten wir bei unserer Tante. Der Apfelbaum vor unserem Haus blühte letzte Woche. Nach dem Frühstück warteten wir auf die Tochter des Nachbars, die mit uns in die Schule geht. Die Vögel in diesem Wald singen vom Morgen früh bis spät am Abend. Das Mittagessen war nicht bereit, obschon wir bis um halb zwei warteten. Nach dem Mittagessen hatten wir Äpfel und Nüsse (nuts). Um halb sechs waren wir alle zum Frühstück bereit, ausgenommen die Marie, die immer spät zum Frühstück kommt.

B. Translate into German : They go very late to bed. It is more than half past seven and he is not yet ready for breakfast. What had you for supper? At dinner he told us that we could go to town in the afternoon. Before supper at half past eight we played in our garden. On Saturday we do not go to school, but in the afternoon we visit our uncle who lives in a village not very far from Dresden. Two years ago we paid a visit to the nephew whose birthday was on the 31st of January. One of these two gentlemen is a teacher who goes every summer to the seaside. For breakfast we had a cup of coffee and bread and butter. After dinner we shall go to the station.

C. Conversation : Wann speisen Sie? Wie viele Flügel hat ein Vogel? Wann gehen Sie gewöhnlich zu Bett? Essen Sie lieber Äpfel oder Kuchen? Wann frühstücken Sie? Wann war das Frühstück heute Morgen bereit? Essen Sie gern Butterbrot? Trinken Sie lieber Tee oder Kaffee? Wie heißen die Tage der Woche?

Lesson XXIII.

DECLENSION OF ADJECTIVES.

Adjectives followed by a Noun are declined—i.e., they take certain terminations according to gender, number, case and the words preceding the Adjective.

First Declension.

Adjectives preceded by the Definite Article, or: dieſer, jener, jeder, welcher.

		Singular.			Plural.
		Masculine.	Feminine.	Neuter.	
der	Nom.	der alte Mann	die gute Frau	das kleine Kind	die großen Bäume
dieſer	Accus.	den alten Mann	die gute Frau	das kleine Kind	die großen Bäume
jener	Dat.	dem alten Mann	der guten Frau	dem kleinen Kind	den großen Bäumen
jeder welcher	Gen.	des alten Mannes	der guten Frau	des kleinen Kindes	der großen Bäume

Table showing Endings of First Declension.

	Singular.			Plural.
	Mas.	Fem.	Neu.	
Nom.	e	e	e	en
Accus.	en	e	e	en
Dat.	en	en	en	en
Gen.	en	en	en	en

Decline in Singular and Plural : which old tree ? every new stick ; this little stream ; that old man.

Give German for : with the old house ; for this poor child ; out of that big house ; into that new garden ; from the old aunt ; during the long winter ; on account of the cold water ; through this little village ; with the good hat ; towards the long river.

The following Possessive Pronouns are declined in the same way as Adjectives of the 1st Declension (preceded by der, die, das) :

(a) der (die, das) meinige—mine
    der (die, das) deinige—thine
    der (die, das) seinige—his
    der (die, das) ihrige—hers

    der (die, das) unsrige—ours
    der (die, das) Jhrige—yours
    der (die, das) Eurige—yours*
    der (die, das) ihrige—theirs

(b) der (die, das) meine—mine
    der (die, das) deine—thine
    der (die, das) seine—his
    der (die, das) ihre—hers

    der (die, das) unsere—ours
    der (die, das) Jhre—yours
    der (die, das) Eure—yours*
    der (die, das) ihre—theirs

In the same manner decline the following Correlative Pronouns (*i.e.*, pronouns followed by a relative pronoun) :

M. derjenige, welcher (der)—he who, the one (that one) which
F. diejenige, welche (die)—she who, etc.
N. dasjenige, welches (das)—that which, etc.
Pl. diejenigen, welche (die)—those who, the ones which

Grammar Drill (Translate) : Your book and hers ; my hat and yours ; their house and ours ; his friend and theirs ; their garden and ours ; with his stick and yours ; for our garden and theirs ; from those who cannot go ; with the one which you bought yesterday ; his people ; a friend of his ; he who waits.

Vocabulary.

die fünf Sinne—the five senses
das Gehör—hearing
hören—to hear
das Gesicht—sight, face
sehen—to see
das Gefühl—feeling
fühlen—to feel
der Geruch—smell
riechen—to smell
der Geschmack—taste

schmecken—to taste
kosten—to taste (*trans.*)
taub—deaf
stumm—dumb
taubstumm—deaf and dumb
blind—blind
hörbar—audible
weich—soft
zähe—tough

* Used when speaking to children (*pl.*).

Phrases.

Die Meinigen—my people (family)
Ich habe das Meinige getan—I have done my share (duty)
Ein **guter** Freund von mir—a **great** friend of mine
Verwandte von uns—relations of ours

A. Translate into English: Haben Sie den kleinen Hund vor jenem großen Haus gehört? Nein, aber wir haben die kleinen Vögel in jenem großen Wald gehört. Wenn wir in unserem schönen Garten sitzen, riechen wir die roten und weißen Blüten. Sie sollten auf den kleinen Bruder warten, bis er aus der Schule kommt. Im Sommer sitzen wir oft auf dem weichen Gras hinter dem Haus, wo wir die Vögel hören können. Der älteste Bruder ist viel größer als der Ihrige. Diejenigen, die nicht sehen können, sind blind. Weil er den Stock nicht finden konnte, gab (gave) ich ihm den meinigen. Verwandte von ihnen wohnen in jenem schönen, großen Haus neben der alten Kirche. Ich gebe das neue Buch demjenigen, der es zuerst lesen kann. Ich habe das Gefühl, daß diejenigen, die einen Spaziergang machten, vor acht Uhr nicht zu Hause sein können.

B. Translate into German: Your stick and mine are lying on that little table in my new room. Every little boy in this class has seen the new teacher. This old man who lives in that little house in the east of the little village, is an uncle of our baker. That new stick is longer than mine. Those who have done (made) this long exercise can go home. We do not like to go alone through this old street. Is this little house older than theirs? Will you taste this beautiful soft new cake? Those who cannot hear are deaf. Please lend me that new clothes brush which is lying on that little table. Have you seen the new address on that large envelope? This little boy says that he waited at the station for the last train.

C. Conversation: Wie heißen die fünf Sinne? Wie ist ein Mann, der nicht hören kann? Wie ist man, wenn man nicht sehen kann? Wo leben die jungen Vögel? Ist die Kreide weich oder hart? Ist dieses Buch das meinige oder das Ihrige? Haben Sie Verwandte in London? Arbeiten die Studenten immer fleißig?

Lesson XXIV.

PLURAL OF FEMININE NOUNS.

Most Feminine Nouns form the Plural by adding „n" or „en," but do not modify. They add „n" only, when ending in <u>e</u>, <u>el</u>, or <u>er</u>.

	Singular.		*Plural.*
Nom.	die Frau (women)		die Frauen (women)
Accus.	die Frau		die Frauen
Dat.	der Frau		den Frauen
Gen.	der Frau		der Frauen

Decline in the same way: aunt, school, pen, door, cat, ceiling, pear, week, fork, cup, church, lesson.

Exception I.—„Mutter" and „Tochter" modify, but do not add a termination (except in the dative plural—n):

> *N. Pl.* die Mütter—die Töchter
> *Dat. Pl.* den Müttern—den Töchtern

Exception II.—Feminine Nouns in „in" add: „nen":
Ex.—die Freundin—die Freundinnen (friends (*f.*))
die Schülerin—die Schülerinnen (pupils (*f.*))

Exception III.—A few Feminine Nouns of one syllable modify and add „e" (like Masculine Nouns of one syllable):

	Singular.		*Plural.*
Nom.	die Nacht (night)		die Nächte (nights)
Accus.	die Nacht		die Nächte
Dat.	der Nacht		den Nächten
Gen.	der Nacht		der Nächte

Decline in the same way:

die Bank—bench, seat	die Magd—maid (servant)
„ Faust—fist	„ Maus—mouse
„ Gans—goose	„ Stadt—town
„ Hand—hand	„ Wand—wall (inside)
„ Kuh—cow	„ Wurst—sausage

Give Plural (all cases) of: watch, daughter, town, flower, landlady, cat, goose, teacher (lady), sister, niece, cow, week.

Note: Further exceptions see *Appendix*, p. 320., Part II.

Vocabulary.

der Stamm—stem, trunk	die Linde—lime tree
die Wurzel—root	die Lärche—larch tree
der Ast—branch	hart—hard
das Holz—wood	dick—thick
die Rinde—bark	dünn—thin
die Tanne—pine tree	kahl—bare, leafless, bald
der Tannenbaum—pine tree	glatt—smooth
die Eiche—oak	immergrün—evergreen
der Eichbaum—oak	pflanzen—to plant
die Buche—beech	wachsen—to grow
die Birke—birch	

Phrases.

Gesagt, getan—no sooner said than done
Wir gingen auch nicht—nor did we go (we did not go either)
Ich kenne ihn nur dem Namen nach—I know him only by name
Er ist ein geborner Engländer—he is an Englishman by birth
Meinetwegen können Sie gehen—you may go for all I care

A. Translate into English: Die Bäume in diesen Wäldern sind alle immergrün. Wissen Sie, wer diese hohen Tannen auf jenem Hügel gepflanzt hat? Das Holz der Linden ist viel weicher als dasjenige der Eichen. Die Birken, die der Onkel in seinem Garten pflanzte, sind alle ganz kahl. Die Buchen, worauf jene Vögel singen, sind mehr als fünfzig Jahre alt. Die Tannen sind immergrüne Bäume. Die Rinde der Buchen ist glatt, aber die Rinde der Eichen ist hart und rauh (coarse). Seit Anfang dieses Monats sind die Nächte viel länger geworden. Die Töchter jener alten Frau sind Freundinnen von unserer Nichte, die nun in Berlin wohnt. Der Gärtner pflanzte gestern die Bäume, die er vorgestern in der Stadt kaufte.

B. Translate into German: Our neighbours have two sons and two daughters. We have seen two mice in your room this morning. Are the pine trees in that garden green in winter? The farmer who lives at the foot of that hill has planted lime trees in his garden. The apples we bought yesterday were all quite ripe. The roots of these trees are very **long** and thick. The flowers my father planted in our garden the day before yesterday are the most beautiful I have ever seen. The nieces whose uncle comes to this village every spring have been in London last week. The trees which grow along the river are all beeches. In winter most trees are bare.

C. Conversation : Wie viele Wände sind in diesem Zimmer? Welche Bäume sind immergrün? Wie sind die Bäume im Winter? Wann sind die Nächte länger als die Tage? Wo wachsen die Tannen? Wie ist die Rinde der Birken? Wie viele Hände haben die Affen? Wie viele Wochen hat das Jahr? Wie heißt die Frau eines Gärtners?

Lesson XXV.

1. Declension of Personal Pronouns.

Nominative.	*Accusative.*	*Dative.*	*Genitive.*
ich	mich	mir	meiner *
du	dich	dir	deiner
er	ihn	ihm	seiner
sie	sie	ihr	ihrer
es	es	ihm	seiner
wir	uns	uns	unser
{ Sie	Sie	Ihnen	Ihrer
{ ihr	euch	euch	euer
sie	sie	ihnen	ihrer

Note I.—The Genitive of the personal pronoun is now rarely used, except with verbs governing the Genitive, such as : <u>bedürfen</u> (to need) and <u>gedenken</u> (to remember).

Ex.—Ich gedenke seiner—I remember him.
er bedarf meiner—he needs me.

Note II.—The following compounds with prepositions are still in use :—

meinetwegen   meinethalber   um meinetwillen
on my account   on my behalf   for my sake
for aught I care

* Vergiss **meiner** nicht—das Vergissmeinnicht=forget-me-not.

Ex.—Meinetwegen können Sie spielen. Um meinetwillen kommt er früher als gewöhnlich. Meinethalber bleibt er den ganzen Tag zu Hause.

2. Constructions with : welcher, solcher, mancher.

Welch ein Tag !—what a day !
Welch große Bäume !—what large trees !
solch ein Kind !—such a child !
ein solches Kind—such a child.
manch ein Mann—many a man.
manch alte Männer—many old men.
Note.—When " such " is followed by an adjective it is rendered by „ so ".

Ex.—Such a large house—ein so großes Haus.

3. How to render "What kind of."

What kind of a book ?—was für ein Buch ? (*noun in singular*).
What kind of books ?—was für Bücher ? (*noun in plural*).
What kind of bread ?—was für Brot ? (*noun denoting material*).

4. Use of the emphatic pronouns „ selbst " and „ selber."

(*a*) " *Selbst* " is placed after the emphasised parts of speech and is rendered by : *myself, thyself, himself, etc., etc.*
Ex.—Er selbst hat es mir gesagt—he told me himself.

Wir selbst haben es geschrieben—we wrote it ourselves.

(*b*) If " *selbst* " stands in front of a Noun or Pronoun it is rendered by " *even.*" :

Ex.—Selbst mein Bruder wußte es nicht—*even* my brother did not know it.

Selbst der Lehrer war überrascht—*even* the teacher was surprised.

(*c*) " *Selber* " may be used instead of " *selbst,*" but it must follow the auxiliary :

Ex.—Er hat es mir selber gesagt—he told me himself.

Wir haben es selber geschrieben—we wrote it ourselves.

Vocabulary.

das Bilderbuch—picture book
das Lesebuch—reading book
der Spielplatz—playground
der Kerl—fellow
der Fleiß—diligence
fleißig—industrious
munter—bright, cheerful

zornig—angry
zufrieden—pleased, satisfied
entweder . oder—either . . . or
weder . noch—neither . . . nor
nicht wahr?—didn't you?
   hadn't they? etc.
   (*Fr. n'est-ce pas?*)

Phrases.

leben Sie wohl (adieu)—good-bye
auf Wiedersehn!—au revoir!
wir nehmen morgen Abschied—we shall take leave to-morrow
⎰ er ist zornig auf mich—he is angry with me.
⎱ er ist böse auf mich—he is angry with me

A. Translate into English: Geben Sie mir das Lesebuch, das
dort auf dem kleinen Tisch neben dem Schrank liegt! Haben
Sie ihn gestern Abend in dem Dorf gesehen? Was für einen
Baum hat Ihr Vater heute in dem Garten gepflanzt? Hat
er Ihnen gesagt, daß ich heute den ganzen Tag fleißig gear=
beitet habe? Wir haben nie eine so alte Kirche gesehen. Die
Lehrerin war nicht zufrieden mit ihr, weil sie nur die halbe
Aufgabe gelernt hat. Weder meine Brüder noch meine Eltern
haben ihn gekannt. Manches Kind wußte, daß der arme, alte
Mann blind war. Entweder werden wir morgen Nachmittag
einen Spaziergang machen oder unsere Verwandten besuchen.
Wollen Sie mir die Blumen zeigen, die Sie gestern Vormittag
kauften? Was für Blumen wachsen in Ihren Gärten? Wir
haben viele Rosen und auch Vergißmeinnicht in unserem Garten.

B. Translate into German: She knows that we are not satisfied
with her. Why were they angry with you? Her uncle gave
me a picture book at Christmas. You must either show him
your garden or go for a walk with him in the afternoon. When
will they take leave of her? What kind of tree is this?
What a day! nothing but (als) rain and snow! Do you

know what kind of fellow he is? He seems to be neither industrious nor cheerful. For all I care you can stay till midnight. These roses are very beautiful, aren't they? We told them that we could not go after dinner. We were the whole afternoon in (auf) the playground, but in the evening we had to learn our lesson for (auf) the next day. He was very angry, wasn't he? What kind of trees did you see in that beautiful wood?

C. Conversation : Was für einen Bleiſtift habe ich in der Hand? Was für Obſt eſſen Sie am liebſten? Was für ein Leſebuch iſt das? Haben Sie geſtern Abend fleißig gearbeitet? Was für Blumen wachſen in dem Garten? Was für Tiere leben in den Wäldern?

Revision Lesson XXI.—XXV.

1. Give the Nominative Plural and Meaning of : Hund, See, Nacht, Kuchen, Bruder, Tag, Knabe, Zahn, Gans, Vogel, Kragen, Boden, Woche, Turm, Garten.

2. Complete the following words : welch—groß—Haus? jed—arm—Mann; für dieſ—klein—Knab—; mit welch—neu—Uhr? ohne jen—alt—Hüte; wegen dieſ—kalt—Wind—; während jen—heiß—Tag—; durch welch—grün—Wald—; mit jen—klein—Kind; zu jen—alt—Gärtnerin.

3. Decline : (sing. only) : derjenige, diejenige, dasjenige.

4. Translate : with her, for them, without him and for me, after you, through them, from him, for him, without them, with us.

5. Give German for the 5 senses and 5 names of trees :

6. Translate the following phrase : He was astonished at me; we had bread-and-butter for supper; relations of his; au revoir; he is angry with us; I shall take leave to-morrow; he has done his duty; after breakfast; before supper; at dinner.

Abendlied.

1. Abend wird es wieder;
   Über Wald und Feld
   Säuselt Frieden wieder,
   Und es ruht die Welt.

2. Nur der Bach ergießet
   Sich am Felsen dort,
   Und er braust und fließet
   Immer fort und fort.

3. Und kein Abend bringet
   Frieden ihm und Ruh',
   Keine Glocke klinget
   Ihm ein Rastlied zu.

4. So in deinem Streben
   Bist, mein Herz, auch du;
   Gott nur kann mir geben
   Wahre Abendruh!

---

säuseln—rustle
der Friede(n)—peace
ruhen—to rest
ergießen (sich)—to pour forth
der Felsen—rock

brausen—to roar
klingen—to sound
das Rastlied—song of rest
das Streben—striving
wahr—true, real

Lesson XXVI.

SECOND DECLENSION OF ADJECTIVES.

When the adjective is followed by a noun and preceded by the <u>indefinite article</u> or a <u>possessive adjective</u> or ,, kein '' (see Lesson VII.), it takes the following terminations:

		Singular.			*Plural.*
		Masculine.	Feminine.	Neuter.	
ein	*Nom.*	ein alter Mann	eine gute Frau	ein neues Buch	keine guten Apfel
kein	*Accus.*	einen alten Mann	eine gute Frau	ein neues Buch	keine guten Apfel
mein	*Dat.*	einem alten Mann	einer guten Frau	einem neuen Buch	keinen guten Apfeln
dein	*Gen.*	eines alten Mannes	einer guten Frau	eines neuen Buches	keiner guten Apfel
etc.					

Table showing Endings of 2nd Declension.

	Singular.			Plural.
	Masuline.	Feminine.	Neuter.	
Nom.	**er**	e	**es**	en
Accus.	en	e	**es**	en
Dat.	en	en	en	en
Gen.	en	en	en	en

Grammar Drill (Translate): for our new house; with his old uncle; no old house; my little brother; a beautiful village; no new hat; for their old gardener; through his little room; for no old man; without our new book; instead of his little nephew; for my old aunt.

Vocabulary.

das Gesicht—face
der Bart—beard
die Lippe—lip
die Kehle—throat
die Stirn—forehead
die Wange—cheek
die Nase—nose

der Daumen—thumb
der Zeigefinger—forefinger
der Mittelfinger—middle finger
der Ringfinger—ring finger
der kleine Finger—little finger
die Zehe—toe
die große Zehe—big toe

Phrases.

tut es weh ?—is it sore ? does it hurt ?
der kleine Finger tut mir weh—my little finger is sore
tut Ihnen der Daumen weh ?—is your thumb sore ?
ich konnte nichts dafür—I could not help it

A. Translate into English : Ein alter Mann mit einem langen, weißen Bart war gestern Abend bei uns auf Besuch. Seine alte Tante wohnte in jenem schönen, neuen Haus jenseit dieses

klaren Flusses. Mein jüngerer Bruder, der letzte Woche sehr
krank war, geht morgen mit meinem lieben (dear), alten Onkel
ans Meer. Ein kleines Mädchen mit einem runden Gesicht
und einer hohen Stirn, wartete auf seine Mutter, die mit
unserer alten Gärtnerin redete. Als mein kleiner Bruder
nach Hause kam, sagte er mir, daß wir am Freitag nicht in
die Schule gehen müssen, weil der neue Lehrer krank ist. Jene
alte Frau ist gestern in der Stadt gewesen, wo sie für ihre kleine
Enkelin ein schönes, neues Bilderbuch kaufte. Ich wußte
nicht, daß sein alter Onkel letzten Dienstag mit einem jungen
Herrn aus Berlin nach London reisen mußte. Seit seinem
letzten langen Spaziergang tut ihm der Fuß weh. Wir durften
gestern Nachmittag mit unserem alten Großvater und mit
unserer lieben Mutter in den Wald gehen, weil wir den ganzen
Tag keine Schule hatten.

B. **Translate into German :** On a cold day in January his
older brother and my uncle took a long walk over the hills
in the north of our little village. Our new gardener worked
all day in our big garden. Do you know why he did not
visit his young nephew when he was in town yesterday afternoon? My little dog and I often take a walk before breakfast.
My dear old aunt brought me a new book yesterday evening.
Have you seen a little girl with a white dog when you played
in our new garden yesterday afternoon? He showed me his
new picture-book which his dear old uncle had bought in
town yesterday forenoon. Give me a cup of that strong tea
and a piece of bread and butter, for I am very hungry and
thirsty. This new garden has a little apple tree which bloomed
last week. Our little dog ran after a pretty black cat. They
have a very old oak tree behind their old house. Which
new book did your older brother bring you from Berlin when
he visited that beautiful town with his young wife? To-
morrow is the shortest day of the year.

C. **Complete the following words :** Sein alt— Vater; kein
neu— Haus; für ein— klein— Kuchen; durch dies— schön—
Wald; uns— lieb— alt—Großvater; mein— klein— Schwester;
mit mein— lieb— Schwester; ohne sein— Hut; welch— alt—
Herr? Ihr neu— Haus; ihr schwarz— Hund; wegen sein—
klein—Bruder—.

D. Conversation: Was für ein Zimmer ist das? Wie heißen die 5 Finger? Wie viele Zehen haben Sie am linken Fuß? Was für eine Stunde haben wir? Welche Hand ist das? Welches Ohr ist das? Was für ein Buch ist das? Wie heißt dieser Finger? Wann sind die Nächte kürzer als die Tage? In welchem Monat ist der längste Tag? Wie heißt der zweite Finger? Welcher Finger ist kürzer als der Ringfinger?

Der Steuermann.

Ein Schiff geht auf dem wilden Meer in großer Not. Die Wellen schlagen über das Schiff und werfen es hin und her. Bald glauben die Leute auf dem Schiff, daß es sinken wird. Sie haben Angst und Furcht und viele Kinder und Frauen weinen laut. Nur ein junger Knabe sitzt ruhig, er weint nicht, denn er hat keine Furcht. Die andern Leute wundern sich, warum er so ruhig bleibt und jemand fragt ihn: „Warum bleibst du so ruhig? Hast du keine Furcht?"—„Nein," sagte der Knabe," mein Vater ist am Steuer und ich weiß, daß er das Schiff und uns alle retten wird."

der Steuermann—the man at the wheel; die Not—distress; die Welle—wave

werfen—to throw   hin und her—hither and thither

sie haben Angst und Furcht—they are anxious and afraid

sich wundern—to wonder   das Steuer—steering wheel

Versuchung.

1. Sehr fleißig bei den Büchern
Ein Knabe sitzt im Zimmerlein,
Da lacht herein durchs Fenster
Der liebe, warme Sonnenschein,
Und spricht: „Lieb' Kind, du sitzest hier?
Komm schnell heraus und spiel mit mir!"
    Den Knaben stört es nicht,
    Zum Sonnenschein er spricht:
    „Erst laß mich fertig sein!"

2. Der Knabe schreibet weiter;
   Da kommt ein kleines Vögelein,
   Das picket an die Scheiben
   Und schaut so schlau zu ihm herein.
   Es ruft: „ Komm mit, der Wald ist schön,
   Der Himmel blau, die Blumen blühn! "
       Den Knaben stört es nicht,
       Zum Vöglein kurz er spricht:
       „ Erst laß mich fertig sein! "

3. Der Knabe schreibet weiter;
   Da schaut der Apfelbaum herein
   Und rauscht mit seinen Blättern
   Und spricht: „ Wer wird so fleißig sein?
   Schau meine Äpfel! Diese Nacht
   Hab' ich für dich sie reif gemacht."
       Den Knaben stört es nicht,
       Zum Apfelbaum er spricht:
       „ Erst laß mich fertig sein! "

4. Da endlich ist er fertig;
   Schnell packt er seine Bücher ein
   Und geht hinaus zum Garten.
   Juchhe! Wie lacht der Sonnenschein!
   Das Bäumchen wirft ihm Äpfel zu,
   Der Vogel singt und nickt ihm zu.
       Der Knabe springt voll Lust
       Und jauchzt aus voller Brust:
       „Jetzt kann ich lustig sein."

---

stören—to disturb; erst—first; picken—to pick; die Scheibe—window pane; schlau—slyly; der Himmel—sky; rauschen—to rustle; packt . . . ein—removes; nickt . . . zu—nods; jauchzen—to shout; lustig—happy, gay.

Lesson XXVII.

PLURAL OF NEUTER NOUNS.

I. Neuter Nouns of one syllable modify the root vowel (a, o, u) and add „ er " in the Plural („ ern " in Dative Plural) :

Ex.

	Singular.	*Plural.*
Nom.	das Schloß (castle)	die Schlösser (castles)
Accus.	das Schloß	die Schlösser
Dat.	dem Schloß	den Schlössern
Gen.	des Schlosses	der Schlösser

Exception I.—The following add „ e", but do not modify :

das Bein (leg)	das Pult (desk)
„ Haar (hair)	„ Schiff (boat)
„ Jahr (year)	„ Schwein (pig)
„ Knie (knee)	„ Spiel (play, game)
„ Meer (sea)	„ Stück * (piece)
„ Pferd (horse)	

Exception II.—The following add „ en ", but do not modify :

das Auge (eye)   das Ende (end)
„ Bett (bed)   „ Ohr (ear)
Pl.—Augen—Betten—Enden—Ohren.

Obs.—das Herz (heart) is declined as follows :

	Singular.	*Plural.*
Nom.	das Herz	die Herzen
Accus.	das Herz	die Herzen
Dat.	dem Herzen	den Herzen
Gen.	des Herzens	der Herzen

Note : Further exceptions see *Appendix*, p. 320, Part II.

* "Stück" does not take the Plural form, if preceded by a numeral:
Ex.—drei Stück (3 pieces).

II. Neuter Nouns of more than one syllable, ending in el, en, er, <u>do not change in Plural</u>.

Ex.

	Singular.	*Plural.*
Nom.	das Ufer (shore)	die Ufer (shores)
Accus.	das Ufer	die Ufer
Dat.	dem Ufer	den Ufern
Gen.	des Ufers	der Ufer

Exception.—das Kloster (convent) ; die <u>Klöster</u> (convents).

Obs.—All nouns ending in „ chen " or „ lein " are Neuter. They denote either diminutives or endearment and do not change in Plural.

Ex.—das Haus—das Häuschen (das Häuslein)—little house, cottage
der Hut—das Hütchen (das Hütlein)—little hat
die Frau—das Fräulein—Miss, young lady
die Mutter—das Mütterchen (das Mütterlein)—little mother—mother dear

(„ lein " is usually preferred to „ chen," when the noun ends in <u>g</u>, <u>ch</u> or <u>k</u>.)

Ex.—das Buch—das Büchlein
der Rock—das Röcklein

Grammar Drill : Give plural of : Ohr, Kindlein, Herz, Haus, Ende, Pferd, Auge, Fräulein, Pult, Schloß, Haar, Buch, Jahr, Lied, Dorf, Ei, Bett, Kind, Kloster, Stück.

Wie geht's ?—How are you ?
Sehr gut, danke—very well, thank you
Wie geht es Ihrem Herrn Bruder ?—how is your brother ?
Grüßen Sie mir Ihre Frau Mutter !—Kind regards to your
                                                                mother
Viele Grüße an Ihre Fräulein Schwester !—Kind regards to
                                                                your sister

Vocabulary.

das Huhn—fowl
der Hahn—cock
die Henne—hen
die Feder—feather
das Gefieder—plumage
der Schnabel—beak
der Flügel—wing
der Hühnerstall—henhouse

krahen—to crow
die Farbe—colour
färben—to dye, colour
der Papagei—parrot
krumm—bent, crooked
das Ruder—rudder, oar
rudern—to row
zu Ostern—at Easter

A. **Translate into English:** Heute Morgen hatte ich zwei Eier, Butterbrot und eine Tasse Kaffee zum Frühstück. Bei Nacht schlafen die Hühner im Hühnerstall. Der Schnabel eines Hahnes ist kurz und scharf, aber die Schnäbel der Gänse sind lang und dick. Die Enten legen größere Eier als die Hennen. Die Pulte in unserer Schule sind alle ganz neu. Zu Ostern werden die Eier für die Kinder gefärbt. Sie spielen mit den gefärbten Eiern auf den Wiesen. Die Farbe der Pferde ist braun oder grau oder schwarz. Die Pferde mit grauen Haaren heißen Schimmel. Am Morgen früh krähen die Hähne und wecken die Hennen. Die Esel haben längere Ohren als die Pferde. Die Papageien haben ein schöneres Gefieder als die Hennen.

B. **Translate into German:** Those beautiful white hens lay brown eggs. Our cock crows every morning at half past three and wakens me. The castles on those hills belong to our princes. In spring the birds build nests on the trees in the woods. After two or three weeks the young birds come out of the eggs. The plumage of the cocks is more beautiful than the feathers of the hens. Our neighbours have bought several young ducks from the farmer. We have sold our geese to the gentleman who lives in that big white house opposite the castle. Do you like eggs for breakfast? The oars of our little boat are too long. Every Sunday afternoon we go for a walk along the shores of this river.

C. **Conversation:** Wie viele Jahre sind Ihre Schwestern in Berlin gewesen? Wie viele Beine hat eine Gans? Wo schlafen die

Hühner bei Nacht? Wie viele Ruder hat ein Schiffchen? Welche Farbe hat ein Pferd? Wie heißt ein Pferd mit grauen Haaren? Wie ist der Schnabel eines Papageies? Wann krähen die Hähne? Wie geht's Ihrer Fräulein Schwester? Welche Farbe haben die Eier der Enten?

D. Translate and read the following passage: Vor drei Jahren war ich in Straßburg, einer schönen, alten Stadt am Rhein. Ein berühmter Dichter—Goethe—studierte an der Universität in Straßburg und man kann noch heute das Haus sehen, worin er wohnte, das Goethehaus. Aber in Straßburg ist auch ein Münster (ein Dom). In diesem alten Dom ist eine wunderbare Uhr. Sie wurde vor vielen Jahren von einem Uhrmacher aus dem Schwarzwald gemacht. Diese Uhr schlägt nicht nur die Stunden und Halbstunden, sondern auch die Viertelstunden. Auf dem großen Zifferblatt kann man auch die Tage der Woche, die Monate und die Jahreszeiten sehen. Gegen zwölf Uhr mittags besuchen viele Leute den Dom, um diese wunderbare Uhr zu sehen, denn um zwölf Uhr kräht ein Hahn, der auf einem kleinen Turm im Hintergrund steht. Gleich nachher schlägt die Uhr zwölfmal und zugleich gehen zwölf kleine Figuren um den Turm herum. Diese zwölf Figuren stellen die zwölf Apostel dar.

---

berühmt—famous
der Dichter—poet
das Münster—cathedral
der Dom—cathedral
wunderbar—wonderful
Schwarzwald (*m.*)—Black Forest
schlägt—strikes

das Zifferblatt—dial
der Hintergrund—background
gleich—immediately
zugleich—at the same time
die Figur—figure
stellen . . . dar—represent

Lesson XXVIII.

PLURAL OF COMPOUND NOUNS.

In Compound Nouns **the accent falls on the first noun,** but **the gender is taken from the last noun** and only the last Noun is declined.

Ex.

	Singular.	Plural.
Nom.	der Apfelbaum (apple tree)	die Apfelbäume (apple trees)
Accus.	den Apfelbaum	die Apfelbäume
Dat.	dem Apfelbaum	den Apfelbäumen
Gen.	des Apfelbaumes	der Apfelbäume

cf. der Apfel—die Apfel (apples)

Note.—When the first Noun ends in „ e," an „ n " is usually inserted for the sake of euphony.

Ex.—die Blume (flower)—der Blumengarten (flower-garden)
die Pflaume (plum)—der Pflaumenbaum (plum-tree)

Grammar Drill : Give the Plural of : das Weinglas, der Wintertag, der Briefkasten, die Wanduhr, das Tischtuch, die Frühlingsnacht, das Taschenmesser, der Obstgarten, die Wasserflasche, das Gartenhaus, der Tannenbaum, das Lesebuch.

Vocabulary.

der Handschuh—glove
das Gartenhaus—summer house
*der Kaufmann—merchant
der Fensterladen—shutter
der Kaufladen—shop
der Blumenstrauß—bouquet
der Feiertag—a holiday

die Ferien (*pl.*)—holidays
der König—the King
dauern—to last
schließen—to shut, close
öffnen—to open
duften—to smell
feiern—to celebrate

* Most Compound Nouns in **"mann"** change **"mann"** into **"leute"** = **Kaufleute.**
Except : Staatsmann (*Statesman*), Ehemann (*husband*)
(usual plural : ————*männer*)
Cf. Eheleute—*married people.*

Phrases.

machen Sie schnell !—make haste ! hurry up !
dann und wann—now and then, sometimes
hie und da—now and then, sometimes
ich gehe ins Freie—I am going into the open air
waren Sie im Freien ?—were you in the open air ?

A. Translate into English : Die Apfelbäume und Birnbäume
in dem Obstgarten blühten wunderschön im Monat Mai. Wir
hören die Vögel früh am Morgen bis spät am Abend in unserem
Obstgarten singen. Als wir gestern in der Stadt waren, kauften
wir Handschuhe und Blumensträuße für die Tante, die morgen
ihren Geburtstag feiert. Dann und wann sitzen wir im Garten=
haus oder wir machen Spaziergänge in die Wälder oder auf
die Berge. Während wir gestern Abend im Freien spielten,
hörten wir den Gesang der Vögel in dem Tannenwald. Die
Blumensträuße, die mir die Enkelinnen gestern brachten, dufteten
sehr süß. Wissen Sie, wann die Kaufleute die Kaufläden
schließen ? Nächste Woche haben wir einen Feiertag, weil an
jenem Tag alle Leute den Geburtstag des Königs feiern. Unsere
Sommerferien dauern gewöhnlich sechs Wochen.

B. Translate into German : The appletrees and plumtrees
bloom more beautifully this year than last spring. Why do you
not go into the open air, when the weather is hot ? In fine
(beautiful) weather we sit in our new summer-house, where
we read or play, and sometimes my sister and I write our
exercises for (auf) the next day. Do you know why they
close their shops so early to-day ? Yes, because to-morrow
is a holiday in our village. Last week we celebrated our
grandfather's birthday. Nearly all his grandsons and grand-
daughters brought him flowers or fruit, but my sister and
I gave him books and gloves. During the long summer days
we play in the open air sometimes till half past nine in the
evening. The autumn holidays lasted only two weeks.

C. Conversation : Wann feiern Sie Ihren Geburtstag? Wie

lange dauern unsere Sommerferien? Wie duften die Rosen? Wie heißt ein Tag im Sommer? Wie heißt eine Nacht im Winter? Wie heißt ein Zimmer, worin man speist? Wie heißt eine Uhr an der Wand?

D. Form Compound Nouns with the definite article from : Buch, Glas, Garten, Haus, Brief, Tag, Zimmer, Fenster, Tisch, Schuh, Messer, Marke (and give English meaning).

Lesson XXIX.

1. Nouns denoting **Measure, Weight** or **Quantity** are not declined in the plural, if preceded by a numeral, except those ending in „ e " :

Ex.—3 pounds *of* tea—3 Pfund Tee
3 bottles *of* wine—3 Flaschen Wein

Note.—After these Nouns omit " of "

The following are the most common Nouns denoting Measure, Weight and Quantity :

das Buch—quire (3 Buch Papier)
das Glas—glass (2 Glas Milch)
der Grad—degree (20 Grad Wärme)
die Mark—German shilling (3 Mark)
das Paar—pair (2 Paar Handschuhe)
der Pfennig—German penny (10 Pfennig = 1d.)
das Pfund—pound (lb.) (5 Pfund Zucker)
das Stück—piece (2 Stück Kuchen)
der Zoll—inch (5 Zoll lang)

Feminine Nouns ending in " e " :

die Elle —yard (3 Ellen Tuch)
die Flasche—bottle (2 Flaschen Wein)
die Kiste—case (3 Kisten Äpfel)
die Meile—mile (5 Meilen weit)
die Minute—minute (10 Minuten)
die Sekunde—seconds (5 Sekunden spät)
die Stunde—hour (2 Stunden)
die Tasse—cup (3 Tassen Kaffee)

Obs. **When price is mentioned translate the English indefinite article by the German definite article, before Nouns denoting Measure, Weight or Quantity :**

Ex.—3 Marks a pound = 3 Mark das Pfund

10 Pfennigs a piece = 10 Pfennig das Stück

Grammar Drill (Translate): 2 cups of tea ; 5 pounds of meat ; 2 marks a year ; 3 marks a lesson ; 10 inches deep ; 4 pairs of boots ; 6 marks 25 pfennigs a quire ; 15 degrees of heat ; 3 glasses of water ; 2 bottles of wine.

2. Note the following constructions:

Present Indicative.	*Imperfect.*	*Perfect.*
ich bin es—it is I	ich war es—it was I	ich bin es gewesen—it has been I
er ist es —it is he	sie war es —it was she	wir sind es gewesen—it has been we
wir sind es —it is we	Sie waren es—it was you	sie sind es gewesen—it has been they

Translate : Who was it ? was it you ? was it not she ? It was not they ; it was he ; was it not I ? Is it you ? Has it been she ?

Phrases.

Reichen Sie mir die Butter, bitte !—Please hand me the butter

Was darf ich Ihnen reichen ?—What may I hand you ?

Ich kann es nicht erreichen—It is beyond my reach

Darf ich Ihnen das Brot reichen ?—May I hand you the bread ?

Ich danke—No, thank you

Wenn ich bitten darf—Yes, thank you

A. Translate into English : Waren Sie es, der mir gestern Abend diese Blumen brachte ? Eine deutsche Mark hat hundert Pfennig. Drei englische Meilen sind etwa fünf deutsche Kilometer.

Gestern Abend hatten wir mehr als zehn Grad Kälte. Unser
Onkel in Amerika sandte uns vor vierzehn Tagen eine Kiste
Äpfel. Der Schnee liegt mehr als fünf Zoll tief auf den Straßen.
Wir haben jede Woche sechs deutsche Stunden. Er war es,
der das Buch für drei Mark fünfzig Pfennig verkaufte. Was
kosten diese Kirschen? Dreißig Pfennig das Pfund. Wie viele
Tassen Tee hatten Sie heute zum Frühstück? Ich trinke jeden
Tag drei Glas Wasser.

B. **Translate into German :** Please, give me two pounds (lbs.)
of sugar. It was his brother who gave that poor child ten
pfennigs. Their new house is more than three miles from the
station. When we were in town this forenoon, we bought
three pairs of boots. These two pairs of gloves are for my
sister's birthday. Was it you who bought these two cases of
plums? Each quire of paper costs fifty pfennigs. In a few
minutes we shall be at the station. What is the price of
these cherries? Twenty pfennigs a pound.

Vogel am Fenster.

1. An das Fenster klopft es : Pick, pick, pick !
   Macht mir doch auf einen Augenblick !
   Dick fällt der Schnee, der Wind weht kalt,
   Habe kein Futter, erfriere bald.
   Ihr lieben Leute, oh laßt mich ein !
   Will auch immer sehr artig sein.

2. Sie ließen ihn ein in seiner Not,
   Er suchte sich manches Krümchen Brot,
   Blieb fröhlich manche Woche da ;
   Doch, als die Sonne durchs Fenster sah,
   Da saß er immer so traurig dort.
   Sie machten ihm auf, husch ! war er fort.

---

klopfen—to knock   die Not—distress
der Augenblick—moment   das Krümchen—little crumb
wehen—to blow   blieb—stayed, remained
das Futter—food   saß—sat
erfrieren—to die of cold husch—like a flash

Lesson XXX.

Third Declension of Adjectives.

When the Adjective, followed by a Noun, is not preceded by either the definite or the indefinite article, it takes the same terminations as: dieſer, dieſe, dieſes, except in the Genitive Singular Masculine and Neuter („ **en** " instead of „ **es** ") :

Singular.

	Masculine.	Feminine.	Neuter.
Nom.	alter Mann	gute Frau	kleines Kind
Accus.	alten Mann	gute Frau	kleines Kind
Dat.	altem Mann	guter Frau	kleinem Kind
Gen.	alten Mannes	guter Frau	kleinen Kindes
	(old man)	(good lady)	(little child)

Plural.

Nom.	alte Männer (old men)	kleine Kinder (little children)
Accus.	alte Männer	kleine Kinder
Dat.	alten Männern	kleinen Kindern
Gen.	alter Männer	kleiner Kinder

Obs.—If two or more Adjectives precede a Noun, they all take the same termination.

Ex.—der kleine, weiße Hund.
ein armes, kleines Kind.
große, alte, dicke Bäume.
mit einem ſchönen, neuen, ſchwarzen Hut.

Grammar Drill : for poor children; during cold wet days; good little girls; beautiful ripe apples; with new hats; poor old man; through long dark nights; fresh water; black ink; new houses; for old ladies; out of old books.

Vocabulary.

der Fehler—mistake, error	ſchattig—shady	der Zahn—tooth
der Wiſcher—duster	die Hütte—hut	der Zahnarzt—dentist
der Staub—dust	der Pfad—path	das Zahnweh—toothache
ſtaubig—dusty	der Fußweg—footpath	das Kopfweh—headache
der Schatten—shade	die Kohle—coal	führen—to lead
	die Zange—tongs	fahren—to drive

Phrases.

ich habe Zahnweh—I have toothache
er hat Kopfweh—he has a headache
sie hat sich erkältet—she has caught cold
ich habe den Fuß verrenkt—I have sprained my foot
wir mußten den Arzt holen lassen—we had to send for the
doctor

A. Translate into English: Alte Männer und Frauen gehen jeden Dienstag in die große Stadt. Ein schmaler Fußweg führte durch grüne Wiesen und schattige Wälder. Schöne, kleine Hütten stehen auf beiden Seiten des Pfades. Nehmen Sie die Kohle mit jener kleinen Zange, die neben dem heißen Feuer liegt! Wohin führt diese breite, staubige Straße? Sie führt über jenen schönen Hügel in eine kleine Stadt im Süden von hier. In jenem großen Garten wachsen schöne Blumen und große, schattige Bäume. Im Herbst tragen diese Bäume reife Äpfel und Birnen. Es war ein heißer Sommertag, als wir einen langen Spaziergang durch jene alten, schattigen Wälder machten. Den ganzen Monat hatten wir nasses, kaltes Wetter.

B. Translate into German: Beautiful red and white roses grow in our flower-garden. Poor little child. Why are you crying? Those little birds are building little nests on those old trees. We drive often through that beautiful old village, where your dear old uncle lived. He did not go for a long walk to-day, because he had the toothache. You ought to go to the dentist who lives in that big new house opposite the old church. That big dog has beautiful white teeth. Thick dust lay on the road which leads to the old town. Poor old man. He lives quite alone in that old little hut beside the river.

C. Conversation: Wie viele Fehler haben Sie in Ihrer Aufgabe gemacht? Trinken Sie lieber heißen Tee oder kalte Milch? Haben wir heute kaltes oder warmes Wetter? Wann haben wir lange Nächte und kurze Tage? Essen Sie lieber reife Äpfel oder Birnen? Schreiben Sie Ihre Aufgabe mit schwarzer oder roter Tinte? Haben Sie oft Zahnweh?

Summary of Declension of Adjectives.

1st Declension

(Preceded by the definite article or dieſer, jeder, jener, welcher.)

	Singular.			Plural.
	Masculine.	Feminine.	Neuter.	
Nom.	e	e	e	en
Accus.	en	e	e	en
Dat.	en	en	en	en
Gen.	en	en	en	en

2nd Declension

(Preceded by the indefinite article or Possessive Adjective.)

	Singular.			Plural.
	Masculine.	Feminine.	Neuter.	
Nom.	er	e	es	en
Accus.	en	e	es	en
Dat.	en	en	en	en
Gen.	en	en	en	en

3rd Declension

(Without either the definite or indefinite articles.)

	Singular.			Plural.
	Masculine.	Feminine.	Neuter.	
Nom.	er	e	es	e
Accus.	en	e	es	e
Dat.	em	er	em	en
Gen.	en	er	en	er

Note 1.—Present and Past Participles used as Nouns are declined like Adjectives.

 Ex.—der Reiſende—the traveller

  ein Reiſender—a traveller

  Reiſende—travellers

In the same way : der Bekannte (acquaintance)

   der Verwandte (relation)

   der Gefangene (prisoner)

   der Gelehrte—(savant)

Note 2.—The only Adjectives not declined in German are those derived from names of towns ending in „ er " (these are all spelt with a Capital) :

Berliner—eine Berliner Zeitung (a Berlin newspaper).
Londoner—die Londoner Börse (the London Exchange).
Pariser—eine Pariser Mode (a Parisian fashion).
Wiener—das Wiener Orkester (the Viennese Orchestra).

Revision Lesson XXVI.—XXX.

1. Give the German names of the 5 fingers.

2. Give the Nominative Plural of : Jahr, Buch, Ohr, Schloß, Bett, Schwein, Auge, Pult, Haus, Pferd, Gras, Haar (and give English meaning).

3. Complete the following expressions : kein groß— Haus ; für ein— neu— Buch ; mein lieb— alt— Vater ; durch ein— schattig— Wald ; mit sein— klein— Brüder— ; uns— alt— Tante ; ohne mein— neu— Hut ; alt— Bäume ; für klein— Kinder ; arm—klein— Mädchen ; durch schattig—Wälder ; schön— warm—Tage ; Ihr— alt—Onkel ; groß— dick— Stöcke.

4. Form diminutives from : Buch, Bruder, Dorf, Kind, Frau, Pferd.

5. Give the Plural (Nom.) of the following Compound Nouns : Birnbaum, Gartenhaus, Blumengarten, Häuslein, Hand= schuh, Damenhut, Blumenstrauß, Lesebuch, Singvogel, Tannenwald.

6. Translate : 3 pounds of sugar ; 2 pairs of gloves ; 10 inches long ; 2 Marks ; 2 quires ; 4 bottles of milk ; 2 cups of tea.

7. Give German for the following Phrases : We could not help it ; is your arm sore ? How is your father this morning ? Kind regards to your brother. Hurry up ! Do you play in the open air ? Please hand me the book. It is beyond my reach. Had he the toothache ? No, he has caught cold.

Der Kleine Wanderer.

1. Ein Ränzlein auf dem Rücken, ein Stöcklein in der
2. Wir zieh = en durch die Felder und durch den grünen
3. Im küh = len Waldesschatten, dort ruh = en wir uns

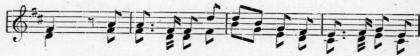

Hand, so zieh'n wir Wanderburschen gar fröhlich ü = ber
Wald und sin = gen frische Lie = der, daß weit es wider =
aus, und hal=ten auf dem Ra = sen gar lustig unsern

Land, so zieh'n wir Wanderburschen gar fröhlich ü=ber Land.
hallt, und sin = gen frische Lie = der, daß weit es widerhallt.
Schmaus und halten auf dem Rasen gar lustig unsern Schmaus.

Lesson XXXI.

CONJUGATION OF STRONG OR IRREGULAR VERBS.

The following Table shows the difference between weak (or regular), mixed and strong (irregular) Verbs:

Present Indicative.

Regular Verbs. (lernen—to learn)	Mixed Verbs. (kennen—to know)	Irregular Verbs. (singen—to sing)
ich lerne	ich kenne	ich singe
du lernst	du kennst	du singst
er lernt	er kennt	er singt
wir lernen	wir kennen	wir singen
Sie lernen	Sie kennen	Sie singen
sie lernen	sie kennen	sie singen

Imperfect Indicative.

ich lernte	ich kannte	ich sang
du lerntest	du kanntest	du sangst
er lernte	er kannte	er sang
wir lernten	wir kannten	wir sangen
Sie lernten	Sie kannten	Sie sangen
sie lernten	sie kannten	sie sangen

Past Participle.

gelernt	gekannt	gesungen

Note.—(1) There is no difference in the terminations in the Present Indicative.

(2) Irregular and mixed Verbs change the root vowel of the Infinitive in the Imperfect Indicative.

(3) In the Imperfect Indicative, mixed Verbs have the same termination as regular Verbs, but the irregular Verbs have the following endings: —, st, —, en, en, en.

(4) In the Past Participle irregular Verbs change the root vowel and end in en.

(5) Mixed Verbs change the root vowel in the Past Participle (like irregular Verbs), but have the termination „ t " (like regular Verbs).

Irregular Verbs : Group I.

(Those marked with * take „ ſein " in Compound Tenses).

Infinitive.	*Imperfect (Indic.)*	*Past Participle.*
i	**a**	**u**
binden—to tie, bind	band	gebunden
finden—to find	fand	gefunden
*(ver)ſchwinden—to disappear	(ver)ſchwand	(ver)ſchwunden
ſchwingen—to swing	ſchwang	geſchwungen
ſingen—to sing	ſang	geſungen
*ſinken—to sink	ſank	geſunken
*ſpringen—to spring, jump	ſprang	geſprungen
trinken—to drink	trank	getrunken
zwingen—to force, compel	zwang	gezwungen

Group Ia.

i	**a**	**o**
beginnen—to begin, commence	begann	begonnen
gewinnen—to win, gain	gewann	gewonnen
*ſchwimmen—to swim	ſchwamm	geſchwommen
ſpinnen—to spin	ſpann	geſponnen

Group Ib.

i	**a**	**e**
bitten—to beg, ask, request	bat	gebeten
*ſitzen—to sit	ſaß	geſeſſen

Vocabulary.

überſetzen—to translate	ſchmutzig—dirty, soiled
die Überſetzung—translation	mitten in—in the middle of
geſund—wholesome, healthy	der Froſch—frog
freundlich—kind, friendly	die Ameiſe—ant
ſauber—clean, tidy	die Brücke—bridge

Phrases.

Es dringt—it is urgent

Es hat keine Eile—there is no hurry

Eile mit Weile—the more haste the less speed

Warum ſo eilig ?—Why are you in such a hurry ?

es iſt verſchwunden—it has disappeared

ich bin Ihnen ſehr verbunden—I am very much obliged to you

Grammar Drill (zum Übersetzen): What did you find? He tied the books together. She sat on a chair and sang a song. Why have you not begun yet? We forced him to speak the truth. I drank half a glass of milk. He swung his hat into the air. Do you know the song of a little ring that sprang in two? (entzwei)? My brother sang it last night.

A. <u>Übersetzen Sie ins Englische!</u> Da wir um halb fünf Uhr auf dem Bahnhof sein mußten, baten wir sie früh zu kommen. Ich fand dieses Buch unter dem alten Birnbaum im Garten. Der arme, alte Mann saß auf einem Stein am Wege. Alte, deutsche Lieder klangen durch die stille Luft des Sommerabends. Wir tranken eine Tasse Tee, ehe wir zu Bett gingen. Die Frösche sprangen in den Fluß, als wir auf dem Ufer saßen. Es war sehr freundlich von ihm, daß er uns eine Tasse Kaffee brachte, als wir von dem langen Spaziergang zurückkamen. Mit diesen schmutzigen Schuhen dürfen Sie nicht in das saubere Zimmer gehen. Mitten im Wald fanden wir einen großen Ameisenhaufen. Es ist sehr ungesund zu viel Tee oder Kaffee zu trinken.

B. <u>Übersetzen Sie ins Deutsche!</u> We sat more than a quarter of an hour on the green grass under a shady tree. It disappeared when we went over the bridge. We asked him to sing a German song. Did you find the house where your uncle lives? It was very kind of you to wait for me. What did he say when you showed him the knife we found on the way to school? He said: "I am very much obliged to you." Did you drink the milk I brought you from the kitchen? The gardener tied the young roses to (an—*accus.*) a wall of the house. He began his lessons before supper. The old lady sat in her armchair while we sang a few German songs.

C. **Conversation:** Was tranken Sie zum Frühstück? Wo sitzen Sie? Können Sie schwimmen? Wann beginnt unsere deutsche Stunde? Übersetzen Sie ins Deutsche: "There is no hurry!" Wie heißt; „Eile mit Weile" auf Englisch?

Lesson XXXII.

Irregular Verbs : Group IIa.

Infinitive.	Imperfect Indic.	Past Participle.
ei	**ie**	**ie**
*bleiben—to stay, remain	blieb	geblieben
leihen—to lend	lieh	geliehen
meiden—to avoid	mied	gemieden
reiben—to rub	rieb	gerieben
ſcheiden—to separate, part	ſchied	geſchieden
ſcheinen—seem, shine	ſchien	geſchienen
ſchreiben—to write	ſchrieb	geſchrieben
ſchweigen—to be silent	ſchwieg	geſchwiegen
*ſteigen—to mount, climb	ſtieg	geſtiegen
treiben—to drive, push	trieb	getrieben
(ver)zeihen—to pardon	(ver)zieh	(ver)ziehen
heißen—to be called	hieß	geheißen

Group IIb.

Infinitive.	Imperfect Indic.	Past Participle.
ei	**i**	**i**
beißen—to bite	biß	gebiſſen
gleichen—to resemble	glich	geglichen
gleiten—to slide, glide	glitt	geglitten
(er)greifen—to seize	(er)griff	(er)griffen
leiden—to suffer	litt	gelitten
pfeifen—to whistle	pfiff	gepfiffen
reißen—to tear	riß	geriſſen
*reiten—to ride	ritt	geritten
ſchneiden—to cut	ſchnitt	geſchnitten
*ſchreiten—to stride	ſchritt	geſchritten
ſtreichen—to stroke	ſtrich	geſtrichen
ſtreiten—to quarrel	ſtritt	geſtritten
*weichen—to yield	wich	gewichen

Vocabulary.

der Dichter—poet
das Gedicht—poem
die Geschichte—story
erzählen—to relate, tell
(a story)
die Erzählung—story
der Roman—novel
der Schulfreund—school
friend
der Mitschüler—school chum,
fellow pupil

wiederholen—to repeat
beschreiben—to describe
die Beschreibung—description
erklären—to explain, declare
die Erklärung—explanation
wunderbar—wonderful
wunderschön—wonderfully
beautiful

Phrases.

Scheiden tut weh—parting is painful
Verzeihen Sie mir!—Pardon me!
ich bitte um Verzeihung—I beg your pardon
entschuldigen Sie mich!—Excuse me!
ich bitte um Entschuldigung—I beg your pardon

Grammar Drill: He was whistling; they were quarelling;
we were cutting an apple; did they bite? I was suffering;
we did not stay long; he was silent; has she suffered? it
yielded; it seemed longer; they used to quarrel; what
was her name?

A. Übersetzen Sie ins Englische! Wie lange sind Sie bei Ihrer
Tante in Hamburg geblieben? Als er die Geschichte von der
alten Gärtnerin gehört hatte, schwieg er einen Augenblick und
dann schritt er einigemal im Zimmer auf und ab. Er erklärte,
daß er die deutsche Übersetzung nicht geschrieben hatte, weil er
länger als gewöhnlich im Freien spielte. Am Nachmittag
beschrieb uns die Lehrerin ihre Reise nach Deutschland, die sie
letzten Sommer mit einer Freundin machte. Gewöhnlich schrieb
mir mein Schulfreund, Karl Walter, jede Woche einen langen
Brief, aber heute sandte er mir nur eine Postkarte. Wissen Sie,
welcher deutsche Dichter dieses wunderschöne Gedicht geschrieben

hat? Eine meiner Mitſchülerinnen ſtieg letzte Woche ganz allein auf jenen hohen Berg. Er bat mich um Verzeihung, weil er das Buch nicht finden konnte, das ich ihm letzten Freitag lieh. Verzeihen Sie mir, daß ich heute Morgen ſpät kam.

B. <u>Überſetzen Sie ins Deutſche!</u> He told us a long story of a German poet who lived in this town many years ago. My teacher lent me a book in which I found a poem which Heine, the German poet, wrote in 1823. I had to repeat the story of (von) the old man who lived in that old cottage beside the river. He was late as usual. We had to learn the whole poem by heart. Pardon me, if I do not repeat the story, for I have to write a letter to my brother in Hamburg. The sun was shining all day. What was the youngest child called who resembled his mother? He has suffered much during the last two years. Did you cut the bread with this old knife? She tore the whole page out of her book, because she made many errors in the translation of the German exercise. Excuse me, did you tell your brother the story of the little child who was called Lina?

C. **Conversation:** Wann haben Sie die Aufgabe geſchrieben? Wem gleichen Sie? Wann ſcheint der Mond? Wann ſchneidet man das Korn auf dem Felde? Warum trieben Sie die Hennen aus dem Garten? Hat die Sonne heute geſchienen? Wie lange ſind Sie am Meer geblieben? Womit haben Sie den Apfel geſchnitten?

D. <u>Zum Leſen, Überſetzen und Erzählen.</u> Ein Franzoſe, der zum erſtenmal London beſuchte, hielt ſich in einem bekannten Hotel im Weſten der Weltſtadt auf. Am Morgen nach ſeiner Ankunft verließ er das Hotel um die Stadt zu beſehen. Da er nicht Engliſch ſprechen konnte, ſchrieb er auf ein Stück Papier den Namen ab, den er an der Ecke der Straße auf der Mauer ſah. Am Abend, als er ziemlich müde war, mietete er ein Taxi und zeigte dem Chauffeur den Zettel, worauf er den Namen an der Ecke der Straße, nicht weit von ſeinem Hotel, abgeſchrieben hatte. Als der Chauffeur den Namen geleſen hatte, lachte er laut, worauf der Franzoſe ſehr böſe wurde. Gerade dann kam ein Polizeidiener die Straße entlang und der Franzoſe zeigte ihm den Zettel. Der Polizeidiener lachte ihm ins Gesicht und schüttelte den Kopf ohne zu antworten. Der Chauffeur und der Polizeidiener sahen einander lachend an und dies machte den Franzosen noch zorniger. Endlich kam ein Herr, der Französisch sprechen konnte und der alles erklärte. Der Franzose lachte laut, als ihm der Herr erklärte, daß der Name, den er an der Mauer der Straßenecke abgeschrieben hatte, lautete: „Aufkleben verboten.“

Lesson XXXIII.

PREFIXES.

A. Inseparable or Unaccented.

be
ent
emp
er
ge
ver
zer

Note.—1. These have no stress or accent.

2. They are never separated from the root of the verb.

3. They do not take „ ge “ in the Past Participle.

Ex.—verkaufen—verkaufte—verkauft.

zerschneiden—zerschnitt—zerschnitten.

Note.—Verbs in „ ieren “ or „ iren “ take no „ ge “ in the Past Participle (like those with inseparable prefixes):

Ex.—studieren (to study)—studiert; offeriren (to offer)—offerirt.

Notes on Inseparable Prefixes:

„ be “: forms Transitive Verbs—*i.e.*, all verbs with this Prefix take the *Accusative*.

Except: begegnen (to meet), befehlen (to command), which take the *Dative*.

Ex.—Ich begreife es nicht (I do not understand it)

Ich begegnete ihm (I met him).

„ ent “: denotes removal.

Ex.—entfernen (to remove from), entreißen (to snatch from).

„ emp “: it is sometimes used instead of „ ent “ before verbs beginning with „ f.“

Ex.—empfehlen (to recommend), empfangen (to receive).

„ **ver** " : denotes :

　　　　(1) the opposite of the simple verb

Ex.—kaufen (to buy), verkaufen (to sell)

　　mieten (to hire, rent), vermieten (to let)

　　　　(2) an error

Ex.—schreiben (to write), sich verschreiben (to make a slip of the pen)

　　reden (to talk), sich verreden (to make a slip of the tongue)

　　rechnen (to reckon), sich verrechnen (to make an error in calculation)

　　schlafen (to sleep), sich verschlafen (to sleep in)

„ **zer** " denotes " to pieces "

Ex.—schlagen (to strike), zerschlagen (to smash)

brechen (to break), zerbrechen (to break to pieces)

schneiden (to cut), zerschneiden (to cut to pieces)

A number of Verbs with inseparable prefixes form Feminine Nouns by adding „ **ung** " to the root.

Ex.—erfinden (to invent)—die Erfindung (invention)

　　entdecken (to discover)—die Entdeckung (discovery)

　　empfehlen (to recommnd)—die Empfehlung (recommendation)

Some Common Verbs with inseparable Prefixes.

begreifen—to comprehend	verbessern—to improve, mend
begrüßen—to greet	verneinen—to deny
empfinden—to feel	versammeln (sich)—to meet, assemble
entfliehen—to escape	
erlauben—to allow, let	verstehen—to understand
erwachen—to awake	zerreißen—to tear (to pieces)
erwarten—to expect, await	zerstören—to destroy

Note : The following Verbs have the same Past Participle—

　　brauchen—(to need)—**gebrauchen**—(to make use of)

　　denken (to think)—**gedenken** (*gen.*) (to remember)

　　fallen (to fall)—**gefallen** (*dat.*) (to please, like)

　　horchen (to harken, listen)—**gehorchen** (*dat.*) (to obey)

　　loben (to praise)—**geloben** (*dat.*) (to vow)

　　hören (to hear)—**gehören** (*dat.*) (to belong to)

Phrases.

Ich bin mit der Aufgabe fertig—I have finished my exercise
Wir sind zum Gehen bereit—we are ready to go
Wie gefällt es Ihnen in Berlin?—How do you like Berlin?
Wollen Sie mir einen Gefallen tun? Will you do me a favour?
Tun Sie es mir zu Gefallen!—Do it to please me!

Grammar Drill: Where have you torn it? Did he greet you? When did you waken? You have made a slip of the pen. Did they expect you? He has improved it. Why did you destroy them? They have denied it. Who has broken the window? Where did you study German? To whom do they belong? Do you obey him? Did you understand it?

A. <u>Übersetzen Sie ins Englische!</u> Wissen Sie, daß ihr Haus zu vermieten ist? Als wir heute Vormittag in der Stadt waren, begegneten wir dem Herrn, dem wir letztes Jahr unser Haus verkauften. Columbus hat im Jahre 1492 Amerika entdeckt. Wenn Sie mit dem Brief fertig sind, werde ich ihn auf die Post tragen. Der Regen hat letzte Woche viele Blumen in den Gärten zerstört. Als wir den Bahnhof erreichten, begegneten wir unseren Freunden, die uns gestern erwarteten. Gefallen Ihnen diese Häuser? Obgleich wir das Haus erst um halb neun erreichten, war das Abendessen noch nicht bereit. Während der ersten Hälfte des Monats hat sich das Wetter sehr verbessert. Wir mieteten ein Taxi und zwanzig Minuten später hatten wir das Haus erreicht. Haben Sie es verstanden?

B. <u>Übersetzen Sie ins Deutsche!</u> Do these books belong to your brother? No, they are my sister's. I am not yet finished with the book you lent me last week. How do you like my new hat? Do you know to whom they have sold their house? They do not like London. I could not understand why they reached the town so late. When did you meet him? Are you ready for playing? They have denied it. Did they expect

me?   Allow me (*dat.*) to show you the way to the station.
How did they like Berlin?   I did not understand everything,
because he spoke very quickly.   When will (*the*) dinner be
ready?   We assemble in our playground every morning at
9 o'clock.   You do not seem to understand it.

C. **Conversation:** Verſtehen Sie mich?   Wo verſammeln ſich
die Schüler?   Gefällt Ihnen dieſes Zimmer?   Wann ſind Sie
heute Morgen erwacht?   Wem gehorchen Sie?   Haben Sie
die Aufgabe verbeſſert?   Wer hat Amerika entdeckt?   Haben
Sie mich verſtanden?

Lesson XXXIV.

Irregular Verbs : Group III.

Infinitive.	*Imperfect Ind.*	*Past Participle.*
ie	**o**	**o**
biegen—to bend	bog	gebogen
bieten—to offer	bot	geboten
*fliegen—to fly	flog	geflogen
*fliehen—to flee	floh	geflohen
*fließen—to flow	floß	gefloſſen
frieren—to freeze	fror	gefroren
genießen—to enjoy	genoß	genoſſen
gießen—to pour	goß	gegoſſen
*kriechen—to creep	kroch	gekrochen
riechen—to smell	roch	gerochen
schießen—to shoot	schoß	geschoſſen
schließen—to close	schloß	geschloſſen
verdrießen—to vex	verdroß	verdroſſen
verlieren—to lose	verlor	verloren
wiegen—to weigh	wog	gewogen
(*or*) wägen—to weigh	wog	gewogen
ziehen—to draw, pull	zog	gezogen

Except :

*liegen—to lie, be situated	lag	gelegen

Note.—Verbs, like those in Group III, which change the root vowel of the Infinitive into „ o “ in the Imperfect or Past Participle, usually form Nouns by changing the „ o “ into „ u “; these Nouns are Masculine, except those ending in „ t.“

Ex.—fliegen—flog—der Flug (flight (*of birds*))
     fließen—floß—der Fluß (river)
     ziehen—zog—der Zug (train)
     fliehen—floh—die Flucht (flight) (*escape*)

Vocabulary.

das Luftschiff—aeroplane	kostbar—dear
biegsam—flexible	bescheiden—modest
zahm—tame	unbescheiden—insolent
lahm—lame	frech—impertinent
billig—cheap	stumpf—blunt
wohlfeil—cheap	leer—empty
teuer—dear, expensive	

Phrases.

es friert mich—I am cold
friert es Sie?—Are you cold?
es ist mir zu teuer—I cannot afford it
es war sehr gemütlich—it was very enjoyable
es war sehr langweilig—it was very boring

Grammar Drill: It froze all night; have you lost anything? why did they not shut the door? she poured the water into a glass; the birds flew over the village; the water was frozen; where is it situated? did you weigh the luggage? he was very vexed; the water flowed over the bank of the river; has he lost his book again?

A. **Übersetzen Sie ins Englische!** Friert es Sie? Ich verzieh ihm, weil er gewöhnlich sehr bescheiden ist. Das neue, große Luftschiff flog gestern Nachmittag über diese Stadt. Da die

Tür geschlossen war, krochen wir durch das Fenster in die Wohnstube. Es war sehr unbescheiden von ihm, daß er Ihnen nicht antwortete. Das arme, lahme Pferd zog den schweren Wagen die lange Straße entlang. Es verdroß mich zu hören, daß er den kostbaren Ring verloren hatte. Da alles gefroren war, flogen viele zahme Vögel vor das Fenster des Wohnzimmers.

B. <u>Übersetzen Sie ins Deutsche</u>! He poured cold water over it. A poor lame dog lay beside the river. As it was very enjoyable, we stayed till after midnight. He does not know, where he lost his book. I could not cut the bread, as the knife was very blunt. I was very cold, when I wrote that letter. Many broken milk-bottles lay on the street in front of our house this morning. Why did you not buy those cheap gloves? I cannot afford it. As soon as we heard the thunder, we shut the door and the windows.

C. **Conversation:** Wo liegt die Stadt Köln? Welche Tiere sind zahm? Wohin fliegen die Schwalben im Herbst? Wie heißt gefrorenes Wasser? Welche Blumen riechen? Wohin fließt der Rhein? Welche Tiere kriechen? Wann schließt man die Haustür? Was für Tiere schießt der Jäger?

D. <u>Zum Lesen, Übersetzen und Erzählen.</u>

Ein Jagdabenteuer.

Sir Walter Scott, der bekannte schottische Romanschreiber, war ein Liebhaber der Jagd. Eines Tages hatte er einige seiner Freunde auf sein Gut zum Jagen eingeladen. Es geschah nun, daß er hinter einem Freund, der die Flinte unter dem Arm trug, den andern Jägern folgte. In einem Teil des Waldes mußte sein Freund mit der Flinte die Zweige der Gebüsche bei Seite biegen um für sich und Sir Walter einen Pfad zu machen. Plötzlich knallte ein Schuß—es war die Flinte seines Gastes und die Kugel ging durch den Hut des Sir Walter Scott. Schnell nahm er den Hut ab und indem er seinen Gästen das Loch in dem Hut zeigte, bemerkte er zu seinem Freund: „Sie haben fast getan, was meine Kritiker gefehlt haben zu tun—den ‘*Waverley Novels*’ ein Ende zu machen."

Lesson XXXV.

PREFIXES.

B. Separable or Accented.

ab
an
auf
aus
bei
ein
mit
nach
vor
zu

Ex.—<u>anfommen</u>—to arrive.

Note.—1. They are accented or stressed.

2. They are separated from the verb :

   (*a*) in the Present Indicative

      Ex.—er <u>fommt</u> morgen von Berlin <u>an</u>.

      (he arrives to-morrow from Berlin).

   (*b*) in the Imperfect Indicative

      Ex.—Wir <u>famen</u> jenen Morgen früh <u>an</u>.

      (we arrived early that morning).

   (*c*) in the Imperative

      Ex.—<u>fomm(e) nicht spät an</u> ! } do not

      <u>fommt nicht spät an</u> ! } arrive

      <u>fommen Sie nicht spät an</u> ! } late

   (*d*) in the Past Participle and the Infinitive the „ ge " and the „ zu " go between the prefix and the Verb

      Ex.—an<u>ge</u>fommen—an<u>zu</u>fommen.

Obs.—**In a dependent clause the prefix is not separated from the verb.**

Ex.—Als wir auf dem Bahnhof <u>anfamen</u>, waren wir sehr müde.

(When we arrived at the station, we were very tired.)

The following are some of the more common Verbs with accented Prefixes :

abfahren—to leave (of a train)

abgehen—to leave (of a train)

abreisen—to set out, leave

anfangen—to commence, begin

anfommen—to arrive

anschauen—to look at

ausgehen—to go out (for a walk)

ausruhen—to rest

aussprechen—to pronounce

eintreten—to enter

vorlesen—to read to (some one)

vorstellen—to introduce

anſehen—to look at

aufgehen—to rise (of the sun)

aufmachen—to open

aufſtehen—to rise

zumachen—to close, shut

zubringen—to spend (time)

zurückkommen—to return

zurückkehren—to return

Phrases.

wie lange halten wir in Dresden an ?—how long do we stop at Dresden ?

wie lange haben wir hier Aufenthalt ?—how long do we stop here ?

alles umſteigen !—all change !

alles einſteigen !—Take your seats, please !

es iſt verboten zu rauchen—smoking forbidden (no smoking allowed) here !

How to tell whether the moon is increasing or decreasing ! —

$\mathfrak{z}$ = beginning of letter " z " which is the first letter in : „ zunehmen "—to increase.

$\mathfrak{a}$ = beginning of letter " a " which is the first letter in : „ abnehmen "—to decrease.

Grammar Drill : Did you look at it? he introduced me to his father ; did you spend the whole day in town? when did he return? we arrived very late ; when did you rise? have they returned? open the windows, please ! step in, Miss Brown ! look at me ! has the train left? I am not going out to-day ; when we arrived in town, we looked at the shops.

A. Überſetzen Sie ins Engliſche ! Erlauben Sie mir Ihnen meine Nichte, Fräulein Marta Bergmann, vorzuſtellen ! Letzten Sommer brachten wir mehr als drei Wochen am Meer zu. Die Sonne war noch nicht aufgegangen, als wir von dem Bahnhof zurückkehrten. Am dritten Juli reiſten wir nach Hamburg ab, wo wir zwei Tage ſpäter mit dem Schiff ankamen. Wann kommt Ihre Schweſter aus Berlin zurück? Obſchon ich um fünf Uhr erwachte, ſtand ich erſt um halb ſieben Uhr auf. Warum ruhen Sie nicht aus, wenn Sie müde ſind? Leider habe ich vergeſſen die Fenſter zuzumachen. Sehen Sie mich an und ſprechen Sie das Wort langſam aus !

B. <u>Übersetzen Sie ins Deutsche!</u> When we rose this morning, the sun was shining through the window. Why do you not look at me? When we opened the window of our bedroom, we saw the blue sky. You ought to pay him a visit, when you return from London. Why did you not introduce your sister to my nephew? When we entered the carriage, we saw above the door the words: "No smoking allowed here!" How do they spend their holidays? When you have rested, we shall go for a walk. I have asked (begged) him more than once to open the door. Do not go out, if you are tired!. My sister and I read to him every evening. They set out at half past five this morning in order to arrive in Berlin before mid-day.

C. **Conversation:** Wann geht der erste Zug ab? Wann stehen Sie auf? Wo haben Sie die Sommerferien zugebracht? Soll ich das Fenster aufmachen? Um wie viel Uhr geht die Sonne auf? Machen Sie das Buch auf, Seite 25! Sehen Sie die Tür an! Wann fangen unsere Stunden an?

D. <u>Zum Lesen, Übersetzen und Erzählen.</u>

„Ein Deutscher in Paris."

Ein Deutscher, der zum erstenmal Paris besuchte, telegraphirte seiner Frau nach seiner Ankunft, daß er glücklich angekommen sei und gab ihr auch den Namen des Hotels, wo er sich aufzuhalten dachte. Am Abend machte er einen Spaziergang durch die Straßen der Stadt und gegen acht Uhr abends wollte er wieder ins Hotel zurückkehren. Er fand aber, daß er den Namen des Hotels vergessen hatte. Um sich aus der Verlegenheit zu helfen, ging er ins nächste Postbüreau und telegraphirte seiner Frau ihm den Namen des Hotels in Paris zu senden. Die Frau war nicht wenig erstaunt, als sie das zweite Telegramm erhalten hatte.

Revision Lesson XXXI.—XXXV.

1. Give the Infinitive of the Verbs underlined and translate into German :

Has he <u>found</u> the book ? When did the lesson <u>begin</u> ? Were you <u>writing</u> a letter ? I lost my hat ; it was <u>freezing</u> ; why did you <u>close</u> the windows ? We <u>sat</u> in the garden all afternoon ; who <u>cut</u> the bread ? it was <u>lying</u> on the road. What was her name (what <u>was</u> she <u>called</u>) ?

2. Give the meaning of the prefixes " ver " and " zer " and form a few compound verbs with these prefixes with meaning in English !

3. Give the Past Participle and meaning of : erfinden, aufmachen, begreifen, empfinden, ankommen, zubringen, abreisen, entfliehen, ausruhen, anbieten, ertrinken, abschreiben.

4. Give the German equivalent for the following phrases : There is no hurry ! I am very much obliged to you ; pardon me ! excuse me ! are you ready to go ? whose apples are these ? they are ours ; I cannot afford it ; are you cold ? take your seats, please ! how long do we stop at Heidelberg ?

<u>Einkehr.</u>

1. Bei ein = em Wir = te wun = der = mild, da
2. Es war der gu = te A = pfel=baum, bei
3. Es ka = men in fein grü = nes Haus viel
4. Ich fand ein Bett zu fü = ßer Ruh, auf
5. Nun fragt' ich nach der Schul = dig = keit, da

war ich jüngst zu Ga = ste ; ein gold = ner A = pfel
dem ich ein = ge = keh = ret, mit sü = ßer Kost und
leicht be = schwingte Gä = ste ; sie spran=gen frei und
wei=chen grü = nen Mat=ten ; der Wirt, er deck = te
schüt=telt er den Wip=fel ; ge = seg = net sei er

war sein Schild, an ei = nem lang=en A = ste.
fri = schem Schaum hat er mich wohl ge = näh = ret.
hiel = ten Schmaus und san = gen auf das Be = ste.
selbst mich zu, mit sei = nem küh= len Schat=ten.
al = le = zeit, von der Wur=zel bis zum Gip=fel !

[*Uhland.*]

---

zu Gaste—as a guest, a visitor
das Schild—signboard
einkehren—to put up
die Kost—food
der Schaum—drink
nähren—to feed, nourish
beschwingt—winged
Schmaus halten—to feast
die Ruhe—rest, repose
die Matte—meadow

zudecken—to cover
der Schatten—shadow, shade
die Schuldigkeit—debt,
    obligation
schütteln—to shake
der Wipfel—top
der Gipfel —top
die Wurzel—root
allezeit—always, ever
segnen—to bless

Lesson XXXVI.

IRREGULAR VERBS.

Group IV. ("a" Verbs).

Irregular Verbs with the root vowel „a" or „au" in the Infinitive modify the „a" or „au" into „ä" or „äu" in the 2nd and 3rd Persons Singular of the Present Indicative.

Present Indicative.

Ex.—fallen—*to fall*   laufen—*to run*

ich falle   ich laufe
du fällst   du läufst
er fällt   er läuft
wir fallen   wir laufen
etc.   etc.

Group IV. (a).

Infinitive.	*Imperfect Ind.*	*Past Participle.*
a	**ie**	**a**
blasen—to blow	blies	geblasen
*fallen—to fall	fiel	gefallen
halten—to hold, keep	hielt	gehalten
hauen—to cut, hew	hieb	gehauen
lassen—to let, allow	ließ	gelassen
*laufen—to run	lief	gelaufen
raten—to advise	riet	geraten
erraten—to guess	erriet	erraten
schlafen—to sleep	schlief	geschlafen

Obs.—ich halte, du hältst, er hält.
             ich rate, du rätst, er rät.

Group IV. (b).

a	**i**	**a**
fangen—to catch	fing	gefangen
hangen—to hang	hing	gehangen

Group IV. (c).

Infinitive.	Imperfect Ind.	Past Participle.
a	u	a
†backen—to bake	buk (backte)	gebacken
*fahren—to drive	fuhr	gefahren
graben—to dig	grub	gegraben
†laden—to load	lud	geladen
†einladen—to invite	lud . . . ein	eingeladen
erschaffen—to create	erschuf	erschaffen
schlagen—to strike, beat	schlug	geschlagen
tragen—to bear, carry	trug	getragen
*wachsen—to grow	wuchs	gewachsen
waschen—to wash	wusch	gewaschen

† These do not modify the **a** in the 2nd and 3rd Singular Present Indicative.

Vocabulary.

der Schnellzug—express train
der Personenzug—passenger (local) train
der Güterzug—goods train
der Schalter—ticket office
am Schalter—at the ticket office
die Fahrkarte—ticket
eine Fahrkarte lösen—to get (buy) a ticket
der Bahnsteig—platform

der Wagen—carriage
der Speisewagen—dining car
der Schlafwagen—sleeping car
der Gepäckwagen—luggage van
der Gepäckträger—porter
das Gepäckzimmer—luggage office
der Schaffner—guard
den Zug verfehlen—to miss the train

Phrases.

er schläft noch—he is still asleep
ich bin schläfrig—I am sleepy
ich schlief bald ein—I fell soon asleep
ist er wach ?—Is he awake ?
ich gehe schlafen (zu Bett)—I am going to bed

A COMPLETE

Grammar Drill: He left me alone; is he still asleep? did you sleep well? he is carrying his stick under his arm; has it struck ten? why did she not invite you? did you wash your hands? they were hanging on the chair; did they guess it? we drove together through the country.

A. <u>Überſetzen Sie ins Engliſche!</u> Auf unſerer Reiſe nach Dresden fuhren wir mit dem Schnellzug, der um halb acht morgens von Berlin abgeht. Dürfen wir hier ausſteigen? Hier dürfen Sie nicht rauchen, dieſer Wagen iſt für Nichtraucher. Als wir von unſerer langen Reiſe ankamen, gingen wir früh zu Bett und ſchliefen bald ein. Unſere Freunde warteten auf dem Bahnhof obſchon der Schnellzug mehr als eine halbe Stunde ſpät ankam. Herr und Frau Braun machen nächſte Woche eine Reiſe nach dem fernen Oſten. Sie haben mich eingeladen, aber leider kann ich nicht mitgehen, denn die Schule fängt am erſten nächſten Monats wieder an. Wiſſen Sie, was er in der linken Hand hält? Nein, aber ich glaube, es iſt eine Fahrkarte, die er eben (*just*) am Schalter gelöſt hat.

B. <u>Überſetzen Sie ins Deutſche!</u> The porter showed us the platform where the express train for Berlin leaves every evening at a quarter past nine. The goods train leaves 20 minutes after the passenger train. Did you guess what he carried under his arm? He did not sleep all night, because he had toothache. He always wears a black hat, when he goes to town. They invited my sister and me, but we could not leave the house so early in the morning. Did you sleep well last night? Although it has struck nine o'clock, he is not yet awake. When do you usually go to bed? As we arrived home very tired, we fell asleep very soon.

C. **Conversation:** Wann gehen Sie gewöhnlich ſchlafen? Schlafen Sie immer gut? Was tun Sie am Schalter? Was tut der Gepäckträger? Wie heißt der Wagen, worin man ſpeiſt? Wo wachſen die Tannen? Wo muß man eine Fahrkarte löſen? Was halte ich in der linken Hand? In welcher Hand halten Sie die Feder?

D. Zum Lesen, Übersetzen und Erzählen.

Der Schatzgräber.

Ein Vater, der dem Tode nahe war, rief seine drei Söhne zu sich und sagte: „Meine lieben Söhne, ich kann Ihnen nichts hinterlassen, als diese Hütte und den Weingarten um die Hütte herum. In diesem Weingarten aber liegt ein Schatz, den Sie finden werden, wenn Sie jeden Tag in dem Garten graben und fleißig arbeiten." Dann verließen die Söhne, einer nach dem andern, das Schlafzimmer des kranken Vaters und jeder glaubte, daß er den Schatz sicher finden würde.

Bald nachher starb der Vater und die Söhne fingen an im Garten fleißig zu arbeiten. Sie nahmen einen Spaten und gruben tief in die Erde hinein, bis der ganze Weingarten gegraben war, allein sie fanden weder Gold noch Silber. Den nächsten Frühling aber bemerkten die Söhne, daß die Reben viel größer und stärker aussahen, als in den früheren Jahren. Im Herbst waren viel mehr und größere Trauben an den Reben und die Söhne waren überrascht, daß sie viel mehr Wein als gewöhnlich verkaufen konnten. Erst jetzt errieten sie, was der Vater mit dem Schatz meinte. Sie lernten zum erstenmal, daß die Arbeit der größte Schatz ist.

---

der Schatzgräber—treasure hunter (digger)
hinterlassen—to leave (after death)
der Weingarten—vineyard
der Schatz (¨ e)—treasure
fleißig arbeiten—to work hard

der Spaten—spade
die Erde—earth, soil
die Rebe—vine
die Traube—grape
überrascht—surprised
erst jetzt—only now

Lesson XXXVII.

IRREGULAR „ e “ VERBS.

Most irregular verbs with the root vowel „ e “ in the Infinitive change the „ e “ into „ i “ or “ ie “ in the 2nd and 3rd Persons Singular of the Present Indicative and in the Singular of the Imperative.

Note : A short „ e “ is usually changed into a short „ i,“ but a long **e** (*i.e.,* followed by one consonant or an „ h “) is changed into „ **ie** “; a few **e** verbs do not change the root vowel.

	I.	II.	*The following do not change the „ e.“* *
Infinitive :	werfen (to throw)	ſehen (to see)	ſtehen (to stand)
Pres. Ind.	ich werfe	ich ſehe	gehen (to go)
	du wirſſt	du ſiehſt	heben (to lift)
	er wirft	er ſieht	geneſen (to recover)
Imperative	wirf !	ſieh !	bewegen (to induce)
	werft !	ſeht !	*Ex.*—Er ſteht (geht)
	werfen Sie !	ſehen Sie !	(hebt) (geneſt)
			(bewegt)

Obs.—*nehmen* (to take) and *treten* (to step, tread) are conjugated as follows :

Pres. Ind.	ich nehme	ich trete
	du nimmſt	du trittſt
	er nimmt	er tritt
Imperative :	nimm !	tritt !
	nehmt !	tretet !
	nehmen Sie !	treten Sie !

* See also alphabetical list of irregular verbs (pp. 301-308).

Group V. (a).

Infinitive.	Imperfect Ind.	Past Participle.
e	**a**	**o**
befehlen—to command, order	befahl	befohlen
(ver)bergen—to hide, conceal	(ver)barg	(ver)borgen
brechen—to break	brach	gebrochen
empfehlen—to recommend	empfahl	empfohlen
*erschrecken—to be frightened	erschrak	erschrocken
helfen—to help	half	geholfen
nehmen—to take	nahm	genommen
schelten—to scold	schalt	gescholten
sprechen—to speak	sprach	gesprochen
stechen—to sting	stach	gestochen
stehlen—to steal	stahl	gestohlen
*sterben—to die	starb	gestorben
treffen—to hit, meet	traf	getroffen
verderben—to spoil	verdarb	verdorben
werfen—to throw, cast	warf	geworfen

Vocabulary.

der Reisende—traveller
die Reise—journey
die Seereise—voyage
die Abreise—departure
das Coupé ⎱
der Abteil ⎰ —compartment
Abteil für Raucher—smoking compartment
Abteil für Damen—ladies only
der Reisekoffer—travelling trunk

das Handgepäck—hand luggage
der Wartesaal—waiting room
der Hauptbahnhof—terminus
das Geleis(e)—rails, line (of rails)
die Abfahrt (Abf.)—departure (of train)
die Ankunft (Ank.)—arrival
der Fahrplan—time table
das Fahrgeld—fare
interessant—interesting

Phrases.

nehmen Sie sich in Acht! ⎱
nimm dich in Acht! ⎰ take care!
nehmen Sie es mir nicht übel! ⎱
nimm es mir nicht übel! ⎰ do not take it ill of me.
was hilft es?—what is the use of it?
es hilft nichts!—it's no use!
aus dem Stegreif sprechen—to speak extempore

Grammar Drill: Why does he hide it? she is helping us; he does not see me; she is taking a stick; it's no use; he is spoiling his clothes; she is throwing it into the garden; why is he not speaking? he does not break it; take care! (3 ways); she does not take it; is he helping you (*dat.*); he died last night; don't speak so loud! (3 ways).

A. Übersetzen Sie ins Englische! Unsere Freunde, die letzten Sommer in Dresden waren, haben uns ein sehr gutes Hotel empfohlen. Wir waren sehr überrascht, daß er uns gestern Nachmittag auf unserem Spaziergang traf. Vor unserer Abreise nach Berlin hat er uns empfohlen täglich lange Spaziergänge auf die Hügel und in die Wälder zu machen. Gleich nach unserer Ankunft auf dem Hauptbahnhof gingen wir in den Wartesaal erster Klasse. Wir ließen das Handgepäck in dem Gepäckzimmer, bis wir zur Abreise mit dem Schnellzug bereit waren. Der Schaffner reservirte einen ganzen Abteil für Nichtraucher für uns. Er sprach mit uns von seiner langen Seereise, die er vor etwa drei Jahren mit einem unserer Freunde machte. Die Reise von Köln bis Mainz war sehr angenehm und interessant. Wir erschraken sehr, als einer der Reisenden plötzlich die Tür unseres Abteils aufmachte.

B. Übersetzen Sie ins Deutsche! Does your brother speak German? When we arrived in Hamburg, we met a gentleman whose brother recommended us to this hotel. He looked very tired when we met him at the station, because he had been waiting for more than two hours. He died after a short illness in his 21st year (*Altersjahr*). Where did you meet her? Will you lend me your time-table? This compartment is for non-smokers. All the travellers had to change at Cologne. We waited on the platform for (*auf*) the arrival of the express train from Berlin. Take care that you do not lose your ticket! He always takes his umbrella when he goes for a walk. Where is our porter? He is standing on the platform and is going to lift our travelling trunk into the luggage van.

C. **Conversation:** Wohin haben Sie das Papier geworfen? Wer hat Ihnen mit der Aufgabe geholfen? Was haben Sie in der Stadt gesehen? Wo haben Sie gestern Ihre Freundin getroffen? Spricht Ihre Mutter deutsch?

Lesson XXXVIII.

IRREGULAR „e" VERBS (cont.).

Group V. (b).

Infinitive.	Imperfect Ind.	Past Participle
e	**a**	**e**
essen—to eat	aß	gegessen
fressen—to eat (of animals)	fraß	gefressen
geben—to give	gab	gegeben
*genesen—to recover (from illness)	genas	genesen
*geschehen—to happen	geschah	geschehen
lesen—to read (er liest)	las	gelesen
messen—to measure	maß	gemessen
sehen—to see	sah	gesehen
*stecken—to be sticking	stak	gesteckt
*treten—to step, tread	trat	getreten
vergessen—to forget	vergaß	vergessen

Group V. (c).

Infinitive.	Imperfect Ind.	Past Participle.
e	**o**	**o**
bewegen—to induce	bewog	bewogen
heben—to lift, raise	hob	gehoben
schmelzen—to melt	schmolz	geschmolzen
schwellen—to swell	schwoll	geschwollen

Vocabulary.

die Einladung—invitation	nötig ⎫
annehmen—to accept	notwendig ⎭ necessary
verweigern—to refuse	erstaunt—astonished
der Aufenthalt—sojourn, stay	geduldig—patient
der Gasthof ⎫	ungeduldig—impatient
das Hotel ⎭ hotel	die Geduld—patience
das Wirtshaus—tavern, inn	die Ungeduld—impatience

Phrases.

es geschieht Ihnen recht—It serves you right

was ist geschehen?—what *has* happened?

B.W. = bitte, wenden!—please turn over **(P.T.O.)**

W.S.G.U. = Wenden Sie gefälligst um!—please turn over
 (P.T.O.)

geben Sie Acht auf die Steine!—mind the stones

A. <u>Übersetzen Sie ins Englische!</u>—Ich war erstaunt, daß er die Einladung nicht angenommen hat. Es ist nicht notwendig, daß er morgen so früh aufsteht, denn die Schule fängt erst um halb zehn Uhr an. Er vergißt, daß ich nicht deutsch spreche. Vergiß nicht die Fahrkarten zu lösen! Er sah sehr ungeduldig aus, als ich ihn gestern auf dem Bahnhof traf. Es geschieht alle Tage. Er bewog mich die Einladung anzunehmen. Der Schnee schmilzt auf den Hügeln. Er hob den Reisekoffer auf die Schultern und trug ihn auf den Bahnsteig. Er ißt jeden Morgen einen Apfel vor dem Frühstück. Haben Sie heute Morgen die Zeitung gelesen? Er verweigerte die Einladung, weil er morgen nach Berlin abreist.

B. <u>Übersetzen Sie ins Deutsche!</u> See what my friends have given me for (zu) my 21st birthday! When did it happen? What is he reading? He is reading a German book which his friend has sent him from Dresden. The wet weather has spoiled our stay in Berlin. Our sojourn in Hamburg was very short, because we accepted an invitation from our friends in Köln. Who broke the window in your kitchen? Did you induce him to stay till the end of the week? He speaks German all day. When does the snow melt?

C. <u>Zum Lesen, Übersetzen und Erzählen.</u>

Die Sage von der „Lorelei."

Auf einem Felsen in der Mitte des Rheins hauste die Lorelei, eine bezaubernd schöne Jungfrau, die mit ihrem wunderbaren Singen die Schiffer des Rheins in die Nähe des Felsens zog.

wo sie vergaßen auf die Schiffe zu achten und in den Wellen des Stromes ertranken.

In der Nähe des Rheins wohnte einst ein alter Graf, namens Bruno, mit seinem einzigen Sohn, der Hermann hieß. Der junge Ritter hatte oft von der Lorelei und ihrem bezaubernden Gesang gehört. Eines Tages, als er am Ufer des Rheins stand, glaubte er die reizende Gestalt der Jungfrau auf dem Felsen zu sehen. Der Anblick war zu bezaubernd für den Jüngling und als die Lorelei ihren Gesang hören ließ, fiel der junge Ritter ohnmächtig zu Boden. Obschon der Vater ihn gewarnt hatte, nicht in die Nähe des Felsens zu gehen, konnte er dem Zauber der Jungfrau nicht widerstehen.

Eines Abends spät verschwand er plötzlich und der alte Graf eilte an das Ufer des Rheins. Zu seinem Schrecken sah er seinen Sohn in einem kleinen Schiff aufrecht vor dem Felsen stehen. Umsonst rief ihm der Vater zu, der Zauber der Lorelei hatte ihn überwältigt und er hörte nichts als den bezaubernden Gesang der Jungfrau. Einige Minuten später sah der Vater seinen einzigen Sohn am Rande des Loreleifelsens ertrinken.

Heinrich Heine, ein deutscher Dichter, hat ein Gedicht über diese alte Rheinsage geschrieben.

---

hausen—to dwell
bezaubern—to bewitch
achten (auf)—to heed
reizend—charming
der Anblick—sight
ohnmächtig—fainting
warnen—to warn

widerstehen—to resist
der Schrecken—horror, terror
aufrecht—upright
umsonst—in vain
der Zauber—magic
überwältigen—to overpower
nichts ... als—nothing ... but

Lesson XXXIX.

REFLEXIVE VERBS.

(These are conjugated with „ haben “ in the Compound Tenses.)

Accusative.
sich setzen—to sit down

Dative.
sich denken—to imagine, fancy

Present Indicative.
ich setze mich—I am sitting down
du setzest dich—thou art sitting down
er setzt sich—he is sitting down
wir setzen uns—we are sitting down
Sie setzen sich—you are sitting down
*ihr setzt euch—you are sitting down
sie setzen sich—they are sitting down

Present Indicative.
ich denke mir—I imagine
du denkst dir—thou imaginest
er denkt sich—he imagines
wir denken uns—we imagine
Sie denken sich—you imagine
*ihr denkt euch—you imagine
sie denken sich—they imagine

Imperative.
setz dich !—sit down !
*setzt euch !—sit down !
setzen Sie sich—sit down !

Imperative.
denk dir !—imagine !
*denkt euch !—imagine !
denken Sie sich !—imagine !

Imperfect Indicative.
ich setzte mich—I was sitting down
etc.

Imperfect Indicative.
ich dachte mir—I imagined
etc.

Perfect.
ich habe mich gesetzt—I have sat down
etc.

Perfect.
ich habe mir gedacht—I have
imagined, etc.

Future.
ich werde mich . . . setzen—I shall sit
down, etc.

Future.
ich werde mir . . . denken—
I shall imagine, etc.

Conditional.
ich würde mich . . . setzen—I should
sit down, etc.

Conditional.
ich würde mir . . . denken—
I should imagine, etc.

* Plural of "du," used when speaking to children, parents, relations, intimate friends and all animals.

Note.—Only about five reflexive verbs take the *Dative* :

sich denken—to fancy, imagine
sich einbilden—to imagine, fancy
sich trauen—to trust oneself
sich schmeicheln—to flatter oneself
sich vorwerfen—to reproach oneself

The following are some of the most common Reflexive Verbs with the Accusative :

sich ärgern (über—*accus.*)—to be annoyed (at)

sich bedienen—to make use of

sich beeilen—to hurry, make haste

sich befinden—to be (well or ill)

sich beklagen (über—*accus.*)—to complain (of)

sich bücken—to bend, stoop

sich entschließen—to decide to make up one's mind

sich entschuldigen—to excuse oneself

sich ereignen—to happen

*sich erinnern (an—*accus.*)—to remember

sich erkälten—to catch cold

sich freuen (über—*accus.*)—to rejoice, be pleased (at)

sich freuen (auf—*accus.*)—to look forward (to)

†sich fürchten (vor—*dat.*)—to be afraid (of)

sich gewöhnen (an—*acc.*)—to get accustomed (to)

sich hüten (vor—*dat.*)—to beware (of)

sich irren—to be mistaken (to be wrong)

sich nähern (*dat.*)—to approach

sich nähren (von)—to live (on), feed (on)

sich schämen (*gen.*)—to be ashamed of

sich sehnen (nach)—to long for, yearn

sich verirren—to lose one's way

sich verlassen (auf—*acc.*)—to rely, depend (on)

sich verspäten—to be late

sich weigern—to refuse

sich wundern (über—*accus.*)—to wonder (at)

---

*Can also be used with the *Genitive* :

   Ex.—ich erinnere mich <u>an den Tag</u> = ich erinnere mich <u>des Tages</u> (I remember the day).

†*Obs.*—<u>ich fürchte, es wird morgen regnen</u>—I am afraid (I believe, I doubt) it will rain to-morrow.

   <u>ich fürchte mich,</u> allein zu gehen—I am afraid (frightened) to go alone.

Vocabulary.

ſonſt—or else
wahr—true
die Wahrheit—truth
der Unfall—accident
bewundern—to admire
ſtolz (auf—*accus.*)—proud (of)
der Stolz—pride

ehrlich—honest
die Ehrlichkeit—honesty
das Gartenhaus—summer-
house
miteinander—with each other,
together
ähnlich (*dat.*)—similar, like

Phrases.

Ehrlich währt am längſten—honesty is the best policy
ich habe mich verſchrieben—I made a slip of the pen
wie befinden Sie ſich?—how are you?
Sie irren ſich—you are wrong (mistaken)
erinnern Sie ſich daran?—do you remember it?

Grammar Drill: Has he excused himself? I wonder; have you lost your way? do you remember his brother? I am longing for my holidays; why are you late? he has caught cold; make haste! help yourself! are you afraid of him? beware of the cat! rely on me!

A. Überſetzen Sie ins Engliſche! Wenn Sie von dem Spaziergang zurückkommen, werden wir uns auf die Bank in unſerem Garten=haus ſetzen. Beeilen Sie ſich, ſonſt werden Sie ſich auf den Zug verſpäten! Ich wunderte mich nicht darüber, denn ſie weiß nicht, was es iſt die Wahrheit zu ſprechen. Erinnern Sie ſich an die ſchönen Sommerferien, die wir miteinander in Heidel=berg zubrachten? Als wir uns dem Wald näherten, lief ein Haſe an uns vorbei. Vor einigen Jahren ereignete ſich ein ähnlicher Unfall in dieſem Dorf. Ich erinnere mich, wie ungeduldig er wurde, weil wir ihn eine halbe Stunde warten ließen. Ich bin ſtolz darauf, daß er ſich weigerte das Geld anzunehmen.

B. Überſetzen Sie ins Deutſche! I shall be very pleased if you and your sister will pay me a visit to-morrow afternoon. I admire your mother's patience. He was ashamed of himself, for he was late again (*use refl. v.*) this morning. They are very proud of their eldest son who has just returned from a long voyage. You may depend on him, for he is said to be a very honest servant. Is it true that he has lost his way? We knew that he had bought a pair of shoes, but we do not remember the shop where he bought them. I shall never forget the accident that happened about three months ago on the other side of that hill. I fancied that he lost his way, for he arrived more than two hours later than usual.

C. **Conversation :** Wie befinden Sie sich? Fürchten Sie sich vor dem Hund? Erzählen Sie die Sage von der „ Lorelei " ! Ist es wahr, daß Sie sich erkältet haben? Sehnen Sie sich nach den Ferien? Wie heißt das englische Sprichwort: " *honesty is the best policy* " auf deutsch? Schämen Sie sich?

D. Lernen Sie das Gedicht „ Die Lorelei " auswendig!

„ Die Lorelei."

1. Ich weiß nicht, was soll es
      bedeuten,
   Daß ich so traurig bin;
   Ein Märchen aus alten
      Zeiten,
   Das kommt mir nicht aus
      dem Sinn.

2. Die Luft ist kühl und es
      dunkelt,
   Und ruhig fließt der Rhein;
   Der Gipfel des Berges
      funkelt
   Im Abendsonnenschein.

3. Die schönste Jungfrau sitzet
   Dort oben wunderbar;
   Ihr goldnes Geschmeide
      blitzet,
   Sie kämmt ihr goldenes
      Haar.

4. Sie kämmt es mit goldenem
      Kamme
   Und singt ein Lied dabei,
   Das hat eine wundersame,
   Gewalt'ge Melodei.

5. Den Schiffer im kleinen
      Schiffe
   Ergreift es mit wildem Weh;
   Er schaut nicht die Felsen=
      riffe,
   Er schaut nur hinauf in die
      Höh' !

6. Ich glaube, die Wellen
      verschlingen
   Am Ende Schiffer und Kahn.
   Und das hat mit ihrem
      Singen
   Die Lorelei getan.

   (Heinrich Heine).

Lesson XL.

How to render : " There is, there are, there was, there were."

1. By „ es gibt " (there is, there are) and „ es gab " (there was there were), **when place or time are indefinite.**

Ex.—*There was* a village in which the inhabitants were all giants.

Es gab ein Dorf, worin die Bewohner alle Riesen waren.

There are books which are not worth reading.
Es gibt Bücher, die nicht des Lesens wert sind.

There was once a quarrel between two brothers.
Es gab einmal einen Streit zwischen zwei Brüdern.

2. By „ es ist " (there is), „ es war " (there was), „ es sind " (there are), „ es waren " (there were), **when place or time are definite.** *

Ex.—*There is* no light in your room.
Es ist kein Licht in Ihrem Zimmer.

There are many apples in that basket.
Es sind viele Äpfel in jenem Korb.

There was nobody in the house.
Es war niemand im Hause.

Obs.—Omit „ **es** " of „ es ist," „ es war," „ es sind," „ es waren," etc.

1. In an inverted sentence.

Ex.—Yesterday there were more than 20 people in the room.
Gestern waren mehr als 20 Personen in dem Zimmer.

2. In a subordinate clause.

Ex.—Did you not know that there were many people in the train ?
Wußten Sie nicht, daß viele Leute in dem Zug waren ?
I told him that there was no water in the river.
Ich sagte ihm, daß kein Wasser in dem Fluß sei.

---

* Also in the meaning of 'once upon a time': *Ex.*—Es war einmal ein Mann.

Vocabulary.

der Zoll—duty
das Zollamt—customs office
der Zollbeamte—customs officer
verzollen—to pay duty (on)
zollfrei—free of duty
die Grenze—frontier, boundary
der Autobus—motor 'bus
die Haltestelle—stopping place

der Dampfer—steamer
das Dampfschiff—steamer
das Segelschiff—sailing boat
das Ruderboot—rowing boat
rudern—to row
der Kahn—small boat
der Kapitän—captain (of a S.S.)
der Matrose—sailor
die Kajüte—cabin

Phrases.

im Gegenteil—on the contrary
er war zufällig in Berlin—he happened to be in Berlin
was gibt's?—what is the matter? (what's up?)
was fehlt ihm?—what is the matter with him?
er ist ein Taugenichts—he is a good-for-nothing

A. Übersetzen Sie ins Englische! Als wir an der Grenze ankamen, mußten wir aussteigen und ins Zollamt gehen, wo viele Zollbeamten auf uns warteten. „Haben Sie etwas zu verzollen?" fragte einer der Zollbeamten. Wenige Artikel sind zollfrei. Der Zollbeamte befahl uns die Reisekoffer aufzumachen. Wir hatten aber nichts zu verzollen und der Gepäckträger trug unser Gepäck in den Gepäckwagen zurück. Da wir einige Stunden Aufenthalt hatten, verließen wir den Hauptbahnhof. Gerade gegenüber dem Zollamt ist eine Haltestelle für den Autobus. Wir fuhren durch die Stadt nach dem Hafen, wo viele große Dampfschiffe waren. Es gibt jetzt nur wenige Segelschiffe. Wir ruderten in einem kleinen Ruderboot bis ans andere Ende des Hafens.

B. Übersetzen Sie ins Deutsche! Did you call me? Is there a customs officer in this station? How many stopping places are there on this road? The new motorbus leaves here every morning at half past seven and returns about 5.45 p.m. There was once a sailor who lost his way the day after his arrival

11

in London. I remember that about ten years ago there were only two steamers on this lake. We hired a rowing boat and rowed to the other side of the lake, where we spent the whole afternoon. We did not know that there was no stopping place here. Had you to pay duty? No, these articles are all free of duty. The captain invited us to his cabin on the last day of our voyage.

C. Zum Lesen, Übersetzen und Erzählen.

Ein Herr gab seinem einzigen Sohn eine goldene Taschenuhr als Geburtstagsgeschenk. Oft aber hatte er Ursache ihn zu tadeln wegen der nachlässigen Weise, wie er die Uhr trug, allein alle Warnungen waren umsonst. Mit der Absicht seinen Sohn auf seine Nachlässigkeit aufmerksam zu machen, hatte er bei Anlaß einer Vorstellung im Theater die Uhr von der Tasche seines Sohnes entfernt, ohne daß der letztere es bemerkte. Zufällig fragte er den Sohn während des Abends, wie spät es sei. Der junge Mann wurde sehr erstaunt und seine Enttäuschung war nicht minder groß, als er bemerkte, daß ihm die Uhr fehlte. Der Vater sagte lächelnd: „Beruhige dich, mein Sohn, ich bin der Dieb; ich wollte dir nur zeigen, wie nachlässig du deine Uhr trägst und wie leicht es ist sie zu stehlen. Hier ist deine Uhr." Dabei steckte er die Hand in die Tasche um seinem Sohn die Uhr wieder zurückzugeben, fand aber zu seiner Überraschung, daß ihm die Uhr aus seiner eigenen Tasche gestohlen worden war. Von nun an brauchte er den Sohn nicht mehr wegen Nachlässigkeit zu tadeln, beide aber, Vater und Sohn, waren vorsichtiger mit ihren Taschenuhren.

----

die Ursache—cause, reason
nachlässig—careless
die Absicht—intention
aufmerksam machen (auf)—
    to call attention (to)
der Anlaß—occasion
die Vorstellung—performance

entfernen—to remove
die Enttäuschung—disappoint-
    ment
es fehlt mir—I miss
beruhige dich!—keep calm!
von nun an—henceforth
vorsichtig—careful

Revision Lesson XXXVI.—XL.

A. <u>Überſetzen Sie ins Deutſche !</u> He is speaking ; she is holding it in her (the) hand ; have you slept well ? he is sleeping ; she is taking them ; it happens very often ; he is reading ; the clock is striking eleven ; he does not see it ; he guessed it ; they have invited us ; they spoke ; he lifted them on the chair ; he is falling ; she is eating an apple ; he forgets everything ; he is standing on the floor ; is he reading it ? do not take it (*sing.*) ! she was reading it.

B. <u>Überſetzen Sie ins Engliſche !</u> Er ſchämte ſich ; es war kein Waſſer in dem Glas ; Sie haben ſich geirrt ; haben Sie ſich entſchloſſen ? zu jener Zeit gab es keine Züge ; Sie können ſich auf ihn verlaſſen ; da viele Kinder in dem Zimmer waren; hüten Sie ſich vor jenem Pferd ! er läuft immer ſehr ſchnell ; wann hat es ſich ereignet ?   er mußte ſich mehr als zehnmal bücken ; er hat ſich heute Morgen auf den Zug verſpätet.

C. <u>Überſetzen Sie ins Engliſche !</u> Was fehlt Ihnen ? Nehmen Sie es mir nicht übel ! ſchläft ſie noch ? was gibt's ? Eile mit Weile ! was hilft's ? Sie ſehen ſehr ſchläfrig aus ; nehmen Sie ſich in Acht ! Tun Sie es mir zu Gefallen ! Ehrlich währt am längſten.

Die Lorelei.

Andante.

mf

1. Ich weiß nicht, was ſoll es be = deu = ten, daß ich ſo trau = rig bin ; . . . . ein Märchen aus al = ten

2. Die ſchön = ſte Jung = frau ſi = tzet dort o = ben wun = der=bar ; . . . . ihr goldnes Geſchmeide

3. Den Schif=fer im klei = nen Schif = fe er= greift es mit wil = dem Weh ; . . . . er ſchaut nicht die Felſen

dim.

Zei - ten, das kommt mir nicht aus dem Sinn. . . *(p.)* Die
bli - ket, sie kämmt ihr goldenes Haar. . . . Sie
rif - fe, er schaut nur hinauf in die Höh'! . . . Ich

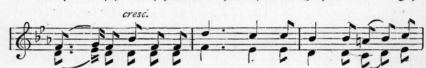

cresc.

Luft ist kühl und es dun = kelt, und ru = hig fließt der
kämmt es mit goldenem Kam = me und singt ein Lied da-
glau = be die Wel=len ver=schlin = gen am En = de Schiffer und

cresc.

Rhein; der Gi = pfel des Ber = ges
bei, das hat ei = ne wun = der=
Kahn. Und das hat mit ih = rem

f

fun = kelt, im Abend = son = nen = schein.
fa = me, ge = walt'ge Me = lo = dei.
Sin = gen, die Lo = re = lei ge = tan.

Lesson XLI.

IMPERSONAL VERBS.

schneien—to snow.

Present Indicative : es schneit—it snows, it is snowing.
Imperfect Indicative : es schneite—it snowed, it was snowing.
Present Perfect : es hat geschneit—it has snowed, it has been snowing.

The following are the most common Impersonal Verbs with their Nouns :

es regnet—it rains	der Regen—rain
es donnert—it thunders	der Donner—thunder
es blitzt—it lightens	der Blitz—lightning
es hagelt—it hails	der Hagel—hail
es friert—it is freezing	der Frost—frost
es taut auf—it is thawing	das Tauwetter—thaw

Learn the following Verbs used impersonally :
[Most of these are conjugated with „ <u>haben</u> " in the Compound Tenses.]

(a) *Accusative.*

es ärgert mich—I am vexed (annoyed)
es dürstet mich—I am thirsty
es freut mich—I am glad (pleased)
es friert mich—I am cold
es hungert mich—I am hungry
es reut mich—I repent, rue
es schaudert mich—I shudder
es wundert mich—I wonder

(b) *Dative.*

es scheint mir—it seems to me
es träumt mir—I am dreaming
es tut mir leid—I am sorry
es ist mir warm (kalt)—I am warm (cold)
es ist mir, als ob...—I feel as if...
(mir ist, als ob...—I feel, as if...)
es gelingt mir—I succeed
(es ist mir <u>gelungen</u>—I *have* succeeded)

Note :

I am hungry	*I am thirsty.*	*I was dreaming.*
ich bin hungrig	ich bin durstig	ich hatte einen Traum
ich habe Hunger	ich habe Durst	ich träumte
es hungert mich	es dürstet mich	es träumte mir
mich hungert	mich dürstet	mir träumte

Vocabulary.

der Ärger—annoyance
ärgerlich—annoying, vexing
der Träumer—dreamer
träumerisch—dreamy
es läutet—the bells are ringing
das Gewitter—thunderstorm

die Erkältung—cold
das Ereignis—event
die Erinnerung—remembrance
der Blitzstrahl—flash of
    lightning
zucken—to quiver

Phrases.

Zur Erholung ging er ans Meer—he went to the coast to re-
    cuperate.
Zur Erinnerung an meinen zehnten Geburtstag—in remem-
    brance of my 10th birthday.
Aus Furcht vor dem Hund—for fear of the dog.
Es regnete in Strömen—it rained in torrents.
Er tat mir leid—I was sorry for him.
Bei regnerischem Wetter—in rainy weather.

A. Übersetzen Sie ins Englische! (a) Hat es gedonnert? es
gelang ihm nicht; friert es Sie? was ist geschehen? es geschah
ihm recht; hat es geläutet? tut es Ihnen leid? ich hatte
einen Traum; es freute ihn sehr; es taute auf.

(b) Der Blitz zuckte durch die Luft, der Donner rollte und der
Regen fiel in Strömen, als wir von dem Spaziergang zurückkamen.
Der Arzt riet ihm zur Erholung ans Meer zu gehen. Zur
Erinnerung an unseren Aufenthalt in Berlin sandte er mir ein
großes Bild der Stadt. Es tat mir leid, daß ich ihn so lange
warten ließ. Es schien mir, als ob es auftaute. Er leidet seit
mehr als zwei Wochen an einer Erkältung. Ein Blitzstrahl folgte
rasch dem andern und die Kinder fürchteten sich vor dem Gewitter.
Bei kaltem Wetter sitzen wir gerne vor dem Feuer in der
Wohnstube. Ich werde mich immer an jenes Ereignis erinnern,
denn es regnete in Strömen.

B. Übersetzen Sie ins Deutsche! (a) Did you see the lightning?
it was freezing during the night; was she cold? it was not

snowing; **are you** dreaming? how is he? were you thirsty? he did not succeed; I am very glad that you can come; are you vexed? are you not sorry for him?

(b) Where does he go to recuperate? Did you see that flash of lightning? No, but I heard the thunder and I was frightened (afraid). It was very vexing that they lost their way. The bells were ringing, when we left the house. He sat dreaming in his armchair. I was very sorry to refuse the invitation, but you know that I had a cold and could not leave the house. He was very cold when we met him at the station. Although he was very thirsty, he did not drink his cup of tea, but left the room without saying (to say) a word.

C. **Conversation :** Friert es Sie? Haben Sie Durst? Sind Sie hungrig? Wann schneit es? Fürchten Sie sich vor dem Blitz? Ist es Ihnen warm? Wie befinden Sie sich? Regnet es? Wovon haben Sie geträumt? Was tun Sie am Abend bei schönem Wetter?

Lesson XLII.

I.—How to render „werden."

1. When followed by an Infinitive render „werden" **by "shall" or "will" :**

> Ex.—er wird morgen ankommen—he will arrive to-morrow.
> ich werde früh aufstehen—I shall rise early.

2. When followed by an Adjective, render „werden" **by "to get" or "to become" :**

> Ex.—sie wird müde—she is getting tired.
> es wurde sehr heiß—it got very hot.
> es ist sehr kalt geworden—it has got very cold.

3. When followed by a Past Participle, render „werden" **by "to be" (passive voice). (See Lesson XLVII., p. 186.)**

> Ex.—er wurde oft bestraft—he was often punished.
> sie sind von ihm geschrieben worden—they have been written by him.

II.—How to render " Whoever," " whatever " and " however."

1. Whoever (whosoever) = <u>wer</u> . . . <u>auch</u>.

> *Ex.*—<u>Wer</u> ihn in seinem Leben <u>auch</u> gekannt hat, wird ihn immer als Helden verehren—Whoever knew him in his lifetime, will always honour him as a hero.
>
> <u>Wen</u> er mit seinen Reden <u>auch</u> beleidigte, wird ihm je seine Ehrlichkeit anerkennen—Whomsoever he offended by his speeches, will ever acknowledge his honesty.

2. Whatever (whatsoever) = <u>was</u> . . . <u>auch</u>.

> *Ex.*—<u>Was</u> das Resultat seines Bemühens <u>auch</u> sein mag, hat er jedenfalls sein Mögliches getan—Whatever may be the result of his endeavours, he has at any rate done his best.

8. However (followed by an adjective or an adverb) = <u>wie</u> (so) . . . <u>auch</u>.

> *Ex.*—<u>Wie</u> (so) erstaunt sie <u>auch</u> sein mögen, kann ich meine Meinung nicht ändern—However astonished they may be, I cannot change my opinion.
>
> <u>Wie</u> (so) sehr er sich <u>auch</u> bemühte, war seine Arbeit nie befriedigend—However much he exerted himself, his work was never satisfactory.

Vocabulary.

strafen—to punish
bestraft—punished (*pass. v.*)
die Strafe—punishment
belohnen—to reward
die Belohnung—reward
achten—to esteem, respect
achten (auf)—to heed, mind
verachten—to despise
die Verachtung—contempt

beliebt—beloved, popular
bezahlen—to pay
die Rechnung—bill, invoice
rechnen (auf)—to reckon (on) rely (on)
trocken—dry
die Warnung—warning
warnen—to warn
gefälligst (gefl.)—please

Phrases.

wie gefällt es Ihnen in Berlin—How do you like Berlin?
gefällt Ihnen mein Hut?—do you like my hat?
diese Bilder gefallen ihm nicht—he does not like these pictures.
ich habe mein Mögliches getan Ihnen zu gefallen—I have done
my best to please you.
dieser Hut steht Ihnen sehr gut—this hat suits you very well.

A. **Übersetzen Sie ins Englische!** Es wurde gestern Abend sehr kalt.
Morgen werden wir früh aufstehen und einen Spaziergang nach
dem nahen Wald machen, denn um zehn Uhr wird es schon sehr
heiß. Machen Sie mir gefälligst die Rechnung, denn wir reisen
morgen ab. Mehr als zwanzig Personen sind krank geworden.
Es freut mich, daß er gut belohnt worden ist. Der Lehrer
wurde von allen Schülern geachtet. Er achtete nicht auf die
Warnungen seiner Freunde. Da wir von der langen Reise
müde geworden waren, gingen wir früh zu Bett und schliefen
bald ein. Wissen Sie, ob die Rechnung bezahlt worden ist?
So sehr ich ihm helfen wollte, fehlte mir die Zeit.

B. **Übersetzen Sie ins Deutsche!** Has she been ill? Did it get
dry? Why has he been punished? You ought to be ashamed
of yourself! You must pay the bill before you leave the
hotel. He was respected by (*von*) everybody. Did it not get
very wet? Yesterday there were more than twenty cows in
that field. Has he been rewarded? Yes, but he expected no
reward. She has got very tall since I saw her in Berlin last
summer. We shall translate this exercise when we arrive (*at*)
home. He has punished his pupils because they did not heed
his warnings. Although he has been warned more than once,
he did not heed his father's advice. However tired you may
be, you must write a letter to your brother.

C. **Zum Lesen, Übersetzen und Erzählen.**

Andernach und Linz.

Die Einwohner von Andernach und Linz, zwei Städte am
Rhein, hatten oft Streit miteinander. Die Linzer wußten, daß

die Andernacher immer spät aufstanden und gaben ihnen den Schimpfnamen „Siebenschläfer" (*fat doormice*). In Andernach ist ein alter Turm, wo vor vielen Jahren ein Wächter wohnte, der viele Bienen hielt.

Es waren einmal zwei Bäckersjungen in Andernach, die den Honig sehr gern hatten. Eines Abends spät, als es dunkel war, gingen sie leise auf den Turm, wo die Bienenkörbe standen. Gerade als sie den Honig aus den Körben nehmen wollten, hörten sie einen Lärm in der Nähe des Turmes und sie glaubten, es sei der Wächter. Bald aber sahen sie viele bewaffnete Männer und sie errieten, daß die Linzer gekommen waren, um die Andernacher zu töten, ehe sie erwachten. Ohne Zeit zu verlieren nahmen sie die Bienenkörbe und warfen sie auf die Linzer hinunter. Die Bienen kamen aus den Körben und flogen um die Linzer herum und stachen sie, bis sie rasch an den Rhein zurückliefen und nach Linz zurückkehrten.

Zur Erinnerung an diese Tat ließen die Andernacher ein Denkmal errichten und heute noch sieht man in dem Wappen von Andernach zwei Bäckersjungen.

---

der Schimpfname—nickname
der Wächter—watchman
die Biene—bee
der Bienenkorb—bee-hive
der Bäckersjunge—baker's apprentice
der Honig—honey

bewaffnet—armed
erwachen—to awake
um . . . herum—round about around
das Denkmal—monument
errichten—to erect
das Wappen—coat-of-arms

Lesson XLIII.

SUBJUNCTIVE MOOD.

The Subjunctive is used in German :

1. **In indirect speech or thought :**
    Ex.—Er sagte, er sei müde—he said he was tired.

    Wir dachten, wir hätten Zeit genug—we thought we had time enough.

2. After the conjunction „ als ob " (*as if*) :

Ex.—Er sah mich an, als ob er mich nie vorher gesehen hätte.
Er sah mich an, als | hätte | er | mich nie vorher gesehen.

3. In a Principal Sentence expressing a wish or desire or hope :

Ex.—Möge er glücklich sein !—may he be happy !
Wäre er nur gestern gegangen !—I wish he had gone yesterday ! (If he had only gone yesterday !)
Dein Reich komme !—Thy kingdom come !

4. After „ wenn " followed by the past tense :

Ex.—Wenn ich jung wäre, so würde ich schwimmen lernen—
If I were young, I should learn to swim.

A. Present Subjunctive.

The Present Subjunctive of all German Verbs is formed from the root of the Infinitive, by adding : **e, est, e, en, en**, (et) **en**, except „ sein " (ich sei, du seiest, er sei, wir seien, ihr seid, Sie seien, sie seien.

Present Infinitive.	*Present Subjunctive.*	*Present Indicative.*
kommen	er komme	er kommt
wollen	er wolle	er will
wissen	er wisse	er weiß
fallen	er falle	er fällt
werfen	er werfe	er wirft

B. Imperfect Subjunctive.

I. Regular Verbs.

The Imperfect Subjunctive of Regular Verbs is the same as the Imperfect Indicative.

Imperfect Subjunctive.	*Imperfect Indicative.*
ich kaufte	ich kaufte
er sagte	er sagte

II. Irregular Verbs and „ſein."

The Imperfect Subjunctive of Irregular Verbs is formed from the root of the Imperfect Indicative by adding **e, eſt, e, en, n, (et), en** and modifying the root vowel **a, o,** or **u.**

Imperfect Subjunctive.	*Imperfect Indicative.*
ich ſänge	ich ſang
er ſpräche	er ſprach
ſie ſchlüge	ſie ſchlug
ich wäre	ich war

Note.—„ ſtehen " and „ ſterben " have an irregular form of the Imperfect Subjunctive : ſtünde and ſtürbe.

The Imperfect Subjunctive is often used in German for the Conditional (cf. English : if he *were* = if he *would be*) :

> *Ex.*—Wenn ich jung wäre—if I were young.
>
> Wer hätte es gedacht ?—who *would have* thought it ?
>
> Wenn er früher käme—if he came (would come) earlier.

Vocabulary.

die Hütte—cottage, hut	ſcherzhaft—joking, funny
der Palaſt—palace	der Kellner—waiter
die Schenke—tavern, inn	der Keller—cellar
die Dorfſchenke—village inn	Abſchied nehmen—to take
der Wirt—proprietor, landlord	leave, to say ' Good-bye '
ſcherzen—to joke, jest	noch nie—never yet
der Scherz—joke	

Phrases.

Ich habe nichts dagegen—I have no objection.

Haben Sie etwas dagegen, wenn ich rauche ?—do you object to my smoking ?

Es iſt nicht der Mühe wert—it is not worth while.

Es iſt nicht des Leſens wert—it is not worth reading.

Scherz bei Seite—joking apart.

Grammar Drill :

(1) Give the Infinitive and the Past Participle of the verbs underlined in Exercise A !

(2) Translate the expressions underlined in Exercise B by the Imperfect Subjunctive !

(3) Give 3rd Person Singular Present Indicative and Present Subjunctive of : befehlen, graben, freſſen, geſchehen, fahren, nehmen, ſchlafen, leſen, tun, treten.

(4) Give 3rd Person Singular of Imperfect Indicative and Imperfect Subjunctive of : fragen, tragen, tun, brechen, flieſzen, heben, helfen, ſterben, liegen, kommen.

A. Überſetzen Sie ins Engliſche ! Er ſagte, es ſei nur ein Scherz. Sie käme früher an, wenn ſie mit dem Schnellzug reiſen würde. Er ſchreibt, daſz er den Palaſt des Fürſten geſehen habe. Ich fragte ihn, ob er morgen nach Berlin abreiſe. Ich glaubte nie, daſz er es täte ohne ſeinen Vater zu fragen. Wenn Sie ihm morgen in der Stadt begegnen, ſo ſagen Sie ihm, daſz ich nicht wiſſe, wo ich meine Ferien zubringen werde. Sie dachte, daſz ſie mit dem Autobus ſchneller führe, als mit dem Perſonenzug. Glauben Sie, daſz ſich das Wetter ändern werde ? Als er von ihr Abſchied nahm, fragte er ſie, ob ſie nächſten Sommer wieder nach Hamburg käme ? Er bildete ſich ein, daſz es leichter wäre ohne Gepäck zu reiſen. Als wir in der Dorfſchenke ankamen, fragte der Wirt, ob wir von unſerer Reiſe müde ſeien.

B. Überſetzen Sie ins Deutſche ! How could we know that it would freeze. He did not think, it would be worth while to stay much longer. When I asked the waiter to make my (to me the) bill, he replied that he would have it ready in a quarter of an hour. If I were living in that pretty cottage, I should often sit in the garden in fine weather. I asked the proprietor of the village inn, if I could stay overnight. We could not imagine that he would spend more than a week from home. Before he left for Berlin, I asked him, how long he would stay there. He replied that he would decide after his arrival. When he showed me the book he bought yesterday afternoon, I told him that it was not worth reading. Do you think that it will rain to-morrow?

Das Heidenröslein

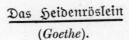

(Goethe).

1. Sah ein Knab' ein Rös = lein stehn,   Rös = lein auf   der
2. Kna = be sprach: „Ich bre = che dich,   Rös = lein auf   der
3. Und der wil = de Kna = be brach   's Rös = lein auf   der

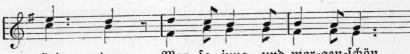

Hei = den.   War so jung und mor = gen = schön,
Hei = den!"   Rös = lein sprach: „Ich ste = che dich,
Hei = den.   Rös = lein wehr = te   sich und stach,

lief er schnell, es nah' zu seh'n, sah's mit vie = len Freu = den,
daß du ewig   denkst an mich und ich will's nicht lei = den!"
half ihm doch kein Weh und Ach, mußt' es e = ben lei = den.

Rös = lein, Rös = lein, Rös = lein rot, Rös = lein auf der Hei = den.
Rös = lein, Rös = lein, Rös = lein rot, Rös = lein auf der Hei = den.
Rös = lein, Rös = lein, Rös = lein rot, Rös = lein auf der Hei = den.

Röslein (*n.*)—pretty little rose
Heide (*f.*)—heath, meadow
morgenschön—beautiful and fresh
stechen—to sting
ewig—for ever, always

wehren (sich)—to defend (one-self)
half ihm . . . Ach—neither pleading nor sighing was of any avail.

Lesson XLIV.

B. Imperfect Subjunctive (cont.).

III.—Mixed Verbs and „ haben."

Infinitive.	Imperfect Indicative.	Imperfect Subjunctive.
brennen	er brannte	er brennete
bringen	„ brachte	„ brächte
denken	„ dachte	„ dächte
kennen	„ kannte	„ kennete
nennen	„ nannte	„ nennete
rennen	„ rannte	„ rennete
senden	„ sandte	„ sendete
wenden	„ wandte	„ wendete
wissen	„ wußte	„ wüßte
haben	„ hatte	„ hätte

IV.—Auxiliaries of Mood.

Infinitive.	Imperfect Indicative.	Imperfect Subjunctive.
sollen	er sollte	er sollte
wollen	„ wollte	„ wollte
können	„ konnte	„ könnte
mögen	„ mochte	„ möchte
dürfen	„ durfte	„ dürfte
müssen	„ mußte	„ müßte

Note.—The Present Subjunctive is often used instead of the Imperfect (of all Auxiliaries of Mood and the three Auxiliaries, „ sein," „ haben" and „ werden").

Ex.—Er fragte mich, ob er mitkommen dürfe.

    (he asked me if he *were* allowed to come with me).

Ich schrieb ihm, daß ich seinen Brief erhalten habe.

    (I wrote him, that I *had* received his letter).

When changing Direct into Indirect Speech, observe the following Rules :

1. Replace colon by a comma and omit inverted commas :

Ex.—Er schrieb : „ Mein Bruder ist seit Montag auf der Reise."
    (*Direct Speech*).

    Er schrieb, daß sein Bruder seit Montag auf der Reise sei. (*Indirect Speech*).

2. Use the Subjunctive in the indirect clause:

Ex.—Sie antwortete: „Ich kann leider nicht kommen." (*Direct Speech*).

Sie antwortete, daß sie leider nicht kommen <u>könne</u>. (*Indirect Speech*).

3. When changing an Imperative, use „sollen" (or „dürfen," or „mögen"):

Ex.—Der Vater sagte: „Legen Sie die Bücher auf den Tisch!" (*Direct Speech*).

Der Vater sagte, wir <u>sollen</u> die Bücher auf den Tisch legen. (*Indirect Speech*).

Er schrieb: „Erwartet mich morgen!" (*Direct Speech*).

Er schrieb, wir <u>dürfen</u> ihn morgen erwarten. (*Indirect Speech*).

Vocabulary.

der Verlust—loss
der Polizeidiener—policeman
der Schutzmann—policeman
wiederfinden—to recover (something lost)
der Artikel—article
der Unfall—accident
abreisen (nach)—to leave (for)
die Folge—consequence
die Depesche—telegram
wissen—to be aware of
überreichen—to hand to

einen Umweg machen—to make a detour (to take a round-about-way)
vermeiden—to avoid, shun
die Eintrittskarte—card of admission
melden—to inform, report
die Wache—guard, sentinel
das Eingangstor—entrance gate
beabsichtigen—to intend
läuten—to ring the bell

Phrases.

Ich war zufällig in London—I happened to be in London
So sehr ich es bedaure—however much I regret it
Wir mußten den Arzt holen lassen—we had to send for the doctor
Das dacht' ich mir—I thought as much
Wir gingen erst spät zu Bett—we sat up till late

A. Change the following sentences into Indirect Speech:
Er antwortete: „Nächsten Sommer werde ich nach Berlin gehen." Sie sagte: „Es sind jetzt mehr als zweitausend Einwohner in diesem Dorf." Er dachte: „Wenn ich heute in die Stadt gehe, so werde ich meinen Neffen besuchen." Sie schrieb in ihrem Brief: „Heute ist mein vierzehnter Geburtstag." Wir antworteten: „Sein Onkel hat uns auf den Bahnhof begleitet." Sie erzählte uns: „Vor vielen Jahren stand hier ein alter Eichbaum." Ich bat ihn: „Schreibe mir jede Woche!" Sie rief: „Warten Sie auf mich!" Er befahl dem Diener: „Geben Sie acht auf das Pferd!"

B. Übersetzen Sie ins Deutsche! If you had told me that he had lost his way, I should not have waited here so long. When he reported his loss to a policeman, the latter said that he would do his best to recover the lost article. We all thought that an accident had happened, as he was more than three hours late. When we knew that he had left for Berlin more than three months ago, we did not think it worth while to warn him again of (*vor, d.*) the consequences. One of the guests happened to leave the hotel, when a telegram was handed to him saying that his brother had left for Vienna the same evening. If they had been aware of it, they would very probably have made a detour (taken a round-about-way) in order to avoid any danger. At the same time we received a letter from our landlord in which he said that he had already let the house for the month of August. As we had no cards of admission, we informed the guard at the entrance gate that we only intended to visit the castle. After waiting for more than an hour, he rang the bell and asked the servant when he expected his master back from his walk.

C. Zum Lesen, Übersetzen und Erzählen.

Der Mäuseturm.

Mitten im Rhein, in der Nähe von Bingen und nicht weit von der alten Stadt Mainz, steht ein Felsen mit einem Turm darauf.

Die Sage von diesem Turm lautet: Der grausame Bischof
Hatto von Mainz ließ einmal viele Einwohner der Stadt, die
zu ihm kamen um Korn zu bitten, in einer Scheune verbrennen.
Aus Rache für diese grausame Tat kamen viele Ratten und
Mäuse in den Palast des Bischofs und fraßen alles auf, was sie
finden konnten.

Der Bischof ließ schnell einen Turm auf dem Felsen im Rhein
bauen, denn er glaubte, daß die Ratten und Mäuse nicht über
das Wasser schwimmen könnten und daß sein Leben dort sicher
wäre. Als der Turm fertig war, ging der Bischof mit seinen
Dienern in den Turm. In der Nacht aber kamen die Ratten
und Mäuse in den Turm und als die Diener am Morgen den
Bischof wecken wollten, fanden sie, daß die Mäuse und Ratten
den Bischof gefressen hatten. Dieser Turm heißt seither: „ *Der
Mäuseturm.*"

mitten (in)—in the middle (of)
in der Nähe (von)—near
die Sage—legend, story
lauten—to run (of a story)
grausam—cruel
der Bischof—bishop

die Scheune—barn
ließ . . . verbrennen—had
 . . . burnt
die Rache—revenge
sicher—safe

Lesson XLV.

I. Omission of „daß," „ob" and „wenn."

1. „Daß" (that) may be omitted after the following Verbs:
sagen, denken, hoffen, glauben.

Ex.—Ich hoffe, er werde glücklich ankommen—
   I hope he will arrive safely.

   Ich hoffe, daß er glücklich ankommen werde.

   Er glaubte, wir seien müde—he thought we were tired.

   Er glaubte, daß wir müde seien.

Obs.—The sentence without „daß" becomes a principal
sentence—*i.e., regular order of words.*

2. „ Ob " can only be omitted in „ als ob " (as if).

Ex.—Er sah mich an, als <u>hätte</u> er mich nie vorher gesehen—

He looked at me as if he had never seen me before.

Er sah mich an, als ob er mich nie vorher gesehen <u>hätte</u>.

Sie kam auf mich zu, als <u>wollte</u> <u>sie</u> mich etwas fragen—

She came up to me as if she wanted to ask me something.

Sie kam auf mich zu, <u>als ob</u> sie mich etwas fragen <u>wollte</u>.

Obs.—When „ ob " (in „ als ob ") is omitted, the sentence is inverted—*i.e., verb before subject.*

3. „ Wenn " (if) can always be omitted.

Ex.—<u>Wollen</u> <u>Sie</u> allein gehen, <u>so</u> bleibe ich zu Hause—If you wish to go alone, I shall stay at home.

<u>Wenn</u> Sie allein gehen <u>wollen</u>, so bleibe ich zu Hause.

<u>Wären</u> <u>Sie</u> früher gekommen, <u>so</u> hätten Sie meinen Bruder gesehen—If you had come (had you come) earlier, you would have seen my brother.

<u>Wenn</u> Sie früher gekommen <u>wären</u>, <u>so</u> hätten Sie meinen Bruder gesehen.

Note the use of „ so " in the Principal Sentence following a conditional clause beginning with „ wenn " and inversion of Subject and Predicate in the Principal Sentence !

II. Constructions with „ nun " :

1. Meaning " well " (exclamation) :

Ex.—*Well*, you know that he arrived last night.

<u>Nun</u>, Sie wissen, daß er gestern Abend angekommen ist.

Well, have you heard from him ?

<u>Nun</u>, haben Sie Nachricht von ihm ?

2. Adverb meaning " now " :

Ex.—*Now* we thought, that he would write.

<u>Nun</u> | dachten | wir | , daß er schreiben würde.

Now we reached the village at last.

<u>Nun</u> kamen | wir | endlich im Dorf an.

3. Meaning "now that," "now as," (omitting "that" or "as").

Ex.—Now that we are here, we shall rest.

Nun wir da (hier) sind, ruhen wir aus.

Now as we know their address, we shall write at once.

Nun wir ihre Adresse kennen, werden wir sogleich schreiben.

Vocabulary.

begleiten—to accompany
umwenden (sich)—to turn round
erröten—to blush
bücken (sich)—to stoop, bend
einsam—lonely
von oben bis unten—from top to toe
Vorbereitung (*f.*)—preparation
treffen (Vorbereitungen)—to make (preparations)
unbestimmt—indefinite

verschieben—to postpone
aufhalten—to detain
aus Mangel (an)—for want (of)
Abreise (*f.*)—departure
gleichen (*dat.*)—to resemble
berühmt—famous
Künstler (*m.*)—artist
Gemälde (*n.*)—painting
Bildergallerie (*f.*)—picture gallery
Dämmerung (*f.*)—dusk, dawn

Phrases.

Es ist nicht der Rede wert—it is not worth talking about
Er hielt mich für einen Amerikaner—he took me for an American
Er hielt eine lange Rede—he made a long speech
Wie Sie wollen—as you like (please)
Ende gut, alles gut—all's well that ends well

A. Rewrite the following sentences, omitting the conjunctions: „daß," „ob," „wenn"! Wenn es gestern nicht geregnet hätte, so hätte ich Sie in die Stadt begleitet. Er wandte sich um, als ob er jemand hörte. Wir hoffen, daß er sich auf den Zug nicht verspäten werde. Er errötete, als ob er sich verredet hätte. Er glaubte, daß wir den ganzen Sommer auf dem Land gewesen wären. Wenn er vor elf Uhr nicht ankommt, so werden wir nicht länger auf ihn warten. Er bückte sich, als ob er etwas suche.

B. Übersetzen Sie ins Englische! Wenn ich Sie wäre, ginge ich nie wieder allein auf dem einsamen Wege. Er sah mich von oben bis unten an, als hätte er es mit einem Fremden zu tun. Nun, wohin gehen Sie so früh am Morgen? Nun die Vorbereitungen getroffen sind, werden wir unsere Reise nicht auf unbestimmte Zeit verschieben. Würden Sie mich bis an die Ecke der Straße begleiten, wenn ich Sie nicht mehr als zehn Minuten aufhalte? Würde es gegen Mittag auftauen, so könnten wir am Nachmittag einen Spaziergang durch die Felder und Wiesen machen. Wie schön die Rosen in unserm Garten auch blühen, so sind die Blüten nicht so hübsch aus Mangel an Sonnenschein und Wärme.

C. Übersetzen Sie ins Deutsche! As far as I remember, the departure was postponed till the end of the week. I was told that I resemble my grandfather who was a famous artist. If I look at that picture, I cannot help thinking of a famous painting I once saw in the picture galleries in Dresden. Well, how did you spend your time during your stay in Germany last summer? Now that you have just returned from England, can you tell me if you like Scotland better than England? After making preparations for our departure we paid our bill and entered an omnibus which was to bring us to the next town before (the) dusk. If you had not reminded me of it, I should have forgotten to get my ticket. It seemed as if he did not understand what I said. Well, are you cold?

Revision Lesson XLI.—XLV.

1. Give the noun with the definite article of: regnen, hageln, auftauen, blitzen, frieren.

2. Translate in three different ways: *I dreamt*; *he was thirsty*; *we were hungry*.

3. Translate the following sentences, using the auxiliary „werden": It has got very dark; has he been punished? we shall go to bed early; they were rewarded; he got angry; it will soon get dark; she has grown (got) very tall; she will come soon again; has the letter been read? the weather has got very hot.

4. Give 3rd Singular Present Subjunctive and Imperfect Subjunctive of: ſprechen, lachen, können, wiſſen, ſtehen, leſen.

5. Form sentences showing construction by the omission of: daß, wenn, ob.

6. State the use of the Subjunctive in German and give examples.

7. Translate the following Phrases: It rained in torrents; do you like Berlin? does he object? it is not worth while; we had to send for the doctor last night.

8. Tell (or write) the story of: „Der Mäuſeturm.“

––––––

Der Lindenbaum.*

1. Am Brunnen vor dem Tore,
Da ſteht ein Lindenbaum;
Ich träumt' in ſeinem Schatten
So manchen ſüßen Traum.

2. Ich ſchnitt in ſeine Rinde
So manches liebe Wort;
Es zog in Freud' und Leide
Zu ihm mich immer fort.

3. Ich mußt' auch heute wandern
Vorbei in tiefer Nacht,
Da hab' ich noch im Dunkeln
Die Augen zugemacht.

4. Und ſeine Zweige rauſchten,
Als riefen ſie mir zu:
„ Komm' her zu mir, Geſelle,
Hier findſt du deine Ruh'! “

5. Die kalten Winde blieſen
Mir grad' ins Angeſicht,
Der Hut flog mir vom Kopfe,
Ich wendete mich nicht.

6. Nun bin ich manche Stunde
Entfernt von jenem Ort,
Und immer hör' ich's rauſchen:
„ Du fändeſt Ruhe dort! “

––––––

der Lindenbaum—lime tree
der Brunnen—well, fountain
das Angeſicht—face
die Rinde—bark

in Freud' und Leide—in joy and sorrow
rauſchen—rustle
der Geſelle—chum, pal

* See Melody on p. 297.

PART II.

Lesson XLVI.

USE OF „ſein."

**The following Verbs, contrary to English, take „ſein"
in the compound tenses :**

1. Verbs denoting a motion or movement :

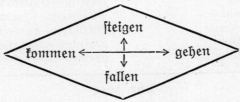

gehen—to go (on foot)
reiten—to go (on horseback),
    to ride
fahren—to go (in a conveyance)
    to drive
reiſen—to go (on a journey), to
    travel
kommen—to come

fliegen—to fly
ſteigen (auf)—to mount, ascend
aufſtehen—to rise
treten—to step, tread
ſchwimmen—to swim
fallen—to fall
folgen (*dat.*)—to follow
begegnen (*dat.*)—to meet

  Ex.—Iſt er aufgeſtanden ?—Has he risen ?

    Wo ſind Sie ihm begegnet ?—Where have you met him ?

2. The Auxiliaries „ſein" and „werden" :

  Ex.—Was iſt aus ihm geworden ?—What has become of him ?

    Wir ſind ſehr müde geworden—We have got very tired.

3. The two Impersonal Verbs : „ geſchehen" and „ gelingen."

  Ex.—Was iſt geſchehen ?—What has happened ?

    Iſt es ihm gelungen ?—Has he succeeded ?

4. The following Verbs, some denoting rest: „ bleiben,“ „ stehen,“ „ scheinen,“ and „ liegen.“

Ex.—Ist er lange geblieben ?—Has he remained long ?

Sie ist auf dem nassen Gras gestanden—She has been standing on the wet grass.

Vocabulary.

das Konzert—concert	geigen—to play the fiddle
das Theater—theatre	die Harfe—harp
die Oper—opera	die Flöte—flute
die Orgel—organ	reizend—charming
das Klavier—piano	entzückend—daring, delightful
die Violine—violin	entzücken—to delight
die Geige—fiddle	stimmen—to tune
der Geiger—fiddler	verstimmt—out of tune

Phrases.

wie geht's ?—how are you ?

wie geht's dem Herrn Vater ?—how is your father ?

wie geht's der Frau Mutter ?—how is your mother ?

er ist heute (nicht) gut gestimmt—he is (not) in a good mood to-day

er ist heute in schlechter (guter) Laune—he is in a bad (good) humour to-day.

A. Übersetzen Sie ins Englische ! Nachdem er ein reizendes Stück auf der Violine gespielt hatte, bemerkte er, daß jemand in das Zimmer eingetreten war. Plötzlich erinnerte er sich, daß ihm jenen Abend ein unbekannter Mann gefolgt war. Jeden Morgen hat er die Flöte eine halbe Stunde lang gespielt und dann ist er auf einen Hügel gestiegen. Wir sind am Montag Abend ins Konzert gegangen, wo uns ein berühmter Klavierspieler aus Berlin mit seinem Spielen entzückte. Auf dem Heimweg sind wir dem Herrn Braun begegnet, der letzte Woche aus England angekommen ist. Nachdem wir mehr als drei Stunden in dem Autobus gefahren waren, hielten wir in dem Hotel des Dorfes an.

B. <u>Übersetzen Sie ins Deutsche!</u> He (has) played the harp till
he (has) got tired. Do you know what has become of the
singer (der Sänger), whom we heard in the "*Tannhäuser*"
opera last winter? How far did you swim? After following
me the whole way, he stood suddenly still. If I were you,
I should accompany them to the theatre. The poor old fiddler
who used to play his violin every Saturday evening in front
of our house has been very ill. His fiddle was always out of
tune. How long did you stay in Berlin? As the piano was
out of tune, he had to accompany her on the harp.

C. <u>Zum Auswendiglernen.</u>

Der blinde Geiger.

1. Ein armer Geiger wandert durchs Land,
   Des Hündleins Schnur in zitternder Hand,
   Der Körper ist alt und schwach und blind,
   Es kennet den Armen ein jedes Kind.

2. Und wenn er vor den Türen geigt,
   Wird alles traurig und horcht und schweigt
   Und wenn er von seinen Leiden singt,
   Das Lied in die tiefste Seele dringt:

3. „Ich wandle in Nacht schon achtzig Jahr;
   Mein Leben ein Leben voll Tränen war,
   Ein Leben voll Angst und Hunger und Not,
   O läg' ich im Grabe, o wäre ich tot!"

4. So singt er, mein Kind. Und wirst du ihn sehn,
   Darfst du nicht spottend vorübergehn,
   Leg' deine Gabe freundlich und gut
   Dem blinden Geiger in seinen Hut!

der Geiger—fiddler	die Angst—anxiety
die Schnur—string	die Not—poverty (need)
zitternd—trembling	o läg' ich—I wish I lay
der Körper—body	spotten—to mock
dringen—to penetrate	vorübergehen—to pass
die Seele—soul	die Gabe—gift (copper)
die Träne—tear	

Lesson XLVII.

PASSIVE VOICE.

The Passive Voice in German is formed by the use of „ werden "
for the English auxiliary " to be. "   (See use of „ werden," Lesson
XLII, p. 167, Part I.).

A. **Transitive Verbs** (*i.e.*, verbs with a direct object) **are used
passively** (with „ werden ") **when an action or a transition
from one state into another is implied,** and not a present or
past state, in which case „ ſein " is used.

    Ex.—The letter *was* written a week ago (*action* of writing
        implied).

    Der Brief wurde vor einer Woche geſchrieben.

    At last the letter *is* written (in a *state* of having been
        written).

    Endlich iſt der Brief geſchrieben.

    The house *was* sold yesterday (*action* of selling implied).

    Das Haus wurde geſtern verkauft.

    This house *is* let since last year (in a *state* of having been
        let).

    Dieſes Haus iſt ſeit dem letzten Jahr vermietet.

    The walls of this garden *were* painted green (*action* of
        painting implied).

    Die Mauern dieſes Gartens wurden grün bemalt.

    The walls *were* painted when we arrived (*state* of having
        been painted).

    Die Wände waren bemalt, als wir ankamen.

Obs. 1.—The book *was* lost = das Buch iſt verloren gegangen.

Obs. 2.—The expressions: "I *was* frightened," "he *was*
drowned," and "it *was* situated" are simply the Imperfect Indicative of „ erſchrecken," "*to be frightened*"; „ ertrinken," *to be
drowned*, and „ liegen," *to be situated*, hence rendered by:
ich erſchrak, er ertrank, es lag.

Obs. 3.—After a passive verb render the English preposition " by " by „ von " when followed by a person or an animate object and by „ durch " when followed by an inanimate object.

Ex.—He has been punished *by his father*—
　　　Er ist von seinem Vater bestraft worden.*

The trees have been damaged *by the frost*—
　　　Die Bäume sind durch den Frost beschädigt worden.*

Obs. 4.—Some verbs have a passive past participle with the prefix „ be " instead of „ ge " :

　　　antworten (to answer)—beantwortet (geantwortet).
　　　dienen (to serve)—bedient (gedient).
　　　drohen (to threaten)—bedroht (gedroht).
　　　malen (to paint)—bemalt (gemalt).
　　　rauben (to rob)—beraubt (geraubt).
　　　strafen (to punish)—bestraft (gestraft).
　　　zahlen (to pay)—bezahlt (gezahlt).

Vocabulary.

tadeln—to blame	erwachsen—grown up, adult
der Tadel—blame	verdienen—to merit, earn
tadellos—blameless	der Tod—death
loben—to praise	tötlich—fatal(ly)
das Lob—praise	verwunden—to wound, hurt
lobenswert—praiseworthy	verletzen—to hurt (harm)
das Gut—estate	die Scheune—barn
übernehmen—to take over	das Geheimnis—secret
(acquire)	geheim halten—to keep secret
beschädigen—to damage	der Versuch—attempt, trial
der Schaden—damage	versuchen—to attempt, try
schädlich—hurtful (harmful)	retten—to rescue, save
die Faulheit—laziness	die Pflanze—plant

* In the Passive Voice use „ **worden** " instead of „ **geworden** " in the Past Participle.

Phrases.

was meinen Sie dazu ?—what do you think of it ?
meiner Meinung nach—in my opinion
was bedeutet dieses Wort ?—what is the meaning of this word ?
wie heißt dieses Wort auf Englisch ?—what is the meaning of
                                     this word in English ?
es ist die höchste Zeit —it is high time.

A. **Übersetzen Sie ins Englische !** Er wurde gestern Abend von seinen Eltern besucht. Jener alte Birnbaum ist von meinem Großvater gepflanzt worden. Nach dem Tode des Vaters wurde das ganze Gut von dem ältesten Sohn übernommen. Die Rosen in unserem Garten sind von dem Hagel sehr beschädigt worden. Er ist von dem Lehrer wegen seiner Faulheit oft getadelt worden. Das Haus und die Scheune sind letzten Frühling neu bemalt worden. Am folgenden Morgen las ich in der Zeitung, daß drei erwachsene Personen in dem Unfall tötlich verwundet und mehr als zwanzig Kinder schwer verletzt wurden. Das Geheimnis war nur den Einwohnern des Dorfes bekannt. Es wurde viele Jahre geheim gehalten, bis es von einem deutschen Reisenden entdeckt wurde.

B. **Übersetzen Sie ins Deutsche !** Has the table been covered ? America has been discovered by Columbus in 1492. When we entered the room the table had already been covered. I wonder why they have not been blamed by their parents. We do not think that he deserves the praise which was given him. In spite of the bad weather the village was reached before midnight. Do you know if the letters have been written ? I was introduced to his father by my uncle. A very praiseworthy attempt had been made to rescue the men who were drowned in that river. This plant has been brought from America to England by a German traveller. She was frightened when she read in the newspaper that almost all the travellers had been robbed.

C. Change the following sentences into the Passive Voice :

Der Lehrer hat ihn gelobt; jedermann tadelte sie; der Bruder hat die Rechnung bezahlt; sie hatte den Brief noch nicht beantwortet; wer hat das Geheimnis entdeckt? der Onkel dieses Herrn hat es erfunden; die Kühe haben die Pflanzen in unserem Garten beschädigt; man hat ihn selten gestraft; sein Diener hat ihn beraubt.

Lesson XLVIII.

PASSIVE VOICE (contd.).

B. Intransitive Verbs (*i.e.*, verbs governing the Genitive or Dative—see Lessons XLIX and L).

These are not used in the Passive Voice, but turned into the Active Voice by the use of „ man " (or „ es ") unless there is an Object in the sentence, in which case the Object of the English Sentence becomes the Subject of the German clause.

Ex.—He *was* helped—man half ihm.

He *was* helped *by his brother*—sein Bruder half ihm.
I was congratulated—man gratulirte mir.
We were congratulated by our friends—
    unsere Freunde gratulirten uns.
He was forbidden to enter the house—
    man verbot ihm das Haus zu betreten
*es wurde ihm verboten in das Haus zu treten.

Note the following constructions with „ es " or „ man " in the passive voice **of neuter verbs !**

There was dancing and singing—
    es wurde getanzt und gesungen.

        man tanzte und sang.

there was too much smoking—es wurde zu viel geraucht.

        man rauchte zu viel.

* omit „ es " : (a) in inverted sentences, (b) in subordinate clauses (see Lesson XL, p. 160).

C. Reflexive Verbs are not used in the Passive Voice in German.

> *Ex.*—He *was engaged* to the only daughter—
>> er hatte sich mit der einzigen Tochter verlobt.
>
> They *were married* three years ago—
>> sie verheirateten sich vor drei Jahren.
>
> I was not yet accustomed to it—
>> ich hatte mich noch nicht daran gewöhnt.

D. When changing the active into the passive voice, the object of the sentence in the active voice becomes the subject of the passive sentence and the auxiliary „ werden " is used :

> *Ex.*—Ein reicher Herr aus Berlin kaufte unser Haus (*active*).
>> Unser Haus wurde von einem reichen Herrn aus Berlin gekauft (*passive*).
>
> Der Vater des Kindes hat ihn belohnt (*active*).
>> Er wurde von dem Vater des Kindes belohnt (*passive*).

Vocabulary.

sich verloben—to be engaged	feiern—to celebrate
die Verlobung—engagement	die Braut—bride
sich verheiraten—to get married	der Bräutigam—bridegroom
die Heirat—marriage	der Bürgermeister—mayor, provost
die Hochzeit—wedding	beleuchten—to illuminate

Phrases.

Fräulein Braun läßt Sie grüßen—Miss B. sends her kind regards (Miss B. wishes to be remembered to you)

Grüßen Sie mir Ihren Herrn Onkel !—kind regards to your uncle

Sie haben gut lachen—it is all very well for you to laugh

Ich habe mich anders besonnen—I have changed my mind

Unter vier Augen—between ourselves (" *entre nous* ")

A. <u>Übersetzen Sie ins Englische!</u> Wann ist Amerika entdeckt worden? Man hat ihnen befohlen auf die Kinder zu achten. Das Wohnhaus ist erst vor zehn Jahren neu gebaut worden. Leider konnten die armen Tiere nicht gerettet werden, obschon viele Versuche gemacht wurden. Warum sind diese Briefe noch nicht beantwortet worden? Man hat ihm gesagt, er solle die Fenster und Türen schließen. Ehe wir den Wald erreichten, wurden wir von dem Regen überrascht. Hat man ihm erlaubt, das Haus zu verlassen? Wir erschraken, als wir in der Dunkelheit den Blitz sahen, von dem die nahen Berge beleuchtet wurden. Ich hoffe, daß man Ihnen für Ihre Mühe gedankt hat. Die Stadt ist von dem Feind wiederholt bedroht worden. Hat man Sie diesen Damen vorgestellt?

B. <u>Übersetzen Sie ins Deutsche!</u> They were received at the station by the Mayor. He was trusted by everybody who knew him. The child was drowned in spite of many attempts which were made to save it. The servant was ordered to leave the room. They were thanked by the parents for the many praiseworthy attempts. The wedding was celebrated in the village church on the 21st July. The walls of their house have not yet been painted. Do you know if their house has been sold? The bride was given a beautiful gold watch by the bridegroom. He was met at the station by the parents of the bride. The horsemen (riders) were followed through the village by hundreds of people on foot.

C. <u>Zum Lesen, Übersetzen und Erzählen.</u>

Ein unbekannter See.

Vor einigen Jahren wurde ein merkwürdiger See auf einem hohen Berge von deutschen Reisenden entdeckt. Man sagt, daß viele Versuche gemacht worden sind, den Boden dieses Sees zu erreichen, aber umsonst. Der See, dessen Wasser klar und dunkelblau war, enthielt viele seltene Fische und war nur den Bewohnern des kleinen Bergdorfes am südlichen Abhang des Berges bekannt. Zu gewissen Zeiten des Jahres war das Wasser so warm, daß ein Dampf bemerkt wurde, der langsam in die Höhe stieg wie ein Nebel über dem Fluß an einem Herbst=

abend. Niemand wußte, wie der See genährt wurde und man glaubte, daß eine Quelle am Boden des Sees sei. Sogar beim kältesten Wetter friert das Wasser nicht. Die Reisenden waren sehr entzückt über die Entdeckung und entschlossen sich diesen See im nächsten Sommer wieder zu besuchen. Die Berichte, die man später über diese Entdeckung in den Zeitungen las, bewogen viele Reisenden, diesen See zu besuchen.

merkwürdig—remarkable
enthalten—to contain
selten—rare
der Abhang—slope

der Dampf—vapour, steam
die Quelle—source, spring
nähren—to feed, nourish
der Bericht—report

Zum Auswendiglernen.

Was verkürzt mir die Zeit?—Tätigkeit!

Was macht sie unerträglich lang?—Müssiggang!

Was bringt in Schulden?—Harren und Dulden!

Was macht gewinnen?—Nicht lange besinnen!

Was bringt zu Ehren?—Sich wehren!

(*Goethe*)

Lesson XLIX.

VERBS AND ADJECTIVES WITH DATIVE.

A number of German Verbs which take the Dative of the Person, have also an Object of the Thing in the Accusative, such as : geben, senden, sagen, schreiben, zeigen, etc.

Most of the following Verbs, however, have only one object—the *Dative of the Person.*

As a rule they are not used in the Passive Voice (see Lesson XLVII, p. 189). They are conjugated with the auxiliary „ haben " in the Compound Tenses, except: begegnen, folgen, and weichen* which take „ sein." *Ex:* Wo sind Sie ihm begegnet? (See p. 183.)

I. Simple Dative Verbs :

antworten—to answer
befehlen—to order, command
*begegnen—to meet
danken—to thank
dienen—to serve
drohen—to threaten
erlauben—to allow, let
fehlen—to lack, miss
folgen—to follow
gefallen—to like, please
mißfallen—to displease
gehorchen—to obey
genügen—to suffice
glauben—to believe
gleichen—to resemble (to be like)

gratuliren—to congratulate
helfen—to help, assist, aid
nützen—to be of use
passen—to suit, fit
raten—to advise
schaden—to injure, harm
schmeicheln—to flatter
trauen—to trust
mißtrauen—to distrust
trotzen—to defy
verbieten—to forbid
vergeben—to forgive
verzeihen—to pardon
*weichen—to yield
zürnen—to be angry with

II. Compound Dative Verbs :

abhelfen—to remedy
auffallen—to strike (the eye)
beistehen—to assist
beistimmen—to agree with
entgehen—to escape
entgegengehen—to go and meet

entgegenkommen—to come and meet
nachahmen—to imitate
vorangehen—to go ahead of
vorkommen—to occur
widersprechen—to contradict
widerstehen—to resist

13

III. Adjectives with Dative * :

Only few Adjectives govern the Dative, such as :

ähnlich—like, similar   nützlich—useful
gleich—like, similar   schädlich—harmful
dankbar—grateful   angenehm—pleasant

A number of Adjectives that used to govern the Dative take the Preposition "*gegen*" (*acc.*) ; they express kind or unkind feelings towards Persons or Animals :

freundlich—kind   grausam—cruel
unfreundlich—unkind   taub—deaf
gütig—kind   höflich—polite
gleichgültig—indifferent   unhöflich—impolite

Ex. Sie sind sehr freundlich *gegen* arme Leute.

Vocabulary.

wenn . . . auch—even if, although   versuchen—to tempt
eintönig—monotonous   einsehen—to perceive
die Warnung—warning   überwinden—to overcome
warnen—to warn   der Führer—guide, leader
die Versuchung—temptation   die Gefahr—danger
     gefährlich—dangerous

Phrases.

es hängt von dem Wetter ab—it depends on the weather
was nützt das Weinen ?—what is the use of crying ?
paßt es Ihnen am Freitag ?—will Friday suit you ?
Sie erinnern mich an Herrn B.—you remind me of Mr. B.

Grammar Drill : He was always cruel to his dog ; do not believe him ! how far did he follow you ? she showed me her new dress ; pardon me ! did he thank you ? it is of no use to him ; he congratulated me ; I agree with you ; why do you imitate her ? answer me, please ! we defied the weather ; I advise you not to go ; who helped you ? did he show you the garden ? he is like you ; you ought to trust him.

* These follow the object : Ex.—Er ist seinem Bruder ähnlich—He is like his brother.

A. <u>Übersetzen Sie ins Englische</u>! Man glaubt ihm nicht, wenn er auch die Wahrheit spricht. Ich stimme Ihnen bei, daß der Weg über den Hügel sehr eintönig ist. Jahrelang trotzte er den Warnungen seiner Eltern, bis er endlich den Fehler einsehen mußte. Warum antworten Sie mir nicht auf meine Frage? Zürnen Sie ihm nicht, wenn er Ihnen nicht entgegenkommt. Hoffentlich werden Sie mir verzeihen, wenn ich Ihren Brief nicht vor Ende nächster Woche beantworte. Das Kleid steht ihr sehr gut, aber die Farbe paßt dem Hut gar nicht. Es ist mir aufgefallen, daß er Ihnen oft widerspricht. Ich kann der Versuchung nicht widerstehen, solange Sie mir nicht beistehen die Gefahr zu über= winden. Ich kann nicht begreifen, warum er mir alles nachahmt. Wer hat Ihnen geholfen? Es fehlen mir zwei Bücher, die vor= gestern auf dem kleinen Tisch in der Ecke des Zimmers lagen.

B. <u>Übersetzen Sie ins Deutsche</u>! Pardon me, if I have not intro- duced you to my sister. It seems to me that he is often very cruel to his dog. I agree with you. Do not contradict me. Why were you angry with him? (use „ *zürnen* "). I am very sorry that I cannot come to meet you, as I am not allowed to leave the house after ten o'clock in the evening. I thanked him for he accompanied my sister and me all the way to the village. He seems very indifferent to the danger which threatens him. I flatter myself for having (that I have) resisted the temptation. They are said to be very kind to poor people. The guide went ahead of them and they followed him one after the other. Believe me when I tell you that he cannot be trusted. The word has escaped me. Do you not think that he is like his father (in 2 ways with verb and adjective). Do you like my hat? Yes, but I do not think it fits you. It struck me that he did not forbid her to wear the new dress. Will that suffice you?

C. **Conversation:** Gehorchen Sie Ihren Eltern? Wie gefällt Ihnen dieses Zimmer? Wem gleicht Ihr Bruder? Sind Sie immer höflich gegen die Damen? Wem sind Sie heute Morgen begegnet? Wer hat Ihnen mit der Aufgabe geholfen? Was schadet den Blumen?

Lesson L.

VERBS AND ADJECTIVES WITH THE GENITIVE.

I. Simple Verbs with the Genitive:

bedürfen—to need.
*gedenken—to remember.
ermangeln—to lack.

II. Reflexive Verbs with the Genitive:

sich bedienen—to make use of.
sich besinnen—to remember, recollect.
†sich erinnern—to remember, recollect.
sich erbarmen—to have mercy on, to pity.
sich rühmen—to boast.
sich schämen—to be ashamed of.

III. Adjectives with the Genitive:

These follow the Object:

Ex.—Ich bin des Lesens <u>müde</u>—I am tired of reading.

eingedenk—mindful (of)
müde—tired (of)
sich (*dat.*) bewußt—conscious (of)
‡schuldig—guilty (of)
satt—tired, sick (of)

kundig—acquainted with
mächtig—well versed in
würdig—worthy (of)
§wert—worth

---

* Mostly used in the Imperative:
    Ex.—Gedenken Sie Ihres Bruders !—Remember your brother !

† Also used with „ **an** " and the Accusative (see Lesson XXXIX, p. 157).

‡ **schuldig** (**sein**)—*to owe, to be indebted to* takes the Dative of the Person and the Accusative of the thing: Ex.—Er ist mir 5 Mark schuldig—He owes me 5/-.

§ „ **wert** " takes the Accusative when value is indicated:
    Ex.—Es ist keinen Heller wert—It is not worth a farthing.

Vocabulary.

die Ehre—honour
erweisen—to bestow
das Bett hüten—to be confined
   to bed
die Güte—kindness
die Willenskraft—power of will
der Grund—reason, cause
die Ruhe—rest, peace

die Nachlässigkeit—negligence,
   carelessness
die Schwachheit—weakness
das Betragen—behaviour,
   conduct
sich betragen—to behave
   oneself
das Verbrechen—crime

Phrases.

Haben Sie Lust zu gehen?—do you feel inclined to go?
Ich hatte beinahe Lust zu gehen—I felt half inclined to go
Es schadet nichts—it will do no harm
Keine Umstände, bitte!—no ceremonies, please!
Gehen Sie gerade aus!—keep straight ahead!

A. Übersetzen Sie ins Englische! Er ist der Ehre würdig, die ihm von den Einwohnern der Stadt erwiesen worden ist. Sie mußte fünf Wochen lang das Bett hüten und nun bedarf sie der Erholung und Ruhe. Es ist nicht der Mühe wert den langen Umweg zu machen. Mein ganzes Leben werde ich der Güte meiner Eltern eingedenk sein. Da wir des Weges nicht kundig waren, nahmen wir einen Führer. Er hat guten Grund sich seines Fleißes zu rühmen. Nie werde ich ihm vergeben, solange er der Nachlässigkeit schuldig ist. Da wir die Gabel vergessen hatten mitzubringen, bedienten wir uns eines Löffels. Er kann der Versuchung nicht widerstehen, denn er ermangelt der Willenskraft. Ich bin mir meiner Schwachheiten bewußt. Wenn Sie meiner Hilfe bedürfen, werde ich Ihnen gerne beistehen.

B. Übersetzen Sie ins Deutsche! Are you not yet sick of playing? Have mercy on the poor fiddler who plays his violin in front of our house every Saturday afternoon! Do you recollect the day we spent together in town last month? He does not

seem to be ashamed of his behaviour. It is said that he is
guilty of negligence. Remember your brother! You need
(the) long rest after your illness. Do you think it is worth
while waiting any longer for him? Make use of my stick as
often as you like! Allow me to tell you that I am not ashamed
of my behaviour. Everybody believed that he was guilty of
the crime. I advised him not to buy the knife, for I do not
think it worth more than a shilling.

C. Zum Lesen, Übersetzen und Erzählen.

Der Schotte mit dem Streichholz.

Einmal reiste ein Schotte in einem Abteil für Raucher. Auf
einem der nächsten Bahnhöfe trat ein Fremder in das gleiche
Coupé und setzte sich dem Schotten gegenüber. Nach einer
Weile bemerkte der Schotte, daß sein Mitreisender eine sehr
gute Zigarre rauchte. Als der Zug wieder anhielt und die
beiden Reisenden miteinander ins Gespräch kamen, fragte der
Schotte: „Darf ich Sie bitten, mir eine solche Zigarre zu geben,
wie sie eben rauchen?" Der Fremde, etwas erstaunt über die
Frechheit seines Gefährten, nahm das Zigarrenetui aus der Tasche
und bot dem Schotten eine Zigarre. Indem er dem Fremden
gedankt hatte, steckte der Schotte die Hand in die Tasche und
zog ein Streichholz heraus, mit dem er die Zigarre anzündete.
Kurz nachher entschuldigte er sich und sagte: „Verzeihen Sie
mir, daß ich so unhöflich war, Sie um diese Zigarre zu bitten.
Ich entdeckte, daß ich ein Streichholz in meiner Tasche hatte
und wußte nicht, was damit zu tun."

---

der Schotte—Scotsman
der Mitreisende—travelling
  companion
die Zigarre—cigar
ins Gespräch kommen—to begin
  a conversation

die Frechheit—impertinence
der Gefährte—companion
das Zigarrenetui—cigar case
das Streichholz—match

Revision Lesson XLVI.—L.

1. State the rule for the place of Adjectives with the Dative and Genitive, and give one example of each.

2. Form one sentence (showing case governed) with each of the following verbs: bedürfen, verzeihen, erlauben, gedenken, sich schämen, gratuliren.

3. Translate: When was this letter written (action)? Has he been helped? The house was sold yesterday. Why have they been blamed? He was trusted by everybody. It has been discovered many years ago. I do not know why they were frightened. Has the bill been paid? He was threatened.

4. Translate: Did you fall? has the letter been answered? did you follow him? have they paid their bill? he was congratulated by his friends; why were you frightened? why did you not go and meet them? do not contradict him. did it not strike you? why do you not believe me? you flatter me; it will not harm them; what are you missing?

5. Translate: It is high time; he is not in a good mood; why did you change your mind? it depends on him; I felt half inclined to laugh; will Monday suit you? it is all very well for you to talk; how is your aunt? what is the meaning of this word? no ceremonies, please!

6. Tell the Story of the following Poem in German Prose!

Siegfrieds Schwert.

Jung Siegfried war ein stolzer Knab',
Ging von des Vaters Burg herab,
Wollt' rasten nicht in Vaters Haus,
Wollt' wandern in alle Welt hinaus.
Begegnet ihm manch' Ritter wert,
Mit festem Schild und breitem Schwert.
Siegfried nur einen Stecken trug,
Das war ihm bitter und leid genug.
Und als er ging im finstern Wald,
Kam er zu einer Schmiede bald.
Da sah er Eisen und Stahl genug,
Ein lustig Feuer Flammen schlug.
  „O Meister, liebster Meister mein,
Laß du mich deinen Gesellen sein!

Und lehr' du mich mit Fleiß und Acht,
Wie man die guten Schwerter macht!"
Siegfried den Hammer wohl schwingen kunnt',
Er schlug den Amboß in den Grund;
Er schlug, daß weit der Wald erklang
Und alles Eisen in Stücke sprang.
  Und von der letzten Eisenstang'
Macht' er ein Schwert so breit und lang.
  „Nun hab' ich geschmiedet ein gutes Schwert,
Nun bin ich wie andere Ritter wert,
Nun schlag' ich wie ein anderer Held
Die Riesen und Drachen in Wald und Feld."
                                (*Uhland*).

---

die Burg—castle
rasten—rest, stay
der Schild—shield
der Ritter—knight
das Schwert—sword
der Stecken—stick
die Schmiede—smithy

der Meister—master
der Geselle—assistant
der Amboß—anvil
erklingen—to resound
die Eisenstange—iron bar
der Drache—dragon
kunnt' = konnte

Lesson LI.

IDIOMATIC USE OF AUXILIARIES OF MOOD.

Revise Lesson XVII., pp. 79-82, Part I.

1. Können : (a) I could not have written sooner—
*Ich hätte nicht früher schreiben können.
†Er sagt, daß er nicht früher hätte schreiben können.

(b) We could not help laughing—
Wir mußten lachen.
Wir konnten nicht umhin zu lachen.
Wir konnten uns des Lachens nicht enthalten.

2. Sollen : (a) You ought to have seen him—
*Sie hätten ihn sehen sollen.
†Er sagte, daß Sie ihn hätten sehen sollen.

(b) What is the meaning of this noise ?
Was soll der Lärm ?

(c) Thou shalt not steal !
Du sollst nicht stehlen !

(d) How could (should) we be expected to hear him ?
Wie sollten wir ihn hören ?

(e) I told him to come early—
Ich sagte ihm, er soll früh kommen.

3. Mögen : (a) I should not like to have waited so long—
*Ich hätte nicht (gern) so lange warten mögen.
†Er sagte, daß er nicht (gern) hätte so lange warten mögen.

(b) However cold it may be—
Es mag auch noch so kalt sein.

* *Note:* The *English Past Participle* is rendered *by the German Infinitive* !
† In a dependent clause with two Infinitives the Auxiliary is put before the Infinitives (not to the end of the clause).

4. **Wollen :**   (a) Let us sing !
                        Wir wollen singen !
                        Singen wir !
                        Laßt uns singen !

                   (b) He was just about to leave the house.
                        Er wollte eben das Haus verlassen.

                   (c) I *wish* I could sit down.
                        Ich wollte, ich könnte mich setzen.

                   (*Observe sequence of tenses in English and German !*)

5. **Lassen :**   (a) He *had* the windows *closed*.
                        Er ließ die Fenster schließen.

                        We *had* our house *painted*.
                        Wir ließen das Haus bemalen.

                   (*cf.* the French auxiliary " *faire* " !)

                   (b) He left his stick in my room.
                        Er ließ seinen Stock in meinem Zimmer stehen.

                        We left the books on the table.
                        Wir ließen die Bücher auf dem Tisch liegen.

                   (c) It cannot be altered (changed).
                        Es läßt sich nicht ändern.

                        That can easily be carried.
                        Das läßt sich leicht tragen.

Note the following constructions :

I know him to be an honest man.
Ich weiß, daß er ein ehrlicher Mann ist.

I want you to come.
Ich wünsche, daß Sie kommen.

Vocabulary.

Verspätung haben—to be late
der Besuch—visit, visitor(s)
wagen—to risk, venture
der Dienstmann—porter
das Trinkgeld—tip (" *pour boire* ")
der Anzug—suit of clothes
ins Ausland gehen—to go abroad
im Ausland sein—to be abroad

aufhalten—to detain
der Regenschirm—umbrella
einen Zug erreichen—to catch a train
von Hause—away from home
die Kenntnisse (*pl.*)—knowledge
einholen—to make up on
hindern—to prevent
der Nebel—mist, fog

Phrases.

Es ist Zeit zum Aufstehen—it is time for rising (to get up).
Soll ich das Licht anzünden (auslöschen)?—shall I put on (extinguish) the light?
Geben Sie mir ein Streichholz, bitte!—please give me a match!
Wecken Sie mich um halb sechs, bitte!—please waken me at half past five!

A. Übersetzen Sie ins Englische! Er hätte leicht um halb fünf hier sein können, wenn er mit dem Autobus gefahren wäre. Wie konnten wir wissen, daß der Schnellzug mehr als eine halbe Stunde Verspätung hatte? Sie macht jeden Morgen einen Spaziergang, es mag auch noch so kalt oder naß sein. Sie wußte, daß wir gestern nicht hätten kommen können, da wir Besuch aus Berlin erwarteten. Wenn Sie glauben, daß er es hätte wagen sollen, so irren Sie sich. Sie hätten den Wirt fragen sollen, ob Sie die Reise ohne einen Führer wagen dürften. Sie mögen sich entschuldigen, wie Sie wollen, er wird Ihnen nie verzeihen, da Sie ihn so lange warten ließen. Ich ließ das Gepäck ins Gepäckzimmer tragen und gab dem Dienstmann ein Trinkgeld. Ich wollte, ich hätte noch einen Anzug machen lassen, ehe ich ins Ausland reiste. Wir wollten eben in den Speisewagen gehen, als sich das Unglück ereignete, in dem viele Reisende schwer verletzt wurden.

B. Übersetzen Sie ins Deutsche ! Let us rise early ! (3 ways). Have you had your hair (*pl.*) cut ? How could we be expected to know that you rose late ? Ought I to have answered his letter ? Could they not have gone alone ? We could not help smiling (3 ways). You ought not to have detained him when you knew that he had to catch the train. I should have liked to have seen him, but unfortunately I was away from home. We always knew him to be a clever boy, but we did not think that he was so proud of his knowledge (*pl.*). I did not know that I had left my pencil on the desk till we reached the station. If he had not waited for us at the corner of the wood, we could not have made up on him. We knew we ought to have left the house an hour earlier, but we were prevented by rain and mist. I wish I had not to rise so early to-morrow. My grandfather had all these fruit trees planted when he was still a young man. We should have liked to have invited his brother, but we had no time for waiting. I told him to waken me an hour before breakfast.

Stille Nacht, heilige Nacht.

1. Stil = le Nacht, hei = li = ge Nacht ! Al = les schläft,
2. Stil = le Nacht, hei = li = ge Nacht ! Hir = ten erst
3. Stil = le Nacht, hei = li = ge Nacht ! Got = tes Sohn,

ein = sam wacht   nur das traute hoch = hei = li = ge Paar.
kund gemacht,   durch der Engel Hal = le = lu = ja
o   wie lacht   Lieb' aus dei = nem gött = li = chen Mund,

Hol = der Knabe im lo = cki=gen Haar, schlaf' in himmlischer
tönt es laut von fern und nah: Christ, der Ret=ter ist
da uns schlägt die ret=ten=de Stund': Christ in dei = ner Ge=

Ruh' ! . . . Schlaf' in himmlischer Ruh' ! . . .
da ! . . . . Christ, der Ret=ter ist da ! . . . ,
burt ! . . . . Christ, in dei=ner Ge=burt ! . . . .

Lesson LII.

NAMES OF COUNTRIES, ADJECTIVES, ETC.

German Names of Countries are nearly all **Neuter** and **used without an article,** except : die Schweiz (Switzerland), die Nieder=lande (Netherlands), die Türkei (Turkey) and those ending in „ ie," as : die Normandie (Normandy), etc., which are **Feminine** and are always **used with the definite article.**

Ex.—Ich gehe in die Schweiz—I am going to Switzerland.

Ich war in der Schweiz—I was in Switzerland.

cf. Ich gehe nach Deutschland—I am going to Germany.

Ich war in Deutschland—I was in Germany.

Obs.—" *halb* " and " *ganz* " are not declined before names of Towns or Countries, except before those used with the definite article :

Ex.—Ganz Deutschland—the whole of Germany.

halb Berlin—the half of Berlin.

but : die ganze Schweiz—the whole of Switzerland.

die halbe Türkei—the half of Turkey

I. European Countries.

Name of Country.	Adjective.	Name of Inhabitant (m. and f.).
Europa (*Europe*)	europäisch	Europäer (—in)
Belgien (*Belgium*)	belgisch	Belgier (—in)
Bulgarien (*Bulgaria*)	bulgarisch	Bulgar (—in)
Dänemark (*Denmark*)	dänisch	Däne (—nin)
Deutschland (*Germany*)	deutsch	Deutsche *
England (*England*)	englisch	Engländer (—in)
Finnland (*Finland*)	finnisch	Finnländer (—in)
Frankreich (*France*)	französisch	Franzose (—ösin)
Griechenland (*Greece*)	griechisch	Grieche (—chin)
Holland (*Holland*)	holländisch	Holländer (—in)
Irland (*Ireland*)	irisch	Irländer (—in)
Italien (*Italy*)	italienisch	Italiener (—in)
die Niederlande (*Netherlands*)	niederländisch	Niederländer (—in)
Norwegen (*Norway*)	norwegisch	Norweger (—in)
Österreich (*Austria*)	österreichisch	Österreicher (—in)
Polen (*Poland*)	polnisch	Pole (—lin)
Portugal (*Portugal*)	portugiesisch	Portugiese (—sin)
Preußen (*Prussia*)	preußisch	Preuße (—ßin)
Rumänien (*Roumania*)	rumänisch	Rumäne (—nin)
Rußland (*Russia*)	russisch	Russe (—ssin)
Sachsen (*Saxony*)	sächsisch	Sachse (Sächsin)
Schottland (*Scotland*)	schottisch	Schotte (—tin)
Schweden (*Sweden*)	schwedisch	Schwede (—din)
die Schweiz (*Switzerland*)	schweizerisch	Schweizer (—in)
Spanien (*Spain*)	spanisch	Spanier (—in)
Tschechoslowakei (*Czekoslovakia*)	tschecho= slowakisch	Tscheche (—chin)
die Türkei (*Turkey*)	türkisch	Türke (—kin)
Ungarn (*Hungaria*)	ungarisch	Ungar (—in)

* This is the only name of inhabitants declined like an adjective:—
        der Deutsche—a German (masc.)
        ein Deutscher—a German   Deutsche (pl.)—Germans
        eine Deutsche—a German (fem.) die Deutschen (pl.)—the Germans

Note I.—All adjectives of countries end in „ iſch," except deutſch, and are spelt with a small letter.

Note II.—Masculine names of inhabitants of countries form the Feminine by adding „ in " or changing „ e " into „ in."

(*Obs.* Das Königreich Italien—the kingdom of Italy; *but*: Der König von Italien—the King of Italy.)

II. Other Countires.

Name of Country.	Adjective.	Name of Inhabitant.
Afrika (*Africa*)	afrikaniſch	Afrikaner
Amerika (*America*)	amerikaniſch	Amerikaner
Aſien (*Asia*)	aſiatiſch	Aſier (Aſiate)
Auſtralien (*Australia*)	auſtraliſch	Auſtralier
Arabien (*Arabia*)	arabiſch	Araber
China (*China*)	chineſiſch	Chineſe
Japan (*Japan*)	japaniſch	*Japaneſe
Perſien (*Persia*)	perſiſch	Perſier
Indien (*India*)	indiſch	†Indier

Note.—When two or more adjectives of nationality are joined by a hyphen (-) only the last one is declined.

Ex.—der deutſch=franzöſiſche Krieg—the Franco-Prussian War.

III. Add to the Above.

Nordamerika—North America
Südafrika—South Africa

Oſtindien—East India

die Vereinigten Staaten—United States
der Weltteil—the Continent

der ſtille Ozean—Pacific Ocean
der atlantiſche Ozean—Atlantic Ocean
das Mittelländiſche Meer—Mediterranean
die Nordſee—German Ocean (North Sea)
die Oſtſee—Baltic Sea

* *Or,* Japaner.
† „ Indianer " is the name of the red Indian of North America.

Vocabulary.

berichten—to report
der Bericht—report
das Flugschiff—aeroplane
verbinden—to connect
grenzen (an)—to border

die Grenze—frontier
der Stierkampf—bull-fight
die Hauptstadt—capital (town)
geläufig——fluent(ly)

Phrases.

Wir kamen erst gestern vom Ausland zurück—we only arrived
yesterday from abroad
Wie lange waren Sie im Ausland?—how long were you abroad?
Gehen Sie mir aus dem Wege !—get out of my way
Ist dieser Platz frei ?—is this seat engaged ?
Nein, er ist besetzt—no, it is occupied (reserved)

A. <u>Übersetzen Sie ins Englische !</u> Eine japanische Zeitung berichtet,
daß das erste Flugschiff aus England glücklich angekommen ist.
Täglich fahren die größten Dampfer über den atlantischen
Ozean nach allen Weltteilen. Die Ostsee verbindet Deutschland
mit Finnland, Norwegen und Dänemark. Die Schweiz grenzt
im Osten an Österreich, im Süden an Italien, im Westen an
Frankreich und im Norden an Deutschland. Als wir auf unserer
Reise nach Rußland an der polnischen Grenze ankamen, mußten
wir aussteigen und in das Zollbüreau gehen. Ein portugiesisches
Segelschiff hat letzte Woche unseren Hafen verlassen. Bei
unserem Aufenthalt in Madrid, der Hauptstadt von Spanien,
sahen wir eines Sonntag Nachmittags einen Stierkampf. Ganz
Deutschland feierte den Geburtstag des Dichters.

B. <u>Übersetzen Sie ins Deutsche !</u> When I was in Vienna I met a
Scotsman who had lived in the capital of Austria about 15 years.
Copenhagen, the capital of Denmark, is one of the most
beautiful towns of Europe. A Grecian family whose eldest
daughter speaks French and German very fluently, has just
arrived in this town. We spent our holidays in the North of

Ireland, where we met an Englishman who had just come back from India. Early in the morning we arrived in a pretty little village in Normandy, but as we could not speak French the inhabitants could not understand us. The Chinese language is said to be very difficult to learn. Nearly all the inhabitants of the United States of North America speak English.

C. Conversation : (1) Wie heißt die Hauptstadt von Italien? (2) Welche Sprache spricht man in Frankreich? (3) In welchem Weltteil ist Melbourne? (4) Wie heißen die Einwohner von Portugal? (5) Kennen Sie eine Stadt in Belgien? (6) Wo spricht man Griechisch? (7) Wie heißt eine Dame, die in Schott= land geboren ist? (8) In welchem Land wohnen die Indianer? (9) Kennen Sie einen berühmten Amerikaner? (10) In welchem Land ist die Stadt Bremen?

Lesson LIII.

DECLENSION OF PROPER NAMES OF PERSONS.

I. Christian Names (Vornamen) : These take „ s " in Genitive Singular whether Masculine or Feminine, except those ending in a hissing sound (s, sch, or z) and Feminine Nouns ending in „ e," all of which take „ ens " or „ ns " in Genitive Singular.

Ex.—Johann	Albert	Marta	Fritz	Hans	Marie.
G.— Johanns	Alberts	Martas	Fritzens	Hansens	Mariens.

Obs. 1.—When a Christian Name is preceded by an adjective with the definite article, the proper name is not declined :

Ex.—*N.* die liebe Marie | der kleine Hans
G. der lieben Marie | des kleinen Hans.

Obs. 2.—If there are two or more Christian names in succession, only the last one is declined :

Ex.—*N.* Johann Gustav | Frieda Luise.
G. Johann Gustavs | Frieda Luisens

14

Obs. 3.—If a Christian name is preceded by a noun denoting title, profession or trade, only the Christian name is declined :

Ex.—N. König Karl │Prinz Georg │König Friedrich, der Große
   G. König Karls│Prinz Georgs│König Friedrichs, des Großen.

Obs. 4.—But if the Noun denoting title, etc., is preceded by the definite article, the proper name is not declined.

Ex.—N. der Prinz Heinrich   │ der Kaiser Joseph
   G. des Prinzen Heinrich │ des Kaisers Joseph

Obs. 5.—Compare the Genitive of an ordinary Noun and the Genitive of a proper name :—

Ex.—Das Buch meines Bruders—my brother's book
   but : Heinrichs Mutter—Henry's mother

II. Family Names (Familiennamen) : These are nearly always preceded by : <u>Herr, Frau</u> or <u>Fräulein</u>, in which case the family name is *not declined*.

Ex.—N. Herr Steiner   │ Frau Rot   │ Fräulein Ritter
   Ac. den Herrn Steiner │ die Frau Rot │ das Fräulein Ritter
   Dat. dem Herrn Steiner │ der Frau Rot │ dem Fräulein Ritter
   Gen. des Herrn Steiner │ der Frau Rot │ des Fräuleins Ritter

Obs. 1.—If a Family Name is preceded by a noun denoting title, profession or trade, *the family name only is declined.*

Ex.—N. Direktor Müller   │ Doktor Keller
   Gen. Direktor Müllers │ Doktor Kellers

Vocabulary.

beabsichtigen—to intend
die Pfeife—pipe
bequem—comfortable (—bly)
die Wache—sentinel, guard
der Wachposten—sentinel
bewachen—to guard, watch

vornehm—distinguished
aufrichtig—frank(ly)
weigern—to refuse
erklären—declare, explain
die Erklärung—explanation

Phrases.

ich habe nie so etwas gesehen—I have never seen *such a thing*
das genügt—that will do
schon gut—that will do
das geht nicht—that won't do
er ist allein noch übrig—he is the only one left

A. <u>Übersetzen Sie ins Englische!</u> Mariens Eltern beabsichtigen am Ende dieses Monats in die Schweiz zu reisen. Der Sohn des Herrn Sturm wird sie wahrscheinlich begleiten. Man sagte mir vor einigen Tagen, daß die kleine Berta, Tochter des Herrn Braun, im Frühling nach Deutschland in die Schule geht. Direktor Werners Eltern wohnen in der Stadt neben dem Schloß des Prinzen Albert. Als wir nach Hause kamen, fanden wir den jüngsten Sohn, der auf der Universität Heidelberg studiert, in dem Wohnzimmer, wo er in einem bequemen Lehnstuhl saß und eine lange Pfeife rauchte. Der Wachposten erklärte, daß niemand in das Schloß eintreten dürfe. Viele Jahre lang bewachte der treue, alte Hund das Haus seines Herrn, des Professors Kuhlmann. Über dem Haus der Herrn Doktor Frei sah man den Rauch in dicken Wolken steigen.

B. <u>Übersetzen Sie ins Deutsche!</u> When the sentinel in front of the castle of Prince Rudolph heard the noise, he ordered the guard to shut the gates. We never discovered, why Miss Walter's cousin refused to accompany us to the palace of the old Count Adalbert. He accepted Miss Wieland's explanation without saying a word. Have you heard that Professor Heller's youngest daughter is engaged to the only son of Mr. and Mrs. Ludwig? That distinguished stranger, who arrived here last week from Italy, is said to be a cousin of the Duke of Palermo. I must tell you frankly that I do not intend to leave my brother during his illness and I regret, therefore, that I am not able to accompany you next week to Spain.

C. Zum Lesen, Übersetzen und Erzählen.

Der listige Hund.

Während der Abwesenheit am Meer vermietete eine Familie das Haus an eine alte Dame. Der Hund der Familie wurde auch im Haus zurückgelassen. In dem Wohnzimmer war ein sehr bequemer Lehnstuhl, worauf die Dame sehr gern saß. Oft aber fand sie den Hund im Besitz dieses Stuhles. Da sie sich aber vor dem Hund fürchtete, hatte sie nicht den Mut ihn von dem Stuhl zu treiben. Es fiel ihr eines Tages plötzlich eine List ein, die sie aus der Verlegenheit bringen sollte. Indem sie am Fenster stand, rief sie laut: „Katze, Katze!" Sogleich sprang der Hund von dem Stuhl gegen das Fenster und fing laut zu bellen an. Die Dame ging ebenso schnell gegen den Lehnstuhl und setzte sich darauf. Einige Tage darauf kam der Hund in das Wohnzimmer und als er die alte Dame auf dem Lehnstuhl sah, lief er ans Fenster und bellte laut. Die Dame dachte, daß ein Dieb in der Nähe des Hauses sei, stand auf und ging ans Fenster. Der listige Hund rannte schnell von dem Fenster und setzte sich bequem auf den Lieblingsstuhl der alten Dame.

---

die List—ruse
listig—cunning
der Besitz—possession
einfallen—to occur

die Verlegenheit—dilemma, embarrassment
der Dieb—thief, robber
der Lieblingsstuhl—favourite chair

Lesson LIV.

DECLENSION OF NOUNS OF FOREIGN ORIGIN.

Numerous Nouns of foreign origin are used in Modern German. The Declension of these is so irregular that they could not easily be classified among the pure German Nouns (see pp. 95-118). Most of these foreign Nouns are contained in the following groups.

I. **Most foreign Nouns denoting Masculine beings, with the accent on the last syllable are declined like:** „ der Neffe " (see p. 96).

Ex.

der Adjutant—adjutant
der Advokat—lawyer
der Astronom—astronomer
der Elefant—elephant
der Fabrikant—manufacturer
der Geolog—geologist
der Jesuit—jesuit
der Kamerad—chum, pal
der Katholik—catholic
der Komponist—composer
der Monarch—monarch
der Patient—patient
der Philosoph—philosopher

der Philanthrop—philanthropist
der Photograph—photographer
der Poet—poet
der Präsident—president, chairman
der Prophet—prophet
der Protestant—protestant
der Rekrut—recruit
der Soldat—soldier
der Student—student
der Theolog—theologian
der Tyrann—tyrant

Add to these :

der Konsonant—consonant
der Diamant—diamond

der Komet—comet
der Planet—planet

The following take „ s " in Genitive Singular, and „ en " or „ n " throughout the Plural :

der Doktor *—doctor
das Insekt—insect
der Konsul—consul

der Professor *—professor
der Psalm—psalm
das Verb—verb

II. **A large number of Foreign Nouns of the Masculine and Neuter Gender, with the accent on the last syllable, take „ s " in Genitive Singular and „ e " in the Plural** (a few only modify the root vowel).

Masculine :

der Balkon—balcony
der Baron—baron
der General(=äle)—general
der Grenadier—grenadier
der Juwelier—jeweller
der Kanal(=äle)—canal

der Magnet—magnet
der Roman—novel
der Offizier—officer
der Passagier—passenger
der Spion—spy
der Vokal—vowel

* Note the accent: Doktor—Doktoren; Professor—Professoren.

Neuter :

das Duel—duel
das Format—shape (of paper)
das Krokodil—crocodile
das Magazin—shop, store
das Manuscript—manuscript
das Objekt—object

das Packet—parcel
das Programm—programme
das Testament—testament,
    will
das Symptom—symptom

III. The following foreign Nouns form their Plural irregularly (these are all Neuter).

das Dogma (Dogmen)—dogma
das Drama (Dramen)—drama
} change **a** into **en** (accent on first syllable).

das Adverb (Adverbien)—adverb
das Kapital (Kapitalien)—capital (money)
das Material (Materialien)—material
das Mineral (Mineralien)—mineral
} add **ien** (accent on last syllable).

das Individuum (Individuen)—individual
das Museum (Museen)—museum
das Studium (Studien)—study.
} change **um** into **en** (accent as marked).

das Kleinod (Kleinodien)—jewels.

Obs.—Those ending in **ie, ion,** and **tät** are all **Feminine** and form their plural like ordinary Feminine Nouns.

IV. The following have not yet become Germanised and retain their plural form (usually **s**) according to the language from which they have been adopted.

der Chef(s)—chief, principal
der Club(s)—club
der Lord(s)—Lord
der Leutnant(s)—lieutenant
das Auto(s)—motor car

das Coupé(s)—compartment
das Echo(s)—echo
das Sofa(s)—sofa
der Chauffeur(s)—chauffeur

Obs.—To these may be added a number of foreign nouns introduced in Sport, modern inventions, such as motor cars, aeroplanes, wireless, etc. *Ex. das Chassis ; der Tank ; das Torpedo ; der Film ; etc.*

Vocabulary.

das Spital—hospital
hausen—to house
praktisch—practical
verfolgen—to pursue
die Geschäfte (*n. pl.*)—business
der Zuschauer—spectator
verschieden—different

der Vertreter—agent
widmen—to devote
der Geburtsort—birthplace
die Expedition—expedition
das Exemplar—specimen, copy
die Ausstellung—exhibition
das Reptil (Reptilien)—reptile

Phrases.

Es kann von hier aus leicht erreicht werden—it is within easy
reach from here
Ich habe mich photographiren lassen—I have had my photo
taken
Führt dieser Weg nach Weimar?—is this the right road to
Weimar?
Das ist sehr einfach—that is as plain as can be (very simple)

A. Übersetzen Sie ins Englische! Zwei der größten Spitäler in
Berlin, die Hunderte von Patienten hausen, werden täglich von
Studenten der medizinischen Fakultät der Universität besucht,
wo sie ihre praktischen Studien verfolgen. Die meisten Fabri=
kanten beklagen sich über die schlechten Geschäfte. Die Stadt=
museen enthalten viele interessante und seltene Mineralien aus
allen Weltteilen. Emanuel Kant war einer der berühmtesten
Philosophen des 18. Jahrhunderts. Verschiedene Komponisten
haben die Melodien der Psalmen des alten Testaments geschrieben.
Die meisten deutschen Adverbien sind den Adjektiven gleich.
Im letzten Passionsspiel in Oberammergau versammelten sich
täglich Tausende von Zuschauern: Protestanten, Katholiken,
Juden, Jesuiten und Vertreter anderer Religionen.

3. Übersetzen Sie ins Deutsche! Among the reptiles we saw there
were three large African crocodiles. The German poet Suder-

mann, who was born in 1857, has written many novels and dramas. During my stay in Germany I devoted every day at least three hours to the study of the German language. Three generals and their adjutants were met at the station by the officers of the regiment. Several students accompanied by six professors visited the birthplace of Shakespeare last summer. A Scotch geologist who had just returned from one of his expeditions brought several specimens of rare minerals from the North of China. Many foreign manufacturers visited the Exhibition which was held in London in the month of March. Among all the monarchs of the German nation there was none more popular than Frederick the Great.

C. Lernen Sie das folgende Gedicht auswendig!

Das Gewitter.

1. Urahne, Großmutter, Mutter und Kind
   In dumpfer Stube beisammen sind;
   Es spielet das Kind, die Mutter sich schmückt,
   Großmutter spinnet, Urahne gebückt
   Sitzt hinter dem Ofen im Pfühl.—
   Wie wehen die Lüfte so schwül!

2. Das Kind spricht: „ Morgen ist's Feiertag,
   Wie will ich spielen im grünen Hag,
   Wie will ich springen durch Tal und Höh'n,
   Wie will ich pflücken viel Blumen schön;
   Dem Anger, dem bin ich hold! "—
   Hört ihr's, wie der Donner grollt?

3. Die Mutter spricht: „ Morgen ist's Feiertag,
   Da halten wir alle fröhlich Gelag,
   Ich selber, ich rüste mein Feierkleid;
   Das Leben, es hat auch Lust nach Leid,
   Dann scheint die Sonne wie Gold! "—
   Hört ihr's, wie der Donner grollt?

4. Großmutter spricht: „Morgen ist's Feiertag,
   Großmutter hat keinen Feiertag,
   Sie kochet das Mahl, sie spinnet das Kleid,
   Das Leben ist Sorg' und viel Arbeit;
   Wohl dem, der tat, was er sollt'! "—
   Hört ihr's, wie der Donner grollt?

5. Urahne spricht: „Morgen ist's Feiertag,
   Am liebsten morgen ich sterben mag;
   Ich kann nicht singen und scherzen mehr,
   Ich kann nicht sorgen und schaffen schwer,
   Was tu' ich noch auf der Welt? "—
   Seht ihr, wie der Blitz dort fällt?

6. Sie hören's nicht, sie sehen's nicht,
   Es flammet die Stube wie lauter Licht;
   Urahne, Großmutter, Mutter und Kind
   Vom Strahl miteinander getroffen sind;
   Vier Leben endet e i n Schlag.—
   Und—morgen ist's Feiertag.

                                    (*Schwab*)

---

die Urahne—greatgrandmother
dumpf--dull
sich schmücken—to adorn
  oneself
der Pfühl—chair, seat
schwül—sultry
der Hag—hedge, wood
die Höhe(n)—height(s), hill(s)
der Anger—meadow (*poet.*)
hold sein (*dat.*)—to like
das Gelag—feast
rüsten—to get ready

grollen—to roll angrily,
  rumble
das Mahl—meal, repast
die Sorge—sorrow
wohl dem—blessed be he
mag = *möchte*—should like to
scherzen—to joke
sorgen—to take care of
schaffen (arbeiten)—to work
lauter—clear, bright
der Strahl—flash
der Schlag—blow

E. Schreiben Sie dieses Gedicht auf Prosa!

Lesson LV.
I. Nouns with Double Plural.

Singular.	Plural.	Plural.
das Band	Bänder (ribbons)	Bande (ties, bonds)— Freundschaftsbande (ties of friendship)
die Bank	Bänke (seats)	Banken (banks for money)
der Bogen	Bögen (arches)	Bogen (sheets of paper)— drei Bogen Papier (3 sheets of paper)
der Fuß	Füße (feet—part of body)	Fuß (feet—measure)— 3 Fuß lang (3' long)
der Laden	Läden—shops (Kaufläden)	Laden (window shutters) (Fensterladen)
der Mann	Männer—men	Mann (soldiers, etc.)— eine Armee von 3,000 Mann
das Tuch	*Tücher (cloths)	Tuche (kinds of cloths)— echt schottische Tuche (real Scotch tweeds)
das Wort	†Wörter—words (isolated) (as in a vocabulary)	Worte—words (connected) (sentences) — der Präsident äußerte einige Worte (the chairman uttered a few words)
der Zoll	Zölle (customs duty)	Zoll (inches)—ein Fuß hat zwölf Zoll (a foot has 12″)

II. Nouns used only in the Plural in German.

Eltern—parents	Leute—people
Fasten—Lent	Masern—measles
Ferien—holidays	Möbel—furniture
Fortschritte—progress	Ostern—Easter
‡Gebrüder—brothers	Pfingsten—Whitsuntide
Geschwister—brothers and sisters	Pocken—smallpox
Kosten—costs	Spesen—freight charges
Lebensmittel—provisions	Trümmer—ruins
	Weihnachten—Christmas

* cf. das Handtuch—die Handtücher (Towel); das Taschentuch—die Taschentücher (handkerchief).

† cf. das Wörterbuch (dictionary).

‡ In a commercial sense: Ex.—**Scholer** Brothers—**Gebrüder** Scholer.

Vocabulary.

erkranken (an)—to fall ill (with)
befähigen—to enable
die Prüfung—examination
bestehen—to pass (an exam.)

der Stock—storey (of house)
im ersten Stock—in the 1st storey
das Dachfenster—skylight
genügend—sufficient, enough

Phrases.

Raten Sie!—guess!
Ich kann es nicht erraten—I cannot guess it
Er fragte mich um Rat—he asked my advice
Können Sie es entbehren?—can you do without it?
beim Empfang des Briefes—on receipt of the letter

A. Übersetzen Sie ins Englische! Eine Armee von über 50'000 Mann griff den Feind am frühen Morgen eines heißen Augusttages an. Kaum eine Woche vor Weihnachten erkrankte das jüngste Mädchen der Familie an den Masern. Die Kenntnisse der modernen Sprachen befähigten ihn die Prüfung mit Ehre zu bestehen. Wahrscheinlich machen die Geschwister nach Pfingsten eine Reise nach Italien, wo sie die Eltern des Herrn Professor Capir besuchen werden. Während seines Aufenthaltes in Dresden hat er so gute Fortschritte in der Sprache gemacht, daß er nun geläufig Deutsch spricht. Unser Schlafzimmer im vierten Stock war nur etwa neun Fuß lang und ebenso breit und hatte ein kleines Dachfenster. Als wir mit dem Zug an dem Dorf vorbeifuhren, sahen wir die Trümmer des Schlosses. Die Dame des Hauses ließ die grünen Fensterladen öffnen, damit wir die Möbel in den gegenüberliegenden Kaufläden sehen konnten.

B. Übersetzen Sie ins Deutsche! We had to learn all the words by heart for (auf) the next day. All the shops were closed on Easter Sunday. Nothing was found in his pockets except a small white handkerchief and a small English-German Dictionary. The inhabitants of the little island were without provisions for more than three days. Guess what his brothers and sisters gave him for (*auf*) Christmas. Mr. Müller's eldest son is said to have made very good progress in his studies at (*an-dat.*) the University of Jena. There are still many people who have never yet seen an aeroplane. On receipt of the parcel we had to pay 2½ Marks for freight. Can you tell me if the banks are closed to-morrow ?

C. **Conversation** ! Was sehen Sie in dem Ladenfenster ? Welche Wörter haben Sie gestern auswendig gelernt ? Wie viele Füße hat ein Elefant ? eine Henne ? ein Esel ? Wo kauft man Lebensmittel ? In welchem Monat ist Weihnachten ? Was für Möbel sind in Ihrem Speisezimmer ? Wie viele Geschwister sind in Ihrer Familie ?

Revision Lesson LI.—LV.

1. Give, in German, name of country, inhabitant and adjective, for : America, Austria, China, France, Japan, Poland, Portugal, Russia, Spain, Switzerland.

2. Give German Plural of : monarch, general, mineral, novel, museum, drama, adverb, verb, echo, tyrant.

3. Give German for : You ought not to have gone ; could they not have helped him ? let us go alone. we told them not to wait long ; I wish I could go with you ; he left his hat on the chair ; ought I to write ? shall I turn out the light ? you could not have heard him.

4. Give the rule (with one example) for the construction of a German Dependent Clause with two Infinitives.

5. Form sentences with the following sets of nouns : Füße—Fuß ; Läden—Laden ; Bögen—Bogen ; Wörter—Worte ; Bänke—Banken.

6. Give Genitive Singular of : Albert, Marta, Emilie, Mr. Bucher, Dr. Ritter.

7. Give English for : That will do ; I cannot do without it ; guess what I have heard ; That won't do ; It cannot be changed.

Am Rhein.

1. Am Rhein, o wie herrlich, am Rhein, o wie schön! Es
2. Am Rhein, o wie herrlich, am Rhein, o wie frei! Die
3. Am Rhein, o wie herrlich, es le = be der Rhein! Der

la = chen die Flur=en, es win=ken die Höhn; all =
Menschen so fröh=lich, so gut und so treu! Das
Rhein soll uns blei=ben als Klei = nod al = lein! Wir

ü = ber = all Se = gen und Freu=den=ge = tön! Am
Le = ben so rü = stig und im = mer so neu! Am
bau = en die Dome, wir pflan=zen den Wein. Am

Rhein, o wie herr = lich, am Rhein, o wie schön!
Rhein, o wie herr = lich, am Rhein, o wie frei!
Rhein, o wie herr = lich, es le = be der Rhein!

die Fluren (*f.pl.*)—fields
winken—beckon
das Freudengetön—sounds of
    joy
rüstig—fresh, cheerful

es lebe der Rhein !—
    cheers to the Rhine !
    long live the Rhine !
der Dom—spires, churches
pflegen—to tend, cultivate

Lesson LVI.

I. Nouns with Compound Plural.

Singular.	*Plural.*
der Bund (alliance)	die Bündnisse
die Ehre (honour)	die Ehrenbezeugungen
die Gunst (favour)	die Gunstbezeugungen
das Leben (life)	die Menschenleben
der Leichtsinn (frivolity)	die Leichtsinnigkeiten
der Mord (murder)	die Mordtaten
der Rat (advice)	die Ratschläge
der Regen (rain)	die Regengüsse
der Schnee (snow)	die Schneemassen
der Streit (quarrel, dispute)	die Streitigkeiten
der Tod (death)	die Todesfälle
das Unglück (accident, misfortune)	die Unglücksfälle
der Zank (quarrel)	die Zänkereien
der Zwist (dispute)	die Zwistigkeiten

II. Nouns used in Singular in German—Plural in English.

die Asche—ashes
die Brille—pair of spectacles
die Ernte—crops
der Ertrag—profits
die Fabrik—works, mills
das Gehirn—brains
das Gemüse—vegetables
der Hafer—oats
der Inhalt—contents
die Kaserne—barracks
die Kommode—chest of drawers
die Kunde—news
der Lohn—wages
die Mathematik—mathematics

die Meerenge—straits
das Mittelalter—Middle Ages
die Nachricht—news
die Scheere—pair of scissors
die Treppe—stairs
die Umgegend—surroundings
das Unkraut—weeds
das Vieh—cattle
die Wage—(pair of) scales
das Wappen—coat of arms
die Zange—pair of pincers, tongs
der Zirkel—pair of compasses
das Zubehör—belongings

Vocabulary.

verursachen—to cause
das Semester—term (school)
der Fingerhut—thimble
der Faden—thread
Drahtlose Telephonie (D.T.)—
    radio (wireless)
nachlässig—careless

widmen—to devote
reizend—charming
der Ritter—knight
fortwährend—continuous
opfern—to sacrifice
das Erdbeben—earthquake
das Gebäude—building
errichten—to erect

A. <u>Übersetzen Sie ins Englische</u>! Der Inhalt des Briefes verursachte ihm nicht nur viel Ärger, sondern führte zu Zwistigkeiten zwischen seiner Familie und derjenigen seines Bruders. Haben Sie gute Nachricht von Ihrem Freund in der Türkei? Nachdem er drei Jahre dem Studium der Mathematik gewidmet hatte, ging er nach Heidelberg, wo er auf der dortigen Universität zwei Semester Philosophie studierte. Bringen Sie mir, bitte, eine Nadel, einen Fingerhut, schwarzen Faden und die kleine Scheere, die ich in meinem Zimmer auf dem kleinen Tisch liegen ließ. Die Nachricht von der glücklichen Ankunft der beiden Flieger kam durch die drahtlose Telephonie (D.T.). Die Zeitungen berichten eine Anzahl von Unglücksfällen, die sich während der letzten Woche im Norden von Schottland ereigneten. Die Ernte soll dieses Jahr durch fortwährende Regengüsse sehr viel Schaden gelitten haben. Die Umgegend des Dorfes war reizend, das Dorf selbst aber sah sehr unfreundlich aus.

B. <u>Übersetzen Sie ins Deutsche</u>! I am afraid the cold rains during the last three days have spoilt the crops. After putting it on the scales, we found that it weighed only three pounds. The steamer passed (*fahren*) through the straits during the night. More than 300 lives were sacrificed in that earthquake which was reported in the newspapers this morning. Every day we read of accidents caused by careless motorists (*Chauffeurs*). His father gave him good advice (*pl.*) before his departure for Australia. Do not be angry with me, if I tell you that I have not kept my promise. Many new buildings have been erected in the surroundings of this town. About 250 recruits are said to have arrived at the barracks. The family coat-of-arms shows a young knight sitting on a white horse.

C. Zum Lesen, Übersetzen und Erzählen.

Appetit eines Komponisten.

Der berühmte Komponist Haydn hatte einen ungeheuren Appetit. Er speiste am liebsten allein, um sich ungestört zu sättigen. Eine seiner Gewohnheiten war in einem Hotel zu einer bestimmten Zeit für fünf Personen Diner zu bestellen und die ganze Mahlzeit selbst zu essen. Bei einer solchen Gelegenheit ereignete es sich, daß der Kellner die Gewohnheiten seines Gastes nicht kannte, da er erst neulich in den Dienst des Hotels getreten war. Als Haydn im Hotel ankam, begab er sich gleich in das Zimmer, wo er die Mahlzeit bestellt hatte und befahl dem Kellner das Diner zu servieren. Der letztere, der keine Ahnung hatte, daß der ihm unbekannte Gast alle Speisen selbst verzehren würde, sagte: „Entschuldigen Sie, mein Herr, die andern Gäste sind noch nicht angekommen und wenn ich das Diner serviere, ehe die Gesellschaft ankommt, wird das Essen kalt werden, wenn ich jetzt schon serviere." „Die Gesellschaft?" erwiderte der Komponist erzürnt, „ich bin die Gesellschaft. Servieren Sie, bitte!"

---

ungeheuer—enormous   die Ahnung—idea
ungestört—undisturbed   verzehren—to devour, eat
sättigen—to satisfy   die Gesellschaft—company
die Mahlzeit—meal, repast   das Diner—dinner

Lesson LVII.

GENDER OF NOUNS.

The Gender of Nouns will always form one of the great difficulties to the student of German, and if we consider how much depends on the Gender of German Nouns, we may be justified in devoting a few pages to this part of the German Grammar.

There are two main ways to determine the Gender of Nouns—*i.e., by terminations and by the meaning of the Nouns.* In the case of abstract nouns without any distinctive terminations the gender can usually be determined by the fact that nouns denoting qualities assigned to male persons are usually of the Masculine Gender and *vice versa.* If we take for instance nouns like: „Mut" and its compounds, we soon see the reason of the gender, as will be seen in the following:

Masculine Qualities.	*Feminine Qualities.*
*der Mut—courage	die Anmut—grace
der Edelmut—noble courage	die Demut—humility
der Heldenmut—heroism	die Großmut—generosity
der Hochmut—pride, arrogance	die Sanftmut—gentleness
der Übermut—exuberance, arrogance	die Schwermut—melancholy, depression
	die Wehmut—melancholy

The following rules will help to guide the student :

I. Masculine Gender.

1. Nouns denoting Days, Months, Seasons, and Cardinal Points.

Ex.—der Montag—Monday
†der Frühling—Spring
der September—September
der Osten—east

2. Nouns denoting Trades, Professions and Inhabitants of Countries.

Ex.—der Gärtner—gardener
der Lehrer—teacher
der Engländer—Englishman
der Russe—Russian

---

* Most of the Compounds of " **Mut** " originated in the times of the Chivalric Ages.
† *Except :* **Das** Frühjahr (spring)—compound of " das Jahr."

3. Nouns in „ e " denoting Masculine Persons or Animals.

Ex.—der Neffe—nephew   der Löwe—lion
     der Knabe—boy, lad   der Affe—monkey

     Except : die Wache—guard, sentinel

4. Nouns denoting Masculine Persons or Animals, irrespective of ending.

Ex.—der Graf—count | der Esel—donkey
     der Prinz—prince | der Tiger—tiger

     Except : das Pferd (horse); das Schaf (sheep); die Ziege (goat); die Maus (mouse), and the young of animals, such as, das Kalb (calf) etc., which are all Neuter (see Lesson LIX, p. 231).

5. Nouns ending in „ ig ", „ ing " and „ ich " :

Ex.—der Honig—honey   der Schilling—shilling
     der Käfig—cage   der Teppich—carpet
     der Jüngling—youth, lad   der Fittich—wing (*poet.*)

6. Most Nouns ending in „ en " or „ el " :

Ex.—der Regen—rain   der Vogel—bird
     der Wagen—carriage   der Schlüssel—key

7. All Nouns ending in „ ee ", except foreign Nouns (die Armee—army).

Ex.—der Kaffee—coffee   der Schnee—snow
     der Tee—tea   der See—lake

     Except : die See—sea (see p. 235).

8. Monosyllables formed from roots of Verbs and not ending in „ t " :

Ex.—der Fluß—river (*from*)—fließen—to flow
     der Flug—flight (of birds) (*from*)—fliegen—to fly
     der Schluß—conclusion, ending (*from*)—schließen—to close
     der Schlag—blow (*from*)—schlagen—to strike
     der Hieb—blow, cut (*from*)—hauen—to hew

cf.   die Schlacht—battle (schlagen)
     die Flucht—flight, escape (*from*)—(fliehen)—*see p.* 229 (§ 6).

Vocabulary.

die Tapete—wallpaper
verzieren—to ornament
der Eingang—entrance
das Schloß—lock

das Blumenbeet—flower bed
die Knospe—bud
schmelzen—to melt
vorbeigehen (an—*dat.*)—to pass

Phrases.

ich weiß nichts davon—I am ignorant of it
es ist von geringem Wert—it is of little value
es war unbeschreiblich schön—it was beautiful beyond description
er tat es aus Versehen—he did it by mistake

Grammar Drill : *Add the definite Article to the following Nouns and state reason for Gender :* Hochmut, Sanftmut, Fluß, Flucht, Frühling, Honig, Esel, Westen, Demut, Schlacht.

A. Übersetzen Sie ins Englische ! Ein persischer Teppich bedeckte den Boden des Speisezimmers und die Wände waren mit wunderschöner Tapete verziert. Wir bewunderten die Anmut der Gräfin, als sie die Gäste am Eingang des Gastzimmers empfing. Die Diebe versuchten durch die Hintertür in das Haus einzubrechen, wurden aber in ihrem Versuch überrascht und ließen einen falschen Schlüssel in dem Schloß stecken. Der Maler hat die Gartentüren neulich bemalt und der Gärtner hat im Frühjahr die Blumenbeete mit Rosen bepflanzt, die nun schon Knospen zeigen.

B. Übersetzen Sie ins Deutsche ! On a beautiful summer evening (the) little William visited the hunter where he saw a starling, which could speak, in a little cage near the window. A French-man, who had travelled in the far (*fern*) East, arrived that morning at the hotel. Is the coffee ready? The snow had melted before we reached the village. It was late in the afternoon, when a youth of about 19 years passed our house. A beautiful new carpet lay on the floor when we entered the drawing room. Nearly every day we bathed in the lake which is situated about half a mile from the village where we spent our holidays last summer.

Lesson LVIII.

II. Feminine Gender.

1. Nouns ending in heit, keit, ung, schaft, tät, ie, ei, ion, ik :

Ex.—die Freiheit—liberty,   die Universität—university
        freedom
die Eitelkeit—vanity   die Melodie—melody, tune
die Erfindung—invention   die Schmeichelei—flattery
die Freundschaft—friend-   die Nation—nation
        ship   die Fabrik—works, mills

2. Nouns ending in „ e ", not denoting masculine beings :

Ex.—die Decke—ceiling   die Sonne—sun
die Wolke—cloud   die Seide—silk
Except : das Auge (eye) ; das Ende (end) ; das Erbe (legacy).

3. Derivatives of the verb „ kommen " (—kunft).

    Ex.—die Ankunft—arrival
    die Zukunft—future
    die Auskunft—information
    die Zusammenkunft—meeting

4. Derivatives of the old German adjective „ siech " (sick) (. . . sucht),* denoting either a physical or mental disease :

    Ex.

Physical.	*Mental.*
die Bleichsucht—anaemia	die Ehrsucht—ambition
die Fallsucht—epilepsy	die Habsucht—ambition, greed
die Gelbsucht—jaundice	die Eifersucht—jealousy
die Schwindsucht—tuberculosis	die Sehnsucht—longing
die Wassersucht—dropsy	die Rachesucht—vengeance

Obs.—These nouns form adjectives ending in: . . . süchtig (eifersüchtig—jealous).

---

* *die Seuche*-epidemic (*die Fieberseuche*).

5. A few Nouns ending in „ nis " (the others are Neuter) :

Ex.—die Bekümmernis—affliction
die Besorgnis—apprehension
die Erkenntnis—recognition
die Erlaubnis—permission
die Finsternis—darkness
die Kenntnis—knowledge

Plural : ———nisse

6. Monosyllables derived from roots of Verbs and ending in „ t " :

Ex.—biegen—die Bucht (bay)
schreiben—die Schrift (writing)
ziehen—die Zucht (discipline)

(See also Lesson LVII., § 8)

7. Nouns denoting Female Persons and Animals :

Ex.—die Frau—woman   die Gans—goose
die Magd—maid   die Ameise—ant

Except : das Mädchen (girl) ; das Fräulein (Miss, young lady) ; das Weib (woman).

8. Nouns ending in „ in " (see p. 104).
Vocabulary.

leiden (an)—to suffer (from)   streng—strict
der Nebel—mist, fog   marschieren—to march
die Ursache—cause   grüßen—to greet
beschäftigt—occupied, engaged   treiben—to propel

Phrases.

hoffentlich störe ich nicht—I hope I am not intruding
ich war gerade zu Hause—I happened to be at home
Schwamm drüber !—let us say no more about it
es war stockdunkel—it was pitch-dark

Note—der Abt—die Äbtissin ; der Prinz—die Prinzessin.

Grammar Drill: Add the definite article to the following nouns and give reason for Gender ! Ankunft, Freiheit, Warnung, Station, Wolke, Knabe, Schrift, Ereignis, Sehnsucht, Melodie.

A. **Übersetzen Sie ins Englische !** In einer kleinen Bucht auf der Westseite des Sees ereignete sich vor drei Wochen ein Unglück, wobei zwei Kinder das Leben verloren. Nachdem wir von den Eltern die Erlaubnis erhalten hatten, in dem See zu baden, gingen wir schnell dem Weg entlang, der durch den Wald an das Ufer führt. Der Arzt erklärte, daß der Patient an der Wassersucht leide, aber daß er bald genesen werde. Ein dicker Nebel war die Ursache der Finsternis. Er soll es aus lauter Eifersucht getan haben. Können Sie mir Auskunft geben über die Abfahrt der Züge nach Berlin? In der neuen Teppich=fabrik sollen etwa 300 Arbeiter beschäftigt werden.

B. **Übersetzen Sie ins Deutsche !** Who has given you (the) per-mission to bathe in that river? His Majesty gave strict order(s) to guard the castle after midnight. The nation lost in him a courageous soldier. After the battle the officers and soldiers marched through the town. Was it jealousy that induced him to pass us in the street without greeting us? (without to greet us)? I remember the tune, but I have forgotten the words. The University remains closed till the end of this month. In the near future trains will be propelled by electricity. Can you give me (any) information about (*über*) the shops in your town?

C. **Zum Übersetzen ins Deutsche.**

The Emperor Frederick the Great of Germany was much loved by his subjects and especially by the soldiers of his army on account of the kindness he always showed to them. Here is an example. After a certain battle the field was covered with dead and all the available houses in the neigh-bourhood were filled with the wounded. Only with great difficulty could a small room, containing merely a chair, a table and a bed, be found for the King, who, as usual, was with his officers and soldiers. On entering the quarters assigned to him, he ordered the bed to be removed, saying: " The poor wounded need it more than I do, bring me some straw on which to rest for the night ! " This order was immediately carried out, and throughout the whole rainy night the king slept on the straw-covered floor.

---

subject—Untertan(en) (*m.*)

to show—erweisen

available—verfügbar

to contain—enthalten

merely—bloß

quarter (*mil.*)—Quartier (*n.*)

assigned (to)—bestimmt (für)

to carry out—ausführen

Lesson LIX.

III. Neuter Gender.

1. Diminutives, ending in „ chen " or „ lein ":

(The vowel of the original noun is usually modified.)

Ex.—das Blümchen—little flower

das Zimmerchen—little room

das Hütlein—little hat

das Söhnlein—little son

2. Some Nouns ending in „ tum," „ sal " and „ sel ":

Ex.—das Fürstentum—principality

das Herzogtum—duchy

das Schicksal—fate, destiny

das Rätsel—riddle, puzzle

Except : der Reichtum (wealth, riches) ; der Irrtum (error, mistake).

3. Nouns denoting Metals and Material :

Ex.—das Gold—gold

das Silber—silver

das Eisen—iron

das Kupfer—copper

das Blei—lead

das Messing—brass

das Glas—glass

das Holz—wood

das Salz—salt

das Wasser—water

das Eis—ice

das Heu—hay

Except : der Stahl (steel) ; der Wein (wine) ; der Essig (vinegar) ; der Pfeffer (pepper) ; die Milch (milk) ; die Butter (butter).

4. Names of Countries : (except those ending in „ ie " and a few mentioned on page 206.

5. Infinitives and other Parts of Speech used as Nouns :

Ex.—das Reiten—riding
    das Schreiben—writing
       (act of)

das Gute—the good
das Neue—the news
das „ O "—the letter " o "

6. Collective Nouns with the Prefix „ Ge " are either Masculine or Feminine or Neuter :

Ex.—*Masculine.**	*Feminine.*	*Neuter.*
der Gebrauch—custom	die Geburt—birth	das Gefühl—feeling
der Gedanke—thought	die Geberde—gesture	das Gebirge—mountain range
der Genuß—enjoyment	die Gestalt—form, figure	das Gewölbe—vault
der Geruch—smell	die Geschichte—history, story	das Gesicht—face, sense of seeing
der Gesang—song	die Geduld—patience	das Geräusch—noise
der Geschmack—taste	die Gefahr—danger	das Geschäft—business
der Gewinn—gain	die Gewalt—power, force	das Gewicht—weight
		das Gehör—hearing

Vocabulary.

glänzen—to glitter
sich belustigen—to amuse oneself
das Schlittschuhlaufen—skating
sich verbreiten—to spread
das Kamin—chimney

steinern—stony, made of stone
unterirdisch—subterranean
urteilen (nach)—to judge (by)
wütend—raging, mad, angry
sich verteidigen—to defend oneself

Phrases.

er ist auf Reisen—he is travelling
es ist Tatsache—it is *a* fact
beruhigen Sie sich !—calm yourself !
Sie beunruhigen mich—you make me feel uneasy (nervous)

---

* And all those denoting Masculine beings, such as ׃ der Gefährte (companion).

Grammar Drill : Add the definite Article to the following Nouns and state reason for Gender: Blei, Mädchen, Italien, Lesen, Lamm, Silber, Kindlein, Herzogtum, Salz, Rätsel, England, Schicksal.

A. <u>Übersetzen Sie ins Englische!</u> Es ist nicht alles Gold, was glänzt. Ich hatte immer das Gefühl, daß er sich verirren würde. Wir sind des Lesens müde. Das Fürstentum Liechtenstein liegt zwischen der Schweiz und Österreich. Alt und Jung belustigte sich auf dem Eis mit Schlittschuhlaufen. Der Geruch des brennenden Kamins verbreitete sich über das ganze Dorf. Von einem Führer begleitet stiegen wir eine lange, steinerne Treppe hinunter in ein dunkles, unterirdisches Gewölbe. Nach seinen Geberden zu urteilen, hätte man glauben können, daß ihm unser Besuch nicht sehr angenehm war.

B. <u>Übersetzen Sie ins Deutsche!</u> The danger was greatest when the ice began to melt. The grass is not yet ready for (zum) cutting. The five senses are : seeing, hearing, feeling, tasting and smelling. The baby lay on the hay and slept during the whole time. The highest mountain ranges in Switzerland are situated in the South and East. He said he had no patience with lazy pupils. I was told that the ice is strong enough for skating. He tore the thick stick from (*aus*) my hand in order to defend himself against the angry dog. Even in the hour of danger he never lost his feeling of hope.

C. <u>Zum Übersetzen ins Deutsche.</u>

A gentleman had invited a friend to stay over night with him, and gave him a bedroom on the same floor beside his own. During that night a burglar entered the house and found his way into the room of the guest, who was still awake. Mistaking the burglar for his host, he remarked that it was time they fell asleep, as he had to rise early the next morning. The burglar, realising the situation, said good night and left the room. A few minutes later he found himself in the host's room. The latter raised his head and, thinking it was his guest about to depart, told him that it was too early for him to rise, but he would find everything in the room where they had dined the night before. The burglar, still pretending to be an inmate of the house, went to the room indicated by the host and shortly afterwards left the house with as many valuables as he could carry. The feelings of the two gentlemen may be imagined when they discovered the next morning how they had helped the burglar the night before.

———

to mistake—halten (für)   to pretend—tun, als ob
to realise—f. bewußt (*gen.*)   inmate—Bewohner (*m.*)
situation—Lage (*f.*)   to indicate—angeben
was about to—wollte   valuables—Wertvolles

Lesson LX.

Nouns with Double Gender.

Masculine.	*Feminine.*	*Neuter.*
der Band—volume	—	das Band—ribbon
der Bauer—peasant	—	das Bauer—bird cage
der Chor—chorus, choir	—	das Chor—chancel, choir
der Erbe—heir	—	das Erbe—legacy, inheritance
—	die (Mit)Gift— dowry	das Gift—poison
der Harz—Harz mountains	—	das Harz—resin
der Heide—heathen, pagan	die Heide—heath	—
der Hut—hat	die (Ob)Hut— guard, care	—
der Kiefer—jaw	die Kiefer—pine	—
der Kunde—client customer	die Kunde—news	—
der Leiter—leader, guide	die Leiter—ladder	—

Masculine.	*Feminine.*	*Neuter.*
der Mangel—want	die Mangel—mangle	
der Reis—rice		das Reis—twig, fagot
der Schild—shield		das Schild—signboard
der See—lake	die See—sea	
der Sprosse—descendant	die Sprosse—rung of ladder	
der Stift—peg		das Stift—institution
der Stock—stick		das Stock(werk)—storey
der Vorwand—pretext	die Vorwand—partition wall	
der Tor—fool		das Tor—gate
der Verdienst—earnings		das Verdienst—merit
	die Wehr *—defence	das Wehr—weir, dam

Vocabulary.

lobenswert—laudable	sich bedienen (*gen.*)—to make use of
mahnen—to remind	das Auto—motor car
wiederholt—repeatedly	der Ausbruch—outbreak
absteigen—to descend	das Gut—estate
verschieben—postpone	entfernt—distant
verzichten (auf)—to forego, relinquish	der Riese—giant
	wichtig—important

Phrases.

auf der Hut sein—to be on one's guard
er ließ mir keine Ruhe—he gave me no peace (rest)
so viel ich weiß—as far as I know
das dacht' ich mir—I thought as much

---

* *cf.* die Landwehr (militia) ; die Feuerwehr (fire brigade).

A. **Übersetzen Sie ins Englische !** Vor einigen Jahren besuchte ich den Harz, worüber der deutsche Dichter Heine in seiner „ *Harzreise* " so viel Lobenswertes geschrieben hat. Wir bewunderten die herrlichen, hohen Kiefern, die wir in jenem Teil von Deutschland sahen. Der Führer mahnte uns wiederholt beim Absteigen auf der Hut zu sein. Der junge Siegfried verließ die Schmiede mit einem breiten Schwert und mit breitem Schild. Aus Mangel an Zeit mußten wir den Besuch bei unsern Verwandten auf nächste Woche verschieben. Des kleinen Verdienstes wegen mußten wir auf die Ferien verzichten. Um die Kinder aus dem dritten Stock zu retten, bediente sich die Feuerwehr einer Leiter mit über fünfzig Sprossen. Unter dem Vorwand uns zu überraschen, fuhren sie mit dem Auto und kamen eine Stunde vor der Ankunft des Zuges in unserem Haus an.

B. **Übersetzen Sie ins Deutsche !** The news of the outbreak of the war spread rapidly through the whole country. Be on your guard, if you travel at night through that part of Russia. The crops in the North of America are said to be very bad this year for want of rain. The only heir to the estate is a distant relative who lives in the Far East. On one of the signboards in the town we saw a giant with a large red shield on his left arm. Danzig is an important port on the Baltic Ocean and belonged to Germany before the war. In olden times the gates of the town had to be closed every evening at eight o'clock. For want of money we had to relinquish our journey to Switzerland.

C. **Zum Übersetzen ins Deutsche.**

The young Recruit.

A youth of about 18 years of age joined the army. He made up his mind to do his duty and to become a good soldier. One day he was ordered to guard the gate of the barracks and stepped slowly up and down with his rifle on his shoulder, when an officer approached. After the recruit had saluted him, the officer said : " Hand me your rifle ! " The stupid young recruit handed his rifle to the officer against the order(s) of his Captain. When the officer had received the rifle, he said to the recruit : " You are a bad soldier and you have made a grave mistake in handing me your rifle. What will you do now to defend yourself ? " The recruit, recognising his mistake, became very pale. Suddenly he put his hand in his pocket, drew out (heraus) a long sharp knife and said : " I shall kill you with this knife if you do not give me back my rifle." The officer, who noticed that the recruit looked very serious, quickly handed back the rifle and left him as quickly as possible.

---

to join the army—in die Armee eintreten
duty—die Pflicht
up and down—auf und ab
rifle—das Gewehr

to approach—sich nähern (*dat.*)
to salute (*mil.*)—salutiren
captain—der Hauptmann
grave—ernst
serious—ernst

Revision Lesson LVI.—LX.

1. Add the definite Article and meaning to the following Nouns : Hochmut, Kupfer, Gebrauch, Schlacht, Finsternis, Habsucht, Reichtum, Anmut, Schnee, Armee, Geburt, Schrift, Freundschaft, Fürstentum, Gefahr, Rose, Geräusch, Schluß, Entdeckung, Gewölbe, Papier, Käfig, Ameise, Schwermut.

2. Give German with definite Article for : leader, gate, poison, customer, peg, jaw, rung of ladder, signboard, legacy, lake, fire brigade, heath.

3. Give Compound Plural of : Ehre, Leben, Streit, Unglück, Zank.

4. Wie heißen die fünf Sinne ?

5. Übersetzen Sie ins Deutsche ! I was ignorant of it ; it was pitch dark ; calm yourself ! as far as I know ; by mistake ; I hope I am not intruding ; you make me feel uneasy ; it gave me no peace ; it is of little value ; it is a fact.

Weihnachtslied.

mf

1–3. O du fröh = li = che, o du se = li = ge,

gna = den = brin = gen=de Weih = nachts=zeit!

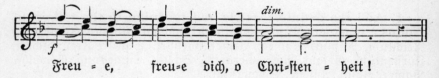

1. Welt ging ver=lo = ren, Christ ward ge=bo = ren:
2. Christ ist er = schie = nen, Uns zu ver=süh = nen:
3. Himm=li = sche Hee=re jauch = zen dir Eh = re:

dim.

f

Freu = e, freu=e dich, o Chri=sten = heit!

Lesson LXI.

Omission and use of "of"

I. Omit "of" in German

(*a*) *After Nouns denoting measure, weight and quantity.*
Ex.—Ein Pfund Reis—a pound *of* rice
Drei Meter Tuch—3 inches *of* cloth
ein Dutzend Eier—a dozen *of* eggs
eine Anzahl Kinder—a number *of* children

(*b*) *After Nouns denoting geographical divisions and divisions of time.*

Ex.—Das Königreich Italien—the kingdom *of* Italy
das Kaiserreich China—The empire *of* China
die Stadt Berlin—the town (city) *of* Berlin
im Monat August—in the month *of* August

II. Use „von" for the English "of"

(*a*) *When a Noun denoting measure, weight and quantity is followed by a demonstrative adjective or pronoun* (dieser *or* jener).
Ex.—Geben Sie mir ein Dutzend von diesen Eiern—
give me a dozen of these eggs.
Zwei Pfund von jenen Birnen—two pounds of those pears.

(*b*) *After names of titles followed by the name of a country or town.*

Ex.—der König von Italien—the King of Italy
der Kaiser von China—the Emperor of China
der Herzog von Schwerin—the Duke of Schwerin

(*c*) *After the Superlative, followed by* „all" *or* „ganz."
Ex.—der kleinste Knabe von allen—the smallest boy of all
das schönste Haus von der ganzen Stadt—
the most beautiful house of the whole town

(*d*) *Before and after Numerals:*
Ex.—im Alter von 12 Jahren—at the age of 12
zwei von den Söhnen—two of the sons

Vocabulary.

die Kerze—candle
enthalten—to contain
der Ziegel—tile
bewohnen—to inhabit
erwählen—to elect

die Muttersprache—native
    tongue
die Bibliothek—library
auf die Jagd gehen—to go
    hunting

Phrases.

er machte keinen Einwand—he had (raised) no objection(s)
ich interessire mich sehr für die Musik—I am much interested in
                                                    music
er schwärmt für die Musik—he is passionately fond of music
es geht nichts über eine Tasse Tee—there is nothing like a cup
                                                    of tea

A. <u>Übersetzen Sie ins Englische</u>! Das große Packet, das er aus
der Stadt brachte, enthielt drei Pfund Birnen, zwei Dutzend
Kerzen und eine Anzahl Zeitungen. Ein kleines Mädchen
von etwa zehn Jahren stand an der Tür und weinte, als wir
an dem Haus vorbeigingen. Zwei von jenen Häusern mit
den roten Ziegeln auf dem Dach wurden vor drei Jahren verkauft
und sind jetzt von Engländern bewohnt. Der Bürgermeister
von Hamburg wurde letzten Herbst neu erwählt. Seine Frau
ist eine der reichsten Damen der Stadt und spricht Französisch
und Englisch ebenso geläufig wie ihre Muttersprache. Die
meisten von jenen Büchern, die Sie mir zeigten, waren früher
in der Stadtbibliothek. Er befahl dem Diener seinem Hund jeden
Tag mindestens zwei Pfund Fleisch zu geben.

B. <u>Übersetzen Sie ins Deutsche</u>! When you go to Switzerland
next week, please bring me a pair of spectacles from the shop
in the town of Basel, where you bought your own last spring.
The Count of Luxemburg goes hunting every winter in the
forests of his estate. Although I have no idea where the
Capital of Poland is situated, I remember having read (to have
read) that it is inhabited by a number of rich people. We
do not intend to stay more than three weeks in the Netherlands, because we promised to return to Scotland at the

beginning of August. Do not forget to buy me three yards of this ribbon when you go to town this afternoon, and if you pass the shop where we were last week, bring me a pound of ripe plums.

C. **Conversation :** Wie heißt der König von Italien? In welchem Land liegt die Hauptstadt Wien? Kennen Sie eine Stadt in Spanien? Wie heißt das hohe Gebirge im Süden von der Schweiz? Wie viele Stück sind sechs Dutzend? Wie viele Zoll hat eine " *yard* "? Wie viele Meter hat ein Kilometer?

Der König in Thule

1. Es war ein König in Thule,
   Gar treu bis an das Grab,
   Dem sterbend seine Buhle
   Einen goldenen Becher gab.

2. Es ging ihm nichts darüber,
   Er leert ihn jeden Schmaus,
   Die Augen gingen ihm über,
   So oft er trank daraus.

3. Und als er kam zu sterben,
   Zählt' er seine Städt' im
      Reich,
   Gönnt' alles seinen Erben
   Den Becher nicht zugleich.

4. Er saß beim Königsmahle,
   Die Ritter um ihn her,
   Auf hohem Vätersaale
   Dort auf dem Schloß am
      Meer.

5. Dort stand der alte Zecher,
   Trank letzte Lebensglut
   Und warf den heil'gen Becher
   Hinunter in die Flut.

6. Er sah ihn stürzen, trinken
   Und sinken tief ins Meer.
   Die Augen täten ihm sinken,
   Trank nie einen Tropfen
      mehr.

(Goethe).

---

bis ans Grab—to the grave, until death
die Buhle—wife, mate
der Becher—goblet, cup
es ging ihm nichts darüber— he treasured it very highly
leeren—to empty
der Schmaus—feast, banquet
gönnen—to concede, bestow
das Königsmahl—royal feast

der Saal—(large) room
der Zecher—carouser
die Lebensglut—glow of life
heilig—holy, sacred
die Flut—flood
stürzen—to fall (rapidly)
die Augen täten ihm sinken – his eyes grew dim
nie einen Tropfen mehr— never another drop

16

Lesson LXII.

DIFFERENCE BETWEEN TRANSITIVE AND INTRANSITIVE VERBS.

Transitive Verbs take the Auxiliary „ haben " and are *regular*.
Intransitive Verbs usually take „ fein " and are mostly *irregular*.

Transitive.	*Intransitive.*
drängen—urge, press	dringen—to penetrate, press forward
einfchläfern—to lull to sleep	einfchlafen—to fall asleep
(fich) erfälten—to catch cold	erfalten—to get cold
ertränfen—to drown	ertrinfen—to be drowned
erweden—to waken	erwachen—to awake
führen—to lead, guide	fahren—to drive (in a conveyance)
fällen—to fell	fallen—to fall
flößen—to float	fließen—to flow
hängen—to hang up	hangen—to be hanging
legen—to put, lay (flat)	liegen—to lie, be situated
fchwemmen—to flood	fchwimmen—to swim
verfchwenden—to waste, squander	verfchwinden—to disappear, vanish
fetzen—to set, put	fitzen—to sit, to be sitting
fteden—to put, thrust	fteden—to be sticking
fprengen—to blow up	fpringen—to jump, run
ftellen—to put (upright)	ftehen—to stand
fteigern—to raise	fteigen—to rise, ascend
tränfen—to water	trinfen—to drink

Ex.—Wann haben Sie ihn gewedt?—when did you waken him?

Wann find Sie erwacht?—when did you wake up (awake)?

Wir haben die Pferde getränft—we have watered the horses

er ift beinahe ertrunfen—he has nearly been drowned

Vocabulary.

das Bett hüten—to be confined to bed	der Teller—plate
	gewiß—sure(ly)
das Vermögen—fortune (money)	der Proviant—provisions
betteln gehen—to go begging	die Infel—island

Phrases.

Das geht Sie nichts an—you have nothing to do with that
Sind Sie damit fertig?—have you done with it?
Ich auch—so do (have, would, can) I
Er auch nicht—nor would (had, did, could) he

Grammar Drill (Zum Übersetzen): Has he fallen asleep? we have heard him; have the bells been ringing? he has wasted all (everything); who has put my book on the desk? she has been standing on the wet stones; it has been lying there since Monday; it has disappeared; they have been drowned; have you watered the flowers? has he been drinking cold water?

A. <u>Übersetzen Sie ins Englische</u>! An einem kalten Winterabend hat er sich so stark erkältet, daß er drei Wochen (lang) das Bett hüten mußte. Lassen Sie die Suppe etwas erkalten, es ist nicht gesund zu heiße Speisen zu essen. Wohin sind Sie gefahren? Nachdem er zweimal um die Insel geschwommen war, kam er ans Ufer und legte sich auf das trockene Gras. Nach einigen Jahren hatte er all sein Geld verschwendet, das er von seinem Vater geerbt hatte und mußte betteln gehen. Der Weg führte durch einen unbeschreiblich schönen Teil des Landes. Bitte, stellen Sie die Weingläser neben die Teller auf den Tisch!

B. <u>Übersetzen Sie ins Deutsche</u>! I do not remember where (*wohin*) I have put my knife. After climbing (on) that hill behind the wood, we sat down and ate our provisions. I fell asleep before midnight and rose half an hour before breakfast. I cannot understand how the flowers which I put on the table this evening have disappeared. It is a shame how he is wasting his aunt's legacy. The cherries which were lying in the plate on the kitchen table were a present from my uncle. Do not waken him, if he has fallen asleep.

C. **Conversation**: Wohin haben Sie Ihren Bleistift gelegt? Wo liegt das Buch? Wer hat Sie heute Morgen geweckt? Wie lange sind Sie im Bett gelegen? Wann sind Sie heute erwacht? Was legt man zum Frühstück auf den Tisch? Was stellt man zum Mittagessen auf den Tisch? Wohin fließt der Rhein? Wo hängt die Landkarte? Wo liegt Köln?

Lesson LXIII.

Verbs which are Conjugated regularly and irregularly.

Infinitive.	*Imperfect Ind.*	*Past Part.*
Reg. bewegen—to move, stir	bewegte	bewegt
Irreg. bewegen—to induce	bewog	bewogen
[*Pres. Ind.* : Er bewegt]		
Reg. bleichen—to bleach	bleichte	gebleicht
Irreg. erbleichen—to fade (of colour)	erblich	erblichen
Reg. erschrecken—to frighten	erschreckte	erschreckt
Irreg. erschrecken—to be frightened	erschrak	erschrocken
Reg. begleiten—to accompany	begleitete	begleitet
Irreg. gleiten—to slide	glitt	geglitten
[ausgleiten—glitt . . . aus—ausgeglitten (to slip)]		
Reg. hängen—to hang, *trans.*	hängte	gehängt
Irreg. hangen—to hang, *intrans.*	hing	gehangen
Reg. auslöschen—to extinguish	löschte . . . aus	ausgelöscht
Irreg. erlöschen—to go out (of fire)	erlosch	erloschen
Reg. pflegen—to nurse, to be wont, in the habit of	pflegte	gepflegt
Irreg. pflegen—to cultivate	pflog	gepflogen
Reg. verschaffen—to procure	verschaffte	verschafft
Irreg. erschaffen—to create	erschuf	erschaffen
Reg. stecken—to stick, thrust	steckte	gesteckt
Irreg. stecken—to be sticking	stak	gesteckt
Reg. weichen—to soften	weichte	geweicht
Irreg. weichen—to yield, to give way	wich	gewichen
Reg. wiegen—to rock (a cradle)	wiegte	gewiegt
Irreg. wiegen—to weigh	wog	gewogen

Vocabulary.

die Schwierigkeit—difficulty
der Lärm—noise
das Kino—cinema
der Spielplatz—playground
das Schreibheft—copy book, jotter

das Schwert—sword
die Brust—breast, chest
das Futter—lining
die Westentasche—waistcoat pocket
glatt—smooth

Phrases.

Sie müssen es geheim halten—you must keep it secret
Sie dürfen es behalten—you may keep it
Diese Farben halten nicht gut—these colours do not keep well
Hoffentlich geht es ihm besser—I hope he is keeping better

A. <u>Übersetzen Sie ins Englische!</u> Es tut mir sehr leid, daß ich Sie mit meinem Lärm erschreckte. Mit größter Schwierigkeit gelang es uns den schweren Stein auf die Seite des Weges zu bewegen, ehe sich das Auto näherte. Als wir von dem Spaziergang zurückkamen, entdeckten wir, daß das Feuer erloschen war und wir mußten es wieder anzünden. Als Kinder pflegten wir jeden Samstag Nachmittag ins Kino zu gehen. Wir verbrachten unsere Sommerabende oft auf dem Spielplatz, wo wir tanzten und Fußball spielten. Leider habe ich vergessen das Licht in meinem Zimmer auszulöschen. Er bewog uns noch eine Woche zu bleiben. Ich mußte mir ein neues Schreibheft verschaffen, da ich mit diesem fertig war. Gott hat die Welt in sechs Tagen erschaffen und am siebenten Tage ruhte er.

B. <u>Übersetzen Sie ins Deutsche!</u> Why do you not procure (for yourself—" *sich* ") a new book, since (*da*) you have lost yours? After weighing the cat, we discovered that it was much heavier than two months ago. It was sticking between the pocket and the lining. Do not forget to put your pencil into your waistcoat pocket before you go to school. They were in the habit of coming every Saturday afternoon, and seldom did they forget to bring flowers or fruit (*Obst.—n.*). She nursed her old father during his long illness. Why did you not accompany your sister to Germany this summer? He slipped on the smooth ice and broke his left arm. I am afraid I frightened you with my questions. Why were you frightened when I met you at the corner of the street this afternoon? At last we induced him to accompany us to the wood.

C. Zum Lesen, Übersetzen und Erzählen.

Ein aufregendes Ereignis.

Einige Passagiere reisten eines Tages in demselben Abteil dritter Klasse von London nach Manchester. Ein Herr, der in einer Ecke neben dem Fenster saß, versuchte plötzlich die Türe des Abteils aufzumachen zum großen Erstaunen der anderen Passagiere, die meinten, daß der Herr nicht beim Verstand war und sich hinausstürzen wollte. Einige Passagiere, die ihn verhindern wollten die Tür aufzumachen, warfen sich ziemlich unhöflich auf den fremden Herrn, der sich gegen diese Angriffe mit aller Kraft wehrte, allein umsonst. Indem sie ihn fest auf dem Platz hielten, fragte einer der Mitreisenden, was er damit meine, die Tür des Abteils während der Fahrt aufzumachen. Sobald der fremde Passagier wieder frei und zum Atem gekommen war, sagte er mit zitternder Stimme: „Ich wollte nur den Überrock frei machen, der zwischen der Tür und der Seite des Abteils stak." Man kann sich die Überraschung der andern Passagiere einbilden, als sie den Fehler entdeckten, den sie in ihrer unbegründeten Aufregung machten.

---

aufregend—exciting
meinen—to think
nicht beim Verstand sein— to be mad
sich hinausstürzen—to throw oneself out (of . . .)
verhindern—to prevent, hinder
unhöflich—coarse(ly), rough(ly)
der Angriff—attack

sich wehren—to defend oneself
der Mitreisende—fellow traveller
zum Atem kommen—to regain one's breath
mit zitternder Stimme—*in a* trembling voice
der Überrock—overcoat
unbegründet—unjustified

Lesson LXIV.

VERBS WITH DOUBLE PREFIXES.

Infinitive.	Imperfect Ind.	Past Participle.
I. beantworten—to answer (a letter, etc.)	beantwortete	beantwortet
beauftragen—to commission, order	beauftragte	beauftragt
beeinflussen—to influence	beeinflußte	beeinflußt
benachrichtigen—to inform	benachrichtigte	benachrichtigt
bemitleiden—to pity	bemitleidete	bemitleidet
beunruhigen—to disturb, to make . . . feel uneasy	beunruhigte	beunruhigt
beurteilen—to judge	beurteilte	beurteilt
veranlassen—to occasion, to induce	veranlaßte	veranlaßt
vernachlässigen—to neglect	vernachlässigte	vernachlässigt
vereinfachen—to simplify	vereinfachte	vereinfacht
II. anerkennen—to acknowledge	er erkannte...an	anerkannt
anvertrauen—to entrust	er vertraute...an	anvertraut
ausverkaufen—to sell off, out	er verkaufte...aus	ausverkauft
entgegengehen—to go and meet	er ging (dat.) entgegen	entgegen= gegangen
vorbehalten—to reserve (a right)	er behielt...vor	vorbehalten

Ex.—ich beantwortete den Brief—I answered the letter
ich bemitleidete ihn—I had pity on him (I pitied him)
Sie haben ihn falsch beurteilt—you judged him wrongly
er hat seine Arbeit vernachlässigt—he has neglected his work

ich vertraute ihm die Sorge meiner Kinder an—I entrusted
him with the care of my children
wir gingen ihnen bis an den Wald entgegen—we went to meet
them as far as the wood
alle Rechte vorbehalten—all rights reserved

Vocabulary.

besorgen—to look after, attend to

einen Auftrag besorgen—to go an errand

bei diesem Anlaß—on this occasion

der Einfachheit halber—for the sake of simplicity, to simplify matters

die Erziehung—education

um so mehr—all the more

Vertrauen (n.) schenken (dat.) to bestow confidence on . . .

der Einfluß—influence

die Mitschülerin—fellow pupil

die Pflicht—duty

Phrases.

Er tat, als ob er mich nicht höre—he pretended not to hear me

So sehr ich es bedaure—much as I regret it

Wir mußten den Arzt holen lassen—we had to send for the doctor

Es ist ihm nicht ganz klar—he does not see through it

A. **Übersetzen Sie ins Englische!** Wollen Sie mir bei Anlaß Ihres Besuches in Berlin einen Auftrag besorgen? Ich konnte nicht umhin den armen Mann zu bemitleiden. Bei diesem Anlaß beauftragte er mich die Billete zu besorgen. Die Nachricht von dem Erdbeben beunruhigte ihn sehr, da eine seiner Töchter in jener Stadt verheiratet ist. Der Einfachheit halber reisten wir mit dem Nachtzug. Es ärgerte mich um so mehr, da ich ihm volles Vertrauen schenkte. Sein Neffe beauftragte mich ihm eine Abend Zeitung zu kaufen, aber als ich in der Stadt ankam, waren alle Zeitungen ausverkauft. Seine Schwester hatte einen guten Einfluß auf ihre Mitschülerinnen. Das ist das zweitemal, daß Sie Ihre Aufgabe vernachlässigt haben.

B. <u>Überſetzen Sie ins Deutſche!</u> He entrusted the sale of his house to an agent in (the) town. He had to acknowledge that he did not try to go and meet us last night. It rained all day which (*was*) induced (occasioned) us to return by train. You cannot play all evening without neglecting (to neglect) your duty. How far did he come to meet you? I ought to have answered his letter, but I had to go an errand for (*dat.*) my mother. The education of his elder son was entrusted to an uncle. All rights reserved. You have no reason to complain if you know that you have neglected your duties. Did he inform you that every article was sold out before we arrived in town? It made me feel uneasy when I heard that he did not go and meet his friends.

C. <u>Gedicht zum Überſetzen und Auswendiglernen.</u>

Das Mädchen aus der Fremde.

1. In einem Tal bei armen Hirten
   Erſchien mit jedem jungen Jahr,
   Sobald die erſten Lerchen ſchwirrten,
   Ein Mädchen, ſchön und wunderbar.

2. Sie war nicht in dem Tal geboren,
   Man wußte nicht, woher ſie kam
   Und ſchnell war ihre Spur verloren,
   Sobald das Mädchen Abſchied nahm.

3. Sie brachte Blumen mit und Früchte,
   Gereift auf einer andern Flur,
   In einem andern Sonnenlichte,
   In einer glücklichern Natur.

4. Und teilte jedem eine Gabe,
   D e m Früchte, j e n e m Blumen aus;
   Der Jüngling und der Greis am Stabe,
   Ein jeder ging beſchenkt nach Haus.

   (*Schiller*)

Lesson LXV.

VERBS COMPOUNDED WITH ADJECTIVES AND NOUNS.

Infinitive.	Imperfect Ind.	Past Participle.
I. freisprechen—to acquit	sprach . . . frei	freigesprochen
freilassen—to release	ließ . . . frei	freigelassen
großtun—to boast, brag	tat . . . groß	großgetan
heimkehren—to return	kehrte . . . heim	heimgekehrt
heimkommen—to return	kam . . . heim	heimgekommen
stattfinden—to take place	fand . . . statt	stattgefunden
stillschweigen—to be silent	schwieg . . . still	stillgeschwiegen
teilnehmen—to take part	nahm . . . teil	teilgenommen
wahrnehmen—to perceive, observe	nahm . . . wahr	wahrgenommen
wertschätzen—to appreciate	schätzte . . . wert	wertgeschätzt
II. antworten—to answer	antwortete	geantwortet
frühstücken—to breakfast	frühstückte	gefrühstückt
kurzweilen (sich)— to amuse, enjoy oneself	kurzweilte	gekurzweilt
langweilen (sich)—to be bored	langweilte	gelangweilt
offenbaren—to reveal, manifest	offenbarte	(ge)offenbart
rechtfertigen—to justify	rechtfertigte	gerechtfertigt
urteilen—to judge	urteilte	geurteilt
wetteifern—to emulate, vie	wetteiferte	gewetteifert
wetterleuchten—to sheet lighten	wetterleuchtete	gewetterleuchtet

Vocabulary.

der Richter—judge	die Prüfung—examination
der Zeuge—witness	vom Ausland—from abroad
das Verbrechen—crime	verurteilen—to condemn
das Fest—festival	das Gefängnis—imprisonment
die Tat—action, deed	ungestört—undisturbed

Phrases.

Wovon handelt es sich ?—what is it all about ?

Im allerschlimmsten Fall—if the worst comes to the worst

Nehmen Sie Platz, bitte !—take a seat, please !

Sie kommen gerade recht—you are in the very nick of time

A. **Übersetzen Sie ins Englische !** Der Gefangene wurde von dem Richter freigesprochen, da die Zeugen das Verbrechen nicht beweisen konnten. Nach dem Bericht der Zeitungen zu urteilen sind die beiden Flieger glücklich angekommen. Seine Taten rechtfertigen keineswegs das Vertrauen, das man ihm schenkte. Erst kürzlich ist mir die Wahrheit offenbart worden. Er teilte mir in seinem letzten Brief mit, daß die Prüfung am 30. Juni stattfand. Wegen der Krankheit seines Vaters hat er an dem Spiel nicht teilgenommen. Wenn Sie gefrühstückt haben, kommen Sie, bitte, in den Garten, wo wir miteinander ungestört sprechen können. Hat man Ihnen mitgeteilt, daß die Schule morgen geschlossen ist ? Schon als Knabe hat er immer gern großgetan.

B. **Übersetzen Sie ins Deutsche !** When you answer his letter, will you tell him that I enjoyed myself very well during my short visit. To judge by the newspapers we shall have cold and wet weather during the first week of September. Did you perceive how he blushed when I asked him where he was this afternoon ? I felt that he would justify your confidence. Were you bored ? There was sheet-lightning half the night. Has he informed you that his friends have just (soeben) come home from abroad ? Only one of the prisoners has been acquitted ; the other two have been condemned to two months' imprisonment.

C. Zum Lesen, Übersetzen und Erzählen.

Ein dankbarer Hund.

Ein Hund, der einem Gerber gehörte, zeigte sein Mißfallen gegen einen alten Arbeiter, der sich darüber sehr ärgerte und fürchtete, daß der Hund ihn eines Tages beißen würde. Er bat daher seinen Meister ihm zu helfen dem Hund das Mißfallen abzugewöhnen. Der Meister willigte ein und nach reifer Überlegung seiner Pläne, kam er auf eine kluge Idee. Eines Tages, als der Hund neben ihm durch den Hof in der Gerbe ging, stieß er ihn plötzlich in eine der Gruben, worin genügend Wasser war den Hund zu ertränken. Sofort rief der Meister den Arbeiter herbei und bat ihn den Hund mit einer Leiter zu retten. Der Arbeiter verschaffte sich schnell eine Leiter in der Nähe der Grube, stieg hinunter und brachte den Hund glücklich heraus. Nachdem sich der Hund das Wasser vom Leibe geschüttelt hatte, ging er auf den Arbeiter zu und leckte ihm die Hand, als ob er ihm für die Rettung danken wollte. Von diesem Tage an waren der Arbeiter und der Hund gute Freunde.

---

der Gerber—tanner
das Mißfallen—dislike
abgewöhnen—to disaccustom
einwilligen—to agree
die Überlegung—reflection
der Plan (¨ e)—plan
der Hof—yard

die Gerbe—tannery
die Grube—pit
der Leib—body
schütteln—to shake
lecken—to lick
die Rettung—rescue
gute Freunde—great friends

Revision Lesson LXI.—LXV.

1. **Übersetzen Sie!** The town of Berlin; the Duke of Weimar; a dozen of eggs; a pound of butter; a pound of those apples.

2. **Give the transitive verbs, with meaning in English, for:** erwachen, liegen, sitzen, ertrinken, fahren, stehen, fallen, dringen, verschwinden, einschlafen.

3. **Give in German the 3rd Person Singular of the Imperfect Indicative and the Past Participle of:** to be frightened, to extinguish, to weigh, to soften, to slip, to induce.

4. **Insert the correct verbal form in the following sentences:** Wir (*entgegengehen*) ihm jeden Morgen; gestern hat er mir (*mitteilen*); Er (*teilnehmen*) an dem Fest. Letzten Sonntag (*frühstücken*) wir sehr spät. Man hat ihn (*freilassen*). Er (*heimkehren*) gestern Abend um 9 Uhr. Wir (*bemitleiden*) die armen Kinder. Wir haben uns sehr (*langweilen*). Die Bücher waren alle (*ausverkaufen*). Es (*stattfinden*) am Montag den ersten Mai.

5. **Übersetzen Sie!** Das geht mich nichts an. Sie dürfen es behalten. Es ist mir nicht ganz klar. Sie kommen gerade recht. Wovon handelt es sich? Diese Farben halten gut.

6. **Übersetzen Sie!** When did he waken? Did anyone waken you? Much to my regret. If the worst comes to the worst. You must keep it secret. He pretended not to see me. There is nothing like a cup of tea.

Waldvöglein.

1. Ich geh durch ei = nen grü = nen Wald und
2. O sing nur, singe, Frau Nach = ti = gall! Wer
3. Nun muß ich wandern, berg=auf, berg=ab, die

hö = re die Vö = ge = lein sin = gen: Sie
möch = te dich, Sän = ge = rin, stö = ren? Wie
Nach = ti = gall singt in der Fer = ne. Es

sin = gen so jung, sie sin = gen so alt, die
won = nig = lich klingt's, im Wi = der = hall, Es
wird mir so wohl, so leicht am Stab, Und

klei = nen Vö = ge = lein in dem Wald, die
lauschen die Blu=men, die Vö = gel all' und
wie ich wan=dle hin = auf, hin = ab, die

hör' ich so ger = ne wohl sin = gen.
wol = len die Nach = ti = gall hö = ren.
Nach=ti = gall singt in der Fer = ne.

stören—to disturb
wonniglich—sweetly, blissfully
Widerhall (m.)—echo
lauschen—to listen
bergauf—uphill

bergab—downhill
Ferne (f.)—distance
es wird mir wohl—I begin to
  feel well
Stab (m.)—a stick

Lesson LXVI.

MORE COMPOUND VERBS.

Infinitive.	*Imperfect Ind.*	*Past Participle*
I. hervorbringen—to produce	brachte . . . hervor	hervorgebracht
hinzufügen—to add	fügte . . . hinzu	hinzugefügt
übereinstimmen—to agree	stimmte . . . überein	übereingestimmt
vorangehen—to go in front, precede	ging . . . voran	vorangegangen
vorausgehen—to go in front, precede	ging . . . voraus	vorausgegangen
vorbeigehen—to pass, go past	ging . . . vorbei	vorbeigegangen
vorübergehen—to pass, go past	ging . . . vorüber	vorübergegangen

Note construction with „ vorbeigehen " *and* „ vorübergehen " !

er ging an unserem Haus vorbei—

    he passed (went past) our house.

sie ging an mir vorüber—she passed me (went past me).

II. Distinguish between the following Verbs :

einfallen—to occur

    Ex.—das wäre mir nie eingefallen—

        that would never have occurred to me

hineinfallen—to fall into (*a place*)

    Ex.—Er ist in eine tiefe Grube hineingefallen—

        he fell into a deep pit

ausnehmen—to except

    Ex.—Seinen Bruder ausgenommen—except his brother

herausnehmen—to take out of (*a place*

    Ex.—Er nahm den Hund aus der Grube heraus

        he took the dog out of the pit

ausziehen—to extract, remove (flit), to put off (*clothes*)

    Ex.—er zog den Zahn aus—he extracted the tooth

        ich zog die Kleider aus—I put off my clothes

herausziehen—to pull out of (*a place*)

    Ex.—Er hat das Kind aus dem Wasser herausgezogen

        he pulled the child out of the water

anziehen—to attract, put on (*of clothes*)

> *Ex.*—Er zog die Kleider an—he put on his clothes
> es zog mich gar nicht an—it did not attract me at all

heranziehen—to draw to (*a place*)

> *Ex.*—man hat mich herangezogen—I was drawn (pulled) nearer

aufgehen—to rise (*of the sun or moon*)

> *Ex.*—Der Mond ist aufgegangen—the moon has risen

hinaufgehen—to go up to (*a place*)

> *Ex.*—Er ging die Treppe hinauf—he went up the stairs

ausgehen—to go for a walk

> *Ex.*—Nach dem Essen gingen wir aus—
> after dinner we took a walk

hinausgehen —to go out of (*a place*)

> *Ex.*—als ich hinausging, begegnete ich ihm—
> when I went outside (out of the room) I met him

untergehen—to set (*of the sun or moon*)

> *Ex.*—Die Sonne ist untergegangen—the sun has set

hinuntergehen—to go downstairs

> *Ex.*—Ich blieb oben, während er hinunterging—
> I remained upstairs while he went downstairs

Vocabulary.

der Überrock—overcoat	die Glocke—bell
der Umweg—round-about-way	verdächtig—suspicious(ly)
im Gegenteil—*on the* contrary	der Heimweg—way home
aus Versehen—*by* mistake	beweisen—to prove
grüßen—to greet, salute	der Erfolg—success
der Grund—reason	abhängen (von)—to depend (on)

Phrases.

Von heute an speisen wir um eins—from this day we shall dine
at one o'clock

Er kam bald wieder zum Bewußtsein—he soon regained consciousness

Mit Hülfe des Wörterbuches—by the help of the dictionary

Meines Wissens kommt er nur am Sonntag—To my knowledge
he only comes on Sunday

A. <u>Übersetzen Sie ins Englische</u> ! Die Früchte, die dieses Land hervorbringt, werden nach allen Teilen der Welt gesandt. Jeden Abend, wenn er von der Stadt heimkehrt, geht er an dem Haus meiner Tante vorbei. Als die Mutter das Kind weinen hörte, eilte sie in das Schlafzimmer hinauf. Es würde mir nie einfallen einen solchen Umweg zu machen. Warum haben Sie den Überrock nicht angezogen? Es geschah nicht aus Versehen, im Gegenteil, er wußte, daß ich damit nicht übereinstimmen könnte. Wahrscheinlich geht er heute Nachmittag nicht aus, denn er hat am Vormittag zwei Zähne ausziehen lassen. Ich begreife nicht, warum sie an mir vorübergingen ohne mich zu grüßen. Kurze Zeit, nachdem die Sonne untergegangen war, fing es an kalt zu werden.

B. <u>Übersetzen Sie ins Deutsche</u> ! When we passed the church last night, we heard the clock strike ten. He looked at me very suspiciously when I passed him this morning. I agree with you that he had no reason to leave you alone in the house. Did it not occur to you that he had to pass the station on his way home? Mr. Brown, you go ahead and show us the way! Can you prove that he took the book out of my desk? The success of your journey depends on the weather. He put on his gloves, took his stick and went outside. When I arrived home, I put off my boots and put on my slippers. I can prove that he did it by mistake.

C. Conversation: Wann geht die Sonne auf? Wo geht die Sonne unter? Wer ist heute Morgen an Ihnen vorbeigegangen? Wann ziehen Sie die Schuhe aus? Wann ziehen Sie den Überrock an? Was kann man sagen auf Deutsch, anstatt: Ich gehe aus? Haben Sie die Aufgabe mit oder ohne Wörterbuch übersetzt? Was tun Sie, ehe Sie die Kleider anziehen? Was zieht der Magnet an? An welchem Zimmer gehen Sie vorbei, wenn Sie die Treppe hinaufgehen?

Lesson LXVII.

COMPOUND VERBS WITH : durch, über, unter. um.

These are mostly *inseparable* (*i.e.*, the accent being on the verb) except the following (which are *separable*) :

durchfallen—to fail (*in an examination*)

> *Ex.*—Er ist zum drittenmal durchgefallen—he has failed for the third time

durchstreichen—to delete, to strike out

> *Ex.*—Die Wörter, die ich durchgestrichen habe, brauchen Sie nicht in der Aufgabe
>
> > You do not require the words, which I have deleted, in the exercise

umbauen—to renovate, rebuild

> *Ex.*—Letztes Jahr haben wir das Haus umgebaut
>
> > Last year we rebuilt our house

umkehren—to turn back, return

> *Ex.*—Nach einer Stunde kehrten wir um
>
> > After an hour we turned back (returned)

umkommen—to perish

> *Ex.*—Mehr als zehn Personen sind in dem Feuer umgekommen
>
> > More than ten people perished in the fire

umziehen—to remove (sich umziehen = to change (*clothes*)

> *Ex.*—Ich war so naß geworden, daß ich mich umziehen mußte
>
> > I got so wet that I had to change my clothes

untergehen—to set (*of the sun or moon*)

> *Ex.*—Die Sonne ist vor einer halben Stunde untergegangen
>
> > The sun set half an hour ago

übergehen—to go over (to overflow)

> *Ex.*—Er ging zum Feinde über—he went over to the enemy
>
> > „Die Augen gingen ihm über" (see page 241, "*Der König in Thule* ")—his eyes grew dim

wiederholen—to fetch again (back)

> *Ex.*—er holte es gestern wieder—he fetched it back yesterday

cf. { wiederholen—to repeat
{ er wiederholte es—he repeated it

Note I.—With „ über “ and „ unter “ the compound prefixes „ hinüber “ or „ herüber,“ „ hinunter “ or „ herunter “ are preferred, if a movement to or from a place is implied.

Ex.—Er kam zu uns herüber—he came over to us (our side).

wir gingen die Treppe hinunter—we went down the stairs.

Note II.—Most of the inseparable forms of these compound verbs form nouns by adding „ ung “ to the root and retain the accent on the verb—*note the exceptions !* *

Verbs.	*Nouns.*
überlegen—to reflect	die Überlegung—reflection
überraschen—to surprise	die Überraschung—surprise
überreden—to persuade	die Überredung—persuasion
übersetzen—to translate	die Übersetzung—translation
überzeugen—to convince	die Überzeugung—conviction
umgeben—to surround	die Umgebung—surroundings
umarmen—embrace	die Umarmung—embrace
unterbrechen—to interrupt	*der Unterbruch—interruption
unterhalten—to entertain	die Unterhaltung—entertainment
unternehmen—to undertake	die Unternehmung—undertaking
unterrichten—to instruct	*der Unterricht—instruction
unterscheiden—to distinguish	*der Unterschied—distinction
unterschreiben—to sign, subscribe	*die Unterschrift—signature

Vocabulary.

die Hitze—heat

übernachten—to spend the night, to stay over night

der Autoführer—chauffeur, bus driver

untersuchen—to examine

hinterlassen—to leave (after death)

die Landungsstelle—landing place

die Luftpost—Air Mail

Phrases.

ohne Unterbruch—incessantly
aus welchem Grunde?—for what reason?
ich habe es übersehen—it escaped my notice
lassen Sie sich bereden!—listen to reason

A. <u>Übersetzen Sie ins Englische!</u> Wir reisten einige Zeit vor dem Sonnenaufgang ab um die Hitze zu vermeiden. Als wir letzten Sommer mit dem Auto nach Hamburg fuhren, übernachteten wir in Düsseldorf, dem Geburtsort des Dichters Heine. Wir überredeten den Autoführer noch eine halbe Stunde zu warten. Zu unserer Überraschung hat man unser Gepäck auf dem Zollamt nicht untersucht. Er starb im Alter von 45 Jahren und hinterließ eine Witwe mit drei Kindern. Ich bin fest überzeugt, daß das Luftschiff vor Sonnenuntergang auf der Landungsstelle ankommen wird. Leider haben Sie vergessen den Brief zu unterschreiben. Entschuldigen Sie, bitte, wenn ich Sie unterbreche! Die ganze Umgebung erinnert mich an die Schweiz.

B. <u>Übersetzen Sie ins Deutsche!</u> Do you know the difference between an oak and a beech tree? He accompanied his daughter to the station and before the train left they embraced each other. We were very much surprised that the air mail had not yet arrived. On account of the rain we decided to spend the night at a village about twelve miles from the nearest town. They decided to undertake the journey on foot. Are you sure (*convinced*) that he has signed the letter? You may leave it to him. The entertainment lasted more than three hours. The instruction in mathematics was not always a pleasure for us. I had to repeat every word at least three times.

C. Zum Übersetzen ins Deutsche.

An Englishman who was spending a holiday in Rome, was returning to his hotel late one evening. Going along one of the busy streets, he collided with a sturdy young man. He had often been warned of pickpockets by his friends and his suspicions being aroused, he felt for his watch and to his surprise he found neither watch nor chain in his pocket. Thinking that the young man had robbed him, he turned round and ran after him along the street, whereupon the former, noticing someone chasing him, quickened his pace. But the Englishman, not prepared to lose his good gold watch and chain without an effort on his part, ran as fast as he could and shouted to the man to give up the watch and chain. After a few minutes he made up on the would-be thief, who breathlessly handed over his watch and chain to the Englishman and thereafter disappeared quickly. On his arrival at the hotel the Englishman went to his room and to his great astonishment found his watch and chain lying on a small table beside his bed where he had left it (*lying*) in the morning. The next day the newspaper reported that a citizen of Rome had been robbed of his gold watch and chain by a foreign-looking powerful man.

---

busy—belebt
to collide (with)—stoßen (gegen)
sturdy—stämmig, stark
pick-pocket—der Taschendieb
suspicion—der Verdacht
to arouse—erregen
chain—die Kette
to rob (*tr.*)—berauben
to turn round—**umkehren**
to chase—verfolgen
to quicken—beschleunigen

prepared—bereit
effort—die Anstrengung
on his part—seinerseits
to make up on—einholen
would-be—vermeintlich
breathlessly—atemlos
to hand over—überreichen
to report—berichten
citizen—der Einwohner
foreign-looking—fremd aussehend
powerful—kräftig

Lesson LXVIII.

CONSTRUCTION WITH VERBS REQUIRING A
PREPOSITION.

The English Present Participle following a verb (or adjective) with a preposition is rendered by :

(1) **A dependent clause beginning with** „ baß " (when the subjects of the two sentences are different) ; *

(2) **An Infinitive with** „ zu " (when the subjects of both sentences are the same).

Note.—Add „ ba " to the prepositions (*damit, dadurch*, etc.) (see Lesson XIII., page 67).

Ex.—Ich bin erstaunt darüber, baß sie mir nicht antworten—
I am surprised at their not answering me.

Ich bestand darauf allein zu gehen—
I insisted on going alone.

Er beschäftigte sich damit Briefe an seine Freunde zu schreiben—
He was occupied in writing letters to his friends.

Sie können darauf rechnen, baß wir zur Zeit ankommen werden—
You may reckon on our arriving in time.

The following are some of the most common verbs with prepositions (see also page 157) :

sich ärgern (über)—to be annoyed, vexed (at)

beharren (auf)—to persist (in)

sich beklagen (über)—to complain (about)

sich bekümmern (um)—to heed

sich bemühen (um)—to trouble (about)

sich hüten (vor)—to guard (against), to beware (of)

rechnen (auf)—to reckon (on)

sich schämen (über)—to be ashamed (of)

schützen (vor)—to protect (against)

sich sehnen (nach)—to long for

* Except with a few simple verbs with a direct object, such as "*warnen*" and "*hindern*," when an Infinitive may be used instead of "*dass*," etc.

beſtehen (auf)—to insist (on)
beſtehen (aus)—to consist (of)
erſehen (aus)—to see (by)
ſich erinnern (an)—to remember
ſich freuen (auf)—to look forward (to)
ſich freuen (über)—to rejoice, be glad (of)
ſich fürchten (vor)—to be afraid (of)
ſich gewöhnen (an)—to accustom oneself (to)

(ver)hindern (an)—to hinder (from)
ſich verlaſſen (auf)—to depend (on)
warnen (vor)—to warn (against)
ſich wundern (über)—to wonder (at)
zweifeln (an)—to doubt (about)

Vocabulary.

die Anklage—accusation
wiederholt—repeatedly
die Zahlung—payment
mahnen—to remind
ſtreben (nach)—to strive (after)
reinigen—to clean
beleidigt (über)—offended (at)
das Verlangen—desire

verlegen (um)—embarrassed
der Aſt—branch
ſich erholen (von)—to recover
bewahren (vor)—preserve (from)
ſich erkundigen (über)—to enquire (about)

Phrases.

Ich bin zum erſtenmal hier—this is my first appearance
Ehe ich mir's verſah—before I was aware of it
Sie machen ſich ſehr ſelten hier—you are a stranger here
Er zuckte die Achſeln—he shrugged his shoulders

A. <u>Überſetzen Sie ins Engliſche!</u> Hüten Sie ſich davor Ihr Geld zu verſchwenden! Er warnte uns davor falſche Anklagen zu machen. Wir beharrten darauf, daß er uns auf dem Heimweg begleiten ſollte. Er ſchämte ſich darüber, daß ich ihn wiederholt zur Zahlung mahnen mußte. Sein ganzes Leben ſtrebte er darnach Gutes zu tun. Seine Eltern waren ſtolz darauf, daß er der Erste in der Klasse war. Ich bin erstaunt darüber, daß er mich so lange auf eine Antwort warten läßt. Lange Zeit sprach er davon uns einen Besuch zu machen. Sie beklagten sich darüber, daß man sie im strömenden Regen so lange hätte warten lassen. Er schien sehr beleidigt darüber, daß wir seine Einladung verweigerten. Ich hatte ein starkes Verlangen darnach einmal in einem Luftschiff zu fahren. Den ganzen Vormittag war ich damit beschäftigt Briefe an meine Verwandten im Ausland zu schreiben. Ich zweifle daran, daß er die Aufgabe ohne Wörterbuch geschrieben hat.

B. <u>Übersetzen Sie ins Deutsche!</u> He looked very embarrassed at our arriving so early. We warned him more than once against throwing stones into our orchard, but all in vain. A branch of the old tree protected him from falling into the river and being drowned. They were longing for their son's return from South Africa. Why does he always complain of having too much to do? We have just been enquiring about their coming to Germany with us next summer. Do not be surprised at my coming-to-see you before the end of the week. We hope this will not hinder you from doing your duty. They were ashamed at his having failed (*in the exam.*) again. When you go abroad you ought to guard against making friends too soon. I am surprised at your having wasted all afternoon.

C. <u>Zum Lesen, Übersetzen und Erzählen.</u>

John Millais.

Während eines bekannten Verhörs versuchte ein junger Künstler von den wichtigsten Vorfällen im Laufe des Gerichtsfalles Skizzen zu machen, die für eine illustrirte Zeitung bestimmt waren. Hinter ihm, ohne Kenntnis des Künstlers, saß ein Herr, der ihm aufmerksam zusah, wie er die Skizzen ausführte. Nach einiger Zeit klopfte ihm der fremde Herr auf die Schulter, wies auf einige Fehler, die er auf den Skizzen wahrnahm und wie er sie verbessern könnte. Der junge Künstler fühlte sich beleidigt darüber, daß ihn ein Fremder auf seine Fehler aufmerksam machen sollte und fragte erzürnt: „Was kennen Sie

vom Skizziren?" Der Herr, ohne zu antworten, wies auf
weitere Fehler und mit eigener Hand machte er hie und
da Verbesserungen. Endlich mußte der junge Künstler zugeben,
daß die Verbesserungen wirklich die Hand eines wahren Künstlers
verrieten. Indem er sich gegen den fremden Herrn hinter ihm
wandte, fragte er ihn, ob er auch für eine illustrirte Zeitung
skizzire. Der Herr antwortete: Nein, aber dann und wann
amüsire ich mich ein wenig mit Malen, mein Name ist—John
Millais.

Verhör (*n.*)—trial (court)
illustrirt—illustrated
Gerichtsfall (*m.*)—court case
Skizze (*f.*)—sketch
skizziren—to sketch

bestimmt (für)—intended (for)
ausführen—to execute
weisen (auf)—to point (to)
Verbesserung (*f.*)–improvement
zugeben—to admit, confess
dann und wann—now and then

Lesson LXIX.

NOTES ON THE INFINITIVE—WITH OR WITHOUT „ zu."

General Rule : If the English Infinitive is preceded by "to,"
render it by „ zu," but if there is no "to" before the English
Infinitive, do not use „ zu " in German !

Ex.—I have come *to* help you—ich bin gekommen Ihnen zu helfen
I should not help him—ich würde ihm nicht helfen

The following are the exceptions :

I. Use „ zu " in German contrary to English :

(*a*) *after the prepositions:* ohne and anstatt :

Ex.—Ohne mich zu fragen—without asking me.
Anstatt allein zu gehen—instead of going alone.

(b) *after the verbs* „ brauchen " (to need) *and* „ pflegen " (to be in the habit of, to be wont)

     Ex.—Sie brauchen nicht zu schreiben—
         you need not write

         Er pflegte jeden Abend zu kommen—
            he was in the habit of coming every evening

(c) *In the expression :* Ich konnte nicht umhin zu lachen
                        I could not help laughing

(d) *After :* erwählen (to elect), ernennen (to nominate)
     Ex.—Er wurde zum Präsidenten erwählt (ernannt)

II. No „ zu " in German, contrary to English :

(a) *When the Infinite is used as subject :*

     Ex.—Irren ist menschlich—*To* err is human
         Geben ist besser als nehmen—
         To give is better than *to* take

(b) *After the Auxiliaries of Mood :*

     Ex.—Sie sollten ihm schreiben—
         you ought *to* write to him
         er wollte allein gehen—he wanted *to* go alone

(c) *After the following verbs :* lehren, lernen, helfen, heißen (*to order*) :

     Ex.—er lehrte mich tanzen—he taught me *to* dance
         ich lernte schwimmen—I learnt *to* swim
         er hieß mich die Fenster schließen—he ordered me
         to close the windows

(d) *In the expression :*
         Sie haben gut lachen—
         it is all very well for you *to* laugh
         (*cf. French* : *Vous avez beau rire*)

Obs.—The Infinitive is sometimes used for the English Imperative in a short precise command :

Ex.—Nicht spät kommen !—do not be late
     langsam lesen !—read slowly

Vocabulary.

das Sprichwort—proverb
der Schlag—blow
die Fliege—fly

klopfen—to knock
der Bahnsteig—platform
schlittschuhlaufen—to skate

Phrases.

An wem ist die Reihe?—whose turn is it?
Die Reihe ist an Ihnen—it is your turn
Ist es Ihnen Ernst?—are you in earnest?
Nehmen Sie es nicht übel!—do not take it amiss

A. <u>Übersetzen Sie ins Englische!</u> Sie hätten ihn sehen sollen, als er an unserm Haus vorbeiging. Als er mich von dem Bahnhof kommen sah, half er mir meine Bücher tragen. Ein deutsches Sprichwort heißt: „Mit einem Schlag zwei Fliegen töten." Ich konnte nicht umhin zu bemerken, wie gut er aussah, als ich ihm auf dem Weg in die Kirche begegnete. Anstatt seinem Bruder zu helfen, ging er mit seinem Freund spazieren. Er sagte mir, ich solle mich um das Pferd nicht kümmern. Meines Wissens war er letzten Monat mindestens dreimal in der Stadt ohne mich nur (*even*) einmal zu besuchen. Sie brauchen nicht zu klopfen, wenn Sie in das Zimmer eintreten wollen. Sein Vater lehrte mich die Violine spielen.

B. <u>Übersetzen Sie ins Deutsche!</u> We had to carry the luggage to the platform, as we could not find a porter. He was not able to remain longer, as he had to return home by train. Who helped you to translate the exercise? It is all very well for you to smile. You need not trouble about my luggage, the porter will carry it into my compartment. He ordered (heißen) me to get the tickets for himself and his wife. I learned to skate when I was eight years of age. We could not help laughing, when we heard him singing. You ought not to have taken his stick without asking him. Instead of answering my letter he went to a picture house. To talk is silver, to be silent is gold, says a German proverb. Who helped you to carry your luggage?

C. Zum Übersetzen und Auswendiglernen

Das Veilchen.

1. Ein Veilchen auf der Wiese stand
   Gebückt in sich und unbekannt;
   Es war ein herz'ges Veilchen.
   Da kam eine junge Schäferin,
   Mit leichtem Schritt und muntrem Sinn
   Daher, daher,
   Die Wiese her und sang.

2. Ach! denkt das Veilchen, wär' ich nur
   Die schönste Blume der Natur,
   Ach, nur ein kleines Weilchen,
   Bis mich das Liebchen abgepflückt,
   Und an dem Busen matt gedrückt!
   Ach nur, ach nur
   Ein Viertelstündchen lang!

3. Ach! aber ach! das Mädchen kam
   Und nicht in Acht das Veilchen nahm,
   Ertrat das arme Veilchen.
   Es sank und starb und freut' sich noch.
   Und stürb' ich dann, so stürb' ich doch
   Durch sie, durch sie,
   Zu ihren Füßen doch!

(Goethe.)

Veilchen (*n.*)—violet
gebückt in sich—bowed down
herzig—dear, sweet
Schäferin (*f.*)—shepherdess
munter—gay, cheery
daher—along

matt—flat
drücken—to press
in Acht nehmen—to heed
ertreten—to tread upon
stürbe ich dann—if I died after all

Lesson LXX.

NOTES ON PARTICIPLES.

I. Present Participle.

The German language does not make use of the Present Participle to the same extent as we do in English. In modern German it is mostly used as an adjective.

Ex.—Lachende Kinder standen die Straße entlang—

laughing children stood along the road.

Drohende Worte ertönten—

threatening words were heard (resounded).*

Note the following rules for rendering the English Present Participle :

(*a*) When used as subject of a Principal sentence it is rendered by the Infinitive (*with def. art.*), spelt with a capital letter and always of the Neuter Gender (verbal noun).
Ex.—*Riding* is a healthy exercise—

das Reiten ist eine gesunde Übung.

Reading good books gives pleasure to many—

Das Lesen guter Bücher macht vielen Vergnügen.

(*b*) When a dependent clause begins with a present participle, it is rendered in German by a dependent clause beginning with **indem** or **als** (followed by the simple Imperfect Tense).
Ex.—*Going* along the street one day, I heard the bells ringing.

Indem (als) ich eines Tages die Straße entlang ging, hörte ich die Glocken läuten.

(*c*) An English Present Participle preceded by a Noun is rendered in German by a relative clause or a dependent clause beginning with **da** or **weil**.

---

* Die dem **Fluß** gegenüberliegenden Häuser — the houses opposite the river

Die dem **Haus** gegenüberstehenden Bäume — the trees opposite the house

Ex.—*A peasant resting* by the roadside, sat on a stone.
Ein Bauer, der am Wege ruhte, saß auf einem Steine.

[*Or :* Ein am Wege ruhender Bauer saß auf einem Steine.]
(see also p. 275.)

The peasant *being* too tired to walk, sat down on a stone—Da (weil) der Bauer zu müde war, setzte er sich auf einen Stein.

(*d*) When an English sentence begins with an expression, such as : *After having gone, after going,* render it in German by a dependent clause beginning with „ nachdem, " followed by the Pluperfect.

Ex.—*After resting* by the roadside, the peasant went towards the wood.

*Nachdem der Bauer am Wege geruht hatte, ging er gegen den Wald.

After having said good-bye, I went to the station.

Nachdem ich Abschied genommen hatte, ging ich auf den Bahnhof.

(*e*) An English Present Participle preceded by "*for*" is rendered by a German Infinitive (verbal noun) preceded by „ zum " :

Ex.—Is this book *for reading* ?—Ist dieses Buch zum Lesen?

I use this paper *for writing letters*—
Ich brauche dieses Papier zum Briefschreiben.

(*f*) An English Present Participle preceded by „ in " or „ on " is rendered by a German Infinitive (verbal noun) or a Noun, preceded by „ bei, " and the definite article in the dative.

Ex.—*In writing* the letter—Beim Schreiben des Briefes ...

In reading through the letter—Beim Durchlesen des Briefes ...

On arriving in town—bei der Ankunft in der Stadt ...

---

* **Nachdem** expresses the result of an action or one action following another.

Vocabulary.

schaden—to hurt, harm
ausdrücken—to express
das Bedauern—regret
reiben—to rub
Mütterchen (n.)—mother dear
waten—to wade
auspacken—to unpack
der Koffer—trunk

fehlen—to miss (to be wanting)
erwähnen—to mention
jubeln—to rejoice, shout with joy
ertrinkend—drowning
wagen—to risk
rauschen—to roar

Phrases.

Bellende Hunde beißen nicht—barking dogs do not bite
Zum Zeitvertreib—as a pastime
Es lohnt sich nicht—it does not pay
Der gerade Weg der beste—honesty is the best policy

A. Übersetzen Sie ins Englische! Das Lesen bei schlechtem Licht schadet den Augen. Nachdem ich ihm mitgeteilt hatte, daß ich ihn diesen Monat nicht besuchen könnte, schrieb er mir einen langen Brief, worin er sein Bedauern ausdrückte. Ein liebes, kleines Kind, das im Bett saß und die Augen rieb, schrie laut: „Mütterchen"! Da der Fluß nach dem langen Regenwetter zu tief war, gingen wir über die Brücke, anstatt durch das Wasser zu waten. Ich hatte keine Gelegenheit zum Schreiben, da ich den ganzen Tag mit dem Reinigen der Möbel beschäftigt war. Dieses Messer braucht man zum Brotschneiden. Beim Auspacken des Koffers fanden wir die Handschuhe, die uns gestern fehlten. Indem wir seinen Brief durchlasen, bemerkten wir, daß er die Krankheit seines Bruders nicht erwähnte. Als wir uns dem Haus näherten, hörten wir, daß alle Bewohner gerettet worden waren.

B. Übersetzen Sie ins Deutsche! Rejoicing children went from house to house and admired the Christmas trees through the windows. In saving the drowning child he risked his own life. Without waiting a minute he threw himself into the roaring stream to save his faithful dog. These apples are not for eating. The poor man playing his fiddle in (*on*) the street, looked very pale and hungry. Riding (*fahren*) in a train on a hot summer day is not very pleasant. Opening the door of the house we heard a noise from the dining room and after entering the room we found that a thief had broken into the house. Arriving home late one winter evening I went into the parlour and lit the fire. In reading a German book last night which a friend of mine had sent me from Berlin, I discovered that I had forgotten many words which I had learnt at school some years ago. The ground being covered with snow, we decided to go by train instead of taking the motor 'bus.

Revision Lesson LXVI.—LXX.

1. Distinguish between : ausziehen—herausziehen; untergehen — hinuntergehen; einfallen—hereinfallen; anziehen—heranziehen; aufgehen—hinaufgehen.

2. Give German Past Participle of : durchfallen, übernachten, hinterlassen, umziehen, unternehmen, wiederholen, umkehren, übersehen, unterschreiben.

3. Form Nouns from the following verbs and underline the accented syllable in both verbs and nouns : unterhalten, unterschreiben, unterbrechen, überlegen, unterrichten.

4. Übersetzen Sie ! You will get accustomed to it ; he complained about it ; I am not afraid of him ; beware of him ! he was offended at it ; what are you troubling about ? we are looking forward to it ; I warned him against it ; don't be annoyed at it ! did he wonder at it ?

5. State the rules and give examples for the use of „ zu " before a German Infinitive, contrary to English.

6. Übersetzen Sie ! Lassen Sie sich bereden ! Nehmen Sie es mir nicht übel ! Mit Hilfe einer Leiter. Er zuckte die Achseln. An wem ist die Reihe ?

7. Überseßen Sie! As a pastime; are you in earnest?
barking dogs do not bite; before I was aware of it; it does not
pay.

Das Erkennen.

1. Ein Wanderbursch mit dem Stab in der Hand,
   Kommt wieder heim aus dem fremden Land,
   Sein Haar ist bestäubt, sein Antliß verbrannt,
   Von wem wird der Bursch wohl zuerst erkannt?

2. So tritt er ins Städtchen durchs alte Tor,
   Am Schlagbaum lehnt just der Zöllner davor.
   Der Zöllner, der war ihm ein lieber Freund,
   Oft hatte der Becher die beiden vereint.
   Doch sieh, Freund Zollmann erkennt ihn nicht,
   Zu sehr hat die Sonn' ihm verbrannt das Gesicht.

3. Und weiter wandert nach kurzem Gruß
   Der Bursch und schüttelt den Staub vom Fuß.
   Da schaut aus dem Fenster sein Schäßel fromm.
   „Du blühende Jungfrau, viel schönen Willkomm!"
   Doch sieh', auch das Mägdlein erkennt ihn nicht,
   Die Sonn' hat zu sehr ihm verbrannt das Gesicht.

4. Und weiter geht er die Straß' entlang,
   Ein Tränlein hängt ihm an der braunen Wang'!
   Da wankt von dem Kirchsteig sein Mütterchen her:
   „Gott grüß' euch!" so spricht er und sonst nichts mehr.
   Doch sieh', das Mütterchen schluchzet voll Lust.
   „Mein Sohn!" und sinkt an des Burschen Brust.
   Wie sehr auch die Sonn' ihm das Antliß verbrannt,
   Das Mutteraug' hat ihn doch gleich erkannt.

Lesson LXXI.

NOTES ON PARTICIPLES.

II. Past Participles.

1. Like the Present Participle the German Past Participle is often used as an adjective.

Ex.—Abgetragene Kleider—cast off clothes

ein verborgenes Lächeln—a hidden smile

eine zerbrochene Tasse—a broken cup

Note.—Some verbs have a special passive form of the Past Participle, with the Prefix „ be “ (instead of „ ge “).   (See Lesson XLVII., p. 187.)

2. The English Present Participle is rendered by the German Past Participle after stehen and kommen :

Ex.—Er kam die Straße entlang gelaufen—

he came *running* along the road

Er stand gegen den Baum gelehnt—

he stood *leaning* against the tree

3. The English Past Participle of the *Auxiliaries of Mood* and of the following verbs : sehen, helfen, hören, heißen, is rendered by a German Infinitive, if used with another Infinitive (see p. 201):

Ex.—He has not *been able* to *write*—

er hat nicht schreiben können.

I have not *been allowed* to *stay* any longer—

ich habe nicht länger bleiben dürfen.

We have *seen* you *playing* tennis—

wir haben Sie Tennis spielen sehen.

Note.—English Passive Infinitives, such as : *to be sold, to be let, to be seen, to be heard, to be read*, etc., are rendered by the German Infinitive with *"zu"* : *zu verkaufen, zu vermieten, zu sehen, zu hören, zu lesen.*   Ex.: *Er war nicht mehr zu sehen.*

4. Any English Past Participle following an Auxiliary of Mood is rendered by a German Infinitive.

Ex.—They ought not to have *stayed* so late—

    Sie hätten nicht so spät bleiben sollen.*

    You could not have *found* it—

    Sie hätten es nicht finden können.*

5. Present and Past Participles, followed by a complement or adjunct, are frequently used attributively. (*Note the following construction !*)

English :

Article	Noun	Participle	Complement
A	house	standing	by the river

German :

Article	Complement	Participle	Noun
Ein	am Fluß	stehendes	Haus

Ex.—The guests, arrived a few hours ago, had . . .

    Die vor einigen Stunden angekommenen Gäste hätten . . .

    An aeroplane flying over our town, made . . .

    Ein über unsere Stadt fliegendes Luftschiff machte . . .

6. In the following idiomatic expressions with heißen or nennen the English Present Participle is rendered by the German Past Participle.

Ex.—Das heiße ich gesungen—that's what I call *singing*.

    Das nennt man gelaufen—that's what we call *running*.

7. The Past Participle is sometimes used in German for the English Imperative (in a sharp, military command) :

Ex.—Aufgestanden !—rise !

    Nicht gelacht !—do not laugh !

---

* In a dependent clause with two Infinitives the Auxiliary does not go to the end of the clause, but in *front of the first Infinitive* (see p. 201):

    Ex.—Ich weiss, dass ich ihm früher **hätte** schreiben sollen.

    Er sagte, dass er mich **habe** singen hören.

Vocabulary.

das Huhn—fowl
korrigiren—to correct
wenn . . . auch—even if

die Rückseite—back
gestrig (*adj.*)—yesterday's
erkranken—to turn ill

Phrases.

ich bin derselben Meinung—I am of the same opinion
meiner Meinung nach—in my opinion
was meinen Sie dazu?—what do you think of it?
meinen Sie seine Schwester?—do you mean his sister?

A. <u>Übersetzen Sie ins Englische</u>! Nachdem er die Treppe herunter= gelaufen kam, ging er ins Wohnzimmer und setzte sich in den beim Fenster stehenden Lehnstuhl. Ohne mich anzuschauen ging er stolz an mir vorbei, als ob ich ihn beleidigt hätte. Beim Über= setzen der Aufgabe entdeckte ich mehrere Wörter, die ich vor einigen Monaten habe auswendig lernen müssen. Die auf der andern Seite des Gartens stehenden Bäume geben uns kühlen, erfrischenden Schatten. Still gestanden! „Ein schlafender Fuchs fängt kein Huhn," sagt ein deutsches Sprichwort. Die in dieser Aufgabe gemachten Fehler müssen alle auf morgen korrigirt werden. Wir hätten nicht früher ankommen können, wenn wir auch mit dem Zug gereist wären. Ich muß beim Rechnen einen Fehler gemacht haben. Die auf der Rückseite des Briefes erwähnten Bücher sind alle in der Bibliothek unserer Schule. Er hat uns den Onkel nicht begleiten lassen, weil tiefer Schnee auf dem Boden lag. Die von der Lehrerin geschriebenen Briefe wurden gestern Abend auf die Post getragen. Ich habe nur zwei Tage bleiben dürfen, denn die Schule fing am zweiten September an. Nie habe ich sie so gut singen hören, wie im gestrigen Konzert. Das nenne ich gespielt!

B. <u>Übersetzen Sie ins Deutsche</u>! You ought to have told me that your brother turned ill on his way to school. Have you seen him planting flowers and vegetables in his new garden all day yesterday? I was not aware that I ought to have closed the windows. After having rested all afternoon I took a long walk.

through the wood lying on the south side of the village (*see* § 5). Who has helped you to translate the exercise? (*see* § 3). We have heard him calling but we did not think that danger threatened him. You could never have guessed it. I have seen him reading the newspaper half an hour ago. He does not know that we have seen him dancing last night. We remembered that we ought to have asked the landlord if any letters had arrived for us. Sitting in my room one day all alone, I heard a noise in the dining room and on opening the door I discovered that a cat had jumped in (*herein*) through the open window. Having read the letter received this morning by post (*see* § 5), I sat down and answered it at once. How could I have known that anyone had helped you to carry the luggage to the station.

Lesson LXXII.

USE OF THE ARTICLE.

I. The Definite Article is used in German, contrary to English :

(*a*) With nouns denoting *material, metals* and with *Abstract Nouns,* when the whole series is implied.

> *Ex.*—<u>Das</u> Eisen ist ein nützliches Metal—Iron is a useful metal.
>
> <u>Das</u> Wasser ist ein gesundes Getränk—water is a wholesome beverage.
>
> <u>Die</u> Armut ist eine schwere Bürde—poverty is a heavy load.

(*b*) *With names of Seasons, Months and Days of the Week.*

> *Ex.*—<u>Der</u> Frühling ist die schönste Jahreszeit— Spring is the most beautiful season.
>
> <u>Der</u> Dezember ist oft ein nasser Monat— December is often a wet month.
>
> <u>Der</u> Sonntag ist der erste Tag der Woche— Sunday is the first day of the week.

(c) *With Proper Names of Persons :* *
   Ex.—Haſt du den Hans geſehen ?—have you seen John
        Die Emilie hat es mir gegeben—
              Emily has given it to me

(d) *With successive Nouns of different Gender :*
   Ex.—Das Papier und die Tinte—paper and ink
        Er hat den Bruder und die Schweſter begleitet—
              he accompanied his brother and sister

(e) *With Feminine Names of Countries :* (see Lesson LII., p. 206).
   Ex.—Die Schweiz (Switzerland)   die Türkei (Turkey)
        die Niederlande (Netherlands)

II. No Article is used in German :

(a) *With Nouns denoting Profession or Trade, especially after the verbs „ ſein " and „ werden."*
   Ex.—Sein Bruder iſt Maler—his brother is *a* painter
        Der jüngſte Sohn iſt Lehrer geworden—
              the youngest son has become *a* teacher

(b) *In enumerating Nouns :*
   Ex.—Veilchen, Tulpen und Narziſſen blühten im Garten—
              violets, tulips and narcissus were in bloom in the garden.
        Männer, Frauen und Kinder—
              men, women and children

(c) *In the expression " as a " :*
   Ex.—Als Freund ſollten Sie ihm trauen—
              you ought to trust him *as a* friend
        Als kleines Kind ging ich oft zu ihm—
              as a little child I often went to his house

(d) *After the English Pronoun " all " when followed by a Plural Noun :*
   Ex.—Alle Türen und Fenſter waren geſchloſſen—
              all *the* doors and windows were closed
        Ich habe alle Fehler korrigirt—
              I have corrected *all the* errors

---

* *Note.*—Der (Herr) Profeſſor Braun—Professor Brown
         Der General Wolfe—General Wolfe

(e) *In certain Idiomatic Expressions* :

    Ex.—Mit lauter Stimme—in *a* loud tone of voice

        Vor Ende des Monats—before *the* end of the month

        Nach Abgang des Zuges—after *the* departure of the train

        Gegen Norden (Süden, etc.)—towards *the* North (South, etc.)

III. Definite Article in German, Indefinite Article in English :

With Nouns of *weight, quantity, measure and divisions of time* :

    Ex.—Drei Mark das Paar—3 marks *a* pair

        Fünfmal die Woche—5 times *a* week

        Zwanzig Pfennig das Pfund—2d. *a* pound

IV. Note the Position of the Article, contrary to English :

    Eine halbe Seite—*half a* page

    Ein solcher Tag—*such a* day

    Eine ganz lange Aufgabe—*quite a* long exercise

    Ein zu dickes Buch—*too thick a* book

    Die beiden Brüder—*both the* brothers (the two brothers)

Vocabulary.

weiden—to graze	anstellen—to engage (in service)
der Vertrag—contract	
ersparen—to save	fertig—finished
der Besitzer—proprietor, owner	erwachsen—grown-up
	notwendig—essential
die Gouvernante—governess	die Eigenschaft—quality

Phrases.

Das ist die Hauptsache—that is the main thing

Das ist Nebensache—that is a secondary matter

Das ist eine Kleinigkeit—that is a trifle.

Das ist eine Ausrede—that is an excuse

A. Übersetzen Sie ins Englische! Pferde, Kühe und Schafe weideten auf der grünen Wiese. Wir haben sie wiederholt rufen hören: „Das Frühstück ist bereit!" Als Knabe mußte ich oft den langen Weg zu Fuß gehen. Er hat den Vertrag mit eigenen Händen unterschrieben. Der Garten, in dessen Mitte der alte Eichbaum stand, ist jetzt mit allerlei Gemüse bepflanzt. Wären Sie mit dem Zug gefahren, so hätten Sie mindestens drei Mark ersparen können. Alle Rosen in diesem Garten sind von dem früheren Besitzer gepflanzt worden. Sein ältester Sohn ist Lehrer geworden und die jüngste Tochter ist seit Anfang März als Gouvernante im Hause einer reichen Familie in Hamburg angestellt. Er sprach mit klarer Stimme und als er fertig war, setzte er sich auf den Stuhl vor dem Pult, den Kopf auf die rechte Hand gestützt. Wir schrieben einander mehr als zweimal den Monat.

B. Übersetzen Sie ins Deutsche! I was told that he was a widower with two grown-up sons. Copper was sold at 3s. a pound. As a soldier you ought to know that courage is an essential quality. Poor John has lost his pencil, with which he ought to have written his exercise. I could not help laughing when I saw little Mary running down the stairs with her books under her arm. Her brother informed me that she is engaged as a teacher in a large school in the South of England. The porter carried our luggage on to the platform before the arrival of the express train. Yesterday afternoon we visited Paul, who has been ill since the beginning of the month. As it was too wet a day for a walk, we decided to stay at home.

C. Zum Lesen, Übersetzen und Erzählen.

Chopin und seine Schüler.

Eines Tages, als Chopin nicht zu Hause war, entstand in der Pension ein furchtbarer Lärm. Ein anwesender Lehrer wußte nicht, wie er die Schüler beruhigen konnte. Da trat der junge Sohn Friedrich in das Schulzimmer und ohne sich lange zu besinnen, ersuchte er die lärmenden Schüler sich zu setzen und versprach ihnen unter der Bedingung, daß sie von nun an keinen Lärm mehr machten, eine interessante Geschichte auf dem Klavier zu improvisiren. Sofort hörte der Lärm auf und Stille herrschte wieder in dem Saal. Friedrich Chopin setzte sich ans Klavier und löschte die Lichter aus. Dann fing er an zu erzählen, wie Räuber sich dem Hause näherten und wie sie auf Leitern durch ein Fenster stiegen, aber durch Lärm im Hause verscheucht wurden. Die Räuber flüchteten sich in den nahen Wald und schliefen dort in der Dunkelheit ein. Friedrich spielte nun immer zarter, als ob er versuchte Kinder einzuschläfern. Als er sich umwandte, entdeckte er, daß seine Zuhörer alle eingeschlafen waren. Geräuschlos verließ er den Saal und ging leise zu seinen Eltern, die ihm auf seine Bitte mit Licht folgten. Nachdem die Familie Chopin in das Zimmer traten und die schlummernden Schüler sahen, konnten sie nicht umhin zu lachen. Dann setzte sich Friedrich wieder ans Klavier und schlug einen lauten Accord an, so daß alle schlafenden Schüler erschrocken erwachten, aber ohne zu wissen, was unterdessen geschehen war. Ein lautes Gelächter bildete das Finale dieses musikalischen Scherzes.

---

entstehen—to arise, break out
anwesend—present
sich besinnen—to meditate
von nun an—henceforth
improvisiren—improvise
herrschen—to prevail
sich flüchten—to escape, take refuge

verscheuchen—to scare
immer zarter—more and more softly
die Zuhörer (*pl. m.*)—audience
geräuschlos—noiseless(ly)
schlummern—to slumber
der Accord—chord
der Scherz—joke

Lesson LXXIII.

FORMATION OF ADVERBS, ETC.

(For Comparison of Adverbs, see Lesson XII., p. 63.)

I. General Rules :

(*a*) *Most Adjectives are used as Adverbs without change :*
Ex.—an einem schönen Morgen (*adj.*)—on a *beautiful* morning.
er schreibt sehr schön (*adv.*)—he writes very *beautifully*.
ein schneller Zug (*adj.*)—a *quick* train.
er fuhr sehr schnell (*adv.*)—he drove very *quickly*.

(b) *A few Adverbs are formed from Adjectives by adding* „erweiſe:"

Adjectives.	Adverbs.
Ex.—glücklich	glücklicherweiſe—luckily, fortunately
unglücklich	unglücklicherweiſe—unfortunately*
möglich	möglicherweiſe—possibly
unmöglich	unmöglicherweiſe—impossibly

(c) *Adverbs formed from Nouns denoting measure, weight or quantity, take the ending* „weiſe":

Nouns.	Adverbs.
Ex.—das Pfund	pfundweiſe—by the pound
die Elle	ellenweiſe—by the yard
der Schritt	ſchrittweiſe—step by step, by steps
das Paar	paarweiſe—in pairs, in twos

(d) *Adverbs formed from Nouns denoting Divisions of Time add* „lang" *or* „lich" *(the latter mostly with "Umlaut"):*

Nouns.	Adverbs.
Ex.—das Jahr	jahrelang (for years)—jährlich† (annually)
der Monat	monatelang (for months)—monatlich (monthly)
die Woche	wochenlang (for weeks)—wöchentlich (weekly)
der Tag	tagelang (for days)—täglich (daily)
die Stunde	ſtundenlang (for hours)—ſtündlich (hourly)

(e) *Note the following adverbial superlative forms:*

beſtens—ich danke Jhnen beſtens (many thanks).

höchſtens—er bleibt höchſtens 8 Tage—
                      he will stay 8 days *at most.*

wenigſtens ⎫
mindeſtens ⎭ es braucht mindeſtens eine Stunde—
                        it takes *at least* an hour.

---

* Usually rendered by : „leider."

† *cf.* —jährig is an adjective, and only used when added to a numeral.
    Ex.—dreijährig—3 years (of age).

spätestens—ich werde spätestens um 8 Uhr abreisen—
I shall leave at 8 o'clock *at the latest*.

meistens—er kommt meistens am Abend—
he comes *mostly* in the evening.

nicht im geringsten—ich bin nicht im geringsten müde—
I am *not in the least* tired.

höchst (äußerst)—ein höchst interessantes Buch—
a *most* interesting book.

II. Render "for" when followed by an Expression of Time, as shown in the following examples :

(1) denoting *past action or duration :*

Ich war 3 Tage lang in London—I was in London *for 3 days*.

er spielte eine ganze Stunde lang—he played *for a whole hour*.

(2) denoting *future action :*

Ich gehe auf 3 Tage nach London—
I am going (I shall go) to London *for 3 days*.

er kommt auf Ostern—he is coming (will come) *for* Easter.

(3) denoting *present, past, and future (continuous) action :*

Wir sind schon seit 3 Tagen in London—
We *have been* in London *for the last 3 days*.*

Ich studiere schon seit 2 Jahren Deutsch—
I *have been studying* German for the last 2 years.*

Lernen Sie die folgenden Adverbien auswendig!

sonst—formerly (used to) (or else)	vor Kurzem—a short time ago
unlängst—not long ago	künftig (in Zukunft)—in future
bald . . . bald—sometimes . . . sometimes	vorläufig (vor der Hand)—for the present
noch nie—never yet	heute über acht Tage (*accus.*)—this day week (future)
fast nie—hardly ever	
heutzutage—now-a-days	heute vor acht Tagen (*dat.*)—this day week (past), (a week ago)
allmälig—gradually	
nächster Tage—one of these days	

* Note *the Present Tense in German for the English Perfect!*

Phrases.

Das liegt auf der Hand—that is evident
Sie leben von der Hand in den Mund—they live from hand to
mouth
Sie setzen mich in Verlegenheit—you embarrass me
Es nahm 3 Tage in Anspruch—it took (occupied) 3 days

A. **Übersetzen Sie ins Englische!** Ich danke Ihnen bestens für Ihre Gratulation zu meinem vierzehnten (14.) Geburtstag. Jahrelang war das alte Schloß von dem Grafen Kuno und seiner Familie bewohnt, jetzt aber soll es unbewohnt sein. Er ist schon seit drei Monaten in einem Büreau beschäftigt, er beabsichtigt aber einige Jahre an der Universität zu studieren um Arzt zu werden. Nächsten Sommer gehen wir wieder auf einige Wochen ans Meer, wo wir letzten Monat bei dem schönsten Wetter herrliche Ferien zubrachten. Heute vor vierzehn Tagen ist er nach Österreich abgereist, wo er sich bis Ende des Monats August aufhalten wird. Trotz des Donners und der Finsternis fürchteten wir uns nicht im geringsten. Wir wohnen schon seit acht Jahren in dieser Stadt und es gefällt uns alle Jahre besser.

B. **Übersetzen Sie ins Deutsche!** Now and then we rested by the roadside, sitting on the soft green grass. I do not doubt that he will gradually recover. They will not arrive till after midnight, for the train is more than two hours late (*sich verspäten*). She has been studying music for the last three years with a famous teacher in Leipzig. You are (*kommen*) just in time, as we dine at half past three. In future we shall have to leave an hour earlier, if we wish to be in time for the express train. I have hardly ever seen him playing tennis since he arrived from Switzerland last month. For the present we do not intend leaving this beautiful town before the end of September, although our stay here will depend on the weather. We are going to London for a few days next week to visit our friend, Mr. Lehmann, who has been in England for the last twenty years.

C. Zum Übersetzen ins Deutsche.

A traveller in Africa, while his eyes rested thoughtfully on the ground, had perceived a caterpillar creeping rapidly along the ground. It was followed by a swarm of small ants which crawled much quicker and soon made up on the caterpillar. One or two of the ants crept on to its back and started to bite it. Pausing for a moment the caterpillar turned its head and killed its assailant. After killing, in this way, about a dozen of the ants, it began to show signs of being tired and exhausted. Thereupon, the ants following quickly, suddenly rushed at it. The ants' victim, however, climbed up a blade of grass, tail first, followed by the ants, which it killed one after the other, as they reached it. Seeing that their enemy was in a strong enough position to repel their attack, the ants began to bite through the blade of grass. In a few moments it fell and the hundreds of greedy pursuers fell upon the helpless caterpillar, killing it within a few moments. The victors then marched off in triumph, leaving the body of their foe on the field of battle.

---

thoughtfully—in Gedanken vertieft
ground—der Boden
caterpillar—die Raupe
swarm—der Schwarm
ant—die Ameise
to crawl—kriechen
to make up on—einholen
to start—beginnen
to pause—zögern
assailant—der Angreifer
in this way—auf diese Weise
to show signs—Zeichen geben
exhausted—erschöpft

to rush (at)—sich stürzen (auf)
victim—das Opfer
blade of grass—der Grashalm
tail first—umgekehrt
position—die Lage
to repel—vereiteln
attack—der Angriff
greedy—gefräßig
pursuer—der Verfolger
to fall (upon)—sich stürzen (auf)
helpless—hülflos
triumph—der Triumph
body (dead)—der Leichnam
field of battle—das Schlachtfeld

Lesson LXXIV.

NOTES ON ADVERBS.

Adverbs of Place :

(*a*) When denoting motion to the person speaking (after
"*kommen*," etc.) add „her" and if motion away is indicated
(after "*gehen*," etc.) add „hin."

Ex.—wo = where (*remaining, rest*)

wo ist das Buch ? (where is the book ?)

woher = where from (*motion towards*) —

woher kommen Sie ?—where do you come from ?

wohin = where to (*motion away*)—

wohin gehen Sie ?—where are you going to ?

Similarly : dorthin—there, thither (legen Sie es dorthin !)

hierher—here, hither (kommen Sie hierher !)

irgendwo—somewhere (rest) (er wohnte irgendwo
in Berlin)

irgendwohin—(to) somewhere (gehen Sie irgendwohin ?)

irgendwoher—(from) somewhere (er kam irgend=
woher)

überall—everywhere (man findet es überall)

anderswo—elsewhere (rest) (es war anderswo)

anderswohin—(to) somewhere else (er ging anders=
wohin)

nebenan—next door (sie wohnen nebenan)

(*b*) *How to render* " upstairs," " downstairs," " outside,"
" inside " (see above (*a*)):

ich gehe *hinauf, hinunter, hinaus, hinein* (———→)

er kam *herauf, herunter, heraus, herein* (← ———)

sie war *oben, unten, draussen, drinnen* (remaining or rest)

(c) Note the different translations of : " *in front*," " *behind* " :

(1) *Preposition* : er ſtand *vor* dem Feuer—
he stood in front of the fire.
wir gingen *hinter* das Haus—
we went behind the house.

(2) *Adverb* : er ſaß *vorn*, wir ſtanden *hinten*—
he sat in front, we stood behind.

(3) *Prefix* : die Vorderbeine—the front legs.
das Hinterrad—the hind wheel.
die Hintertür—the back door.

but : die Haustür—the front door.

Other Adverbs (Zum Auswendiglernen).

ziemlich kalt—rather (pretty)
cold
etwas kleiner—somewhat
(rather) smaller
ſonſt nichts—nothing else
gleichſam—as it were
überhaupt—as a matter of fact,
in a word
lauter—nothing but
freilich—certainly, no doubt
allerdings—I must admit,
certainly

zwar—indeed, to be sure
zufällig (durch Zufall)—
by chance, to happen to
faſt gar nicht—hardly at all
noch lange nicht—not by far,
not nearly
durchaus nicht—by no means
unmöglich—not possibly
jedenfalls—at any rate, very
likely, I do not doubt

Phrases.

Es kam nie wieder zum Vorſchein—it never appeared again
Sie ließ mich nicht zu Worte kommen—she did not allow me to
put in a word

Einmal übers andere—again and again
Beſten Dank im voraus—many thanks in anticipation

A. Überſetzen Sie ins Engliſche ! Draußen auf der Straße war
alles in tiefer Finſternis, während drinnen in den Häuſern die
Kinder ihre Weihnachtsgeſchenke bewunderten. Dann und wann

hörte man von drinnen die Gesänge der Kinder, die um den
Weihnachtsbaum herum standen.   Der Herr, der das Haus
nebenan bewohnt, kümmert sich wenig um die Weihnachts=
freuden der Kinder. Gehen Sie hinauf und holen Sie mir den
Überrock, denn ich gehe hinaus, da es drinnen zu heiß ist. Es
waren lauter Kinderstimmen, die man draußen hörte. Gleich
nach dem Frühstück war er ziemlich traurig, nach und nach aber
sah er wieder glücklicher aus.   Ich hätte ihm unmöglicherweise
helfen können, da ich mich selbst sehr unwohl fühlte. Er sagte
mir, daß er mit der Aufgabe noch lange nicht fertig sei.   Sagen
Sie ihm, er soll herunter kommen, da ich schon zehn Minuten auf
ihn warte.

B. Übersetzen Sie ins Deutsche ! Do you know if she is upstairs?
I do not think so, for I saw (*have seen*) her going downstairs a
few minutes ago and I have just heard her playing the violin in
the parlour.   I do not remember where I have put my stick;
I have seen it somewhere, but I do not know where.   Where
do these flowers come from?   Come here and show me what
you found in that drawer (*Schublade, f.*).   He left the room
rather quietly and I think he has gone somewhere, but I do
not doubt that he will return home in time for dinner.   When
we were downstairs, we heard a mouse somewhere in the
corner of the room.   Although the weather was by no means
good, we decided to go outside to play tennis.   He is not nearly
as tall as his brother.   I happened to be in Berlin when the
Revolution broke out, and naturally I regretted that I had
not left Germany a few days earlier.

C. Zum Lesen, Übersetzen und Erzählen.

Die Sage von dem Kölner Dom.

Der Architekt, dem die Pläne für den neuen Dom zu Köln
anvertraut wurden, konnte die Wünsche des Erzbischofes nicht
befriedigen. In einem Traume jedoch sah er deutlich einen
wunderschönen Plan, allein beim Erwachen waren all die
Ideen verschwunden. Die Zeit zum Abgeben der Pläne rückte
heran und in seiner Verzweiflung rief er den Teufel zur Hilfe,
der vor ihm erschien. Indem der letztere eine Pergamentrolle

entfaltete, zeigte er dem Architekten den nämlichen Plan, den er im Traume gesehen hatte. Der Teufel bot ihm den Plan unter der Bedingung an, daß er ihm seine Seele nach Vollendung des Domes geben sollte und auch diejenige der Person, die zuerst über die Tür schritt.

Diese Versuchung erwies sich zu stark für den armen Architekten, der schließlich den Vertrag mit seinem eigenen Blut unterschrieb. Als die neuen Pläne dem Erzbischof vorgelegt wurden, war derselbe sehr zufrieden damit.

Als sich der Dom der Vollendung nahte, wurde der Architekt mehr und mehr von Schrecken ergriffen, bis er endlich der Furcht vor seinem Tode ein Opfer fiel, wodurch er aber seine Seele rettete.

Wie sollte nun die Seele des Einwohners gerettet werden, der zuerst über die Tür trat? Am Morgen der Einweihung des Domes trugen sechs Männer von Köln, von dem Erzbischof, all' den Bischöfen und den Einwohnern von Köln gefolgt, eine große, schwere Kiste bis an die Tür des Domes. Als die Kiste dort geöffnet wurde, erschien eine Gestalt in weiblicher Kleidung und ging auf allen Vieren über die Tür in den Dom hinein. Plötzlich aber erschien der Teufel und tötete die seltsame Gestalt. Als die Menge der Leute in größter Aufregung die Treppen hinauf eilte, fanden die Einwohner, daß die Gestalt nur ein in weibliche Kleider gehülltes Schwein war. Es wird erzählt, daß, als der Teufel hörte, wie man ihn betrogen hatte, er einen schrecklichen Eid schwor, der aber glücklicherweise bis heute noch nicht in Erfüllung gegangen ist.

---

abgeben—to give up
heranrücken—to approach
die Pergamentrolle—roll of parchment
entfalten—to unfold
die Vollendung—completion
schließlich—finally
von Schrecken ergriffen—haunted (seized) by fear
die Einweihung—consecration

ein Opfer fallen—to become a victim of
die Kiste—chest, box
seltsam—strange, odd
die Aufregung—excitement
einen Eid schwören—to swear with an oath
in Erfüllung gehen—to be fulfilled

Lesson LXXV.
NOTES ON CONJUNCTIONS.

I. **Co-ordinate Conjunctions :**
(These do not in any way affect the Position of Words.)

und—and

ober—or

*aber—but (rendered by "*however*," when standing in the middle of a sentence—accented !)

allein—but (however) (stronger than „ aber," sometimes in the meaning of "*yet*")

denn—for (because, as)

sondern—but (after a negative denoting a direct opposite)

nicht nur . . , sondern auch—not only, but

so wohl . . , als auch—as well as

Ex.—und der Garten liegt nicht weit vom Dorf (*ordinary Principal Sentence*)

und gestern kam er später (*Inverted Clause*)

und indem er ins Zimmer trat (*Dependent Clause*)

aber er kam am folgenden Morgen—
but he came the next morning

am folgenden Morgen aber kam er allein—
the next morning *however* he came alone

allein er wollte nicht kommen—
however (but) (yet) he would not come

wir gingen nicht in die Stadt, sondern blieben zu Hause—
we did not go to town, but stayed at home

* **but** may also be rendered by :
  (a) **nur** (meaning " only ") : They lived *but* a short time here—Sie wohnten **nur** kurze Zeit hier.
  (b) **als** (meaning " except "—only used after a negative, such as : nichts, niemand, kein, etc.).
    We saw no one *but* the landlord—wir sahen **niemand als** den Wirt.
  (c) **welcher** (der) . . . **nicht** (in the sense of a relative pronoun) :
    Not a book *but* we read—Kein Buch, **das** (welches) wir nicht lasen.
  (d) **bis auf**—after " *all* " (followed by a Noun or a Numeral) :
    alle **bis auf** den Führer—all but the guide.
    alle **bis auf** zwei—all but two.
  (e) **beinahe (fast)**, (after " *all* " followed by an adjective) :
    es war **beinahe** (fast) fertig—it was all but finished.

II. **Subordinate Conjunctions :** (These require the verb in the simple tense, or the auxilary, at the end of the clause).

Besides those mentioned in Lesson XX., p. 90, note the following :

<u>falls</u>—in case (falls Sie den Zug verfehlen, werde ich allein gehen— in case you miss your train, I shall go alone)

<u>je . . . je</u>
<u>je . . . desto</u> } the . . . the { (Je länger Sie hier bleiben, desto später werden Sie ankommen— the longer you remain here, the later you will arrive)

<u>damit</u> . . . <u>nicht</u>—lest (damit er seine Bücher nicht vergesse— lest he should forget his books)—(*note the Subjunctive !*)

*<u>zu</u> (jung) <u>als daß</u>—too (young) to (for) (er war zu jung, als daß er es verstehen konnte—he was too young to understand it)

*<u>ohne daß</u>—without (ohne daß er es je lernen würde— without his ever learning it)

*<u>anstatt daß</u>—instead (anstatt daß er sich schämte— instead of being ashamed of himself)

<u>wenn</u> . . . <u>nicht</u>—unless (wenn Sie nicht schnell machen— unless you hurry, *or*, if you do not hurry)

<u>wenn</u> . . . <u>auch</u>—even if (wenn er auch älter gewesen wäre— even if he had been older)—(*note the Subjunctive !*)

<u>so sehr</u>—however much (so sehr ich mich beeilte— however much I hastened)

<u>nicht</u> . . . <u>als bis</u>—not until (ich werde nicht länger warten, als bis Sie mir versprechen—I shall not wait any longer until you promise me to . . .)

<u>nun</u>—now that (nun Sie es gesehen haben— now that (as) you have seen it)—(*see also p.* 180).

<u>trotzdem</u>—in spite of (trotzdem ich ihn wiederholt warnte— in spite of my warning him repeatedly)

III. **Adverbial Conjunctions :**

(These require Inversion of Subject and Predicate.)

<u>also</u>—so, therefore

<u>auch</u>—also

<u>außerdem</u>—besides

<u>nichtsdestoweniger</u>)
<u>dessenungeachtet</u> }
nevertheless, notwithstanding

* Also used with Infinitive : *zu jung es zu verstehen ; ohne es zu sehen ; anstatt sich zu schämen.*

dagegen ⎫
hingegen ⎬ on the other hand

daher ⎫
darum ⎪
deshalb ⎬ therefore
deswegen ⎭

doch ⎫
jedoch ⎬ yet, however

dennoch—yet, in spite of it
desgleichen—likewise

entweder ... oder—either ... or
folglich—consequently
indessen—meanwhile, meantime
sonst—or else, otherwise
übrigens—moreover, besides
teils ... teils—partly ... partly
weder ... noch—neither ... nor
zudem—moreover, besides

Ex.—Daher | hat | sie | ihn begleitet—
    therefore she accompanied him

    Dennoch | kann | ich morgen nicht gehen—
      yet I cannot go to-morrow

    Entweder | ist | er | krank, oder | er | hat sich verirrt—
      He is either ill or he has lost his way

IV. Relative Conjunctions, etc. (*see p.* 88):

These require the verb at the end *in an indirect question* or a dependent clause—but in a *direct question* (principal sentence) they are followed by the verb (Inverted Sentence)

wer (wen, wem)
was
wo (wohin, woher)
wann
bis wann
seit wann
wie (viel, viele)
wie oft (lange)

warum
weshalb
weswegen
womit
wofür
wodurch
wozu
worin
worauf
etc.

Ex.—Warum | fährt | der Zug nicht ab ?
Ich weiß nicht, warum der Zug nicht abfährt.

Wozu | braucht | man diese Steine ?
Wissen Sie, wozu man diese Steine braucht ?

Seit wann | trägt | er eine Brille ?
Ich fragte ihn, seit wann er eine Brille trage.

Vocabulary.

verfehlen—to miss (a train)
die Schwierigkeit—difficulty
intelligent—intelligent
liebenswürdig—aimiable
eine Reise antreten—to set out
  on a journey
der Wohlgeruch—perfume,
  scent

das Aroma—perfume, scent
der Ball—dance, ball
der Tanz—dance
behalten—to keep (retain)
zurücksenden—to return (send
  back)
der Buchhändler—bookseller

Phrases.

Besser spät als gar nicht—better late than never
Trotz alledem—notwithstanding all this (in spite of all)
Kleider machen Leute—fine feathers make fine birds
Geduld bringt Rosen—everything comes to him who waits

A. <u>Übersetzen Sie ins Englische!</u> Beeilen Sie sich, sonst werden
Sie den Zug verfehlen! Je fleißiger Sie arbeiten, desto schneller
werden Sie damit fertig sein. Im letzten Augenblick erkrankte
er, folglich mußte ich allein gehen. Entweder reist er mit dem
Schnellzug über (*via*) Berlin oder er macht die Reise mit dem
Luftschiff. Man hat ihm die Schwierigkeiten einmal übers
andere erklärt und dennoch macht er immer dieselben Fehler.
Er ist allerdings nicht sehr intelligent, dagegen ist er ein liebens=
würdiger junger Mann. Wenn Sie auch erst um 8 Uhr bereit
sein können, wird es mir großes Vergnügen machen, Sie ins
Konzert zu begleiten. Das Wetter war nicht sehr schön, dessen=
ungeachtet entschlossen wir uns die Reise zu Fuß zu machen.
Anstatt daß er mir half das Gepäck in den Wagen tragen, setzte
er sich ruhig in die Ecke eines Abteils für Nichtraucher. So sehr
ich es bewundere, glaube ich nicht, daß es mir passen würde.
Nun die Sommerferien vorüber sind, so müssen wir wieder fleißig
arbeiten.

B. **Übersetzen Sie ins Deutsche!** I admired not only the beautiful colours of the leaves, but also the aroma. We rose half an hour sooner this morning, lest we should miss the train. The longer I live, the more I am convinced that life is worth living. You must either keep them or return them (*dieselben*) to the bookseller. Unless you promise to be in time, I shall not wait for you. In case you meet him in town this afternoon, give him an invitation to our dance on the 14th of next month. Lest you should forget your promise, I shall send you a letter of invitation to-day to remind you of it. In spite of his keeping us waiting here for nearly half an hour, he never said he was sorry. They are supposed to be much older than ours, but (*however*) are not so sweet.

C. **Zum Übersetzen und Auswendiglernen.**

Lebensweisheiten.

1. Teuer ist mir der Freund, doch auch der Feind kann mir nützen!
Zeigt mir der Freund, was ich kann, so lehrt mich der Feind, was ich soll!   (*Schiller*)

2. Willst du immer weiter schweifen?
Sieh, das Gute liegt so nah'!
Lerne nur das Glück ergreifen,
Denn das Glück ist immer da!   (*Goethe*)

3. Es kann der Frömmste nicht im Frieden leben,
Wenn es dem bösen Nachbar nicht gefällt.
                                                        (*Schiller*)

4. Nur im Elend erkennt man Gottes Hand und Finger.
                                                        (*Goethe*)

Revision Lesson LXXI.—LXXV.

1. **Überſetzen Sie!** He came running through the garden; could you not have avoided it; I do not think that he ought to have waited; have you heard him playing the violin; that's what I call swimming.

2. **Überſetzen Sie!** Half a dozen; did you see John? our neighbour is an artist; in a loud tone of voice; too long a road; as a brother I warned him; December is the last month of the year.

3. **Form adverbs from:** Paar, glücklich, Pfund, möglich, Woche, Schritt, Stunde.

4. **Form one Sentence with each of the following conjunctions:** dagegen, folglich, damit, wenn—nicht, ſondern, entweder—oder, ohne—daß; je—deſto.

5. **Überſetzen Sie!** What is your opinion; that is a trifle; you embarrass me; again and again; fine feathers make fine birds; that is the main thing.

Wanderlied.

Allegretto.

1. Wir wandern al = ler = we = gen, bald
2. Heut' schlürfen wir am Brun = nen das
3. Heut' schla=fen wir im Bet = te und

aufwärts, bald feld = ein und im = mer keck ent=
küh = le Was=ser ein, doch mor = gen aus den
mor=gen auf dem Stroh; uns ban = net kei = ne

ge = gen dem Wet=ter, Sturm und Re = gen und
Ton = nen des Wirts zur gold = nen Son = nen ein
Stät = te, wir sin = gen um die Wet = te; wie

froh und froh und froh im Son=nen=schein . . . . und
Glas, ein Glas, ein Glas vom bes=ten Wein, ... ein
macht, wie macht, wie macht das Wan=dern froh, ... wie

froh und froh und froh im Son = nen=schein.
Glas, ein Glas, ein Glas vom bes = ten Wein.
macht, wie macht, wie macht das Wan=dern froh!

Der Lindenbaum.

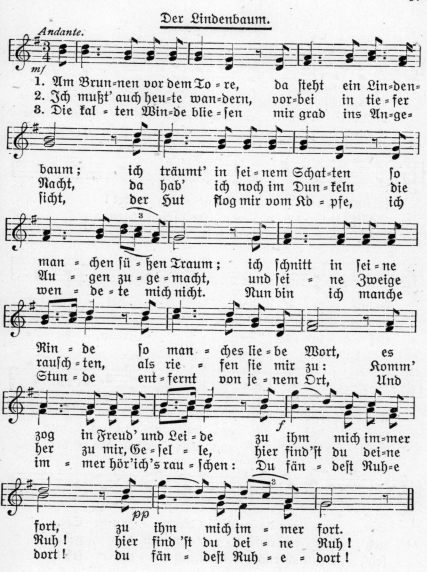

Andante.

mf

1. Am Brun = nen vor dem To = re,   da steht   ein Lin = den =
2. Ich mußt' auch heu = te wan = dern,   vor = bei   in tie = fer
3. Die kal = ten Win = de blie = sen   mir grad   ins An = ge =

baum;   ich   träumt' in sei = nem Schat = ten   so
Nacht,   da   hab'   ich noch im Dun = keln   die
sicht,   der   Hut   flog mir vom Kö = pfe,   ich

man = chen sü = ßen Traum;   ich schnitt in sei = ne
Au = gen zu = ge = macht,   und sei = ne Zweige
wen = de = te mich nicht.   Nun bin   ich manche

Rin = de   so man = ches lie = be Wort,   es
rausch = ten,   als rie = fen sie mir zu: Komm'
Stun = de   ent = fernt von je = nem Ort,   Und

f

zog   in Freud' und Lei = de   zu ihm   mich im = mer
her   zu mir, Ge = sel = le,   hier find'st du dei = ne
im = mer hör'ich's rau = schen: Du fän = dest Ruh = e

pp

fort,   zu   ihm   mich im = mer fort.
Ruh!   hier find'st du dei = ne Ruh!
dort!   du   fän = dest Ruh = e = dort!

Auf, Matrosen!

1. Auf, Ma=tro=sen, die An=ker ge=lich=tet, Se=gel ge=
2. Dort drau=ßen auf to=ben=den Wel=len schwan=ken=de
3. Und seh ich die Hei=mat nicht wie=der, rei=ßet die

spannt, den Kom=paß ge=rich=tet! Schei=den tut
Schiff' an Klip=pen zer=schel=len;
Flut, der Sturm mich da=nie=der,

Freun=de, a=dee! Schei=den tut
in Sturm und Schnee wird mir so
tief in die See, Freun=de a=

weh! Mor=gen da geht's in die wo=gen=de
weh, daß ich auf im=mer von euch nun
dee! Wenn ich euch dro=ben nur wie=der

See, mor=gen da geht's in die wo=gen=de See.
geh', daß ich auf im=mer von euch nun geh.
seh', wenn ich euch dro=ben nur wie=der seh!

Die Wacht am Rhein.

1. Es brauſt ein Ruf wie Don = ner=hall, wie

Schwert=ge = klirr und Wo = gen=prall: Zum

Rhein, zum Rhein, zum deutſchen Rhein! Wer

will des Strom es Hüt = er ſein? Lieb'

Va = ter=land, magſt ru = hig ſein, lieb'

Va = ter=land, magſt ru = hig ſein,

feſt ſteht und treu die Wacht, die

Wacht am Rhein, fest steht und treu die Wacht, die Wacht am Rhein!

2. Durch Hunderttausend zuckt es schnell und aller Augen blitzen hell,
   Der deutsche Jüngling, fromm und stark, beschirmt die heil'ge
      Landesmark.
   Lieb' Vaterland, etc.

3. So lang' ein Tropfen Blut noch glüht, noch eine Faust den Degen
      zieht,
   Und noch ein Arm die Büchse spannt, betritt kein Feind hier deinen
      Strand!
   Lieb' Vaterland, etc.

4. Der Schwur erschallt, die Woge rinnt, die Fahnen flattern hoch
      im Wind,
   Zum Rhein, zum Rhein, zum deutschen Rhein! Wir alle wollen
      Hüter sein!
   Lieb' Vaterland, etc.

ALPHABETICAL LIST OF IRREGULAR VERBS.

[Those marked with an asterisk (*) are usually conjugated with „fein."

Infinitive	Meaning	3rd S. Prs. Ind.	3rd S. Imperf. Ind.	Past Participle	Observations
baden	bake	bädt (badt)	buf (badte)	gebaden	
befehlen	order, command	befiehlt	befahl	befohlen	
befleißen (fid)	apply (oneself)	—	befliß (fid)	befliffen (fid)	
beginnen	begin, commence	—	begann	begonnen	
beißen	bite	—	biß	gebiffen	
(ver)bergen	hide, conceal	verbirgt	verbarg	verborgen	
berften	burst	birft	barft	geborften	
bewegen	induce	bewegt	bewog	bewogen	reg. = to move
biegen	bend	—	bog	gebogen	
bieten	offer, bid	—	bot	geboten	or.: anbieten
binden	bind, tie	—	band	gebunden	
bitten	beg, ask	—	bat	gebeten	
blafen	blow	bläft	blies	geblafen	
*bleiben	remain, stay	—	blieb	geblieben	der Wind weht
*(er)bleichen	to fade	—	erblich	erblichen	reg. = to bleach
braten	roast	bratet	briet	gebraten	
brechen	break	bricht	brach	gebrochen	
drefchen	thrash (corn)	—	drofch	gedrofchen	
dringen	press (on)	—	drang	gedrungen	
empfehlen	recommend	empfiehlt	empfahl	empfohlen	

Alphabetical List of Irregular Verbs.—Continued.

Infinitive	Meaning	3rd S. Prs. Ind.	3rd S. Imperf. Ind.	Past Participle	Observations
*erſchrecken	to be frightened	erſchreckt	erſchrak	erſchrocken	reg. = to frighten
erwägen	to consider	—	erwog	erwogen	
eſſen	to eat	ißt	aß	gegeſſen	
*fahren	to drive (in a conveyance)	fährt	fuhr	gefahren	
*fallen	to fall	fällt	fiel	gefallen	
fangen	to catch	fängt	fing	gefangen	
fechten	to fence, fight	ficht	focht	gefochten	
finden	find	—	fand	gefunden	
flechten	plait	flicht	flocht	geflochten	
*fliegen	fly	—	flog	geflogen	
*fliehen	flee, escape	—	floh	geflohen	
*fließen	flow	—	floß	gefloſſen	
freſſen	eat (of animals)	frißt	fraß	gefreſſen	
frieren	freeze	—	fror	gefroren	
gähren	ferment	—	gohr	gegohren	
gebären	bear	—	gebar	geboren	cf.: er iſt geboren
geben	give	gibt	gab	gegeben	
*gedeihen	thrive	—	gedieh	gediehen	
*gehen	go	geht	ging	gegangen	
*gelingen	succeed	—	gelang	gelungen	impers. verb

Infinitive	Meaning	Present	Past	Past Participle	Notes
gelten	be worth	gilt	galt	gegolten	
*genesen	recover, recuperate	genest	genas	genesen	
genießen	enjoy	—	genoß	genossen	
*geschehen	happen	geschieht	geschah	geschehen	impers. verb.
gewinnen	gain, win	—	gewann	gewonnen	
gießen	pour, cast	—	goß	gegossen	
gleichen	resemble	—	glich	geglichen	
*gleiten	slide, glide	—	glitt	geglitten	
glimmen	glimmer	—	glomm	geglommen	
graben	dig	gräbt	grub	gegraben	
(er)greifen	seize	—	ergriff	ergriffen	
halten	hold, keep	hält	hielt	gehalten	
hangen	hang	hängt	hing	gehangen	cf.: hängen (reg.) (to be hanging)
hauen	hew, cut (wood)	haut	hieb	gehauen	
heben	lift, raise	hebt	hob	gehoben	
heißen	be called	—	hieß	geheißen	
helfen	help	hilft	half	geholfen	
klingen	sound, ring	—	klang	geklungen	
kneifen	pinch	—	kniff	gekniffen	
*kommen	come	—	kam	gekommen	
*kriechen	creep	—	kroch	gekrochen	
laden	load, summon	ladet	lud	geladen	
*laufen	run	läuft	lief	gelaufen	
leiden	suffer	—	litt	gelitten	

Alphabetical List of Irregular Verbs.—*Continued.*

Infinitive	Meaning	3rd S. Prs. Ind.	3rd S. Imperf. Ind.	Past Participle	Observations
leihen	lend	—	lieh	geliehen	
lesen	read	liest	las	gelesen	
*liegen	lie, be lying (be situated)		lag	gelegen	
*(er)löschen	go out (of fire)	—	erlosch	erloschen	*reg.*: auslöschen —to extinguish
lügen	lie (tell a lie)	—	log	gelogen	
mahlen	grind	mahlt	<u>mahlte</u>	gemahlen	
(ver)meiden	avoid		<u>vermied</u>	vermieden	
messen	measure	mißt	maß	gemessen	
nehmen	take	nimmt	nahm	genommen	
pfeifen	whistle	—	pfiff	gepfiffen	
pflegen	cultivate	pflegt	pflog	gepflogen	*reg.* : to be wont, to nurse
preisen	praise (biblical)	—	pries	gepriesen	
quellen	spring forth	quillt	quoll	gequollen	
raten	advise	rät	riet	geraten	
reiben	rub	—	rieb	gerieben	
reißen	tear, wrench	—	riß	gerissen	
*reiten	ride (on horse)	—	ritt	geritten	
riechen	smell	—	roch	gerochen	
ringen	wrestle	—	rang	gerungen	
*rinnen	flow, run	—	rann	geronnen	
rufen	call, shout	—	rief	gerufen	

Infinitive	Meaning	Present	Past	Past Participle	Notes
ſalzen	salt	ſalzt	ſalzte	geſalzen	
ſaufen	drink (of animals)	ſäuft	ſoff	geſoffen	
ſaugen	suck	ſaugt	ſog	geſogen	
ſchaffen	create	ſchafft	ſchuf	geſchaffen	reg.: to procure (verſchaffen)
ſchallen	sound	ſchallt	ſcholl	geſchollen	more common: erſchallen
ſcheiden	separate	—	ſchied	geſchieden	
ſcheinen	seem, shine	—	ſchien	geſchienen	
ſchelten	scold	ſchilt	ſchalt	geſcholten	
ſchieben	shove, push	—	ſchob	geſchoben	
ſchießen	shoot	—	ſchoß	geſchoſſen	
ſchinden	flay	—	ſchund	geſchunden	
ſchlafen	sleep	ſchläft	ſchlief	geſchlafen	
ſchlagen	strike, hit	ſchlägt	ſchlug	geſchlagen	
*ſchleichen	creep, sneak	—	ſchlich	geſchlichen	
ſchleifen	whet	—	ſchliff	geſchliffen	
ſchleißen	rend, slit	—	ſchliß	geſchliſſen	
ſchließen	close, lock	—	ſchloß	geſchloſſen	
ſchlingen	sling	—	ſchlang	geſchlungen	
ſchmeißen	smite, fling	—	ſchmiß	geſchmiſſen	
ſchmelzen	melt	ſchmilzt	ſchmolz	geſchmolzen	
ſchnauben	snort	ſchnaubt	ſchnob	geſchnoben	or.: regular
ſchneiden	cut	—	ſchnitt	geſchnitten	
ſchreiben	write	—	ſchrieb	geſchrieben	
ſchreien	cry, weep	—	ſchrie	geſchrieen	
*ſchreiten	stride, step	—	ſchritt	geſchritten	

20

Alphabetical List of Irregular Verbs.—*Continued.*

Infinitive	Meaning	3rd S. Prs. Ind.	3rd S. Imperf. Ind.	Past Participle	Observations
ſchweigen	be silent		ſchwieg	geſchwiegen	*reg.* : to silence
ſchwellen	swell	ſchwillt	ſchwoll	geſchwollen	
*ſchwimmen	swim		ſchwamm	geſchwommen	
*(ver)ſchwinden	vanish, disappear		verſchwand	verſchwunden	
ſchwingen	swing		ſchwang	geſchwungen	
ſchwören	swear		ſchwor	geſchworen	
ſehen	see	ſieht	ſah	geſehen	
ſieden	boil		ſott	geſotten	
ſingen	sing		ſang	geſungen	
*ſinken	sink		ſank	geſunken	
(be)ſinnen (ſich)	reflect		beſann (ſich)	beſonnen (ſich)	*adj.* : geſinnt (disposed)
*ſitzen	sit		ſaß	geſeſſen	
ſpeien	spit		ſpie	geſpieen	
ſpinnen	spin		ſpann	geſponnen	
ſprechen	speak	ſpricht	ſprach	geſprochen	
ſprießen	sprout		ſproß	geſproſſen	
*ſpringen	jump		ſprang	geſprungen	
ſtechen	sting	ſticht	ſtach	geſtochen	
*ſtecken	be sticking	ſteckt	ſtak	geſteckt	
*ſtehen	stand	ſteht	ſtand	geſtanden	

ſtehlen	steal	ſtiehlt	ſtahl	geſtohlen
*ſteigen	mount, climb (rise)	—	ſtieg	geſtiegen
*ſterben	die	ſtirbt	ſtarb	geſtorben
ſtieben	scatter	—	ſtob	geſtoben
ſtinken	stink	—	ſtank	geſtunken
ſtoßen	push	ſtößt	ſtieß	geſtoßen
ſtreichen	stroke	—	ſtrich	geſtrichen
ſtreiten	dispute, quarrel	—	ſtritt	geſtritten
tun	do	—	tat	getan
tragen	carry, bear, wear	trägt	trug	getragen
treffen	hit	trifft	traf	getroffen
treiben	drive (cattle)	—	trieb	getrieben
*treten	tread, step	tritt	trat	getreten
triefen	drip	—	troff (triefte)	getrieft
trinken	drink	—	trank	getrunken
(be)trügen	deceive, cheat	—	betrog	betrogen
verderben	spoil	verdirbt	verdarb	verdorben
verdrießen	vex, annoy	—	verdroß	verdroſſen
vergeſſen	forget	vergißt	vergaß	vergeſſen
verlieren	lose	—	verlor	verloren
*wachſen	grow, wax	wächſt	wuchs	gewachſen
wägen	weigh	—	wog	gewogen
waſchen	wash	wäſcht	wuſch	gewaſchen
weben	weave	webt	wob	gewoben

Alphabetical List of Irregular Verbs.—*Continued.*

Infinitive	Meaning	3rd S. Prs. Ind.	3rd S. Imperf. Ind.	Past Participle	Observations
*weichen	yield, give way	——	wich	gewichen	*reg.* : to soften
weisen	show, point out	——	wies	gewiesen	
werben	sue	wirbt	warb	geworben	
werfen	throw, cast	wirft	warf	geworfen	
wiegen	weigh	——	wog	gewogen	*reg.* : to rock
winden	wind	——	wand	gewunden	
ziehen	pull, draw	——	zog	gezogen	
zwingen	force, compel	——	zwang	gezwungen	

LIST OF IDIOMATIC EXPRESSIONS WITH PREPOSITIONS.

an : an und für sich—in itself
am Leben sein—to be alive
an die Arbeit gehen—to set to work
sich an die Arbeit machen—to set to work
Hamburg liegt an der Elbe—it is situated on the River Elbe
er starb am Fieber—he died of fever

auf : aufs Spiel setzen—to stake
ich ging auf ihn zu—I went up to him
auf der Hut sein—to be on the alert
schwarz auf weiß—in black and white
auf frischer Tat—in the act of
auf Wunsch—as desired

aus : aus Erfahrung—from experience
gehen Sie mir aus dem Wege !—get out of my way !
aus den Augen verlieren—to lose sight of
aus den Augen, aus dem Sinn—out of sight, out of mind
aus Eisen (gemacht)—made of iron
aus dem Englischen—from the English
aus Furcht (*vor, d.*)—for fear (of)
aus vollem Halse—at the top of his voice

bei : bei Zeiten—in time, betimes
er ist nicht bei Sinnen—he is mad
bei Todesstrafe—on pain of death
bei 10 Mark Strafe—under a penalty of 10s.
bei Tagesanbruch—at daybreak
bei dieser Gelegenheit—on this occasion
er hatte kein Geld bei sich (*dat.*)—he had no money about him

in : in den Wind reden—to waste one's breath
in Verlegenheit setzen—to embarrass
in Brand stecken—to set fire to

im Notfall—in emergency (case of need) (if need be)
in die Kost gehen (bei)—to lodge (with)
imstande sein—to be able
in den Stand setzen—to enable
in der Regel—as a rule
in Ohnmacht fallen—to faint
im Hintergrund—at the back (of)
in den Mussestunden—at leisure

nach : nach der Natur (malen)—(to paint) from nature
der Reihe nach—by turns
dem Namen nach—by name
dem Anschein nach—apparently (to all appearance)
nach Belieben—as you please

über : über alle Maßen—excessively (beyond all measure)
bis über die Ohren—over head and ears
ein Vortrag über—a lecture (on)
über Bremen—*via* Bremen

um : es ist um ihn geschehen—he is done for ; it's all over with
him
um den Tisch herum—round about the table
einmal ums andere—one time after another (again and
again)

unter : unter anderem (*u. a.*)—among other things
unter Schloß und Riegel—under lock and key
unter der Bedingung—on condition (that)
unter vier Augen—between ourselves (*Fr. entre nous*)
unter uns gesagt—between you and me (*Fr. entre nous*)
unter dem Vorwand—under the pretext

von : von ganzem Herzen—with all my heart
von Kindheit an—from childhood
vom Blatte spielen—to play at sight
von Jugend auf—from (his, her . . .) youth

vor : vor allem
vor allen Dingen } above all
vor Kurzem—a short time ago
er sprach vor sich hin—he spoke to himself
vor Gericht—at court (of justice)
was haben Sie vor?—what are you about?

zu : man hielt ihn zum Besten—he was made a fool (fun) of
er taugt zu nichts—he is a good-for-nothing
zum Totlachen—enough to make one die with laughter
zum Tollwerden—enough to drive one mad
hier zu Lande—in this part of the country
zu Stande bringen—to bring about
zu verkaufen—for sale
zu vermieten—to let, for hire
zum Schluß—in conclusion

Schnellsprechübungen.

Bürsten mit braunen Borsten bürsten besser, als Bürsten mit weißen
Borsten.

Des Fischers Fritz ißt frische Fische,
Frische Fische ißt Fritz bei Tische.

In Ulm, um Ulm und um Ulm herum.

Wenn mancher Mann wüßte, wer mancher Mann wär',
Gäb' mancher Mann manchem Mann manchmal mehr Ehr'!

Bierbrauer Brauer braut braun Bier.

Sag deinem Buben, daß dein Bub meinen Buben keinen Buben
mehr heißt, denn mein Bub verbietet deinem Buben meinen Buben
einen Buben zu heißen.

GRADED PASSAGES FOR TRANSLATION.

1. Where is your brother, George? He is in the garden. Is he alone? No, his sister is with him. What are they doing in the garden? Father is planting a tree in the garden and Charles is helping him. Mary is picking flowers for her aunt, for to-morrow is her 60th birthday. What time is it now? It is nearly half past four. Then I have to go home, for we always drink a cup of coffee at five o'clock and mother said we were not to be late, as she wants to go to town in the evening. Good-bye, I shall see you at school to-morrow.

---

2. How is your uncle in Hamburg? He is very well. I have just received a letter from him in which he writes that he would like to spend a month with us this summer. It is now more than three years since he paid us a visit. I shall answer his letter to-morrow and tell him that we are all going to the seaside in the West of England during the month of August. My sister, who is in a school in the North of England, will also come with us. She has invited a friend of hers for the first week of our summer holidays. If the weather is fine we shall bathe every day in the sea and also take long walks over the hills. Where are you going this summer? We intend going to the North of Scotland in the month of July, to the same village where we were last summer.

---

3. Last summer we had a visit from an uncle of ours who had just returned from Switzerland, where he spent about three weeks in the month of June. He went there to recuperate after his long illness, but he is quite well now and looks very well. He says that Switzerland is a very beautiful country, and he hopes to return next spring. The inhabitants of Switzerland are all very kind and hospitable and everything is very clean, even in the small towns and villages. In certain hotels one can live very cheaply, especially in Spring and Autumn. Of course in Summer everything is dearer, and also in the Winter months, as so many travellers go to Switzerland for winter sports.

4. Hurry up ! I have been waiting for you here since half past seven. I am sorry to keep you waiting so long, but I dressed as quickly as I could and my sister forgot to waken me at six o'clock. I must have slept in and did not waken till nearly a quarter to seven. Now let us go for breakfast, I am very hungry. What would you like for breakfast ? I should like a hot cup of weak tea and some new bread and fresh butter, with some ham and eggs. I think I prefer a hard boiled egg instead of ham and eggs. Waiter, give us the bill, please ! We must be at the station at half past eight. Shall we take a taxi or shall we go on foot ? If the weather is fine, we shall walk (*go on foot*), for it is only a few minutes from here to the station. I hope we shall get a corner seat, for I do not think the train will be very crowded. I shall get the tickets, if you will go to the platform and reserve two seats in a smoking compartment.

---

5. An old man went slowly down the street one summer evening. He had just returned from a long walk. Under his arm he carried a walking stick and his shoes were covered with dust. He wore a large black hat which hid his snow-white hair. While he passed through the town, he recognised a few of the inhabitants who greeted him, but to most of them he was a stranger. At last he had reached his own house and after ringing the bell an elderly lady opened the front door. It was just getting dark, and while the old man took off his hat, he asked his housekeeper : " Why have you not lighted the candle yet ? " Without answering she went into his study, and lighted the candle which stood on his desk. One of the walls in this room was covered with large bookcases, and on the wall opposite were several paintings. One of these was in a simple black frame. When the old man had sat down, he looked at this painting and in a soft voice he said : " Elizabeth ! "

6. Many years ago a poor old woman who lived with her grandson in a small village in the South of Bavaria took suddenly ill, but she was too poor to buy the medicine the doctor had prescribed for her. Her grandson, a boy of about 15 years of age, happened to meet a stranger that day who said he would gladly give 20 Marks for a young eagle. The boy knew an eagle's nest not very far from the village, but on a high and dangerous rock. Accompanied by another boy from the village, he climbed up the high rock until he reached the eagle's nest. Fortunately the old eagle was not near the nest at the time and he had no difficulty in taking the two young eagles from the nest. When he reached the village he handed the two birds to the stranger, who had waited for the boys in the village, and who gave them 20 Marks each for the birds. The grandson ran at once to a chemist's and bought the medicine for his grandmother, who soon recovered from her illness.

---

7. A few years ago a dog which belonged to a gentleman in London showed his sagacity in one of the poorer streets of the capital. A baker used to go daily through a certain street with a bell in his hand, ringing it loud in front of the houses to sell his rolls, which he carried in a big basket on his arm. One day, as the baker was about to sell his rolls the dog came up to him wagging its tail and barking, as if he were begging for something to eat. The baker then gave him one of the rolls. Several days in succession the dog appeared in the same street and at the same hour, and the baker gave him a roll every time he saw him. One day, however, instead of giving the dog a roll, he put a penny into its mouth and pointed to a man standing at the door of a neighbouring house. The dog went up to the man, who, when he saw the penny in the dog's mouth, guessed what was meant and gave the dog another penny, with which he ran to the baker, who gave him a roll after exchanging the penny. This bargain lasted for months between the baker and the dog.

8. EDINBURGH, 17*th March*, 19.........

MY DEAR FRIEND,

It is now nearly eight months since I visited your beautiful town, and I remember with pleasure the few weeks I spent with you in Dresden during the summer of 19...... I have not forgotten the German you taught me, for I have been studying your language during the last two winters, and my teacher tells me that I have made very good progress. We have read several German novels and I remember particularly one by Storm, entitled : " *Immensee*." Do you know it ? It is a charming little story of a girl and a young student. I intend to read it again during the summer, for I hope to visit Germany again in the course of the months of August and September. A friend of mine has already promised to accompany me. She knows German very well and speaks it fluently, for she teaches German in one of the largest schools in our city.

Give my kindest regards to your parents and your sisters and brothers.

Your Friend,

ELSIE GRAY.

---

9. DRESDEN, 26*th March*, 19......

MY DEAR FRIEND,

It was very kind of you to write me such a long letter in German. I wish I could write in English as well as you do in German. You must have made rapid progress with your German since you left Dresden. I am very pleased to hear that you intend visiting our town again this summer. I know the story " *Immensee* " very well, and have read it more than once. Storm is a well-known author, and has written several charming novels. You will be sorry to hear that my mother has been very ill since the beginning of the year, but she is now able to take a short walk in fine weather. Everybody here is looking forward to better times, for last winter was even worse than the first few years after the war. Do you know the poem by our great poet Schiller, called " *Hoffnung* " ? I often read it, and recommend you to read it too. It is very comforting in such times as we are passing through here just now.

We are all looking forward with pleasure to your visit.

Please remember me to your mother and your brother John.

Your Friend,

Emilie Fröhlich.

---

10. One summer afternoon, when a young artist sat in his room, a Count from a neighbouring castle called on him and requested him to paint 14 pictures in oil. He told the artist that he had once fallen into the hands of robbers in a distant (*entfernt*) country, and in remembrance of his freedom he wanted to have these 14 pictures painted, which he would hang on the walls in his castle. The pictures represented 14 saints (*Heilige*).

At first the artist was very happy and painted with great zeal (*Eifer, m.*) from early morning till late at night, till he had finished three of the 14 pictures. Then he only painted in the morning, went for a walk through the wood in the forenoon, rested in the afternoon, and played his violin in the evening. When the Count passed through the village a few weeks later, he called on the artist again. What a surprise when he found that only three pictures were finished! The young artist replied: "I can paint best after a walk through the wood or early in the morning, but calm yourself, Sir, I shall have the 14 pictures finished by Christmas!"

But the next morning, when he looked through the window, he saw two ladies in the street. The elder of the two pointed (*zeigen*) towards the church. He knew they were strangers in the town, so he went downstairs and offered himself as a guide. He showed them the road to the church, opened the gate for them, and after saying "good-bye," he went to his room.

---

11. One morning he awoke earlier than usual, and as he could not sleep again he rose and went for a walk through an oak forest not very far from the town. All was calm; only in the distance he heard the song of a nightingale. Suddenly he noticed something that shone like a red star, and when he went nearer he observed

behind the branches of an oak a little bird's nest with a small red egg in it. When he touched it, he felt faint and lay down for a minute.

After regaining consciousness, he said to himself : " I must have been dreaming." He went slowly along the path and soon came upon the road which led to the town where he came from. There he met some peasants, whom he asked to show him the way back. But the peasants did not answer, they ran terrified into the wood. " Invisible ! " he shouted, and then he remembered an old story that his grandmother had told him many years ago.

---

12. After taking a deep breath he listened, but could hear nothing but gusts of wind and in a few minutes he stood in front of the warm fire in his little room, where a lamp was still burning. For a long time he sat on the chair, where, a short time ago, his friend, the old monk, had been sitting. A knock at the door wakened him from his dreams, and after quickly drawing the bolt he opened the door and saw the figure of a man whom he recognised having seen many years ago in the little village in the valley. " Where do you come from so late at night ? Can I give you shelter for the night and something to eat and drink ? " asked the forester. " I desire neither your wine nor your bread," replied the stranger. The young forester succeeded only with difficulty in understanding what his late intruder meant, but when he was told that he wanted the forester's help to betray the King and Queen, he replied in a calm, clear voice : " I will show you the way to the Count, but do not expect further help from me."

Appendix.

ADDITIONAL EXCEPTIONS TO PLURAL OF NOUNS.

I. Masculine Nouns.

ad Exc. I. (p. 95, Part I.)—add „ e “ without modification :

der Dachs (badger)
„ Dolch (dagger)
„ Huf (hoof)

der Pfad (path)
„ Punkt (point, fullstop)
„ Stoff (stuff, material)

ad Exc. II. (p. 95, Part I.)—add „ er “ and modify :

der Geist (ghost, spirit)
„ Leib (body)

der Ort (place)
„ Strauch (shrub)

ad Exc. III. (p. 95, Part I.)—add „ en “ without modification :

der Ahn (ancestor)
„ Fasan (pheasant)
„ Insaß (inmate)

der Pfau (peacock)
„ Schmerz (pain)
„ Zins (interest—
on capital)

ad p. 96, Part I.—add „ en “ without modification :

der Christ (Christian)
„ Fink (finch)

der Hirt (herdsman)
„ Genoß (companion)

ad Exc. I. (p. 99, Part I.)—no change in plural :

der Adler (eagle)
„ Balken (beam)
„ Bogen (arch)
„ Daumen (thumb)
„ Haken (hook)
„ Kanzler (chancellor)
„ Knochen (bone)
„ Koffer (trunk, box)
„ Maler (painter)

der Nacken ((back of neck)
„ Pfarrer (parson)
„ Rachen (jaw)
„ Rahmen (frame)
„ Schatten (shade)
„ Sommer (summer)
„ Tropfen (drop)
„ Taucher (diver)
„ Zapfen (tap)

ad Exc. II. (p. 99, Part I.)—add „ n “ throughout plural :

der Muskel (muscle), der Pantoffel (slipper)

Also the following Masculine Nouns:

der Friede (peace)
 „ Funke (spark)
 „ Fels (rock)
 „ Glaube (faith)
 „ Gedanke (thought)

der Haufe (heap)
 „ Name (name)
 „ Same (seed)
 „ Schade (damage)
 „ Wille (will)

	Singular	*Plural*	
Ex. N.	der Name	die	
A.	den Namen	die	} Namen
D.	dem Namen	den	
G.	des Namens	der	

II. Feminine Nouns.

ad Exc. III. (p. 104, Part I.)—add „ e " and modify:

die Axt (axe)
 „ Braut (bride)
 „ Brust (breast)
 „ Frucht (fruit)
 „ Haut (skin)

die Kraft (strength, power)
 „ Kunst (art)
 „ Macht (power, might)
 „ Nuß (nut)
 „ Schnur (string)

Feminine Nouns ending in „ nis " double the „ s " and add
„ e " = nisse (see page 229).

die Kenntnis (knowledge) —die Kenntnisse
die Bekümmernis (affliction)—die Bekümmernisse

III. Neuter Nouns.

ad Exc. I. (p. 115, Part I.)—add „ e " without modification:

das Beet (flower bed)
 „ Beil (hatchet)
 „ Boot (boat)
 „ Fell (hide)
 „ Heer (army)
 „ Heft (handle)
 „ Kinn (chin)
 „ Kreuz (cross)

das Maß (measure)
 „ Netz (net)
 „ Paar (pair, couple)
 „ Reich (realm, empire)
 „ Schaf (sheep)
 „ Seil (rope)
 „ Tier (animal)
 „ Tor (gate)

Neuter Nouns in „ **nis** " double the „ **s** " and add „ **e** " = niſſe :

   das Ereignis (event)   das Gleichnis (parable)
   „ Gedächtnis (memory)   „ Vermächtnis (legacy)

ADDITIONAL PREPOSITIONS.

I. Prepositions with Accusitive (see p. 35, Part I.):

   * wider (against)—*Ex.* wider die Gewohnheit
   † Ausgenommen (except)—*Ex.* ausgenommen den Sohn

II. Prepositions with the Dative (see p. 37, Part I.):

   binnen (within)—(when speaking of *time*)
         Ex.—binnen vier Tagen

   gemäß (according to) } used before or after the object
   nach (according to)

     Ex.—seinem Wunsch gemäß—conform to his desire
       meiner Meinung nach—in my opinion

   nebst (together with)   außer (beside)
   samt (together with)

III. Prepositions with the Genitive (see p. 50, Part I.):

   außerhalb (outside of)   mittelst (by means of)
   ‡ innerhalb (inside of)   vermittelst (by means of)
   oberhalb (above)   unweit (not far from)
   unterhalb (below)   um-willen (for the sake of)

    Ex.—um des Vaters willen—for father's sake
       unweit des Dorfes—not far from the village
       oberhalb der Brücke—above (beyond) the bridge

---

* Used in the sense of "*hostile*" or "*contrary to.*"
† May stand before or after the object   *Ex.* meinen Bruder *ausgenommen*
‡ When speaking of space.   *Ex.* innerhalb des Zimmers.

NOTES ON COMPARISON OF ADJECTIVES.

(pp. 60 and 61, Part I.)

(a) When two qualities attached to the same object are compared, use <u>mehr-als</u> instead of the usual form of the Comparative :

> *Ex.*—Das Wetter war <u>mehr ſchwül als heiß</u>—the weather was more sultry than hot

(b) The superlative of adjectives ending in „ <u>iſch</u> “ and other polysyllables is formed by the use of adverbs, such as : ſehr, recht, höchſtens äußerſt :

> *Ex.*— ein <u>höchſt (äußerſt)</u> intereſſantes Buch—a most interesting book.
>
> ein <u>recht (ſehr)</u> dummer Fehler—a most stupid mistake
>
> ein <u>höchſt (ſehr)</u> neidiſcher Menſch—a most jealous man

NOTES ON CORRELATIVE PRONOUNS.

(p. 102, Part I.)

(a) The declension of the correlative pronouns <u>der, die, das</u> (instead of derjenige, diejenige, dasjenige) differs from that of the relative and demonstrative pronouns (see p. 87, Part I.) in the Genitive Plural :

Relative Pronouns	*Correlative Pronouns*
Gen. Pl. <u>deren</u>	<u>derer</u>

> *Ex.*—trotz <u>derer</u>, die ſich weigerten—in spite of those who refused

(b) Instead of the usual correlative pronouns (derjenige or der, etc.) the English expressions : *he* or *she who*, *those who* or *which* are sometimes rendered by : <u>wer</u> (usually followed by „ <u>der</u> “ at the beginning of the next sentence).

> *Ex.*—<u>Wer</u> zuerſt kommt, (der) wird zuerſt bedient—those who come first, will be served first (first come, first served)
>
> <u>Wer</u> es nicht hören will, (der) ſoll draußen bleiben—those who do not wish to hear it, shall remain outside

Obs.—When a German sentence begins with „ wer," but does not end in a mark of interrogation, render „ wer " by *he who*, *she who* or *those who* (*which*).

NOTES ON THE USE OF „ ſein " and „ haben."

(p. 183, Part II.)

The following verbs of motion may be conjugated with „ ſein " or „ haben " :

reiſen, reiten, ſchwimmen, rudern.

„ Sein " is used only when *destination* is mentioned and „ haben " when the action is carried out *for the sake of health or recreation.*

Ex.—Wir ſind bis ans andere Uſer geſchwommen—We swam as far as the other shore

Wir haben den ganzen Nachmittag gerudert
We have been rowing all afternoon

NOTES ON GERMAN TENSES.

I. To express immediate Future the Present Tense is generally used in German, contrary to the English Future.

Ex.—ich komme morgen wieder
I shall come again to-morrow

wir reiſen morgen früh ab
we shall leave early to-morrow morning

II. The Present Tense is used in German instead of the English Past, in narratives, to give the action more emphasis.

Ex.—Kaum bin ich im Zimmer, wenn ich einen lauten Lärm höre—hardly was I in the room, when I heard a loud noise

Totmüde ſinkt er auf einen Stuhl und ſieht mich verwundert an—dead tired he sank into a chair and looked at me with surprise

III. German Present Tense for English Perfect, when the action is still going on or incomplete (see p. 283, Part II.).

Ex.—Wie lange sind Sie schon in Berlin ?
How long <u>have</u> you <u>been</u> in Berlin ?

Ich <u>wohne</u> schon seit drei Jahren hier
I <u>have been living</u> here for the last three years

IV. Note the following sequence of tenses between English and German.

Ex.— Ich wollte, ich hätte ihn gesehen
I <u>wish</u> I had seen him

OMISSION OF THE AUXILIARIES „sein," „haben" and „werden."

These can be omitted at the end of a dependent clause with a past participle.

Ex.—Der Knabe, der im Garten gespielt (hat), ist der Sohn unseres Nachbars—the boy who played in the garden, is our neighbour's son.

Sobald die Uhr acht geschlagen (hat), wird das Frühstück aufgetragen (werden)—as soon as the clock strikes eight, the breakfast will be served.

German-English Vocabulary

A

ab (*pref.*)—off, away

abbrechen—to break off

Abend (*m.*)—evening

abends (*adv.*)—in the evening

Abendessen (*n.*)—supper

Abenteuer (*n.*)—adventure

aber (*conj.*)—but, however

abfahren—to leave

Abfahrt (*f.*)—departure

abgehen—to leave

Abgang (*m.*)—departure

abgewöhnen—to disaccustom

Abhang (*m.*)—slope (of a hill)

abhängen (von)—to depend (on)

abhelfen (*dat.*)—to remedy

abnehmen—to decrease

abpflücken—to pluck

Abreise (*f.*)—departure

abreisen—to leave, set out

Abschied (*m.*)—leave

Abschied nehmen—to take leave (say good-bye)

Absicht (*f.*)—intention

absichtlich—intentionally

Abteil (*m.*)—compartment

Accord (*m.*)—unison, chord

acht—eight

achte (der, die, das)—eighth

achten—to respect, esteem

achten (auf)—to heed, mind

acht (haben) (auf)—to heed

Acht (sich in . . . nehmen)—to heed, take care

Achtung (*f.*)—attention, respect

achtzehn—eighteen

achtzig—eighty

Adresse (*f.*)—address

Adjutant (*m.*)—adjutant

Adverb (ien) (*n.*)—adverb(s)

Afrika (*n.*)—Africa

Afrikaner (*m.*)—African

afrikanisch (*adj.*)—African

ahnen—to suspect

ähnlich (*dat.*)—like, similar

Ähnlichkeit (*f.*)—similarity (resemblance)

Ahnung (*f.*)—foreboding, notion, idea

alle (*pl.*)—all

allein—alone

allemal—every time
allerbeste (der)—best of all
allerlei—all kinds of
alles—everything, all
allezeit—at all times
allgemein—general
allgemeinen (im)—in general,
   generally
als (*conj.*)—when, as
als ob (wenn)—as if
also—therefore, thus
alt—old, ancient, aged
Alter (*n.*)—old age
Amboß (*m.*)—anvil
Ameise (*f.*)—ant
Amt (*n.*)—office (*abst.*)
an (*prep.*)—at, on
Anblick (*m.*)—sight, view
andere (der)—other
anderswo—elsewhere
anerkennen—to acknowledge
Anfang (*m.*)—beginning
anfangen—to begin, commence
Angesicht (*n.*)—face, countenance
angesichts (*prep.*)—in view of
angreifen—to attack
Angriff (*m.*)—attack
Angst (*f.*)—anxiety, fear
ängstlich—anxious
anhalten—to stop
anklagen—to accuse
Anklage (*f.*)—accusation
ankommen—to arrive
Ankunft (*f.*)—arrival
Anlaß (*m.*)—occasion
Anmut (*f.*)—grace
anmutig—graceful
annehmen—to accept
anschauen—to look at

ansehen—to look at
Ansicht (*f.*)—view
anstatt (*prep., gen.*)—instead of
anstellen—to appoint
Antlitz (*n.*)—face, countenance
Antwort (*f.*)—answer
antworten (*dat.*)—to answer
anvertrauen (*dat.*)—to entrust
anwesend—present
anziehen—to put on (clothes),
   attract
anziehen (sich)—to dress oneself
Anzug (*m.*)—suit of clothes
Apfel (*m.*)—apple
Apfelbaum (*m.*)—apple tree
April (*m.*)—April
Araber (*m.*)—Arabian
Araberin (*f.*)—Arabian
Arabien (*n.*)—Arabia
arabisch (*adj.*)—Arabian
Arbeit (*f.*)—work
arbeiten—to work
Ärger (*m.*)—annoyance
ärgerlich—annoying
ärgern (sich)—to annoy oneself,
   to be vexed
arm—poor
Arm (*m.*)—arm
Armuhr (*f.*)—wristlet watch
Aroma (*n.*)—aroma
artig—good, well-behaved
Artikel (*m.*)—article
Asiate (*m.*)—inhabitant of Asia
asiatisch—Asiatic
Asien (*n.*)—Asia
Asier (*m.*)—inhabitant of Asia
Ast (*m.*)—branch
Ästchen (*n.*)—small branch, twig
Astronom (*m.*)—astronomer

Atem (*m.*)—breath
atmen—breathe
auf (*prep.*)—on, upon
Aufenthalt (*m.*)—sojourn, stay
auffallen—to strike (the eye)
auffallend (*adj.*)—striking
Aufgabe (*f.*)—exercise
aufgehen—to rise (of the sun)
aufhalten—to detain
aufhalten (sich)—to stay, sojourn
aufhören—to cease, stop
aufkleben—to affix
aufmachen—to open
aufmerksam—attentive
Aufmerksamkeit (*f.*)—attention
aufrecht—erect, upright
aufregen—to excite
Aufregung (*f.*)—excitement
aufrichtig—upright, honest
aufstehen—to rise
Auftrag (*m.*)—order
aufziehen—to wind up (a watch)
Auge (*n.*)—eye
Augenblick (*m.*)—moment
August (*m.*)—August
aus (*prep.*)—out, out of
ausbrechen—to break out
Ausbruch (*m.*)—eruption
Ausdruck (*m.*)—expression
ausdrücken—to express, utter
ausführen—to execute, carry out
ausgehen—to go out (for a walk)
ausgleiten—to slip
Auskunft (*f.*)—information, news
Ausland (im)—abroad (to be)
Ausland (ins)—abroad (to go)
auslöschen—to extinguish
Aussicht (*f.*)—view, prospect
Aussprache (*f.*)—pronunciation

aussprechen—to pronounce
Ausstellung (*f.*)—exhibition
Australien (*n.*)—Australia
Australier (*m.*)—Australian
australisch (*adj.*)—Australian
auswendig—by heart
Auto (*n.*)—motor car
Autobus (*m.*)—motor omnibus
Autoführer (*m.*)—chauffeur

B

Bach (*m.*)—stream, river
backen—to bake
Bäcker (*m.*)—baker
Bäckersjunge (*m.*)—baker's
  apprentice
Bad (*n.*)—bath
baden—to bathe
Bahnhof (*m.*)—station
Bahnsteig (*m.*)—platform
bald—soon
bald . . . bald—sometimes . . .
  sometimes
Balken (*m.*)—beam
Ball (*m.*)—ball, dance
Band (*m.*)—volume
Band (*n.*)—ribbon
Bank (*f.*)—bank, bench, seat
Bär (*m.*)—bear
Baron (*m.*)—Baron
Bart (*m.*)—beard
Base (*f.*)—cousin
bauen—to build
Bauer (*m.*)—farmer, peasant
Bäuerin (*f.*)—peasant's wife
Baum (*m.*)—tree

Baumgarten (*m.*)—orchard
beabsichtigen—to intend
beantragen—to propose
beantworten (*tr.*)—to answer
beauftragen—to order
Becher (*m.*)—cup
bedauern—to regret, pity
Bedauern (*n.*)—regret, pity
bedecken—to cover
bedeuten—to mean, signify
bedienen—to serve
bedienen (sich)—to make use of
bedürfen (*gen.*)—to need, require
beeilen (sich)—to hasten, hurry
beeinflussen—to influence
befähigen—to enable
befehlen (*dat.*)—to command, order
befinden (sich)—to be (of health)
befreien—to release
begegnen (*dat.*)—to meet
beginnen—to begin, commence
begleiten (*reg.*)—to accompany
Begleitung (*f.*)—accompaniment
begraben—to bury, inter
Begräbnis (*n.*)—burial
begreifen—to comprehend
Begriff (*m.*)—idea
begrüßen—to greet
behalten—to keep
bei (*prep.*) (*dat.*)—at, near
beide—both, the two
Bein (*n.*)—leg
beißen—bite
beistimmen (*dat.*)—to agree
bekannt—(well) known
Bekannte (der, die)—acquaintance
beklagen (sich)—to complain
bekommen—to get, receive, obtain

bekümmern (sich) (um)—to trouble (about)
Bekümmernis (*f.*)—trouble, worry
beleidigen—to offend
Beleidigung (*f.*)—offence
beleuchten—to illuminate, light
Belgien (*n.*)—Belgium
Belgier (*m.*)—Belgian
belgisch—Belgian
beliebt—popular, beloved
belohnen—to reward
Belohnung (*f.*)—reward
belustigen (sich)—to amuse oneself
bemitleiden—to pity
bemühen (sich)—to trouble, endeavour
Bemühen (*n.*)—endeavour, trouble
bereden—to persuade
bereit—ready, prepared
bereiten—to prepare
Berg (*m.*)—mountain
bergab—downhill
bergauf—uphill
Bericht (*m.*)—report
berichten—to report
beruhigen—to calm
berühmt—famous, celebrated
beschädigen—to damage
Beschädigung (*f.*)—damage
bescheiden—modest
beschenkt (*adj.*)—with a gift
beschreiben—to describe
Beschreibung (*f.*)—description
beschwingt (*adj.*)—winged
besehen—to see, look at
besinnen (sich)—to reflect, remember
Besitz (*m.*)—possession, property

besitzen—to possess
Besitzer (*m.*)—owner, proprietor
besorgen—to attend to
Besorgnis (*f.*)—care, anxiety
besser—better
bestäubt (*adj.*)—dusty, covered
   with dust
beste (der) (die) (das)—best
bestehen (auf) (*acc.*)—to insist (on)
bestehen (aus)—to consist (of)
bestimmt (*adj.*)—definite, intended
bestrafen (*tr.*)—to punish
Besuch (*m.*)—visit
besuchen—to visit, pay a visit
beten—to pray, say one's prayer
betragen (sich)—to behave oneself
Betragen (*n.*)—behaviour
Bett (*n.*)—bed
betteln—to beg (for alms)
Bettler (*m.*)—beggar
beurteilen—to judge
bewachen—to guard, watch
bewaffnen—to arm
bewegen (*reg.*)—to move, stir
bewegen (*irr.*)—to induce
Bewegung (*f.*)—movement
Beweis (*m.*)—proof
beweisen—to prove
bewerben (sich) (um)—to apply
   (for)
bewohnen—to inhabit
Bewohner (*m.*)—inhabitant
bewundern—to admire
Bewunderung (*f.*)—admiration
bezahlen (*tr.*)—to pay
Bezahlung (*f.*)—payment
bezaubern—to bewitch
Bibliothek (*f.*)—library

biegen—to bend
biegsam—flexible
Biene (*f.*)—bee
Bienenkorb (*m.*)—bee hive
bieten—to offer
Bild (*n.*)—picture
Bilderbuch (*n.*)—picture book
Bildergallerie (*f.*)—picture gallery
billig—cheap, fair
binden—bind, tie
Birke (*f.*)—birch tree
Birnbaum (*m.*)—pear tree
Birne (*f.*)—pear
bis (*conj.*)—till, until
Bischof (*m.*)—bishop
Bitte (*f.*)—request
bitte—please
bitten (um)—request, ask (for)
blasen—blow
blaß—pale
Blatt (*n.*)—leaf
blau—blue
bläulich—bluish
Blei (*n.*)—lead
bleiben—remain, stay
bleich—pale
bleichen (*reg.*)—bleach
Bleichsucht (*f.*)—anæmia
bleichsüchtig—anæmic
Bleistift (*m.*)—pencil
blind—blind
Blitz (*m.*)—lightning
blitzen—to lighten, sparkle
Blitzstrahl (*m.*)—flash of lightning
blühen—to bloom, be in bloom
blühend (*adj.*)—flowering, in
   bloom, handsome
Blume (*f.*)—flower
Blumenbeet (*n.*)—flower bed

Blumengarten (*m.*)—flower garden
Blumenstrauß (*m.*)—bouquet
Blüte (*f.*)—blossom
Boden (*m.*)—floor, ground
Bogen (*m.*)—arch, bow
böse (auf) (*acc.*)—angry (with)
brauchen—to need
brausen—to roar
Braut (*f.*)—bride, fiancée
Bräutigam (*m.*)—fiancé
brechen—to break
breit—broad, wide
brennen—to burn
Brief (*m.*)—letter
Briefkasten (*m.*)—pillar box, letter box
Briefmarke (*f.*)—stamp
Briefpapier (*n.*)—writing paper
Briefträger (*m.*)—postman
Briefwechsel (*m.*)—correspondence
Brille (*f. sing.*)—spectacles
bringen—to bring, get
Brot (*n.*)—bread, loaf
Brücke (*f.*)—bridge
Bruder (*m.*)—brother
Brunnen (*m.*)—fountain, well
Brust (*f.*)—chest, breast
brüten—to breed
Buch (*n.*)—book, quire
Buche (*f.*)—beech tree
Buchhändler (*m.*)—bookseller
bücken (sich)—to bend, stoop
Buhle (*f.*)—wife
Bulgar (*m.*)—Bulgarian
Bulgarien (*n.*)—Bulgaria
bulgarisch (*adj.*)—Bulgarian
Bund (*m.*)—alliance

Bündnisse (*n. pl.*)—alliances
Burg (*f.*)—castle
Bursch (*m.*)—fellow
bürsten—to brush
Bürste (*f.*)—brush
Butter (*f.*)—butter
Butterbrot (*n.*)—bread and butter

C

Chef (*m.*)—principal
China (*n.*)—China
Chinese (*m.*)—Chinese
chinesisch (*adj.*)—Chinese
Chor (*m.*)—chorus, choir
Chor (*n.*)—chancel
Club (*m.*)—Club
Coupé (*n.*)—compartment
Cousine (*f.*)—cousin
Couvert (*n.*)—envelope

D

da (*adv.*)—there, then
da (*conj.*)—as, because
dabei—at it, in doing so
Dach (*n.*)—roof
Dachfenster (*n.*)—attic window, skylight
dadurch—thereby, through it
dagegen—against it
daher—therefore, along
dahin—there (thither)
damals—at that time, then
Dame (*f.*)—lady
damit—with it (them)
damit (*conj.*)—in order that

damit . . . nicht—lest
dämmern—to dawn, grow dark
Dämmerung (f.)—dawn, dusk
Dampf (m.)—vapour, steam
Dampfer (m.)—steamer (S.S.)
Dampfschiff (n.)—steamer (S.S.)
Däne (m.)—Dane
Dänemark (n.)—Denmark
dänisch (adj.)—Danish
Dank (m.)—thanks
dankbar—grateful, thankful
Dankbarkeit (f.)—gratitude
danken (dat.)—to thank
dann—then
dann und wann—now and then
daran—at it (them)
darauf—thereupon, on it (them)
daraus—out of it (them)
darin—in it (them)
darstellen—to represent
darüber—over it (them)
darunter—under (below) it
   (them)
daß (conj.)—that
Datum (n.)—date
dauern—to last
Daumen (m.)—thumb
davon —from it (them)
dazu—to it (them)
dazwischen—between it (them)
Decke (f.) —cover
decken —to cover, set (a table)
dein—thy
deinige (der)—thine
denken—to think
denken (sich)—to fancy, imagine
Denkmal (n.)—monument
denn (conj.)—for, because
Depesche (f.)—wire, telegram

deshalb—therefore
deswegen—therefore
deutlich—distinctly
deutsch (adj.)—German
Deutsche (der or die)—the German
Deutschland (n.)—Germany
Dezember (m.)—December
Diamant (m.)—diamond
dicht—dense, thick
Dichter (m.)—poet
dick—thick, stout
dienen (dat.)—to serve
Diener (m.)—servant
Dienst (m.)—service
Dienstmann (m.)—servant
   (porter)
Dienstag (m.)—Tuesday
diesseit (gen.)—on this side of
Dogma (n.)—dogma
Dom (m.)—cathedral
Donner (m.)—thunder
donnern—to thunder
Donnerstag (m.)—Thursday
doppelt—double
Dorf (n.)—village
Dorfschenke (f.)—village inn
dort—there
dorthin—there (thither)
Drache (m.)—dragon
drahtlos—wireless
Drama (n.)—drama
drängen (tr.)—urge, press
drehen—to turn
drei—three
dreifach—threefold
dreimal—three times
dreißig—thirty
dreizehn—thirteen
dringen—to urge, press

dritte (der)—third
Drittel (n.)—one-third
drittens—thirdly
drohen (dat.)—to threaten
Drohung (f.)—threat
drüben (adv.)—yonder, over
  there
drüber—over it
drücken—to press
Duel (n.)—duel
dulden—suffer, endure
dumm—stupid
dumpf—dull
dunkel—dark
Dunkelheit (f.)—darkness
dunkelrot—crimson
dünn—thin, lean
durch (prep.)—through, per, by
durchaus—throughout
durchaus nicht—by no means
  (not at all)
durchfallen—to fail (in an exam.)
dürfen—to dare, be allowed to
Durst (m.)—thirst
dürsten—to thirst
durstig—thirsty

E

eben (adj.)—even, flat
eben (adv.)—just (now)
Echo (n.)—echo
Ecke (f.)—corner
edel—noble
Edelmann (m.)—nobleman
Edelmut (m.)—noble courage,
  heroism

edelmütig—courageous, heroic
Ehe (f.)—marriage
ehe (conj.)—ere, before
eher (adv.)—rather, sooner
Ehre (f.)—honour
ehren—to honour
Ehrenbezeugungen (f. pl.)—
  honours
ehrlich—honest
Ehrlichkeit (f.)—honesty
Ehrsucht (f.)—jealousy, greed
ehrsüchtig—jealous, greedy
Ei (n.)—egg
Eichbaum (m.)—oak tree
Eiche (f.)—oak tree
Eid (m.)—oath
Eierchen (n.)—small egg
Eifer (m.)—zeal
Eifersucht (f.)—jealousy, envy
eifersüchtig—jealous
eifrig—eager, keen
eigen (adj.)—own
Eigenschaft (f.)—quality
eigentlich—really
Eigentum (n.)—property
Eigentümer (m.)—proprietor
eigentümlich—strange, odd
Eile (f.)—haste, hurry
eilen—to hurry, hasten
ein(e)—one
einander—each, other
einbilden (sich)—to fancy
  imagine
einfach—single, simple
Einfachheit (f.)—simplicity
einfältig—onefold, stupid
Einfluß (m.)—influence
Eingang (m.)—entrance
Eingangstor (n.)—entrance gate

einholen—to make up on
einig—at one, on friendly terms
einige (*pl.*)—a few, some
Einkehr (*f.*)—visit
einkehren—to call on
einladen—to invite
Einladung (*f.*)—invitation
einmal—once
einpacken—to pack
einsam—lonely
einschlafen—to fall asleep
einschläfern—to lull to sleep
einsehen—to perceive
einst—once (upon a time)
einsteigen—to enter (carriage)
einstweilen—meantime
eintönig—monotonous
eintreten—to enter (room)
Eintritt (*m.*)—entrance, admission
Eintrittskarte (*f.*)—card of admission
Einwohner (*m.*)—inhabitant
einweihen—to dedicate
Einweihung (*f.*)—dedication
einwilligen—to consent, agree
Eis (*n.*)—ice
Eisen (*n.*)—iron
Eisenbahn (*f.*)—railway
Eisenstange (*f.*)—bar of iron
eitel—vain
Eitelkeit (*f.*)—vanity
Elefant (*m.*)—elephant
elf—eleven
elfmal—eleven times
elfte (der)—eleventh
Elle (*f.*)—ell, yard
Eltern (*pl.*)—parents
empfangen—to receive

empfehlen (*dat.*)—to recommend
Empfehlung (*f.*)—recommendation
empfinden—to feel
Empfindung (*f.*)—feeling
empor (*pref.*)—up
Ende (*n.*)—end, final
enden—to end, terminate
endlich—at last
eng—narrow
England (*n.*)—England
Engländer (*m.*)—Englishman
englisch (*adj.*)—English
Enkel (*m.*)—grandson
Enkelin (*f.*)—grand-daughter
entdecken—to discover
Entdeckung (*f.*)—discovery
entfalten—to display, unfold
entfernen—to remove
entfernen (sich)—to leave, go away
entfernt—distant, far off
Entfernung (*f.*)—distance
entfliehen—to escape, elope
entgegen (*prep.*)—towards
entgegengehen—to go and meet
entgegnen—to reply, answer
entgehen—to escape
enthalten—to contain
enthalten (sich) (von)—to abstain (from)
entschließen (sich)—to resolve, decide, make up one's mind
Entschluß (*m.*)—resolution
entschuldigen—to excuse
entschuldigen (sich)—to excuse (oneself)
Entschuldigung (*f.*)—excuse
entstehen—to arise, grow
enttäuschen—to disappoint

Enttäuschung (f.)—disappointment

entweder ... oder—either ... or

entzücken—to charm, delight

entzückend (adj.)—charming, delightful

erbarmen (sich) (gen.)—to pity

Erbarmen (n.)—pity

Erbe (m.)—heir

Erbe (n.)—legacy, inheritance

erben—to inherit

Erbschaft (f.)—legacy, inheritance

Erde (f.)—earth, globe, soil

ereignen (sich)—to happen

Ereignis (n.)—event

erfinden—to invent

Erfindung (f.)—invention

Erfolg (m.)—success

erfolglos—unsuccessful

erfolgreich—successful

erfüllen—to fulfil

Erfüllung (f.)—fulfilment

ergreifen—to seize, get hold of

erhaben (adj.)—superior, sublime

erheben—to raise

erheben (sich)—to rise

erholen (sich)—to recover

Erholung (zur)—to recuperate

erinnern—to remind

erinnern (sich)—to remember

Erinnerung (f.)—remembrance, souvenir

erkälten (sich)—to catch cold

Erkältung (f.)—cold, chill

erkennen—to recognise

Erkenntnis (f.)—recognition

erklären—to explain

Erklärung (f.)—explanation

erklingen—to resound

erkranken—to turn ill

erkundigen (sich)—to make enquiries

Erkundigung (f.)—enquiry

erlauben (dat.)—to permit, allow

Erlaubnis (f.)—permission

erlöschen—to extinguish

ermangeln (gen.)—to lack

Ernte (f.)—crop, harvest

erraten—to guess

erreichen—to reach

errichten—to erect

erschaffen—to create

erschrecken (reg.)—to frighten

erschrecken (irreg.)—to be frightened

ersehen (aus)—to see (from)

erst (adv.)—not until, only

erst (zuerst)—at first

erstaunen—to astonish

erstaunt (adj.)—astonished, surprised

Erstaunung (f.)—astonishment. surprise

erstens—firstly

erstere (der)—former

Ertrag (m.)—profit

ertränken (tr.)—to drown

ertreten—to step on

ertrinken (intr.)—to be drowned

erwachen—to awaken

erwachsen (adj.)—grown up

Erwachsene (der)—adult

erwählen—to elect

erwähnen—to mention

erwarten—to expect

erweisen—bestow

erzählen—to relate, tell

Erzählung (f.)—tale, story

erziehen—to rear, educate
Erziehung (f.)—education
Esel (m.)—donkey
essen—to eat
Essen (n.)—meal, repast
Eßzimmer (n.)—dining-room
etliche (pl.)—a few, some
etwa—about
etwas—something, anything
Exemplar (n.)—copy (of a book)
  specimen
Expedition (f.)—expedition
ewig—everlasting

F

Fabrik (f.)—factory, works
Fabrikant (m.)—manufacturer
Faden (m.)—thread
fahren—to drive (go in a con-
  veyance
Fahrgeld (n.)—fare
Fahrkarte (f.)—ticket
Fahrplan (m.)—time-table (Rly.)
fallen—to fall
fällen (tr.)—to fell
falls (conj.)—in case of
Fallsucht (f.)—epilepsy
Familie (f.)—family
Farbe (f.)—colour
färben—to dye
Färber (m.)—dyer
fasten—to fast, abstain from
Fasten (pl.)—Lent
faul—idle, lazy
Faulheit (f.)—idleness, laziness
Faust (f.)—fist
Februar (m.)—February
Feder (f.)—pen, feather

fehlen (dat.)—to fail, miss
Fehler (m.)—mistake, error
Feier (f.)—festival, feast
feiern—to celebrate, keep
Feiertag (m.)—holiday
Feind (m.)—foe, enemy
Feld (n.)—field
Felsen (m.)—rock
Felsenriff (n.)—cliff
Fenster (n.)—window
Fensterladen (m.)—window
  shutter
Fensterscheibe (f.)—window pane
Ferien (pl.)—holidays
fern—distant, far
Ferne (f.)—distance
fertig—ready
feucht—damp, moist
Feuer (n.)—fire
Feuerwehr (f.)—fire brigade
Figur (f.)—figure
finden—to find
Finger (m.)—finger
Fingerhut (m.)—thimble
finnisch (adj.)—Finnish (of Fin-
  land)
Finnland (n.)—Finland
Finnländer (m.)—Finlander
finster—dark
Finsternis (f.)—darkness
Fisch (m.)—fish
Fischer (m.)—fisher(man)
flach—flat, even, smooth
Fläche (f.)—surface
Flasche (f.)—bottle, flask
Fleisch (n.)—meat, flesh
Fleischer (m.)—butcher
Fleiß (m.)—diligence, industry
fleißig—diligent, industrious

fleißig arbeiten—to work hard
flicken—to mend, darn
Fliege (f.)—fly
fliegen—to fly
fliehen—to flee, escape
fließen—to flow
fließend—fluent(ly)
flößen—to float
Flöte (f.)—flute
Flucht (f.)—flight, escape
flüchten—to save, salvage
flüchtig—careless(ly)
Flug—(m.) flight (of birds, of aeroplanes)
Flügel (m.)—wing
Flur (f.)—fields
Fluß (m.) —river
Flut (f.)—flood
Folge (f.)—consequence
folgen (dat.)—to follow
folglich—consequently
fragen—to ask
Frankreich (n.)—France
Franzose (m.)—Frenchman
Französin (f.)—French lady
französisch (adj.)—French
Frau (f.)—Mrs., lady
Fräulein (n.)—Miss, young lady
frech—impertinent, rude
Frechheit (f.)—impertinence
frei—free, at liberty
Freiheit (f.)—liberty, freedom
freilassen—to release
freilich—certainly
freisprechen—to acquit
Freitag (m.)—Friday
fressen—to eat (of animals)
Freude (f.)—joy, pleasure
Freudengetön (n.)—cries of joy

freuen (sich)—to be glad
freuen (sich) (auf)—to look forward (to)
freuen (sich) (über)—to rejoice (at)
Freund (m.)—friend
Freundin (f.)—lady friend
freundlich—friendly, kind
Friede (m.)—peace
frieren—to freeze, to be cold
friert (es ... mich)—I am cold
froh—glad
fröhlich—merry, cheerful
fromm—pious, devout
Frosch (m.)—frog
Frost (m.)—frost
früh—early
Frühling (m.)—spring
Frühstück (n.)—breakfast
frühstücken—to breakfast
fühlen—to feel
führen—to lead
Führer (m.)—leader, guide
fünf—five
fünfmal—five times
fünfzehn—fifteen
fünfzig—fifty
Funke (m.)—spark
funkeln—to sparkle
für (prep.) (acc.)—for
Furcht (f.)—fear, awe
fürchten (sich) (vor)—to be afraid (of), fear
Fürst (m.)—prince
Fürstentum (n.)—principality
Fuß (m.)—foot
Fußweg (m.)—footpath
Futter (n.)—lining, fodder
füttern (tr.)—to feed (animals)

G

Gabe (f.)—gift, present
Gabel (f.)—fork
Galle (f.)—gall
Gans (f.)—goose
ganz—whole, entire, all
gänzlich—entirely
gar—very
gar gekocht—well cooked (done)
gar nicht—not at all
Garten (m.)—garden
Gartenhaus (n.)—summer house
Gärtner (m.)—gardener
Gärtnerin (f.)—gardener's wife
   (lady gardener)
Gast (m.)—guest
Gaste (zu)—on a visit
Gasthaus (n.)—hotel
Gasthof (m.)—hotel
Gastwirt (m.)—hotel proprietor
Gebäude (n.)—building
geben—to give
Geberde (f.)—gesture
Gebirge (n.)—mountain range
geboren (p.p.)—born (né)
Gebrauch (m.)—use
gebrauchen—to make use of
Gebrüder (pl.)—brothers (comm.)
gebunden (adj.)—bound (of book)
Geburt (f.)—birth
Geburtstag (m.)—birthday
Gedanke (m.)—thought
gedenken (gen.)—to remember
Gedicht (n.)—poem
Geduld (f.)—patience
geduldig—patient
Gefahr (f.)—danger, peril
gefährlich—dangerous

Gefährte (der)—companion
gefallen (dat.)—to please, like
Gefallen (m.)—favour
Gefallen (erweisen)—to do a
   favour
gefälligst (gefl.)—please
Gefangene (der)—prisoner
Gefängnis (n.)—prison, jail
Gefieder (n.)—plumage
Gefühl (n.)—feeling
gegen (prep.) (acc.)—towards,
   against
Gegenteil (n.)—contrary
gegenüber (prep.) (dat.)—opposite
geheim (adj.)—secret
Geheimnis (n.)—secret
gehen—to go
gehen (zu Fuß)—to go on foot
Gehör (n.)—hearing
gehorchen (dat.)—to obey
gehören (dat.)—to belong to
Geige (f.)—fiddle, violin
geigen—to fiddle
Geiger (m.)—fiddler
geläufig—fluent(ly)
gelb—yellow
gelblich—yellowish
Geld (n.)—money
Geldbeutel (m.)—purse
Geldstück (n.)—coin
Gelehrte (m.)—savant
Geleise (n.)—line (of rails)
gelingen (dat.)—to succeed
geloben—to vow
Gemahl (m.)—husband
Gemahlin (f.)—wife
Gemälde (n.)—painting
gemein—common, vulgar
Gemüse (n. sing.)—vegetables

22

gemütlich—pleasant
General (m.)—general
genesen—to recover (after illness)
Genesung (f.)—convalescence
genießen—to enjoy
genug—enough
genügen—to suffice
genügend—sufficient
Genuß (m.)—enjoyment
Geolog (m.)—Geologist
Gepäck (n.)—luggage
Gepäckschein (m.)—luggage ticket
Gepäckträger (m.)—porter
Gepäckwagen (m.)—luggage van
Gepäckzimmer (n.)—left luggage
    office
gerade—straight, just
gerade aus—straight on
Geräusch (n.)—noise
geräuschlos—noiseless
Gerbe (f.)—tannery
Gerber (m.)—tanner
Gericht (n.)—court (of justice)
Gerichtsfall (m.)—court case
gering—poor, meagre
geringste (der)—the least
geringsten (nicht im)—not in the
    least
Geruch (m.)—smell
Geschäft (n.)—business
geschehen—to happen
Geschichte (f.)—history, story
Geschmack (m.)—taste
Geschmeide (n.)—jewellery
Geschwister (pl.)—brothers and
    sisters
Gesell (m.)—pal, companion
Gesellschaft (f.)—company
Gesicht (n.)—face

gestern—yesterday
gestorben (p.p.)—died, dead
gestrig (adj.)—yesterday's
gesund—healthy, wholesome
Gesundheit (f.)—health
Getreide (n.)—corn
Gewalt (f.)—power
gewaltig—powerful
Gewehr (n.)—rifle
Gewicht (n.)—weight
gewinnen—to earn, win, gain
gewiß—certain, sure
Gewitter (n.)—thunderstorm
gewöhnen (sich) (an)—to accustom
    oneself (to)
Gewohnheit (f.)—custom, use,
    habit
gewöhnlich—usually, generally
Gewölbe (n.)—vault
gießen—to pour, cast
Gipfel (m.)—top
Glas (n.)—glass
glatt—flat, smooth
gleich (adj.) (dat.)—alike, same
gleich (adv.)—immediately
gleichen (dat.)—to resemble
gleichfalls—also, too
gleichgültig—careless
gleichsam—as it were
gleiten—to glide, slide
Goldstück (n.)—gold coin
Gouvernante (f.)—governess
Grab (n.)—grave
Graben (m.)—ditch
graben—to dig, delve
Grad (m.)—degree
gratulieren (dat.)—to congratulate
grau—grey
gräulich—greyish

grauſam—cruel
greifen—to seize
Greis (m.)—old man
Grenadier (m.)—grenadier
Grenze (f.)—boundary, frontier
grenzen (an)—to border
Grieche (m.)—Grecian
Griechenland (n.)—Greece
griechiſch (adj.)—Grecian
groß—big, tall, great, large
Größe (f.)—size
Großeltern (pl.)—grandparents
Großmut (f.)—generosity
großmütig—generous
Großmutter (f.)—grandmother
großtun—to brag, do big
Großvater (m.)—grandfather
Grube (f.)—pit
grün—green
Grund (m.)—ground, reason
Gruß (m.)—greeting
grüßen—to greet, salute
Gunſt (f.)—favour
Gunſtbezeugungen (pl.f.)—favours
günſtig—favourable
Gut (n.)—estate
Güte (f.)—kindness
Güterzug (m.)—goods train
gütig—kind

H

Haar (n.)—hair
Haarſchneider (m.)—hairdresser, barber
haben—to have
Habſucht (f.)—ambition, greed
habſüchtig—ambitious, greedy

Hafer (m.)—oats
Hag (m.)—hedge, wood
Hagel (m.)—hail
hageln—to hail
Hagelwetter (n.)—hailstorm
Hahn (m.)—cock, rooster
halb—half
Hälfte (f.)—half
Hals (m.)—neck
Halsband (n.)—neckband
Halstuch (n.)—neckerchief, muffler
Halsweh (n.)—sore throat
halten—to hold, keep
Halteſtelle (f.)—stopping place
Hammer (m.)—hammer, mallet
hämmern—to hammer
Hand (f.)—hand
Handgepäck (n.)—hand luggage
Handſchuh (m.)—glove
Handtuch (n.)—towel
hangen (intr.)—to hang, be hanging
hängen (tr.)—to hang
Harfe (f.)—harp
harren—to hesitate, tarry
hart—hard
Harz (m.)—Harz mountains
Harz (n.)—resin
haſſen—to hate, detest
hauen—to hew, cut
Haupt (n.)—head, chief
Hauptbahnhof (m.)—main station (terminus)
Hauptmann (m.)—captain
Hauptſache (f.)—main thing
Hauptſtadt (f.)—capital (town)
Hauptſtraße (f.)—main street
Haus (n.)—house

Haufe (nach)—home
Haufe (zu)—at home
haufen—to house
heben—to lift, raise
Hecke (f.)—hedge
Heide (m.)—pagan, heathen
Heide (f.)—heath, meadow
heilig—holy
heim—home (to go)
Heimat (f.)—home, native place
Heimatdorf (n.)—native village
Heimatland (n.)—native country
Heimatort (m.)—native place
Heimatstadt (f.)—native town
Heimweg (m.)—way home
Heimweh (n.)—homesickness
Heirat (f.)—marriage
heiraten (tr.)—to marry
heiß—hot
heißen—to be called
heizen—to heat
helfen (dat.)—to help
hell—clear, bright
hellrot—light red, pink
Henne (f.)—hen
Herbst (m.)—autumn
Herr (m.)—Mr., gentleman
herrlich—splendid
herrschen—to rule
Herrscher (m.)—ruler
hervorbringen—to produce
Herz (n.)—heart
Herzog (m.)—duke
Herzogtum (n.)—duchy
Heu (n.)—hay
heute—to-day
heutzutage—now-a-days
hier—here
hierher—here (hither)

hiesig (adj.)—local, of this place
Himmel (m.)—sky, heavens
hindern (an)—to hinder, debar (from)
hinten (adv.)—behind, in arrear
hinter (prep.)—behind
Hintergrund (m.)—background
hinterlassen—to leave (after death)
hin und her—hither and thither (up and down)
hinzufügen—to add
Hirt (m.)—shepherd
Hitze (f.)—heat
hoch—high
Hochmut (m.)—arrogance, pride
hochmütig—arrogant, haughty
höchstens—at most
Hochzeit (f.)—wedding
Hof (m.)—court, yard
hoffen—to hope
hoffentlich—it is to be hoped
Hoffnung (f.)—hope
höflich—polite
Höhe (f.)—height
hohl—hollow
Höhle (f.)—cave, den
Holland (n.)—Holland
Holländer (m.)—Dutchman
holländisch (adj.)—Dutch
Holz (m.)—wood
Honig (m.)—honey
hörbar—audible
horchen—to listen
hören—to hear
Hotel (n.)—hotel
hübsch—pretty
Hügel (m.)—hill
hügelig—hilly
Huhn (n.)—fowl

Hühnerstall (*m.*)—hen house
Hund (*m.*)—dog
hundert—hundred
Hunderte (von)—hundreds (of)
Hunger (*m.*)—hunger
hungern—to hunger
Hungersnot (*f.*)—famine
hungrig—hungry
Hut (*m.*)—hat
Hut (*f.*)—guard
Hut (auf der . . . sein)—to be on
  one's guard
hüten—to watch, guard
hüten (sich . . . vor)—to beware
  (of)
hüten (das Bett)—to be confined
  (to bed)
Hütte (*f.*)—hut, cottage

I

ihm (*dat.*)—to him
ihn (*acc.*)—him
Ihr—your
ihr—her, their
Ihrige (der, die, das)—yours
ihrige (der, die, das)—theirs, hers
illustrirt (*p.p.*)—illustrated
immer—always, ever
immer (auf . . .)—for ever
immergrün—evergreen
improvisiren—to improvise
in (*prep.*)—in, into
indem (*conj.*)—while
Indianer (*m.*)—red Indian
Indien (*n.*)—India
Indier (*m.*)—Indian
indisch (*adj.*)—Indian

Individuum (*n.*)—individual
Inhalt (*m. sing.*)—contents
Insekt (*n.*)—insect
intelligent—intelligent
interessant—interesting
irdisch—earthly
irgendwo—somewhere
irgendwoher—from somewhere
irisch (*adj.*)—Irish
Irland (*n.*)—Ireland
Irländer (*m.*)—Irishman
irren (sich)—to be mistaken
  (wrong)
Irrtum (*m.*)—error, mistake
Italien (*n.*)—Italy
Italiener (*m.*)—Italian
italienisch (*adj.*)—Italian

J

ja—yes
Jagd (*f.*)—hunt, chase
Jagd (auf der)—(to be) hunting
Jagd (auf die)—(go) hunting
Jagdabenteuer (*n.*)—hunting
  adventure
jagen—to hunt
Jäger (*m.*)—hunter
Jahr (*n.*)—year
jahrelang—for years
Jahreszeit (*f.*)—season
jährlich—yearly, annually
Januar (*m.*)—January
Japan (*n.*)—Japan
Japaner (*m.*)—Japanese
Japanese (*m.*)—Japanese
japanisch (*adj.*)—Japan
jauchzen—to shout (with joy)

je—ever
je . . . je—the . . . the
jedenfalls—likely
jeder (e, es)—each, every
jedermann—everybody
je . . . desto—the . . . the
jedoch (adv.)—however
jemals—ever
jemand—somebody, anybody
jenseit (prep.) (gen.)—on that
   side of, the other side of
Jesuit (m.)—Jesuit
Jubel (m.)—rejoicing
jubeln—to rejoice
Jugend (f.)—youth
Juli (m.)—July
jung—young
Jungfrau (f.)—spinster
Jüngling (m.)—youth, young
   man
jüngst—recently
Juni (m.)—June
Juwelier (m.)—jeweller

K

Kaffee (m.)—coffee
kahl—bare, bald, leafless
Kahn (m.)—boat
Kajüte (f.)—cabin
Kalb (n.)—calf
kalt—cold
Kälte (f.)—cold
Kamerad (m.)—comrade, chum
Kamin (n.)—chimney
Kamm (m.)—comb
kämmen—to comb
Kapital (n.)—capital (money)

Kapitän (m.)—captain (of a ship)
Kaserne (f.)—barracks
Kasten (m.)—box, cupboard
Katholik (m.)—Catholic
katholisch—catholic
Kätzchen (n.)—kitten
Katze (f.)—cat
kaufen—to buy
Käufer (m.)—buyer
Kaufladen (m.)—shop
Kaufmann (m.)—merchant
Kehle (f.)—throat
kein—no, not any
keiner (e, es)—none
keineswegs—by no means
Keller (m.)—cellar
Kellner (m.)—waiter
kennen—to know, be acquainted
   (with), (Fr. connaître)
Kenntnis (f.)—knowledge
Kerl (m.)—fellow
Kerze (f.)—candle
Kiefer (m.)—jaw
Kiefer (f.)—fir tree
Kind (n.)—child
Kindlein (n.)—baby, little child
Kinn (n.)—chin
Kino (n.)—cinema
Kirche (f.)—church
Kirchenuhr (f.)—church clock
Kirchsteig (m.)—steps from (to)
   church
Kirschbaum (m.)—cherry tree
Kirsche (f.)—cherry
Kiste (f.)—case (wooden)
Klage (f.)—complaint
klagen—to complain
klagen (über)—to complain (of)
klar—clear

Klasse (f.)—class
Klavier (n.)—piano
kleben—to stick
Klee (m.)—clover
Kleid (n.)—dress
kleiden (sich)—to dress oneself
klein—small, little
Kleinigkeit (f.)—trifle
Kleinod (n.)—jewel
klingen—to sound
klopfen—to knock
Kloster (n.)—convent, cloister
Knie (n.)—knee
Knospe (f.)—bud
Koch (m.)—cook
kochen—to cook
Köchin (f.)—cook
Kohle (f.)—coal
Koffer (m.)—trunk, case
Komet (m.)—comet
kommen—to come
Kommode (f.)—chest of drawers
Komponist (m.)—composer
König (m.)—king
Königin (f.)—queen
königlich—royal, regal
Königreich (n.)—kingdom
Königtum (n.)—kingdom
können—to be able
Konsonant (m.)—consonant
Konsul (m.)—consul
Konzert (n.)—concert
Konzert (im)—at the concert
Konzert (ins)—to the concert
Kopf (m.)—head
Kopfweh (n.)—headache
Korb (m.)—basket
Körper (m.)—body
korrigiren—to correct

Kost (f.)—food
kostbar—costly, dear, expensive
kosten—to taste, cost
Kosten (pl.)—costs
Kragen (m.)—collar
krähen—to crow
krank—ill, sick, diseased
Krankheit (f.)—illness, sickness
Kravate (f.)—tie
Kreide (f.)—chalk
kriechen—to creep
Krokodil (n.)—crocodile
Krümchen (n.)—crumb
krumm—crooked, bent
Küche (f.)—kitchen
Kuchen (m.)—cake
Kuckuck (m.)—cuckoo
Kuh (f.)—cow
kühl—cool
Kunde (f. sing.)—news
künftig—in future
Kunst (f.)—art
Künstler (m.)—artist
künstlerisch—artistic
künstlich—artificial
Kupfer (n.)—copper
kurz (adj.)—short, brief
kurz (adv.)—in short
kürzlich—recently, shortly
kurzweilen—to amuse (enjoy)
  oneself
kurzweilig—pleasant, amusing,
  enjoyable

L

lachen—laugh
Lachen (n.)—laughter
lächeln—to smile

Lächeln (*n.*)—smile
laden—to load, invite
Laden (*pl.m.*)—shutters
Läden (*pl.m.*)—shops
Ladung (*f.*)—load, cargo
Lage (*f.*)—situation
lahm—lame
lähmen—to lame
Lamm (*n.*)—lamb
landen—to land
Landhaus (*n.*)—country house
Landung (*f.*)—landing
Landungsstelle (*f.*)—landing place
Landwehr (*f.*)—militia
lang—long (*dimens.*)
lange—long (*time*)
Länge (*f.*)—length
längs (*prep.*) (*gen.*)—along
langsam—slow(ly)
langweilen—to bore, tire
langweilig—boring, tiring
Lärche (*f.*)—larch tree
Lärm (*m.*)—noise
lärmen—to make a noise
lassen—to let, allow
Lauf (*m.*)—course
laufen—to run
Laune (*f.*)—humour, mood
lauschen—to listen
Laut (*m.*)—sound, tone
laut (*adj.*)—loud, noisy
lauten—to sound, run (of story)
läuten—to ring (of bells)
lauter (*adv.*)—nothing but, only
Leben (*n.*)—life
leben—to live
Lebensglut (*f.*)—glow of life
Lebensmittel (*pl.*)—provisions

lecken—to lick
leer—empty
leeren—to empty
legen—to lay, put
lehren—to teach
Lehrer (*m.*)—teacher, master
Lehrerin (*f.*)—lady teacher
Lehrling (*m.*)—apprentice
Leib (*m.*)—body
leicht—light, easy
Leichtsinn (*m.*)—frivolity
leichtsinnig—frivolous
leid (tun) (*dat.*)—to be sorry
Leid (*n.*)—sorrow, pain
Leiden (*n.*)—suffering
leiden—to suffer
leihen—to lend
leiten—to guide
Leiter (*m.*)—leader, guide
Leiter (*f.*)—ladder
Lektion (*f.*)—lesson
Lerche (*f.*)—lark
lernen—learn
Lesebuch (*n.*)—reader
lesen—to read
letztere (der)—latter
Leutnant (*m.*)—lieutenant
lieb (*adj.*)—dear
Liebchen (*n.*)—darling
Liebe (*f.*)—love
lieben—to love
Liebhaber (*m.*)—admirer, lover
lieblich—lovely, pleasant
liebreich—amiable, lovable
Lied (*n.*)—song
liegen—to lie, be lying
Linde (*f.*)—lime-tree
Lindenbaum (*m.*)—lime tree
link (*adj.*)—left

links (*adv.*)—to the left
Lippe (*f.*)—lip
List (*f.*)—cunning, ruse
listig—cunning
Lob (*n.*)—praise
loben—to praise, laud
lobenswert—praiseworthy, laudable
Löffel (*m.*)—spoon
lösen—to loosen, take (a ticket)
Luft (*f.*)—air
Luftschiff (*n.*)—aeroplane
Luftsport (*m.*)—aero sport
Lüge (*f.*)—lie, falsehood
lügen—to tell a lie
Lügner (*m.*)—liar
Lust (*f.*)—pleasure, joy
Lust (haben)—to feel inclined
lustig—merry, cheery

M

machen—to make
Macht (*f.*)—power
mächtig—powerful
Mädchen (*n.*)—girl
Magazin (*n.*)—magazine
Magd (*f.*)—maid servant
Magnet (*m.*)—magnet
Mahl (*n.*)—meal, repast
Mahlzeit (*f.*)—meal, repast
Mai (*m.*)—May
Major (*m.*)—major
malen—to paint
Maler (*m.*)—painter
man (*pron.*)—one (*Fr. " on "*)
mancher (e, es)—many a
manchmal (*adv.*)—sometimes

Mangel (*m.*)—want, need
mangelhaft—wanting, short of
Mann (*m.*)—man
männlich—manly
Manuskript (*n.*)—manuscript
Märchen (*n.*)—fairy tale
Mark (*f.*)—German shilling
Marke (*f.*)—stamp
März (*m.*)—March
Masern (*pl.*)—measles
Maß (*n.*)—measure
Masse (*f.*)—mass, heap
Mathematik (*f.*)—mathematics
Matrose (*m.*)—sailor
matt (*adj.*)—dull, flat
Matte (*f.*)—meadow
Mauer (*f.*)—wall (outside)
Maul (*n.*)—mouth (of an animal)
Maurer (*m.*)—mason
Maus (*f.*)—mouse
Meer (*n.*)—sea, ocean
mehr—more
mehrmals—several times
mehrere—several
meiden—to avoid, shun
Meile (*f.*)—mile
mein (e,)—my
meinen—to mean, think
meinige (der, die, das)—mine
meiner (e, es)—mine
meinethalber—on my behalf
meinetwegen—for aught I care
meinetwillen—for my sake
Meinung (*f.*)—opinion
meisten (die)—most of
meisten (am)—most
meistens—mostly
Meister (*m.*)—master (of a trade)
melden—to report

Meldung (*f.*)—report
Melodie (*f.*)—melody
Mensch (*m.*)—man ("*homo*")
Menschenleben (*pl.*)—lives
merken—to notice
merkwürdig—remarkable
messen—to measure
Messer (*n.*)—knife
Messing (*n.*)—brass
Miete (*f.*)—rent
mieten—to hire, take (a house)
Milch (*f.*)—milk
minder—less
mindesten (am)—least
mindestens—at least
Mineral (*n.*)—mineral
Minute (*f.*)—minute
mit (*prep.*) (*dat.*)—with
Mitreisende (der)—fellow traveller
Mitschüler (*m.*)—fellow pupil
Mittag (*m.*)—midday, noon
Mittagessen (*n.*)—dinner
Mitte (*f.*)—middle, centre
Mittel (*n.*)—means
Mittelalter (*n.*)—Middle Ages
Mittelfinger (*m.*)—middle finger
mittelländisch (*adj.*)—Mediter-
                                  ranean
Mitternacht (*f.*)—midnight
mittlern Alter (im)—middle-aged
Mittwoch (*m.*)—Wednesday
mögen—to may, like to
Monat (*m.*)—month
monatlich—monthly
Mond (*m.*)—moon
Mondschein (*m.*)—moonlight
Montag (*m.*)—Monday
Mord (*m.*)—murder
morden—to murder

Mordtaten (*pl.*)—murders
Mörder (*m.*)—murderer
Morgen (*m.*)—morning
morgen (*adv.*)—to-morrow
morgen früh—to-morrow morning
müde—tired
Mund (*m.*)—mouth
Mündung (*f.*)—mouth (of a river)
Münster (*n.*)—Minster, Cathedral
munter—bright, cheerful, gay
Museum (*n.*)—museum
müssen—to have to, must
müssig—idle
Müssiggang (*m.*)—idleness
Mutter (*f.*)—mother
Mütterchen (*n.*)—mother dear
Mütze (*f.*)—cap, bonnet

N

nach (*prep.*) (*dat.*)—after, to
   (a place)
nachahmen—to imitate
Nachbar (*m.*)—neighbour
nachdem (*conj.*)—after
nachher (*adv.*)—afterwards
nachlässig—careless
Nachlässigkeit (*f.*)—carelessness
Nachmittag (*m.*)—afternoon
nachmittags—in the afternoon
Nachricht (*f. sing.*)—news
nächste (der)—nearest, next
nächstens—shortly
Nacht (*f.*)—night
Nachtessen (*n.*)—supper
Nagel (*m.*)—nail
nahe—near
Nähe (*f.*)—neighbourhood

Nähe (in der)—near
nähern (sich) (*dat.*)—to approach
nähren (sich)—to feed, nourish
Nahrung (*f.*)—food
Nase (*f.*)—nose
naß—wet
nässen—to wet
Nation (*f.*)—nation
Natur (*f.*)—nature
natürlich—natural(ly)
natürlich (das ist)—that is a matter of course
Nebel (*m.*)—fog, mist
nebelig—foggy, misty
neben—beside, near
Nebensache (*f.*)—secondary matter
Neffe (*m.*)—nephew
nehmen—to take
nein—no
nennen—to name, call
Nest (*n.*)—nest
Nestchen (*n.*)—small nest
neu—new
Neujahr (*n.*)—New Year
Neujahrstag (*m.*)—New Year's day
neulich—recently, newly
neun—nine
neunzehn—nineteen
neunzig—ninety
nicht—not
Nichte (*f.*)—niece
Nichtraucher (*m.*)—non-smoker
nichts—nothing, not anything
nichts . . . als—nothing . . . but
nie—never
nieder (*pref.*)—down
Niederlande (die)—Netherlands

Niederländer (*m.*)—Netherlander, Dutchman
niederländisch (*adj.*)—Dutch
niedrig (*adj.*)—low
niemals—never
niemand—nobody
nimmer—never
nirgends—nowhere
noch—yet, still
noch . . . nicht—not . . . yet
noch . . . nie—never . . . yet
Nordamerika (*n.*)—North America
Norden (*m.*)—north
nördlich (*adj.*)—northern
Nordsee (*f.*)—North Sea
Norwegen (*n.*)—Norway
Norweger (*m.*)—Norwegian
norwegisch (*adj.*)—Norwegian
Not (*f.*)—need, care
nötig—necessary, needful
notwendig—necessary, needful
November (*m.*)—November
nun—now (well)
nur—only
Nuß (*f.*)—nut, walnut
Nußbaum (*m.*)—walnut tree
Nutzen (*m.*)—use
nützen (*dat.*)—to be of use, useful
nützlich—useful

O

ob—if, whether
oben (*adv.*)—upstairs (rest)
obgleich—although
obschon—although
Obst (*n.*)—fruit
Obstbaum (*m.*)—fruit tree

Obſtgarten (*m.*)—orchard
obwohl—although
Ochs (*m.*)—ox
oder—or
Ofen (*m.*)—stove, oven
offen—open
offenbaren—to reveal, manifest
offeriren—to offer
Offizier (*m.*)—officer
öffnen—to open
Öffnung (*f.*)—opening
ohne (*acc.*)—without
Ohnmacht (*f.*)—faint, swoon
ohnmächtig—fainting
ohnmächtig werden—to faint
Ohr (*n.*)—ear
Oktober (*m.*)—October
Onkel (*m.*)—uncle
Oper (*f.*)—opera
Opfer (*n.*)—victim, sacrifice
opfern—to sacrifice
Orgel (*f.*)—organ
Ort (*m.*)—spot, place
Oſtafrika (*n.*)—East Africa
Oſten (*m.*)—East
Oſtern (*pl.*)—Eastern
Öſterreich (*n.*)—Austria
Öſterreicher (*m.*)—Austrian
öſterreichiſch (*adj.*)—Austrian
Oſtindien (*n.*)—East Indies
öſtlich (*adj.*)—Eastern
Oſtſee (*f.*)—Baltic Sea
Ozean (*m.*)—ocean, sea

P

Paar (*n.*)—pair, couple
paarweiſe—two and two, in
   couples

packen—to pack, seize
Packet (*n.*)—parcel
Palaſt (*m.*)—palace
Papagei (*m.*)—parrot
Papier (*n.*)—paper
paſſen (*dat.*)—suit
Pate (*m.*)—godfather
Patient (*m.*)—patient
Patin (*f*).—godmother
Pauſe (*f.*)—interval, rest
Pergament (*n.*)—parchment
Pergamentrolle (*f.*)—roll of
   parchment
Perſien (*n.*)—Persia
Perſier (*m.*)—Persian
perſiſch (*adj.*)—Persian
Perſonenzug (*m.*)—passenger
   train
Pfad (*m.*)—path
Pfeffer (*m.*)—pepper
Pfeife (*f.*)—pipe, whistle
pfeifen—to whistle
Pfennig (*m.*)—$\frac{1}{10}$ of a penny
Pferd (*n.*)—horse
Pfingſten (*pl.*)—Whitsuntide
Pfingſtſonntag (*m.*)—Whitsunday
Pflanze (*f.*)—plant
pflanzen—to plant
Pflaume (*f.*)—plum
Pflaumenbaum (*m.*)—plum tree
Pflege (*f.*)—care
pflegen (*reg.*)—to be wont, nurse
pflegen (*irr.*)—cultivate
Pflicht (*f.*)—duty
Pfühl (*m.*)—chair, seat
Pfund (*n.*)—pound
pfundweiſe—by the pound
Philoſoph (*m.*)—philosopher
Philoſophie (*f.*)—philosophy

Photograph (*m.*)—photographer
Photographie (*f.*)—photography
picken—to pick
Plan (*m.*)—plan
Planet (*m.*)—planet
plötzlich—suddenly
Pocken (*pl.*)—smallpox
Poet (*m.*)—poet
Pole (*m.*)—Pole
Polen (*n.*)—Poland
Polizei (*f.*)—Police
Polizeiamt (*n.*)—Police Office
Polizeidiener (*m.*)—policeman
polnisch (*adj.*)—Polish
Portugal (*n.*)—Portugal
Portugiese (*m.*)—Portuguese
portugiesisch (*adj.*)—Portuguese
Post (*f.*)—post, Post Office
Postamt (*n.*)—Post Office
Postbüreau (*n.*)—Post Office
Postkarte (*f.*)—post card
Preuße (*m.*)—Prussian
Preußen (*n.*)—Prussia
preußisch (*adj.*)—Prussian
Programm (*n.*)—programme
Prophet (*m.*)—prophet
prüfen—to test, examine
Prüfung (*f.*)—test, examination
Psalm (*m.*)—psalm
Pult (*n.*)—desk

Q

Qual (*f.*)—torment
quälen—to torment, tease
Quelle (*f.*)—source, spring

R

Rabe (*m.*)—crow, raven
Rache (*f.*)—revenge
rächen—to revenge
Rad (*n.*)—wheel
rasch—rapid, quickly
Rast (*f.*)—rest
rasten—to rest
Rat (*m.*)—advice, council
Rat (*m.*)—councillor
Ratschläge (*pl.*)—councils, advice
Rätsel (*n.*)—riddle, puzzle
rauben—to rob, steal
Räuber (*m.*)—robber
Rauch (*m.*)—smoke
rauchen—to smoke
Raucher (*m.*)—smoker
rauschen—rustle
Rebe (*f.*)—vine
rechnen—to reckon, celebrate
rechnen (auf)—to rely, reckon (on)
Rechnung (*f.*)—bill, invoice
recht (*adj.*)—right, just
rechts (*adv.*)—to the right
Rede (*f.*)—speech
reden—to talk
Redner (*m.*)—speaker
Regen (*m.*)—rain
Regengüsse (*pl.*)—showers of rain
Regenschirm (*m.*)—umbrella
regnen—to rain
regnerisch (*adj.*)—rainy
reiben—to rub
Reibung (*f.*)—friction
reich—rich
Reich (*n.*)—empire

reichen—to reach, hand
Reichtum (*m.*)—wealth, riches
reif—ripe, mature
reifen—to ripen, mature
rein—clean, neat, pure
reinigen—to clean
reinlich—clean, tidy
Reise (*f.*)—journey
reisen—to travel
Reisekoffer (*m.*)—travelling trunk
Reisende (der, die)—traveller
reißen—to tear
reiten—to ride (on horseback)
Reiter (*m.*)—rider, horseman
Reiz (*m.*)—charm
reizen—to charm
reizend (*adj.*)—charming
Rekrut (*m.*)—recruit
rennen—to run
Rennplatz (*m.*)—racecourse
retten—to rescue, save
Retter (*m.*)—rescuer
Rettung (*f.*)—salvage, rescue
Reue (*f.*)—repentance
reuen—to rue, repent
riechen—to smell
Riese (*m.*)—giant
Rinde (*f.*)—bark (of a tree)
Ring (*m.*)—ring, circle
Ringfinger (*m.*)—ring-finger
Riß (*m.*)—tear, gap
Ritter (*m.*)—knight
Rock (*m.*)—coat
Rocktasche (*f.*)—coat pocket
Roman (*m.*)—novel
Rose (*f.*)—rose
Röslein (*n.*)—little rose
Roß (*n.*)—horse
Rößlein (*n.*)—smalll horse, pony

rot—red
röten—to redden, blush
rötlich—reddish
Rücken (*m.*)—back
Rückseite (*f.*)—back, reverse side
Rückweg (*m.*)—way back (home)
Ruder (*n.*)—oar
Ruderboot (*n.*)—rowing boat
rudern—to steer, row
Ruf (*m.*)—call, shout
rufen—to call, shout
Ruhe (*f.*)—rest, peace, repose
ruhen—to rest, repose
ruhig—calm, serene, quiet
Ruhm (*m.*)—glory
rühmen—to praise
Rumäner (*m.*)—Roumanian
Rumänien (*n.*)—Roumania
rumänisch (*adj.*)—Roumanian
rund—round
rüstig—smart, alert

S

Saal (*m.*)—room (large)
Sache (*f.*)—thing, matter
Sachse (*m.*)—Saxon
Sachsen (*n.*)—Saxony
Sächsin (*f.*)—Saxon (lady)
sächsisch (*adj.*)—Saxon
Sage (*f.*)—legend, tale
sagen—to say, tell
salutiren—to salute, greet
Salz (*n.*)—salt
Same (*m.*)—seed
Samstag (*m.*)—Saturday
Sand (*m.*)—sand
sanft—soft, gentle

Sanftmut (f.)—gentleness
sanftmütig—gentle
Sänger (m.)—singer, bard
satt (gen.)—tired, sick (of)
sättigen—to satisfy
sauber—clean, tidy
sauer—sour
säuseln—to rustle
schade (wie . . .)—what a pity
schaden—to damage, injure
Schaden (m.)—damage, injury
schädlich—harmful, injurious
Schaf (n.)—sheep
Schäfer (m.)—shepherd
Schäferin (f.)—shepherdess
schaffen (reg.)—to work
schaffen (irreg.)—to create
Schaffleisch (n.)—mutton
Schaffner (m.)—guard (of a train)
Schalter (m.)—ticket office
Schaltjahr (n.)—leap year
schämen (sich) (gen.)—to be ashamed of
Schande (f.)—shame
Schar (f.)—crowd, herd, pack
Schatten (m.)—shade
schattig—shady
Schatz (m.)—treasure
Schätzel (n.)—treasure, darling
schätzen—to value, treasure
Schatzgräber (m.)—treasure hunter
schaudern—shudder
schauen—to look, see
Schaum (m.)—froth, foam
schäumen—to foam, froth
Scheibe (f.)—disc, slice
Scheide (f.)—sheath
scheiden—to separate, depart

Schein (m.)—appearance
Schein (zum)—for appearance's sake
scheinen—to seem, shine
schelten—to scold
Schenke (f.)—tavern, inn
schenken—to give (as a present)
Schere (f.)—pair of scissors
Scherz (m.)—joke, jest
scherzen—to joke, jest
scherzhaft—joking, jesting
Scheune (f.)—barn
schicken—to send
Schicksal (n.)—fate, destiny
schieben—shove, push
schießen—to shoot
Schiff (n.)—ship, boat
Schild (m.)—shield
Schild (n.)—signboard
schimpfen—to scold
Schimpfname (m.)—nickname, bad name
Schlacht (f.)—battle, fight
schlachten—to slaughter
Schlaf (m.)—sleep
schlafen—to sleep
schläfrig—sleepy
Schlafwagen (m.)—sleeping carriage, sleeper
Schlag (m.)—blow
Schlagbaum (m.)—toll beam
schlagen—to strike, beat
schlank—slender, slim
schlau—sly, cunning
Schlauheit (f.)—cunning, ruse
schlecht—bad
schließen—to lock, close
schlimm—bad
Schlitten (m.)—sledge

Schlittschuhe (pl.)—skates
schlittschuhlaufen—to skate
Schloß (n.)—castle, lock
Schlosser (m.)—locksmith
schluchzen—to sob
Schluchzen (n.)—sobbing
Schluchzer (m.)—sob
Schlummer (m.)—slumber, sleep
schlummern—to slumber, sleep
schmal—narrow
Schmaus (m.)—feast, banquet
schmausen—to feast
schmecken—to taste
Schmeichelei (f.)—flattery
schmeichelhaft—flattering
schmeicheln (dat.)—to flatter
Schmeichler (m.)—flatterer
schmelzen—to melt
Schmerz (m.)—pain
schmerzen—to pain, smart
schmerzhaft—painful
schmerzlich—painful
Schmied (m.)—smith
Schmiede (f.)—smithy
schmutzig—dirty, untidy
Schnabel (m.)—beak
Schnecke (f.)—snail
Schnee (m.)—snow
Schneeball (m.)—snowball
Schneemann (m.)—snowman
schneiden—to cut
Schneider (m.)—tailor, cutter
schneien—to snow
schnell—quick(ly), rapid(ly)
Schnelligkeit (f.)—speed
Schnellzug (m.)—express train
Schnur (f.)—string
schon—already
schön—beautiful, handsome

Schönheit (f.)—beauty
Schornstein (m.)—chimney stalk
Schotte (m.)—Scotsman
schottisch (adj.)—Scottish, Scotch
Schottland (n.)—Scotland
Schrank (m.)—cupboard
Schrecken (m.)—terror, fright
schrecklich—terrible, frightful
schreiben—to write
Schreibfeder (f.)—pen
Schreibfehler (m.)—slip of the pen
Schreibheft (n.)—exercise book, jotter
schreien—to cry, shout
schreiten—to stride, step
Schrift (f.)—writing
schriftlich—in writing, in black and white
Schritt (m.)—step, pace
Schuh (m.)—shoe
Schuhmacher (m.)—shoemaker
Schuld (f.)—debt
schuld (sein) (dat.)—to owe
schuldig (gen.)—guilty
schuldig (sein) (dat.)—to owe
Schuldigkeit (f.)—obligation
Schule (f.)—school
Schüler (m.)—pupil
Schülerin (f.)—girl pupil
Schulfreund (m.)—school chum (friend)
Schürze (f.)—apron
Schuster (m.)—cobbler
schütteln—to shake
Schutzmann (m.)—policeman
schwach—weak, feeble
Schwäche (f.)—weakness, feebleness

Schwachheit (f.)—weakness, feebleness
Schwager (m.)—brother-in-law
Schwägerin (f.)—sister-in-law
Schwamm (m.)—sponge
schwarz—black
schwärzlich—blackish
Schwarzwald (m.)—Black Forest
Schwede (m.)—Swede
Schweden (n.)—Sweden
schwedisch (adj.)—Swedish
schweifen—to roam, strive
schweigen—to be silent
Schweigen (n.)—silence
Schwein (n.)—pig
Schweiz (die)—Switzerland
Schweizer (m.)—Swiss
schweizerisch (adj.)—Swiss
Schwelle (f.)—threshold
schwellen—to swell
schwemmen—to float
schwer—heavy, difficult
Schwermut (f.)—melancholy
schwermütig—melancholy
Schwester (f.)—sister
schwierig—difficult, awkward
Schwierigkeit (f.)—difficulty
schwimmen—to swim
schwinden—to disappear, decrease
Schwindsucht (f.)—consumption
schwindsüchtig—consumptive
schwingen—to swing
schwirren—to soar
schwören—to swear
schwül—sultry
sechs—six
sechsmal—six times
sechste (der)—sixth

sechzehn—sixteen
sechzig—sixty
See (m.)—lake
Seele (f.)—soul
Seereise (f.)—voyage
Segelschiff (n.)—sailing vessel
Segen (m.)—blessing
segnen—to bless
Segnungen (pl.)—blessings
sehen—to see
sehnen (sich) (nach)—to long (for), yearn
Sehnsucht (f.)—yearning, longing
sehnsüchtig (adj.)—yearning, longing
sehr—very
Seide (f.)—silk
Seife (f.)—soap
sein—to be
sein (adj.)—his
seinige (pron.) (der, die, das)—his
seit (prep.) (dat.)—since
seitdem (conj.)—since
Seite (f.)—side, page
seither (adv.)—since
selten—seldom, rare
seltsam—strange, odd
Semester (n.)—term (school)
senden—to send
Sendung (f.)—consignment
September (m.)—September
setzen—to set, put
setzen (sich)—to sit down
sicher—safe, sure
sichtbar—visible
sieben—seven
siebzehn—seventeen
siebzig—seventy
singen—to sing

Sinn (*m*)—sense, mind
sitzen—to sit
Skizze (*f.*)—sketch
skizziren—to sketch
Sofa (*n.*)—sofa
sofort—at once, immediately
sogleich—at once, immediately
Sohn (*m.*)—son
solcher (e, es)—such
Soldat (*m.*)—soldier
sollen (ich soll)—I am to
Sommer (*m.*)—summer
sonderbar—strange, odd
sondern (*conj.*)—but
Sonne (*f.*)—sun
Sonnenschirm (*m.*)—sunshine
Sonnenuhr (*f.*)—sun-dial
Sonntag (*m.*)—Sunday
sonst—or else
Sorge (*f.*)—care, worry
sorgen—to care
sorgfältig—careful
Spanien (*n.*)—Spain
Spanier (*m.*)—Spaniard
spanisch (*adj.*)—Spanish
Spaß (*m.*)—joke, jest
spassen—to joke, jest
spaßhaft—joking(ly), jesting(ly)
spät—late
Spaten (*m.*)—spade
spätestens—at the latest
spazieren—to walk, go for a walk
Spazierfahrt (*f.*)—pleasure drive
Spaziergang (*m.*)—walk
Speise (*f.*)—food
speisen—to dine
Speisewagen (*n.*)—dining car
Speisezimmer (*n.*)—dining room
Spesen (*pl.*)—freight

Spiegel (*m.*)—looking-glass, mirror
Spiel (*n.*)—game, play
spielen—to play
Spielplatz (*m.*)—playground
Spielsache (*f.*)—toy, plaything
spinnen—to spin
spotten—to mock, jeer
Spion (*m.*)—spy
spioniren—to spy
Spital (*n.*)—hospital
sprechen—to speak
Sprichwort (*n.*)—proverb
Sprosse (*m.*)—descendant
Sprosse (*f.*)—rung of a ladder
Spur (*f.*)—trace
Stadt (*f.*)—town, city
Stahl (*m.*)—steel
Stamm (*m.*)—stem, trunk
stark—strong, firm
Stärke (*f.*)—strength, power
statt (*prep.*) (*gen.*)—instead of
Stätte (*f.*)—place
stattfinden—to take place
stattlich—handsome
Staub (*m.*)—dust
staubig—dusty
stechen—to sting
stecken (*reg.*)—to put (into pocket) stick
stecken (*irreg.*)—to be sticking
Stecken (*m.*)—stick
Stegreif (aus dem)—extempore
stehen—to stand
stehlen—to steal
steigen (auf)—to mount, ascend
steil—steep, precipitous
Stein (*m.*)—stone
steinern (*adj.*)—of stone, stony

Stelle (f.)—spot, place
stellen—to put (upright)
Stellung (f.)—situation, position
sterben—to die
Stern (m.)—star
Steuer (f.)—tax, duty
Steuer (n.)—rudder, oar
Stiefel (m.)—boot
Stiefelbürste (f.)—boot brush
Stierkampf (m.)—bull fight
Stift (m.)—peg, crayon
Stift (n.)—institution
still—calm, quiet
stillen—to calm, satisfy
stillschweigen—to be silent
Stimme (f.)—voice, vote
stimmen—to tune, vote
Stirn (f.)—forehead, brow
Stock (m.)—stick, storey (of house)
Stockwerk (n.)—storey (of houses)
stolz (auf)—proud (of)
Stolz (m.)—pride
stören—to disturb
Strafe (f.)—punishment
strafen—to punish
Straße (f.)—street
Straßenecke (f.)—street corner
streben—to strive
streichen—to stroke
Streichholz (n.)—match
Streit (m.)—dispute, quarrel
streiten—to dispute, quarrel
Streitigkeiten (pl.)—quarrels
Strom (m.)—river
strömen—to flow
Strömung (f.)—current (of river)
Strumpf (m.)—stocking

Stube (f.)—parlour, sitting-room
Stück (n.)—piece, fragment
Student (m.)—student
studieren—to study
Studierzimmer (n.)—study (room)
Stuhl (m.)—chair
Studium (n.) (abstr.)—study
stumm—dumb
stumpf—blunt
Stunde (f.)—hour
stündlich—hourly
stürzen—to rush, fall (rapidly)
suchen—to seek, search, look for
Südamerika (n.)—South America
Süden (m.)—south
südlich—southern
Suppe (f.)—soup.
süß—sweet
Süßigkeit (f.)—sweetness, sweets
Symptom (n.)—symptom

T

Tadel (m.)—blame
tadellos—blameless
tadeln—to blame
Tag (m.)—day
täglich—daily
Tal (n.)—valley, dale
Tanne (f.)—pine tree
Tannenbaum (m.)—pine tree
Tante (f)—aunt
Tanz (m.)—dance, ball
tanzen—to dance
Tapete (f.)—wallpaper
Tasche (f.)—pocket
Taschentuch (n.)—handkerchief

Taſchenuhr (f.)—pocket watch
Taſſe (f.)—cup
Tat (f.)—deed, action
tätig—active, alert
Tätigkeit (f.)—activity
Tau (m.)—dew
taub—deaf
taubſtumm—deaf and dumb
tauen (auf—)—to thaw
Taugenichts (m.)—good-for-
nothing
tauſend—thousand
Tauwetter (n.)—thaw
Tee (m.)—tea
Teil (m.)—part, deal, share
teilen—to separate, share
Teilnahme (f.)—sympathy
teilnehmen (an)—to take part
(in)
Telephonie (f.)—telephony
Teller (m.)—plate
Tenor (m.)—tenor
Teſtament (n.)—last will, testa-
ment
teuer—dear, expensive
Theater (n.)—theatre
Theater (im)—at the theatre
Theater (ins)—to the theatre
Theolog (m.)—theologian
tief—deep, profound
Tiefe (f.)—depth
Tier (n.)—animal, beast
Tinte (f.)—ink
Tintenfaß (n.)—ink-well
Tiſch (m.)—table
Tiſchtuch (n.)—table cloth
Tochter (f.)—daughter
Tod (m.)—death
tot—dead

tötlich—fatal(ly), mortal(ly)
tragen—to carry, bear, wear
Träne (f.)—tear
tränken (tr.)—to water (animals)
Tränlein (n.)—little tear drop
Traube (f.)—grape
trauen (dat.)—to trust
Trauer (f.)—mourning
trauern—to mourn
Traum (m.)—dream
träumen—to dream
Träumer (m.)—dreamer
träumeriſch—dreamy
traurig—sad
treffen—to hit, meet
treiben—to drive (cattle)
Treppe (f.)—stair
treten—to step, tread
treu—faithful, true
Treue (f.)—faithfulness
trinken—to drink
trocken—dry, withered
Tröpfchen (n.)—little drop
tröpfeln—to drip
Tropfen (m.)—drop
trotz (prep.) (gen.)—in spite of
Trotz (m.)—defiance, spite
trotzen (dat.)—to defy
trübe—dull, impure
Trümmer (pl.)—ruins
Tür (f.)—door, gate
Türke (m.)—Turk
Türkei (die)—Turkey
türkiſch (adj.)—Turkish
Turm (m.)—tower, belfry
Turmuhr (f.)—church clock
Tyran (m.)—tyrant

U

über (*prep.*)—over, above

überall—everywhere

übereinstimmen—to agree

überhaupt—on the whole, indeed

überlassen—to leave to

überlegen—to reflect

Überlegung (*f.*)—reflection

übermorgen—day after to-morrow

Übermut (*m.*)—arrogance

übermütig—arrogant

übernachten—to stay the night

übernehmen—to take over

überraschen—to surprise

überrascht (*adj.*)—surprised

Überraschung (*f.*)—surprise

überreden—to persuade

Überredung (*f.*)—persuasion

Überrock (*m.*)—overcoat

übersehen—to overlook

übersetzen—to translate

Übersetzung (*f.*)—translation

überwältigen—to overpower

überwinden—to overcome

übrige (das)—rest (what is left over)

Ufer (*n.*)—shore, strand, beach

Uhr (*f.*)—watch, clock

Uhrgehäuse (*n.*)—watch case

Uhrmacher (*m.*)—watchmaker

Uhrwerk (*n.*)—clockwork

um (*prep.*) (*acc.*)—about, round about

umarmen—to embrace

umbauen—to reconstruct, remodel, rebuild

umgeben—to surround

Umgebung (*f.*)—surroundings, environs

Umgegend (*f.*)—surroundings, environs

umkehren—to turn round

umkommen—to perish

umsonst—in vain

Umstand (*m.*)—ceremony, fuss

umsteigen—to change

Umweg (*m.*)—round about way, detour

umwenden—to turn over

umziehen—to flit, remove

unartig—naughty, badly behaved

unbegreiflich—incomprehensible

unbegründet—unjustified, unfounded

unbekannt—unknown

unbescheiden—immodest, rude

unbeschreiblich—indescribable

unbestimmt—undecided, indefinite

und (*conj.*)—and

unerträglich—unbearable

Unfall (*m.*)—accident

unfreundlich—unkind

Ungar (*m.*)—Hungarian

ungarisch (*adj.*)—Hungarian

Ungarn (*n.*)—Hungary

Ungeduld (*f.*)—impatience

ungeduldig—impatient

ungefähr—about

ungeheuer—immense, huge

ungestört (*adj.*)—undisturbed

ungeſtüm (*adj.*)—rowdy, noisy
Unglück (*n.*)—misfortune, accident
unglücklich—unlucky, unhappy, unfortunate
unglücklicherweiſe (*adv.*)—unfortunately
Unglücksfälle (*pl.*)—accidents
Unheil (*n.*)—misfortune
unhöflich—impolite
Univerſität (*f.*)—university
Unkraut (*n. sing.*)—weeds
unlängſt—not long ago
unrecht—wrong
unreif—unripe
unſichtbar—invisible
unten (*adv.*)—below
unter (*prep.*)—under, below
unterbrechen—to interrupt
Unterbrechung (*f.*)—interruption
Unterbruch (*m.*)—interruption
untergehen—to set (of the sun)
unterirdiſch—subterranean
unternehmen—to undertake
Unternehmen (*n.*)—undertaking
Unternehmung (*f.*)—undertaking
unterſcheiden—to distinguish, to discriminate
Unterſchied (*m.*)—distinction, difference
unterſchreiben—to subscribe, sign
Unterſchrift (*f.*)—signature
unterſuchen—to examine, look into
Unterſuchung (*f.*)—examination

Untertaſſe (*f.*)—saucer
Urahne (*f.*)—great grandmother
Urſache (*f.*)—cause
Urteil (*n.*)—judgment, sentence
urteilen—to judge

V

Vater (*m.*)—father
Veilchen (*n.*)—violet
verachten—to despise
Verachtung (*f.*)—scorn, disdain, contempt
veranlaſſen—to occasion
Verb (*n.*)—verb
verbergen—to hide, conceal
verbeſſern—to amend, improve, correct
Verbeſſerung (*f.*)—correction, improvement
verbieten (*dat.*)—to forbid
verbinden—to connect, unite, join
Verbindung (*f.*)—connection, alliance
verbrannt (*p.p.*) —burnt, tanned
verbrechen—to break
Verbrechen (*n.*)—crime
Verbrecher (*m.*)—criminal
verbreiten—to spread
verbrennen—to burn up
Verdacht (*m.*)—suspicion
verdächtig—suspicious
verdächtigen—to suspect
verderben—to spoil
verdienen—to gain, earn, merit
Verdienſt (*m.*)—wages, earnings
Verdienſt (*n.*)—merit

verdrießen—to vex, annoy
vereinen—to unite, join
vereinfachen—to simplify
verfehlen—to miss
verfließen—to pass (of time)
verfolgen—to pursue
vergeben (*dat.*)—to forgive
vergehen—to pass (of time)
vergessen—to forget
verheiraten (sich)—to get married
Verhör (*n.*)—trial (*court*)
verirren (sich)—to lose one's way
verkaufen—to sell
verkürzen—to shorten
verlangen—to desire, demand
verlängern—to prolong, lengthen
verlassen (sich) (auf)—to depend, rely (on)
verlegen—to mislay
verlegen (*adj.*)—embarrassed
Verlegenheit (*f.*)—embarrassment, dilemma
verletzen—to hurt, injure
verlieren—to lose
verloben (sich)—to get engaged
Verlobung (*f.*)—engagement, betrothal
Verlust (*m.*)—loss
vermeiden—to avoid, prevent
vermieten—to let
vermissen—to miss
vermuten—to presume, surmise
vernachlässigen—to neglect
verneinen—to deny
verraten—to betray
verrechnen (sich)—to make an error in calculation
verreden (sich)—to make a slip of the tongue

versammeln (sich)—to assemble
Versammlung (*f.*)—meeting, assembly
verschaffen—to procure
verscheuchen—to scare away
verschieben—to postpone
verschieden (*adj.*)—different
Verschiedenheit (*f.*)—difference
verschließen—to lock up
verschreiben—to prescribe (medical)
verschreiben (sich)—to make a slip of the pen
verschwenden—to squander, waste
verschwinden—to disappear
verspäten (sich)—to be late
Verspätung (*f.*)—delay
Verstand (*m.*)—intelligence
verständig—sensible
verständlich—comprehensible
verstehen—to understand, comprehend
verstimmt (*adj.*)—out of tune, in bad humour
Versuch (*m.*)—attempt, trial
versuchen—to try, attempt
versuchen—to tempt
Versuchung (*f.*)—temptation
verteidigen—to defend
Vertrag (*m.*)—contract
vertreiben—to drive away
vertreten—to represent
Vertreter (*m.*)—representative, agent
verübrigen—to do without, spare
verursachen—to cause
Verwande (der)—relation
verweigern—to refuse

verwenden—to apply, use
verzehren—to devour
verzeihen (*dat.*)—to pardon
Verzeihung (*f.*)—pardon
verzichten (auf)—to renounce
verzieren—to adorn
verzollen—to declare (at the custom house)
Vetter (*m.*)—cousin
Vieh (*n.*)—cattle
viel—much
viele—many
vielleicht—perhaps
vier—four
viermal—four times
vierte (der)—fourth
Viertel (*n.*)—quarter
Vierteljahr (*n.*)—three months
Viertelstunde (*f.*)—quarter of an hour
viertens—fourthly
vierzehn—fourteen
vierzig—forty
Violine (*f.*)—violin
Vogel (*m.*)—bird
Vokal (*m.*)—vowel
voll—full, complete
vollenden—to complete
vollends—fully, completely
Vollendung (*f.*)—completion
völlig—fully, completely
von (*prep.*) (*dat.*)—from, of
von nun an—from now on, henceforth
vor (*prep.*)—before, in front of
voran—in front of
voraus—in front of
vorbehalten—to reserve
vorbei (*pref.*)—past

vorbereiten—to prepare (lesson)
Vorbereitung (*f.*)—preparation
vorgestern—day before yesterday
vorkommen (*dat.*)—to seem, occur, appear
vorlesen—to read to
Vormittag (*m.*)—forenoon
vormittags (*adv.*)—in the forenoon
vorn (*adv.*)—in front
vornehm (*adj.*)—distinguished
Vorsicht (*f.*)—caution, foresight
vorsichtig—careful, cautious
vorstellen—to present, introduce
Vorstellung (*f.*)—performance
vorüber (*pref.*)—past
Vorwand (*m.*)—pretext
Vorwand (*f.*)— partition wall
vorwerfen—to reproach

W

wach (*adj.*)—awake
Wache (*f.*)—guard, sentinel
wachen—to watch, guard
Wachposten (*m.*)—sentinel, guard
Wachs (*n.*)—wax
wachsen—to grow
Wachskerze (*f.*)—wax candle
Wächter (*m.*)—watchman, guard
Waffe (*f.*)—weapon
Wage (*f.*)—balance, scales
Wagen (*m.*)—carriage
wagen—to dare, venture
wägen—to weigh, balance
wahr—true
währen—to last
während (*prep.*)—during

während (*conj.*)—while
Wahrheit (*f.*)—truth
wahrnehmen—to perceive
wahrscheinlich—probably
Wald (*m.*)—wood, forest
Waldbaum (*m.*)—forest tree
Wand (*f.*)—wall (inside)
Wanderburſch (*m.*)—hiker, wanderer
Wanderlied (*n.*)—hiker's song, marching song
Wanderluſt (*f.*)—hiker's joy, joy of walking
wandern—to roam, wander
Wandersmann (*m.*)—wanderer, hiker
Wanduhr (*f.*)—timepiece, clock
Wange (*f.*)—cheek
wanken—to totter
wann—when
Wappen (*n.*)—coat of arms
warm—warm
Wärme (*f.*)—heat, warmth
warnen—to warn
Warnung (*f.*)—warning
warten (auf)—to wait (for)
Warteſaal (*m.*)—waiting-room
Wartezimmer (*n.*)—waiting-room
warum—why
was—what
was ... auch—whatever
waſchen—to wash
Waſſer (*n.*)—water
Waſſerſucht (*f.*)—dropsy
waten—to wade
wecken (*trans.*)—to waken
Weckeruhr (*f.*)—alarm clock
weder ... noch—neither ... nor
Weg (*m.*)—way, path

wegen (*prep.*)—on account of
weh (tun)—to hurt, to be sore
wehen—to blow (of wind)
Wehmut (*f.*)—melancholy
wehmütig—melancholy
wehren (ſich)—to defend (oneself)
weich—soft
weichen (*reg.*)—to soften
weichen (*irreg.*)—to yield, give way
Weide (*f.*)—pasture
weiden—to graze
weigern (ſich)—to refuse, object
weihen—to consecrate
Weihnacht (*f.*)—holy night, Xmas eve
Weihnachten (*pl.*)—Christmas
Weilchen (*n.*)—a short time
Weile (*f.*)—while, time
weilen—to stay, remain
Wein (*m.*)—wine
weinen—to weep, cry
Weingarten (*m.*)—vineyard
weiſen—to point out, show
weiß—white
welcher (e, es)—which, that, who
Welle (*f.*)—wave
Welt (*f.*)—world, globe
Weltall (*n.*)—universe
Weltſtad (*f.*)—city
Weltteil (*m.*)—continent
wem (*dat.*)—to whom
wen (*acc.*)—whom
wenden—to turn (over)
wenig—little (quantity)
wenige—few
weniger—less
wenigſten (am)—least
wenigſtens—at least

wer (*nom.*)—who
wer ... auch—whoever
werden—to get, become
werfen—to throw
Wert (*m.*)—value
wertlos—valueless
wertvoll—valuable
wessen (*gen.*)—whose
Weste (*f.*)—waistcoat, vest
Westen (*m.*)—West
Westentasche (*f.*)—waistcoat pocket
westlich (*adj.*)—western
Wette (*f.*)—race
wetten—to bet, wager
Wetter (*n.*)—weather
wetterleuchten—to sheet lighten
wichtig—important
Wichtigkeit (*f.*)—importance
wider (*acc.*)—against
Widerhall (*m.*)—echo
widerreden—to contradict
widersprechen—to contradict
Widerspruch (*m.*)—contradiction
Widerstand (*m.*)—resistance
widerstehen—to resist, withstand
widmen—to devote
wie—how
wie ... auch—however ...
wieder—again
wiederholen—to repeat
wiederholt (*adj.*)—repeatedly
Wiege (*f.*)—cradle
wiegen (*reg.*)—to rock (cradle)
wiegen (*irreg.*)—to weigh
Wiese (*f.*)—meadow, pasture
Wille (*m.*)—will
Willenskraft (*f.*)—power of will

Wind (*m.*)—wind, breeze
winken—to hint, beckon
Winter (*m.*)—winter
Wipfel (*m.*)—tree top
Wirt (*m.*)—landlord, proprietor
Wirtin (*f.*)—landlady
Wirtshaus (*n.*)—inn, tavern
wischen—to dust, wipe
Wischer (*m.*)—duster
Wischtuch (*n.*)—duster
wissen—to know (*Fr.* ' savoir ')
wissentlich—knowingly
Witwe (*f.*)—widow
Witwer (*m.*)—widower
wo—where
wobei—whereby, by which
Woche (*f.*)—week
wöchentlich—weekly
wodurch—whereby, through which
wogegen—against which
woher—where (from)
wohin—where (to)
wohl—well
wohlfeil—cheap
Wohlgeruch (*m.*)—aroma, perfume
wohnen—to dwell, live
Wohnung (*f.*)—dwelling
Wohnzimmer (*n.*)—sitting room
Wolke (*f.*)—cloud
Wolle (*f.*)—wool
wollen—to wish, want
wollig—fleecy
womit—wherewith, with which
Wonne (*f.*)—bliss
wonniglich—blissful
woran—whereat, at which
worauf—whereon, on which
woraus—out of which

worin—wherein, in which
Wort (n.)—word
wörtlich—literally, word for word
Wörterbuch (n.)—vocabulary
worüber—over (above) which
worunter—under which
Wunder (n.)—wonder, miracle
wunderbar—wonderful
wunderlich—curious, peculiar
wundermild—wonderfully mild
wundern (sich)—to wonder
wundersam—wonderful
wunderschön—wonderfully
  beautiful
Wunsch (m.)—desire, wish
wünschen—to desire, wish
wünschenswert—desirable
Wurst (f.)—sausage
Wurzel (f.)—root
Wut (f.)—rage, anger, ire
wüten—to rage
wütend (adj.)—raging

Z

zähe—tough
Zahl (f.)—number
zahlen—to pay
zählen—to count
Zahlung (f.)—payment
zahm—tame
Zahn (m.)—tooth
Zahnarzt (m.)—dentist
Zahnbürste (f.)—toothbrush
Zahnweh (n.)—toothache
Zange (f. sing.)—tongs
Zank (m.)—quarrel
Zänkereien (pl.)—quarrels

zart—soft, delicate
Zauber (m.)—magic
Zecher (m.)—carouser
Zehe (f.)—toe
zehn—ten
zehnerlei—of 10 kinds
zehnfach—10 fold
zehnmal—10 times
zehnte (der)—10th
zeigen—to show
Zeiger (m.)—hand (of clock)
Zeigfinger (m.)—index (finger)
Zeile (f.)—line (printed)
Zeitung (f.)—newspaper
zerbrechen—to break (glass, etc.)
zerreißen—to tear (to pieces)
zerschlagen—to smash
zerschneiden—to cut (to pieces)
zerstören—to destroy
Zettel (m.)—scrap of paper
Zeuge (m.)—witness
Ziege (f.)—goat
Ziegel (m.)—tile
ziehen—to pull, draw
ziemlich—rather, pretty (adv.)
Ziffer (f.)—number, figure
Zifferblatt (n.)—dial
Zigarre (f.)—cigar
Zimmer (n.)—room
Zirkel (m. sing.)—pair of com
  passes
zittern—to tremble
Zoll (m.)—toll, duty
Zollamt (n.)—customs office
Zollbeamte (m.)—customs
  official
zollfrei—free of duty
Zollmann (m.)—tollman
Zöllner (m.)—tollman

Zorn (*m.*)—anger, wrath
zornig—angry
zu (*dat.*)—to (a person)
Zubehör (*f.*)—belongings
zubringen—to spend
Zucht (*f.*)—discipline
zucken—to tremble, quiver
zudecken—to cover
zuerst—at first
zufällig—by chance
zufrieden—pleased, satisfied
Zug (*m.*)—train
zugeben—to admit, confess
zugleich—at the same time
zuhören (*dat.*)—to listen to
Zuhörer (*pl. m.*)—audience
Zukunft (*f.*)—future
zuletzt—at last
zumachen—to close, shut
zunehmen—to increase
Zunge (*f.*)—tongue
zürnen (*dat.*)—to be angry

zurück—back
Zusammenkunft (*f.*)—meeting
Zuschauer (*m.*)—spectator
zurückkehren—to return
zwanzig—twenty
zwar—indeed, to be sure
zwei—two
zweierlei—of two kinds
zweifach—twofold
Zweifel (*m.*)—doubt
zweifeln—to doubt
zweimal—twice
zweite (der)—second
Zweitel (*n.*)—$\frac{1}{2}$
zweitens—secondly
zwingen—to force, compel
zwischen—between
Zwist (*m.*)—dispute
Zwistigkeiten (*pl.*)—disputes
zwölf—twelve
zwölferlei—of twelve kinds
zwölfmal—twelve times

English-German Vocabulary

ABBREVIATIONS USED IN THE VOCABULARY

abst.,	• •	abstract.
acc.,	• •	accusative.
adj.,	• •	adjective.
adv.,	• •	adverb.
conj.,	• •	conjunction.
dat.,	• •	dative.
f.,	• •	feminine.
gen.,	• •	genitive.
intr.,	• •	intransitive.
irr.,	• •	irregular.

m.,	• •	masculine.
n.,	• •	neuter.
N.,	• •	Noun.
pl.,	• •	plural.
prep.,	• •	preposition.
reg.,	• •	regular.
sing.,	• •	singular.
tr.,	• •	transitive.
v.,	• •	verb.

A

able (to be)—fähig sein, imstande sein, können

able (*adj.*)—fähig, tüchtig

about (*prep.*)—um (*acc.*)

about (*adv.*)—etwa, ungefähr

above (*adj.*)—obig

above (*adv.*)—oben, drüben

above (*prep.*)—über (*d. or acc.*)

above all—vor allem

abroad—im Ausland

abroad (to go)—ins Ausland

abroad (from)—vom Ausland

abstain (from)—sich enthalten (von)

accept—annehmen

accident—Unfall (*m.*), Unglück (*n.*)

accompany—begleiten (*reg.*)

accompaniment—Begleitung (*f.*)

accuse—anklagen

accusation—Anklage (*f.*)

accustom (oneself)—sich gewöhnen (an)

acknowledge—anerkennen

acknowledgment—Anerkennung

acquaintance (*abst.*)—Bekanntschaft (*f.*)

acquaintance—der Bekannte —ein Bekannter

acquainted (*adj*)—bekannt

acquire—erwerben

acquit (*v.*)—freisprechen (*f.*)

act (*v.*)—handeln (*reg.*)

act (*N.*)—Handlung (*f.*) —Akt (*m.*) (in a play)

active—tätig

activity—Tätigkeit (*f*).

action—Handlung (*f.*)

add—beifügen, beilegen, hinzufügen

address—Adresse (*f.*)

admiration—Bewunderung (*f.*)

admire—bewundern (*reg.*)

admission—Eintritt (*m.*), Zutritt (*m.*)

admission (card of)—Eintrittskarte (*f.*)

admit—zulassen, zugeben

admittance—Eintritt (*m.*)

ado—Lärm (*m.*)

adorn (*v.*)—schmücken, verzieren

adult (*adj.*)—erwachsen

adult (*N.*)—der Erwachsene
    —ein Erwachsener

adventure—Abenteuer (*n.*)

adverb—Adverb (*n.*)

advice—Rat (*m.*)

advisable—ratsam

advise—raten (*d.*)

aeroplane—Luftschiff (*n.*)

aerosport—Luftsport (*m.*)

a few—einige, etliche

afflicted (*adj.*)—betrübt, trübselig

affliction—Betrübnis (*f.*), Trüb=
    sal (*f.*)

afford—gewähren (*reg.*)

afraid (to be)—sich fürchten

after (*prep.*)—nach (*d.*)

after (*conj.*)—nachdem

after (*adv.*)—nachher

afternoon—Nachmittag (*m.*)

afterwards—nachher

again—wieder

again and again—wiederholt

against (*prep.*)—gegen, wider (*acc.*)

against it—dagegen

agree—übereinstimmen (mit)

agreement—Übereinkommen (*n.*)

ahead (in front)—voraus, voran

aid (*v.*)—helfen (*d.*)

aid (*N.*)—Hülfe (*f.*), Hilfe (*f.*)

air—Luft (*f.*)

air (tune)—Melodie (*f.*)

airmail—Luftpost (*f.*)

alarm clock—Wecker (*m.*),
    Weckeruhr (*f.*)

alert—flink, behend, rüstig

alert (to be on the)—auf der Hut
    sein

alight (at an inn)—einkehren

alight (from a horse)—absteigen

alike (*adj.*)—gleich, ähnlich (*d.*)

alive (to be)—am Leben (sein)

alive (*adj.*)—flink

all (*sing.*)—alles

all (*pl.*)—alle

alliance—Bündnis (*n.*)

all kinds of—allerlei

allow—erlauben (*d.*)

allowed (to be)—dürfen

all the more—um so mehr

along (*prep.*)—entlang (*d.* or *acc.*),
    längs (*gen.*)

also—auch

always—immer, stets

ambition—Ehrgeiz (*m.*), Hab=
    sucht (*f.*)

ambitious—ehrgeizig, habsüchtig

amend (*v.*)—verbessern

America—Amerika (*n.*)

American (*adj.*)—amerikanisch

American—Amerikaner(in)

amiable—liebenswürdig

among—unter (*d.* or *acc.*)

amuse—belustigen, amüsiren

anaemia—Bleichsucht (*f.*)

anger—Zorn (*m.*)

angry (to be)—zürnen (*d.*)

angry—zornig, böse

animal—Tier (*n.*)

annoy—ärgern

annoyance—Ärger (*m.*)

annoying (*adj.*)—ärgerlich

another—ein anderer,
        eine andere,
        ein anderes

another (each other)—einander

ant—Ameiſe (f.)

annual(ly)—jährlich

answer (v.)—antworten (d.)

answer (N.)—Antwort (f.)

anticipate—vorempfinden

anticipation—Vorempfindung (f.)

anvil—Amboß (m.)

anxiety—Angſt (f.)

anxious (about)—beſorgt (um, acc.)

anything—etwas, irgend etwas

ape—Affe (m.)

apparent(ly)—ſcheinbar

appear—erſcheinen

appearance—Erſcheinung (f.)

apple—Apfel (m.)

apple tree—Apfelbaum (m.)

apply (for) (v.)—ſich bewerben (um, acc.)

appoint (v.)—anſtellen (reg.)

appreciate—wertſchätzen

appreciation—Wertſchätzung (f.)

apprehension—Beſorgnis (f.)

apprentice—Lehrling (m.)

approach—ſich nähern (d.)

April—April (m.)

apron—Schürze (f.)

Arabia—Arabien (n.)

Arabian—Araber (m.)

Arabic—arabiſch

arch (N.)—Bogen (m.)

arise (v.)—entſtehen

arm—Arm (m.)

arm (v.)—bewaffnen

army—Heer (n.), Armee (f.)

aroma—Wohlgeruch (m.), Aroma (n.)

around—um . . . herum (acc.)

arouse—aufregen (reg.), aufwecken (reg.)

arrive—ankommen

arrival—Ankunft (f.)

arrogance—Übermut (m.), Hochmut (m.)

arrogant—übermütig, hochmütig

art—Kunſt (f.)

artificial—künſtlich

artist—Künſtler (m.)

artistic—künſtleriſch

ascend—ſteigen

ashamed (to be)—ſich ſchämen

ashes—Aſche (f., sing.)

ashtray—Aſchenbecher (m.)

Asia—Aſien (n.)

Asiatic—Aſiate (m.), Aſier (m.)

Asiatic (adj.)—aſiatiſch

as if—als ob

as it were—gleichſam

ask—fragen

asleep (to be)—ſchlafen

ass—Eſel (m.)

assail—angreifen

assailant—Angreifer (m.)

assemble—ſich verſammeln

assembly—Verſammlung (f.)

assign—beſtimmen

assist—helfen (d.), beiſtehen (d.)

assistance—Hilfe (f.), Beiſtand (m.)

astonish—erſtaunen

astonishment—Erſtaunung (f.)

at first—zuerſt

at home—zu Hauſe

at it (them)—daran

at last—endlich, zuletzt

at least—mindeſtens

at liberty—frei

at most—höchstens
at once—sofort, sogleich
at the latest—spätestens
at that time—damals
at the same time—zugleich
attack (v.)—angreifen
attack (N.)—Angriff (m.)
attempt (v.)—versuchen
attempt (N.)—Versuch (m.)
attend (a meeting)—beiwohnen (d.)
attend (a patient)—behandeln
attendance—Bedienung (f.)
attention—Achtung (f.), Aufmerksamkeit (f.)
attentive—aufmerksam
attic—Dachzimmer (n.)
attic window—Dachfenster (n.)
attract—anziehen
attraction—Anziehung (f.)
audible—hörbar
audience—Zuhörer (m., pl.)
August—August (m.)
aunt—Tante (f.)
author—Schriftsteller (m.)
avoid—vermeiden
Australia—Australien
Australian—Australier
Austria—Österreich (n.)
Austrian—Österreicher
Austrian (adj.)—österreichisch
avarice—Geiz (m.)
avaricious—geizig
avoid (v.)—(ver) meiden
awake (adj.)—wach
awaken (v.)—erwachen (reg.)
award (v.)—belohnen
award (N.)—Belohnung (f.)
aware (to be)—wissen

away—fort, weg
away from home—von Hause, verreist
awe—Furcht (f.)
awkward—schwierig

B

baby—Kind (n.), Kindlein (n.)
back (N.)—Rücken (m.)
back (adv.)—zurück
back door—Hintertür (f.)
back ground—Hintergrund (m.)
bad—schlecht, schlimm
bad (rotten)—faul
bad (coin)—falsch
bake—backen
baker—Bäcker (m.)
balance (N.)—Wage (f., sing.)
balcony—Balkon (m.)
bald—kahl
Baltic Sea—Ostsee (f.)
bank—Bank (f.)
bare—kahl
barefoot—barfuß
bareheaded—barhaupt
bargain—Handel (m.)
bark (v.)—bellen
bar of iron—Eisenstange (f.)
barn—Scheune (f.)
barracks—Kaserne (f., sing.)
basket—Korb (m.)
bath—Bad (n.)
bathe—baden
bathroom—Badzimmer (n.)
battle—Schlacht (f.)
Bavaria—Baiern (n.)
Bavarian—Baier

Bavarian (*adj.*)—baierifch
bay—Bucht (*f.*)
be (of health)—fich befinden
beach—Ufer (*n.*)
beak—Schnabel (*m.*)
beam—Balken (*m.*)
beam (ray)—Strahl (*m.*)
bear (*v.*)—tragen
beard—Bart (*m.*)
beast—Tier (*n.*)
beat (*v.*)—fchlagen
beautiful—fchön
beauty—Schönheit (*f.*)
become (*v.*)—werden
beckon (*v.*)—winken (*reg.*)
bed—Bett (*n.*)
bed (flower)—Blumenbeet (*n.*)
bee—Biene (*f.*)
bee hive—Bienenkorb (*m.*)
beech—Buche (*f.*)
before (*prep.*)—vor (*d. or acc.*)
before (*conj.*)—ehe, bevor
before (*adv.*)—vorher
beg (request)—bitten
beg (for)—bitten (um)
beg (for alms)—betteln
beggar—Bettler (*m.*)
begin—anfangen, beginnen
behave—fich betragen
behaviour—Betragen (*n.*)
behind (*adv.*)—hinten
behind (*prep.*)—hinter (*d. or acc.*)
belfry—Turm (*m.*)
Belgium—Belgien (*n.*)
Belgian—Belgier (*m.*)
Belgian (*adj.*)—belgifch
belief—Glaube (*m.*)
believe—glauben
bell—Glocke (*f.*), Klingel (*f.*)

bell (to ring)—läuten, klingeln
belong (to)—gehören (*d.*)
belongings—Zubehör (*n.*)
beloved—beliebt
below (*prep.*)—unter (*d. or acc.*)
below (*adv.*)—unten
bench—Bank (*f.*)
bend—biegen
bent (*adj.*)—krumm
beside (*prep.*)—neben (*d. or acc.*)
besides (*adv.*)—zudem
best (*adv.*)—am beften
best of all (*adj.*)—allerbefte
bestow—erweifen, fchenken
bet (*v.*)—wetten (*reg.*)
betray—verraten
betrothal—Verlobung (*f.*)
between—zwifchen (*d. or acc.*)
between it (them)—dazwifchen
beware (of) (*v.*)—fich hüten (*vor, d.*), achten (*auf, acc.*)
big—groß
bill—Rechnung (*f.*)
bind—binden
birch (tree)—Birke (*f.*)
bird—Vogel (*m.*)
birth—Geburt (*f.*)
birthday—Geburtstag (*m.*)
birthplace—Geburtsort (*m.*)
bishop—Bifchof (*m.*)
bite—beißen
bite (*N.*)—Biß (*m.*)
black—fchwarz
black and white (in)—fchriftlich
blacksmith—Schmied (*m.*)
blade (of knife)—Klinge (*f.*)
blade (of grass)—Grashalm (*m.*)
blame (*v.*)—tadeln
blame (*N.*)—Tadel (*m.*)

24

blameless—tadellos
bleach—bleichen (*reg.*)
bleached (*adj.*)—verblichen
bless (*v.*)—segnen (*reg.*)
blessing (*N.*)—Segen (*m.*)
blind—blind
bliss (*N.*)—Wonne (*f.*)
blissful—wonniglich
blood—Blut (*n.*)
bloom (*v.*)—blühen (*reg.*)
bloom (*N.*)—Blüte (*f.*)
bloom (in . . .)—blühend (*adj.*)
blossom (*v.*)—blühen
blossom (*N.*)—Blüte (*f.*)
blow—blasen
blow (of wind)—wehen (*reg.*)
blue—blau
bluish—bläulich
blunt—stumpf
blush (*v.*)—erröten, rot werden
boast—prahlen, großtun
boasting (*abst.*)—Prahlerei (*f.*)
boat—Boot (*n.*), Kahn (*m.*)
body—Körper (*m.*), Leib (*m.*)
body (dead)—Leichnam (*m.*)
bold—kühn
bolt (*v.*)—verriegeln
bolt (*N.*)—Riegel (*m.*)
bond—Bund (*m.*), Bündnis (*n.*)
bond of friendship—Freund=
schaftsband (*n.*)
book—Buch (*n.*)
bookcase—Bücherschrank (*m.*)
bookseller—Buchhändler (*m.*)
boot—Schuh (*m.*), Stiefel (*m.*)
bootbrush—Stiefelbürste (*f.*)
bootmaker—Schuhmacher (*m.*)
border (*v.*)—grenzen (an, *acc.*)

border (*N.*)—Grenze (*f.*), Rand (*m.*)
bore (*v.*)—langweilen
boring (*adj.*)—langweilig
born—geboren
both—beide
both of us—wir beide
bottle—Flasche (*f.*)
bound (of book)—gebunden
boundary—Grenze (*f.*)
bouquet—Blumenstrauß (*m.*)
bow (*N.*)—Bogen (*m.*)
bow (*v.*)—sich verbeugen
box—Kasten (*m.*), Schrank (*m.*)
brag (*v.*)—prahlen, groß tun
brains—Gehirn (*n.*, *sing.*)
brass—Messing (*n.*)
brave—tapfer, kühn
bread—Brot (*n.*)
bread and butter—Butterbrot (*n.*)
break—brechen
break (glass)—zerbrechen
breakfast (*v.*)— frühstücken
breakfast (*N.*)—Frühstück (*n.*)
break off—abbrechen
breast (*N.*)—Brust (*f.*)
breath (*N.*)—Atem (*m.*)
breathe (*v.*)—atmen (*reg.*)
breed (*v.*)—brüten
breeze (*N.*)—Wind (*m.*)
bride—Braut (*f.*)
bridegroom—Bräutigam (*m.*)
bridge—Brücke (*f.*)
bright—hell, munter, heiter
brilliant—glänzend
bring—bringen
bring about—zustande bringen
broad—breit
brother—Bruder (*m.*)

brother-in-law—Schwager (*m.*)

brothers and sisters—Geschwister (*pl.*)

brow—Stirn (*f.*)

brush (*N.*)—Bürste (*f.*)

brush (*v.*)—bürsten

bud (*N.*)—Knospe (*f.*)

bud (*v.*)—knospen

build—bauen

building—Gebäude (*n.*)

Bulgaria—Bulgarien (*n.*)

Bulgarian—Bulgar (*m.*)

Bulgarian (*adj.*)—bulgarisch

burden (*N.*)—Last (*f.*), Bürde (*f.*)

burglar—Dieb (*m.*)

burial—Begräbnis (*n.*)

burn—brennen

bury (*v.*)—begraben

business—Geschäft (*n.*)

business journey—Geschäftsreise (*f.*)

business man—Geschäftsmann (*m.*)

but—aber, allein

butcher—Fleischer (*m.*)

butter—Butter (*f.*)

buy—kaufen

buyer—Käufer (*m.*)

by chance—zufällig, durch Zufall (*m.*)

by heart—auswendig

by no means—keineswegs

C

cabin—Kajüte (*f.*)

cage—Käfig (*m.*)

cake—Kuchen (*m.*)

calf—Kalb (*n.*)

call (*v.*)—rufen

call (*N.*)—Ruf (*m.*), Besuch (*m.*)

call (on)—besuchen

called (to be)—heißen

calm—ruhig

calm (oneself)—sich beruhigen

candle—Kerze (*f.*), Licht (*n.*)

cap—Mütze (*f.*)

capital (money)—Kapital (*n.*)

capital (town)—Hauptstadt (*f.*)

captain (army)—Hauptmann (*m.*)

captain (boat)—Kapitän (*m.*)

card—Karte (*f.*)

card (playing)—Spielkarte (*f.*)

card of admission—Eintrittskarte (*f.*)

care (*N.*)—Sorge (*f.*), Sorgfalt (*f.*)

care (*v.*)—sich bekümmern (um)

careful—vorsichtig, sorgfältig

careless—nachlässig, flüchtig

carpet—Teppich (*m.*)

carriage—Wagen (*m.*)

carry—tragen

carry (out)—ausführen

case (box)—Kiste (*f.*)

case (*N.*)—Fall (*m.*)

case (of watch)—Gehäuse (*n.*)

case (in . . .)—falls

cast—werfen

castle—Schloß (*n.*)

catch—fangen

catch cold—sich erkälten

caterpillar—Raupe (*f.*)

cathedral—Kathedrale (*f.*), Münster (*n.*), Dom (*m.*)

Catholic (*N.*)—Katholik (*m.*)

catholic (*adj.*)—katholisch

cattle—Vieh (*n.*, *sing.*)

cause (**N.**)—Grund (*m.*), Ursache (*f.*)

cause (*v.*)—verursachen

caution—Vorsicht (*f.*)

cautious—vorsichtig

cave—Höhle (*f.*)

ceiling—Decke (*f.*)

celebrate—feiern

celebrated (*adj.*)—berühmt

cellar—Keller (*m.*)

certain(ly)—gewiß, sicher

chain—Kette (*f.*)

chair—Stuhl (*m.*)

chalk—Kreide (*f.*)

chance (**N.**)—Zufall (*m.*)

chance (by)—zufällig, durch Zufall (*m.*)

chancel—Chor (*n.*)

change (*v.*)—ändern, wechseln

change (clothes)—sich umkleiden

change (train)—umsteigen

change (**N.**)—Änderung (*f.*), Wechsel (*m.*)

change of weather—Wetterwechsel (*m.*)

changeable—veränderlich

charm (**N.**)—Reiz (*m.*)

charm (*v.*)—reizen

charming (*adj.*)—reizend

chase (*v.*)—jagen, treiben

chauffeur—Autoführer (*m.*)

cheap—billig, wohlfeil

cheat (**N.**)—Betrüger (*m.*)

cheat (*v.*)—betrügen

cheek—Wange (*f.*), Backe (*f.*)

cheer (*v.*)—ermuntern

cheerful—fröhlich, munter

cheery (*adj.*)—lustig, heiter

chemist (druggist)—Apotheker (*m.*)

chemistry—Chemie (*f.*)

chemist's shop—Apotheke (*f.*)

cherry—Kirsche (*f.*)

cherrytree—Kirschbaum (*m.*)

chest—Brust (*f.*)

chest (box)—Kiste (*f.*)

chest of drawers—Kommode (*f.*)

child—Kind (*n.*)

childhood—Kindesalter (*n.*)

childhood (from)—von Jugend auf

chimney—Kamin (*n.*)

chimney stalk—Schornstein (*m.*)

chin—Kinn (*n.*)

China—China (*n.*)

Chinese—Chinese (*m.*)

Chinese (*adj.*)—chinesisch

choice—Wahl (*f.*)

choir—Chor (*m.*)

chose—wählen

Christmas—Weihnacht (*f.*)

Christmas eve—Weihnachtsabend (*m.*)

Christmas (festival)—Weihnachten (*pl.*)

Christmas tree—Weihnachtsbaum (*m.*)

church—Kirche (*f.*)

church clock—Kirchenuhr (*f.*)

chum—Freund (*m.*)

cigar—Zigarre (*f.*)

cinema—Kino (*n.*)

citizen—Bürger (*m.*)

clean—rein, sauber

clear—klar

clever—klug, geschickt
client—Kunde (m.)
cliff (N.)—Felsenriff (n.)
climb—klettern (auf), steigen (auf)
clock—Uhr (f.)
cloud—Wolke (f.)
cloudy—bewölkt
clover—Klee (m.)
cloth—Tuch (n.)
clothes—Kleider (n. pl.)
clothes brush—Kleiderbürste (f.)
coal—Kohle (f.)
coat—Rock (m.)
coat of arms—Wappen (n.)
cobbler—Schuster (m.)
cock—Hahn (m.)
coffee—Kaffee (m.)
coin—Münze (f.), Geldstück (n.)
cold (adj.)—kalt
cold (to be)—frieren
cold (N.)—Kälte (f.), Erkältung (f.)
cold (to catch)—sich erkälten
collar—Kragen (m.)
colour—Farbe (f.)
comb (v.)—kämmen (reg.)
comb (N.)—Kamm (m.)
come—kommen
come along (v.)—daher kommen
come and see—besuchen
come and meet—entgegen kommen
comet—Komet (m.)
comfort (v.)—trösten
comfort (N.)—Bequemlichkeit (f.) Behaglichkeit (f.)
comfortable—bequem, behaglich
comforting (adj.)—tröstend
command (v.)—befehlen (d.)

command (N.)—Befehl (m.)
commence—beginnen, anfangen
commencement—Anfang (m.)
commit—verüben
companion—Gefährte (m.)
company (N.)—Gesellschaft (f.)
compare—vergleichen
comparison—Vergleichung (f.)
compartment—Abteil (m.)
compass (pair of)—Zirkel (m., sing.)
compel—zwingen
complain—klagen, sich beklagen
complaint—Klage (f.)
complete (adj.)—vollständig
complete (v.)—vollenden
completely—völlig
composer—Komponist (m.)
comprehend—verstehen
comprehensible—verständlich
comrade—Kamerad (m.), Freund (m.)
conceal—verbergen, verstecken
concert—Konzert (n.)
conclude (from)—schließen (aus)
condemn—verdammen
confess (v.)—zugeben
confined to bed—das Bett hüten
confirm—bestätigen
congratulate—gratulieren (d.), Glück wünschen
congratulation—Gratulation (f.) Glückwunsch (m.)
connect—verbinden
connection—Verbindung (f.)
conscience—Gewissen (n.)
conscientious—gewissenhaft
conscious (of)—sich bewußt (gen.)
consecrate—weihen

consent (v.)—einwilligen

consent (N.)—Einwilligung (f.)

consequence—Folge (f.)

consequently—folglich

consider—betrachten

consist (of)—bestehen (aus)

consume—essen, verzehren

consumption—Schwindsucht (f.)

consumptive—schwindsüchtig

contain—enthalten

contempt—Verachtung (f.)

content (adj.)—zufrieden, be=
 friedigt

contentment N.)—Zufriedenheit
 (f.), Befriedigung (f.)

continent—Weltteil (m.)

continuation—Fortsetzung (f.)

continue—fortsetzen

contradict—widersprechen (d.)

contradiction—Widerspruch (m.)

contrary—Gegenteil (n.)

contrary (on the)—im Gegenteil

convalescence—Genesung (f.)

conviction—Überzeugung (f.)

convince—überzeugen

cook (v.)—kochen

cook (N.)—Koch (m.), Köchin (f.)

cool—kühl

copper—Kupfer (n.)

copy (v.)—abschreiben

copy (N.)—Abschrift (f.)

copy (of a book)—Exemplar (n.)

copybook—Heft (n.), Schreibheft
 (n.)

corner—Ecke (f.)

corner seat—Eckplatz (m.)

correct (v.)—verbessern

correction—Verbesserung (f.)

correspondence—Korrespondenz
 (f.), Briefwechsel (m.)

cost (v.)—kosten

cost (N.)—Kosten (pl.)

costly—teuer, kostbar

cottage—Hütte (f.)

count (v.)—zählen

count (N.)—Graf (m.)

countenance—Gesicht (n.),
 Angesicht (n.)

countess—Gräfin (f.)

country—Land (n.)

couple (pair)—Paar (n.)

couples (in)—paarweise

courage—Mut (m.)

courageous—mutig

course—Lauf (m.)

course (in the c. of)—im Laufe
 von

court (N.)—Hof (m.)

court case—Gerichtsfall (m.)

court (of justice)—Gerichtshof m.)

cousin—Vetter (m.), Cousine (f.)

cover (v.)—decken, bedecken

cover (N.)—Decke (f.)

covered (with dust)—bestäubt

cow—Kuh (f.)

cradle—Wiege (f.)

crawl—kriechen

create—erschaffen

creation—Schöpfung (f.)

creep—kriechen

cries of joy—Freudengetön (n.)

crime—Verbrechen (n.)

criminal (N.)—Verbrecher (m.)

criminal (adj.)—verbrecherisch

crimson—dunkelrot

crooked (adj.)—krumm

crop—Ernte (f., sing.)

crow (v.)—krähen
crow (N.)—Krähe (f.)
crowd—Menge (f.), Gedränge (n.)
crowded—gedrängt voll
cruel (adj.)—grausam
cruelty (N.)—Grausamkeit (f.)
cunning (N.)—List (f.),
    Schlauheit (f.)
cunning (adj.)—listig, schlau
cup—Tasse (f.), Becher (m.)
cupboard—Kasten (m.), Schrank
    (m.)
current (river)—Strömung (f.)
custom (N.)—Gebrauch (m.),
    Gewohnheit (f.)
customary—gebräuchlich,
    gewöhnlich
customer—Kunde (m.)
customs office—Zollamt (n.),
    Zollbüro (n.)
customs officer—Zollbeamte (m.)
cut—schneiden
cut (to pieces)—zerschneiden
cut down—niederhauen

D

daily—täglich
dale—Tal (n.)
damage (v.)—beschädigen
damage (N.)—Schaden (m.)
damp—feucht
dance (v.)—tanzen
dance (N.)—Tanz (m.), Ball (m.)
Dane—Däne (m.), Dänin (f.)
danger—Gefahr (f.)
dangerous—gefährlich
Danish—dänisch

dare (v.)—wagen
dare (be allowed to)—dürfen
dark—dunkel, finster
dark (to get)—dunkeln
darkness—Dunkelheit (f.), Fin-
    sternis (f.)
darling (N.)—Liebchen (n.)
darn (v.)—flicken (reg.)
date—Datum (n.)
daughter—Tochter (f.)
daughter-in-law—Schwieger-
    -tochter
dawn (v.)—dämmern
dawn (N.)—Dämmerung (f.)
day—Tag (m.)
daybreak—Tagesanbruch (m.)
day after to-morrow—über-
    morgen
day before yesterday—vorgestern
dead—tot
deaf—taub
deaf and dumb—taubstumm
dear—teuer, kostbar
death—Tod (m.)
debar (from)—hindern (an, acc.)
debt—Schuld (f.)
deceive—täuschen, betrügen
December—Dezember (m.)
deception—Täuschung (f.), Be-
    trug (m.)
decide—entscheiden, sich ent-
    schließen
decision—Entscheidung (f.)
declaration—Erklärung (f.)
declare—erklären
decrease (v.)—abnehmen
dedicate (v.)—widmen (d.),
    einweihen
dedication—Einweihung (f.)

deed—Tat (f.), Handlung (f.)
deep—tief
defence—Verteidigung (f.)
defend—verteidigen
defiance—Trotz (m.)
defiant—trotzig
definite—bestimmt
defy—trotzen (d.)
degree—Grad (m.)
delete—auslassen, ausstreichen
delicate—zart, zärtlich
delight (N.)—Entzücken (n.)
delight (v.)—entzücken
delightful—entzückend
delve (v.)—graben
demand (v.)—verlangen, fordern
den (N.)—Höhle (f.)
Denmark—Dänemark (n.)
dense (thick)—dicht
dentist—Zahnarzt (m.)
deny—verleugnen, verneinen
depart (separate)—scheiden
depart (on a journey)—abreisen
departure—Abreise (f.)
depend (on)—sich verlassen (auf)
depends (it . . .)—es kommt
    auf (acc.) an, es hängt von
    . . . ab
depth—Tiefe (f.)
descend—her (hin) absteigen
descendant (N.)—Sprosse (m.)
describe—beschreiben
description—Beschreibung (f.)
desirable—wünschenswert
desire (v.)—wünschen, wollen
desire (N.)—Wunsch (m.)
desk—Pult (n.)
despise (v.)—verachten (reg.)
destiny—Schicksal (n.)

destroy—zerstören
destruction—Zerstörung (f.)
detain—aufhalten, zurückhalten
detour—Umweg (m.)
devote—widmen (d.), schenken (d.)
devoted (adj.)—ergeben
devotion—Widmung (f.), Erge-
    benheit (f.)
devour (v.)—verzehren
devout (adj.)—fromm
dew—Tau (m.)
dial—Zifferblatt (n.)
diamond—Diamant (m.)
dictionary—Wörterbuch (n.)
die—sterben
difference—Unterschied (m.)
different—verschieden, ander(s)
difficult—schwierig, schwer
difficulty—Schwierigkeit (f.)
dig—graben
digger—Gräber (m.)
digger (grave-)—Totengräber (m.)
dilemma—Verlegenheit (f.)
diligence—Fleiß (m.)
diligent (adj.)—fleißig
dim—schwach
dine (v.)—speisen, zu Mittag essen
dining car—Speisewagen (m.)
dining room—Speisezimmer (n.),
    Speisesaal (m.)
dinner—Mittagessen (n.)
dirty—schmutzig
disappear—verschwinden
disarm (v.)—entwaffnen
disc—Scheibe (f.)
discipline—Disziplin (f.)
discover—entdecken
discovery—Entdeckung (f.)

display (v.)—entfalten

displease—mißfallen, ärgern

displeased (adj.)—mißvergnügt

dispute (v.)—bestreiten

dispute (N.)—Streit (m.)

distance—Entfernung (f.)

distant—entfernt

distinct(ly)—deutlich, klar

distinction—Unterschied (m.)

distinguish (v.)—auszeichnen, unterscheiden

distinguished (adj.)—vornehm

disturb—stören

ditch—Graben (m.)

dive—tauchen

diver—Taucher (m.)

do—tun, machen

do without—entbehren

doctor (med.)—Arzt (m.)

doctor—Doktor (m.)

dog—Hund (m.)

dogma (N.)—Dogma (n.)

door—Tür (f.)

doubt (v.)—zweifeln (an, acc.)

downhill—bergab

downstairs (rest)—unten

downstairs (to go)—hinunter (gehen)

downstairs (to come)—herunter (kommen)

down the stairs—die Treppe hinunter

dowry—Mitgift (f.)

dozen—Dutzend (n.)

dragon—Drache (f.)

drama—Drama (n.), Schauspiel (n.)

draw (pull)—ziehen

draw (sketch)—zeichnen

drawing—Zeichnung (f.)

drawing room—Gastzimmer (n.)

dream (v.)—träumen

dream (N.)—Traum (m.)

dreamer—Träumer (m.)

dreamy—träumerisch

dress (v.)—sich ankleiden

dress (N.)—Kleid (n.)

drink (v.) (persons)—trinken

drink (v.) (animals)—saufen

drink (N.)—Trank (m.), Trunk (m.)

drip (v.)—tröpfeln (reg.)

drive (v.) (in convey.)—fahren

drive (v.) (cattle)—treiben

drive (N.)—Fahrt (f.)

drop (v.)—fallen lassen

drop (of rain)—Regentropfen (m.)

drop (N.)—Tropfen (m.)

dropsy—Wassersucht (f.)

drown (trans.)—ertränken (reg.)

drowned (to be)—ertrinken (irreg.)

duchess—Herzögin (f.)

duchy—Herzogtum (n.)

duel (v.)—fechten

duel (N.)—Gefecht (n.), Duel (n.)

duet—Duett (n.)

duke—Herzog (m.)

dull (of light)—trübe, matt

dull (of sound)—dumpf

dumb—stumm

during (prep.)—während (gen.)

dusk (N.)—Dämmerung (f.)

dust (N.)—Staub (m.)

duster (N.)—Wischtuch (n.), Wischer (m.)

dusty—staubig

duty—Pflicht (f.)
duty (customs)—Zoll (m.)
duty free—zollfrei
duty (to pay)—verzollen
Dutch—holländisch
Dutchman—Holländer (m.)
dwarf—Zwerg (m.)
dwell—wohnen
dwelling—Wohnung (f.)
dye—färben
dyer—Färber (m.)

E

each—jeder (jede, jedes)
each other—einander
eager (adj.)—eifrig
eagerness (N.)—Eifer (m.)
eagle—Adler (m.)
ear—Ohr (n.)
early—früh
earn—verdienen
earnings—Lohn (m.), Verdienst (m.)
earth—Erde (f.)
earthly—irdisch
earthquake—Erdbeben (n.)
ease (N.)—Ruhe (f.), Leichtigkeit (f.)
east—Osten (m.)
Easter—Ostern (pl.)
eastern—östlich
East India—Ostindien (n.)
easy—leicht
eat (pers.)—essen
eat (animals)—fressen
echo (N.)—Echo (n.), Widerhall (m.)

edge—Rand (m.)
educate—erziehen
education—Erziehung (f.)
effect (v.)—bewirken, verursachen
effect (N.)—Wirkung (f.)
effort (N.)—Anstrengung (f.)
effort (to make)—sich anstrengen
egg—Ei (n.)
either . . . or—entweder . . . oder
elect—erwählen
election—Wahl (f.)
elephant—Elefant (m.)
elope (v.)—entfliehen
else (or . . .)—sonst
elsewhere—anderswo(hin)
embarrass (v.)—in Verlegenheit setzen
embarrassed (adj.)—verlegen
embarrassment—Verlegenheit (f.)
embrace—umarmen
emergency (in)—im Notfall
empire—Reich (n.), Kaiserreich (n.)
empty—leer
empty (v.)—leeren (reg.)
emulate—wetteifern
enable (v.)—befähigen
end (v.)—beendigen, enden
end (N.)—Ende (n.)
endeavour (v.)—sich bemühen
endure (v.)—dulden, leiden
engage (v.)—anstellen
engaged (busy)—beschäftigt
engaged (betrothed)—verlobt
engagement (betrothal)—Verlobung (f.)
England—England (n.)

English—englisch
Englishman—Engländer (m.)
enjoy—sich erfreuen (reg.)
enjoyable—genußreich, erfreulich
enjoyment—Genuß (m.), Freude (f.)
enough—genug, genügend
enquire (v.)—sich erkundigen
enquiry—Erkundigung (f.)
enrich (v.)—bereichern
ensue (v.)—folgen (d.)
enter (v.)—eintreten (in)
enter (a carriage)—einsteigen
entertain—unterhalten, bewirten
entertainment—Unterhaltung (f.)
entire—ganz
entirely—gänzlich
entrance—Eintritt (m.), Eingang (m.)
entrance gate—Eingangstor (n.)
entrust—anvertrauen
envelop (v.)—einhüllen
envelope—Couvert (n.)
enviable—beneidenswert
envious—neidisch (auf)
environs—Umgebung (f.), Umgegend (f.)
envy (v.)—beneiden
envy (N.)—Neid (m.)
epilepsy—Fallsucht (f.)
ere (conj.)—ehe, bevor
erect (v.)—errichten
erect (adj.)—aufrecht
err (v.)—sich irren
errand—Auftrag (m.)
error—Fehler (m.), Irrtum (m.)
eruption—Ausbruch (m.)

escape (v.)—entkommen, entfliehen
escape (N.)—Flucht (f.)
estate—Gut (n.)
esteem (v.)—achten
esteem (N.)—Achtung (f.)
esteemed (adj.)—geachtet, angesehen
etc.—u.s.w. (und so weiter)
Europe—Europa (n.)
European—Europäer
European (adj.)—europäisch
even (adj.)—gerade, eben, flach
even (adv.)—selbst, sogar
evening—Abend (m.)
evening (in the)—abends
event—Ereignis (n.)
ever—immer
evergreen—immergrün
every—jeder (jede, jedes)
everybody—jedermann
everywhere—überall
evident—offenbar
evidently—offenbar
exact(ly)—genau
examination—Prüfung (f.), Untersuchung (f.)
examine (v.)—prüfen, untersuchen
example—Beispiel (n.)
example (for)—zum Beispiel (z.B.)
except (prep.)—ausgenommen (acc.)
exception—Ausnahme (f.)
excuse (v.)—entschuldigen
excuse (N.)—Entschuldigung (f.)
execute (v.)—ausführen
execute (behead) (v.)—enthaupten
exhausted (adj.)—erschöpft
exhibit—ausstellen

exhibition—Ausstellung (*f.*)
expect (*v.*)—erwarten
expectation—Erwartung (*f.*)
expensive—teuer, kostbar
expenses—Auslagen (*f., pl.*)
explain—erklären
explanation—Erklärung (*f.*)
express—ausdrücken
expression—Ausdruck (*m.*)
express train—Schnellzug (*m.*)
extempore—aus dem Stegreif
extend—ausdehnen, ausbreiten
extinguish—auslöschen
extract (*N.*)—Auszug (*m.*)
extract (*v.*)—ausziehen
exuberance—Übermut (*m.*)
eye—Auge (*n.*)
eyelid—Augenlid (*n.*)

F

face (*N.*)—Gesicht (*n.*)
fact—Tatsache (*f.*)
factory—Fabrik (*f.*)
fade (*v.*)—verwelken
faded (*adj.*)—verwelkt, welk
fail (*v.*)—fehlen
fail (in exam.)—durchfallen
faint (*v.*)—in Ohnmacht fallen
faint (*adj.*)—ohnmächtig
fair (just)—billig, gerecht
fair (pretty)—schön
fair (*N.*)—Weihe (*f.*)
fairy tale—Märchen (*n.*)
faithful—treu
fall (*v.*)—fallen
fall asleep—einschlafen

fall ill—erkranken
fame—Ruhm (*m.*)
familiar—vertraut
family—Familie (*f.*)
famine—Hungersnot (*f.*)
famous—berühmt
fancy (*v.*)—sich einbilden, sich denken (*d.*)
far—weit, fern
fare—Fahrgeld (*n.*)
farm—Pachthof (*m.*)
farmer—Bauer (*m.*), Pächter (*m.*)
farmyard—Pachthof (*m.*)
fast (*v.*)—fasten (*reg.*)
fast (firm)—fest
fast (quick)—schnell, rasch, geschwind
fasten—befestigen
fatal(ly)—tötlich
fate—Schicksal (*n.*)
father—Vater (*m.*)
father-in-law—Schwiegervater (*m.*)
favour—Gunst (*f.*), Gefälligkeit (*f.*)
favour (to do)—Gefallen erweisen
favourable—günstig
favourite—Liebling (*m.*)
favourite book—Lieblingsbuch (*n.*)
fear (*v.*)—fürchten
fear (*N.*)—Furcht (*f.*)
fearful—furchtbar
feast (*v.*)—schmausen
feast (*N.*)—Schmaus (*m.*)
feather—Feder (*f.*)
February—Februar (*m.*)
feeble—schwach
feed (*v.*)—ernähren (*reg.*)

feed (animal)—füttern (*reg.*)

feel—fühlen, empfinden

feel inclined—Luft haben

feeling (*N.*)—Gefühl (*n.*), Emp=
findung (*f.*)

fell (*trans.*)—fällen (*reg.*)

fellow—Kerl (*m.*), Burfch (*m.*)

fellow pupil—Schulfreund (*m.*)

fellow student—Mitftudent (*m.*)

fence (*v.*)—fechten (*reg.*)

fence—Zaun (*m.*)

ferment (*v.*)—gähren

festival—Feft (*n.*), Feier (*f.*)

fever—Fieber (*n.*)

fever epidemic—Fieberfeuche (*f.*)

few—wenige

few (a)—einige

fiancé—Bräutigam (*m.*)

fiddle (*N.*)—Geige (*f.*), Violine
(*f.*)

fiddle (*v.*)—geigen, die Violine
fpielen

fiddler—Geiger (*m.*), Violinfpieler
(*m.*)

field—Feld (*n.*), Wiefe (*f.*)

figure (form)—Geftalt (*f.*), Figur
(*f.*)

figure (number)—Zahl (*f.*)

fill (*v.*)—füllen

fill—(a glass) einfchenken

finally—endlich, fchließlich

find (*v.*)—finden

find out—herausfinden, entdecken

fine (handsome)—fchön

fine (of thread)—fein, zart

finger (*N.*)—Finger (*m.*)

finger post—Wegweifer (*m.*)

finish—beendigen, fertig machen

finished (with)—fertig mit

Finland—Finnland (*n.*)

Finlander—Finnländer (*m.*)

Finnish—finnifch

fir (tree)—Fichte (*f.*)

fire (*N.*)—Feuer (*n.*)

fire brigade—Feuerwehr (*f.*)

first—erfte

first (at . . .)—zuerft

firstly—erftens

fish (*N.*)—Fifch (*m.*)

fish (*v.*)—fifchen

fisher (man)—Fifcher (*m.*)

fist (*N.*)—Fauft (*f.*)

fit (*adj.*)—paffend

fit (*v.*)—anpaffen

flame (*N.*)—Flamme (*f.*)

flame (*v.*)—flammen

flash of lightning—Blitzftrahl (*m.*)

flask—Flafche (*f.*)

flat (*adj.*)—flach, eben

flatter (*v.*)—fchmeicheln (*d.*)

flatterer—Schmeichler (*m.*)

flattering (*adj.*)—fchmeichelhaft

flattery—Schmeichelei (*f.*)

flee (*v.*)—fliehen

fleecy (*adj.*)—wollig

flesh—Fleifch (*n.*)

flexible—biegfam

flight (escape)—Flucht (*f.*)

flight (of birds)—Flug (*m.*)

float (*trans.*)—flößen

float (*intr.*)—fchwimmen

flood (*N.*)—Flut (*f.*)

floor—Boden (*m.*)

flow (*v.*)—fließen

flower—Blume (*f.*)

flowerbed—Blumenbeet (*n.*)

flower garden—Blumengarten
(*m.*)

flowering (*adj.*)—blühend

fluent(ly)—fließend, geläufig

flute (*N.*)—Flöte (*f.*)

fly (*v.*)—fliegen

fly (*N.*)—Fliege (*f.*)

foam—Schaum (*m.*)

fodder—Futter (*n.*)

fog—Nebel (*m.*)

foggy—neblig

fold (*v.*)—falten

follow (*v.*)—folgen (*d.*)

followers—Gefolge (*n., sing.*)

food—Nahrung (*f.*), Speise (*f.*)

fool—Narr (*m.*), Tor (*m.*)

foot—Fuß (*m.*)

footpath—Fußweg (*m.*)

for (*prep.*)—für (*acc.*)

for it (them)—dafür

for (as, because)—denn

forbid (*v.*)—verbieten

force (*v.*)—zwingen

force (*N.*)—Kraft (*f.*), Stärke (*f.*)

foreboding—Ahnung (*f.*)

forefinger—Zeigefinger (*m.*)

forego (*v.*)—verzichten (auf)

forehead—Stirn (*f.*)

foreign—fremd, ausländisch

foreigner—Ausländer (*m.*), Fremde (*m.*)

forenoon—Vormittag (*m.*)

foresight—Vorsicht (*f.*)

forest—Wald (*m.*), Forst (*m.*)

forester—Förster (*m.*)

forget—vergessen

forgive—vergeben (*d.*), verzeihen (*d.*)

fork (*N.*)—Gabel (*f.*)

form (*N.*)—Gestalt (*f.*)

former—erstere

fortnight—vierzehn Tage (*m., pl.*)

fortunate—glücklich

fortunately—glücklicherweise, zum Glück

fortune (luck)—Glück (*n.*)

fortune (money)—Vermögen (*n.*)

forward—vorwärts

fountain—Brunnen (*m.*)

fowl—Huhn (*n.*)

frail—schwach, gebrechlich

frame (*v.*)—einrahmen

frame (*N.*)—Rahmen (*m.*)

France—Frankreich (*n.*)

frank—offen

free (*adj.*)—frei

free (*v.*)—befreien, frei lassen

free (of dust)—staubfrei

free of duty—zollfrei

freedom—Freiheit (*f.*)

freeze—frieren

French (*adj.*)—französisch

Frenchman—Franzose (*m.*)

Frenchwoman—Französin (*f.*)

friction—Reibung (*f.*)

friend—Freund (*m.*), Freundin (*f.*)

friendly—freundlich

friendship—Freundschaft (*f.*)

fright (*N.*)—Schrecken (*m.*)

frighten (*trans.*)—erschrecken (*reg.*)

frightened (to be)—erschrecken (*irreg.*)

frightful—schrecklich, furchtbar

frivolity—Leichtsinn (*m.*)

frivolous—leichtsinnig

frog—Frosch (*m.*)

from (*prep.*)—von (*d.*)

from it (them)—davon

from now on—von nun an

front (in) (*adv.*)—vorn
front (in . . . of)—vor (*d. or acc.*)
front wheel—Vorderrad (*n.*)
frontier—Grenze (*f.*)
frost—Frost (*m.*)
froth—Schaum (*m.*)
fruit—Frucht (*f.*), Obst (*n.*)
fruit tree—Obstbaum (*m.*)
frustrate—vereiteln
fulfil—erfüllen
fulfilment (*N.*)—Erfüllung (*f.*)
full—voll
fully—völlig
fun—Spaß (*m.*), Scherz (*m.*)
funny—komisch, lächerlich
future (*N.*)—Zukunft (*f.*)
future (in)—künftig, in Zukunft
future (*adj.*)—künftig

G

gain (*v.*)—verdienen, gewinnen
gain (*N.*)—Verdienst (*m.*), Gewinn
  (*m.*)
game—Spiel (*n.*)
garden—Garten (*m.*)
gardener—Gärtner (*m.*),
  Gärtnerin (*f.*)
gate—Tor (*n.*)
general (*N.*)—General (*m.*)
general (in)—im allgemeinen
general(ly)—allgemein, im
  allgemeinen
generosity—Großmut (*f.*)
generous—großmütig
gentle—sanft
gentleman—Herr (*m.*)

geologist—Geolog (*m.*)
geology—Geologie (*f.*)
German (*adj.*)—deutsch
German (*N.*)—der Deutsche, ein
  Deutscher
Germany—Deutschland (*n.*)
gesture—Geberde (*f.*)
get (receive)—erhalten, bekommen
get (become)—werden
get hold of—ergreifen
get (pale)—erbleichen
get (red)—erröten
get (tired)—ermüden
giant—Riese (*m.*)
gift—Geschenk (*n.*), Gabe (*f.*)
girl—Mädchen (*n.*)
give—geben
give (a present)—schenken
give in—weichen, nachgeben
give way—weichen, nachgeben
glad—froh
glad (to be)—sich freuen
glass—Glas (*n.*)
glide (*v.*)—gleiten
glimmer (*v.*)—schimmern
glimmer (*N.*)—Schimmer (*m.*)
glitter (*v.*)—glänzen
glitter (*N.*)—Glanz (*m.*)
globe (*N.*)—Erde (*f.*)
glove—Handschuh (*m.*)
go—gehen
go (for a walk)—spazieren, einen
  Spaziergang machen
go (in front)—voraus (voran)
  gehen
go (on foot)—(zu Fuß) gehen
go (on horseback)—reiten
go (to meet)—entgegengehen

go past—vorbei (vorüber) gehen, an (d.)

goat—Ziege (f.), Geiß (f.)

godfather—Pate (m.)

godmother—Patin (f.)

going to be—werden (nom.)

gold—Gold (n.)

golden (adj.)—golden

good—gut

good (well behaved)—artig

good-bye—adieu, leben Sie wohl

good-for-nothing—Taugenichts (m.)

goods train—Güterzug (m.)

goose—Gans (f.)

govern (v.)—regieren

governess—Gouvernante (f.)

government—Regierung (f.)

grace—Anmut (f.)

graceful—anmutig

grade—Grad (m.)

gradual(ly)—allmälig

grand—großartig, prachtvoll

granddaughter—Enkelin (f.)

grandfather—Großvater (m.)

grandmother—Großmutter (f.)

grandparents—Großeltern (pl.)

grandson—Enkel (m.)

grape—Traube (f.)

grass—Gras (n.)

grateful—dankbar

gratitude—Dankbarkeit (f.)

grave (adj.)—ernst, ernstlich

grave (N.)—Grab (n.)

grave digger—Totengräber (m.)

graze (v.)—weiden

great—groß

Greece—Griechenland (n.)

Grecian—Grieche (m.), Griechin

Grecian (adj.)—griechisch

greed (N.)—Geiz (m.), Ehrsucht (f.)

greedy (adj.)—geizig, ehrsüchtig

green—grün

greet (v.)—grüßen (reg.)

greeting (N.)—Gruß (m.)

grenadier—Grenadier (m.)

grey—grau

greyish—gräulich

grind (v.)—mahlen

ground (N.)—Boden (m.)

grow—wachsen

grow (from)—entstehen (aus)

grow (to get)—werden

grown up (adj.)—erwachsen

growth (N.)—Wachstum (n.)

guard (v.)—bewachen

guard (N.)—Wache (f.)

guard (against)—sich hüten vor (d.)

guard (to be on)—auf der Hut (sein)

guess—erraten

guest—Gast (m.)

guide—führen, leiten

guide (N.)—Führer (m.), Leiter (m.)

guilt (N.)—Schuld (f.)

guilty—schuldig

H

habit—Gewohnheit (f.)

habit (to be in the h.)—pflegen (reg.)

hail (N.)—Hagel (m.)

hail (v.)—hageln

hair—Haar (n.)
hairdresser—Haarschneider (m.)
half—halb
half (N.)—Hälfte (f.)
hammer—Hammer (m.)
hammer (v.)—hämmern (reg.)
hand—Hand (f.)
hand (v.)—reichen (reg.)
hand over—überreichen (reg.)
hand (of clock)—Zeiger (m.)
handkerchief—Taschentuch (n.)
handsome—schön, stattlich
hang (trans.)—hängen (reg.)
hang (intr.)—hangen
happen—geschehen, sich ereignen (reg.)
happened (to be)—zufällig (sein)
happily—glücklicherweise
happiness—Glück (n.)
happy—glücklich
hard—hart
hard (working)—fleißig (arbeiten)
hardly—kaum
hardly ever—fast nie
hare—Hase (m.)
harken (v.)—horchen
harm (v.)—schaden, beschädigen
harm (N.)—Schaden (m.), Beschädigung (f.)
harmful—schädlich
harmless—harmlos
harp (N.)—Harfe (f.)
harvest—Ernte (f.)
haste (N.)—Eile (f.)
hasten—eilen, sich beeilen, schnell machen
hat—Hut (m.)
hate (N.)—Haß (m.)
hate (v.)—hassen (reg.)

hateful—häßlich
haughty—stolz, hochmütig
have—haben
have to—müssen
hay—Heu (n.)
head—Kopf (m.)
headache—Kopfweh (n.)
heal—heilen (reg.)
health (N.)—Gesundheit (f.)
healthy—gesund
heap—Haufe (m.)
heap (v.)—anhäufen (reg.)
hear—hören (reg.)
hearing (N.)—Gehör (n.)
heart—Herz (n.)
heartily—herzlich, inniglich
hearty—herzlich
heat (N.)—Hitze (f.)
heat (v.)—heizen, einheizen (reg.)
heath (N.)—Heide (f.)
heathen—Heide (m.)
heaven—Himmel (m.)
hedge—Hecke (f.), Hag (m.)
heed—achten (auf), Acht geben (auf)
heel (of foot)—Ferse (f.)
heel (of boot)—Absatz (m.)
height—Höhe (f.)
heir (N.)—Erbe (m.)
help (N.)—Hilfe (f.), Hülfe (f.) Beistand (m.)
help (v.)—helfen, beistehen (d.)
helpful—hilfreich
helpless—hilflos
hen—Henne (f.)
henceforth—von nun an
hen house—Hühnerstall (m.)
herd—Herde (f.)
hero—Held (m.)

25

heroic (*adj.*)—edelmütig
heroine—Heldin (*f.*)
heroism—Heldenmut (*m.*)
hesitate (*v.*)—zögern, harren
hesitation—Zögerung (*f.*)
hew (*v.*)—hauen
hide (*N.*)—Haut (*f.*), Fell (*n.*)
hide (*v.*)—verbergen, verstecken, verhehlen
high—hoch
hike—wandern (*reg.*)
hiker—Wanderbursch (*m.*)
hiking (*N.*)—Wandern (*n.*)
hill—Hügel (*m.*)
hilly—hügelig
hinder (*v.*)—hindern (an), verhindern (an)
hindleg—Hinterbein (*n.*)
hindmost—der (die, das) hinterste
hindrance—Hindernis (*n.*)
hint (*v.*)—winken (*reg.*)
hint (*N.*)—Wink (*m.*)
hire (*v.*)—mieten (*reg.*)
historical—geschichtlich
history—Geschichte (*f.*)
hit (*v.*)—treffen, schlagen
hither—hierher
hoar frost—Reif (*m.*)
hoarse (*adj.*)—heiser
hold (*v.*)—halten
hole—Loch (*n.*)
holiday—Feiertag (*m.*)
holidays—Ferien (*pl.*)
Holland—Holland (*n.*)
Hollander—Holländer (*m.*)
hollow—hohl
home (*N.*)—Heimat (*f.*)
home (at . . .)—zu Hause (sein)
home (to go)—nach Hause (gehen)

homebaked (*adj.*)—hausbacken
homesick (to be)—Heimweh haben
honest—ehrlich, redlich
honesty—Ehrlichkeit (*f.*), Redlichkeit (*f.*)
honey—Honig (*m.*)
honour (*N.*)—Ehre (*f.*)
honour (*v.*)—ehren (*reg.*)
honourable—ehrlich, aufrichtig
hop (*v.*)—hüpfen
hope (*v.*)—hoffen (*reg.*)
hope (*N.*)—Hoffnung (*f.*)
hopeful (*adj.*)—hoffnungsvoll
hopeless (*adj.*)—hoffnungslos
horse—Pferd (*n.*)
horseshoe—Hufeisen (*n.*)
hospitable—gastfreundlich
hospital—Spital (*m.*)
hospitality—Gastfreundschaft (*f.*)
host—Wirt (*m.*)
hostess—Wirtin (*f.*)
hot—heiß
hotel—Gasthaus (*n.*), Gasthof (*m.*), Hotel (*n.*)
hour—Stunde (*f.*)
hourly—stündlich
house—Haus (*n.*)
house (*v.*)—hausen (*reg.*)
housekeeper—Haushälterin (*f.*)
how—wie
however (*adv.*)—jedoch, aber
however great—wie groß auch
huge—groß, ungeheuer
humour—Humor (*m.*)
hundred—hundert
hundreds of—Hunderte von (*d.*)
Hungarian—Ungar (*m.*)
Hungarian (*adj.*)—ungarisch

Hungary—Ungarn (n.)—

hunger (N.)—Hunger (m.)

hunger (v.)—hungern (reg.)

hunger (to die of . . .)—
  verhungern (reg.)

hungry—hungrig

hunt (v.)—jagen, auf die
  Jagd gehen

hunt (N.)—Jagd (f.)

hunter—Jäger (m.)

hurry (v.)—eilen, sich beeilen,
  schnell machen

hurry (N.)—Eile (f.)

hurt—verletzen

hurtful (adj.)—schädlich

husband—Gemahl (m.), Ehemann
  (m.)

hut—Hütte (f.)

I

ice—Eis (n.)

idea—Idee (f.), Einfall (m.)

idle (adj.)—faul, müssig

idleness—Faulheit (f.)

if—wenn

if (whether)—ob

ignorance—Unwissenheit (f.)

ignorant (adj.)—unwissend

ignore (v.)—nicht wissen, nicht
  beachten (reg.)

ill—krank

ill (to turn)—erkranken (reg.)

illness—Krankheit (f.)

illuminate—beleuchten (reg.)

illumination—Beleuchtung (f.)

illustrate (v.)—illustriren,
  erläutern (reg.)

illustrated (adj.)—illustrirt

illustration—Illustration (f.),
  Erläuterung (f.)

imagination—Einbildung (f.),
  Einbildungskraft (f.)

imagine—sich einbilden (d.)

imitate—nachahmen (d.)

imitation—Nachahmung (f.)

immediate (adj.)—sofortig

immediately—sofort, sogleich

immense—ungeheuer

impatience—Ungeduld (f.)

impatient—ungeduldig

impertinence—Frechheit (f.)

impertinent—frech

impolite—unhöflich

importance—Wichtigkeit (f.)

important—wichtig

impossibility—Unmöglichkeit (f.)

impossible—unmöglich

impress (v.)—einen Eindruck
  machen

impression—Eindruck (m.)

imprison—einsperren, ins
  Gefängnis werfen

improve—verbessern (reg.)

improvement—Verbesserung (f.)

inaudible—unhörbar

in case of—falls

incessant(ly)—beständig,
  unaufhörlich

inclination—Neigung (f.)

incline (v.)—neigen (sich)

inclined (adj.)—geneigt

inclined (to feel)—Lust haben

incomprehensible—unbegreiflich

increase—(v.) zunehmen

indeed—freilich

indefinite(ly)—unbestimmt

indescribable—unbeſchreiblich

index finger—Zeigefinger (*m.*)

India—Indien (*n.*)

Indian—Indier (*m.*)

Indian (red)—Indianer (*m.*)

Indian (*adj.*)—indiſch, indianiſch

indicate (*v.*)—anzeigen, zeigen (*reg.*)

indication—Zeichen (*n.*) Andeutung (*f.*)

individual (*N.*)—Individuum (*n.*)

indoors (*adv.*)—drinnen, im Hauſe

induce—bewegen (*irreg.*)

industrious (*adj.*)—fleißig

industry (zeal)—Fleiß (*m.*), Eifer (*m.*)

influence (*N.*)—Einfluß (*m.*)

influence (*v.*)—beeinfluſſen (*reg.*)

influential (*adj.*)—einflußreich

inform (*v.*)—berichten (*reg.*), mitteilen (*d.*)

information—Bericht (*m.*), Mitteilung (*f.*), Auskunft (*f.*)

in front of—vor, voran, voraus

inhabit—bewohnen

inhabitant—Bewohner (*m.*), Einwohner (*m.*)

inherit—erben (*reg.*)

inheritance—Erbe (*n.*), Erbſchaft (*f.*)

in it (them)—darin

injure (damage)—ſchaden (*d.*)

injure (hurt)—verletzen, verwunden (*reg.*)

injurious—ſchädlich (*d.*)

injury—Schaden (*m.*)

ink—Tinte (*f.*)

inmate—Inſaß (*m.*)

inn—Wirtshaus (*n.*), Schenke (*f.*)

innkeeper—Wirt (*m.*)

innocence—Unſchuld (*f.*)

innocent—unſchuldig

in order that—damit, ſo daß

in order to—um . . . zu

inside—drinnen

inside (to go)—hinein (gehen)

inside (to come)—herein (kommen)

insist—beſtehen (auf), beharren (in)

insolence—Frechheit (*f.*)

insolent—frech

in spite of—trotz (*gen.*)

instead of—anſtatt (*gen.*), ſtatt (*gen.*)

intelligence—Klugheit (*f.*), Intelligenz (*f.*)

intelligent—klug, intelligent

intend—beabſichtigen (*reg.*)

intention—Abſicht (*f.*)

intentional(ly)—abſichtlich

inter (*v.*)—begraben

interest (on money)—Zins (*m.*)

interest—Intereſſe (*n.*)

interest (*v.*)—intereſſiren

interesting—intereſſant

interrupt—unterbrechen

interruption—Unterbruch (*m.*)

interval—Pauſe (*f.*), Zwiſchenzeit (*f.*)

introduce—vorſtellen, einführen

introduction—Einführung (*f.*), Empfehlung (*f.*)

intrude—ſtören (*reg.*)

in vain—umſonſt, vergebens

invent—erfinden

invention—Erfindung (*f.*)

investor—Erfinder (m.)
in view of—angesichts (gen.)
invisible—unsichtbar
invitation—Einladung (f.)
invite—einladen
invoice—Rechnung (f.)
ire (N.)—Wut (f.)
Ireland—Irland (n.)
Irish—irisch
Irishman—Irländer (m.)
iron—Eisen (n.)
Italian—Italiener (m.)
Italian (adj.)—italienisch
Italy—Italien (n.)

J

jail—Gefängnis (n.)
January—Januar (m.)
Japan—Japan (n.)
Japanese—Japaner (m.),
　Japanese (m.)
Japanese (adj.)—japanisch,
　japanesisch
jaundice—Gelbsucht (f.)
jaw—Kiefer (m.)
jealous—eifersüchtig
jealousy—Eifersucht (f.)
jest (v.)—scherzen, spassen (reg.)
jest (N.)—Scherz (m.), Spaß (m.)
jesting(ly)—scherzhaft, spaßhaft
jewel—Schmuck (m.)
jeweller—Goldschmied (m.),
　Juwelier (m.)
jewellery—Schmuck (m.),
　Geschmeide (n.)
join (v.)—verbinden

join (army)—eintreten (in, acc.)
joke (v.)—scherzen, spassen (reg.)
joke (N.)—Scherz (m.), Spaß (m.)
joking aside—Scherz (Spaß) bei
　Seite
joking(ly)—scherzhaft, spaßhaft
jotter—Schreibheft (n.),
　Allerleiheft (n.)
journey—Reise (f.)
joy (N.)—Freude (f.)
joyful—fröhlich, munter
judge (v.)—urteilen (reg.)
judge (N.)—Richter (m.)
judgment—Urteil (n.)
July—Juli (m.)
jump—springen
June—Juni (m.)
just (adv.)—eben
just now—soeben, eben
justice—Rechtfertigung (f.),
　Genugtuung (f.)
justice (court of)—Gerichtshof (m.)
justify—rechtfertigen (reg.)

K

keen (adj.)—eifrig
keep—halten
keep (retain)—behalten
key—Schlüssel (m.)
kill—töten
kind (N.)—Art (f.), Sorte (f.)
kind (adj.)—gütig, freundlich
kindle—anzünden (reg.)
kindness—Güte (f.)
king—König (m.)
kingdom—Königreich (n.),
　Königtum (n.)

kitchen—Küche (*f.*)

knee—Knie (*n.*)

knife—Messer (*n.*)

knight—Ritter (*m.*)

knock—klopfen (*reg.*)

knock (*N.*)—Schlag (*m.*)

know (" *savoir* ")—wissen

know (to be acquainted with)—
kennen

knowledge—Kenntnis (*f.*)

L

lack (*v.*)—ermangeln, fehlen
(*reg.*)

lad—Kerl (*m.*), Bursch (*m.*)

ladder—Leiter (*f.*)

lady—Dame (*f.*), Frau (*f.*)

lake—See (*m.*)

lamb—Lamm (*n.*)

lame (*adj.*)—lahm

lame (*v.*)—lähmen (*reg.*)

land (*N.*)—Land (*n.*)

land (*v.*)—ankommen

landing place—Haltestelle (*f.*)

landlady—Wirtin (*f.*)

landlord (of inn)—Wirt (*m.*)

landlord (of estate)—Gutsbesitzer
(*m.*)

larch—Lärche (*f.*)

large—groß

lark—Lerche (*f.*)

last (*v.*)—dauern (*reg.*)

last (*adj.*)—der (die, das) letzte

last (at last)—zuletzt, endlich

late—spät

late (to be)—sich verspäten (*reg.*)

latter—letztere

laudable—lobenswert

laugh (at)—lachen (über, *acc.*)

laughable—lächerlich

laughter—Lachen (*n.*),
Gelächter (*n.*)

lawyer—Advokat (*m.*)

lay (put)—legen (*reg.*)

laziness—Faulheit (*f.*)

lazy—faul

lead (*v.*)—führen (*reg.*)

lead (metal)—Blei (*n.*)

leaden (*adj.*)—bleiern

leader—Führer (*m.*)

leaf—Blatt (*n.*)

leafless—kahl

lean—lehnen (*reg.*)

lean (*adj.*)—mager, dünn

leap—springen

leap year—Schaltjahr (*n.*)

learn (*v.*)—lernen (*reg.*)

least (*adv.*)—am wenigsten, am
mindesten

least (at)—wenigstens, mindestens

least (*adj.*)—der (die, das)
geringste

least (not in the . . .)—nicht im
geringsten

leave—verlassen (*trans.*)

leave (of train)—abgehen,
abfahren

leave (on a journey)—abreisen

leave (after death)—hinterlassen

leave (*N.*)—Abschied (*m.*)

leave (" *congé* ")—Urlaub (*m.*)

lecture—Vortrag (*m.*)

lecture (*v.*)—einen Vortrag halten

left (*adj.*)—link

left (to the)—links

left (over)—übrig
left luggage office—Gepäck=
   zimmer (n.)
leg—Bein (n.)
legacy—Erbschaft (f.), Erbe (n.)
legend—Sage (f.)
lend—leihen
length—Länge (f.)
lengthen—verlängern
lent (N.)—Fasten (pl.)
less—weniger, minder
lesson—Aufgabe (f.), Lektion (f.),
   Stunde (f.)
lest—damit . . . nicht
let—vermieten
let (allow)—lassen, erlauben (d.)
letter—Brief (m.)
letter (of alphabet)—Buchstabe
   (m.)
letter box—Briefkasten (m.)
liberty—Freiheit (f.)
liberty (at)—frei
librarian—Bibliothekar (m.)
library—Bibliothek (f.)
lick (v.)—lecken (reg.)
lie (v.)—liegen
lie (to tell a lie)—lügen (reg.)
lie (N.)—Lüge (f.)
lieutenant—Leutnant (m.)
life—Leben (n.)
lift (v.)—heben, aufheben
light (N.)—Licht (n.)
light (v.)—anzünden (reg.)
light (adj.)—leicht
light blue—hellblau
light (bright)—hell
lighten (v.)—blitzen (reg.)
lightning—Blitz (m.)

like (adj.)—ähnlich (d.)
like (as)—wie
like (v.)—gern haben
like (to be)—gleichen (d.), ähneln
   (d.)
likely—wahrscheinlich
likewise—gleichfalls, ebenfalls
lime tree—Linde (f.)
line—Linie (f.)
line (printed)—Zeile (f.)
line (of rails)—G(e)leis (n.)
lining (N.)—Futter (n.)
lion—Löwe (m.)
lioness—Löwin (f.)
lip—Lippe (f.)
lisp—lispeln (reg.)
listen—horchen, hören, lauschen
   (reg.)
literally—wörtlich
little (adj.)—klein
little (adv.)—wenig
live (dwell)—wohnen (reg.)
live (exist)—leben (reg.)
live (adj.)—lebendig
load (N.)—Last (f.), Ladung (f.)
load (v.)—aufladen, laden
loaf—Brot (n.), Laib (m.)
local (adj.)—hiesig
lock (v.)—schließen
lock (N.)—Schloß (n.)
locksmith—Schlosser (m.)
lock up—verschließen
lonely—einsam
long (adj.)—lang
long (of time)—lange
long (for)—sich sehnen (nach)
longing (N.)—Sehnsucht (f.)
look (v.)—sehen, schauen
look (N.)—Blick (m.)

look (at)—anſehen, anſchauen
look (for)—ſuchen (*reg.*)
look (on)—zuſehen, zuſchauen
look (forward to)—ſich freuen (auf) (*acc.*)
looking glass—Spiegel (*m.*)
loose (*adj.*)—loſe
loosen (*v.*)—löſen (*reg.*)
lose—verlieren
lose one's way—ſich verirren (*reg.*)
loss—Verluſt (*m.*)
lot (*N.*)—Menge (*f.*), Maſſe (*f.*)
lot (fate)—Schickſal (*n.*)
loud—laut
lovable (*adj.*)—liebreich
love (*v.*)—lieben (*reg.*)
love (*N.*)—Liebe (*f.*)
lovely—lieblich, angenehm
lover—Liebhaber (*m.*)
low—niedrig
luck—Glück (*n.*)
lucky—glücklich
luggage—Gepäck (*n.*)
luggage office—Gepäckraum (*m.*)
luggage van—Gepäckwagen (*m.*)
lull (to sleep)—einſchläfern (*reg.*)

M

mad (raging)—wütend
mad (of a dog)—toll
mad (out of mind)—verrückt, wahnſinnig
magic (*N.*)—Zauber (*m.*)
maid (servant)—Dienſtmädchen (*n.*), Magd (*f.*)
mail (*N.*)—Poſt (*f.*)
mail (by)—mit der Poſt

main (chief)—Haupt . . .
main thing—Hauptſache (*f.*)
make (*v.*)—machen (*reg.*), tun
make enquiry—ſich erkundigen
make haste—ſich beeilen, ſchnell machen
make up for—nachholen (*reg.*)
make up on—einholen (*reg.*)
make up one's mind—ſich entſchließen, beſchließen
make use of—gebrauchen (*reg.*)
man—Mann (*m.*)
man (homo)—Menſch (*m.*)
mane—Mähne (*f.*)
manifest—offenbaren
manifold—manigfaltig, manigfach
manufacture (*v.*)—fabriziren (*reg.*
manufacture (*N.*)—Fabrikat (*n.*)
manufacturer—Fabrikant (*m.*)
manuscript—Handſchrift (*f.*), Manuſkript (*n.*)
many—viele
many a—mancher (manche, manches)
March (month)—März (*m.*)
march (*v.*)—marſchieren
march (*N.*)—Marſch (*m.*)
margin—Rand (*m.*)
marriage—Heirat (*f.*), Hochzeit (*f.*)
married (*adj.*)—verheiratet
married (to get)—ſich verheiraten (mit)
marry—heiraten
mason—Maurer (*m.*)
mass (*N.*)—Maſſe (*f.*), Menge (*f.*)
master (teacher)—Lehrer (*m.*)

master (of trade)—Meister (m.)

match—Streichholz (n.)

material (N.)—Material (n.)

mathematics—Mathematik (f.)

matter—Sache (f.)

mature (adj.)—reif

mature (v.)—reifen

May—Mai (m.)

may (be able)—können

may (be allowed)—dürfen

mayor—Bürgermeister (m.)

meadow—Wiese (f.)

meagre (adj.)—gering

meal (repast)—Mahlzeit (f.), Essen (n.)

mean (adj.)—geizig

mean (v.)—meinen, bedeuten

meaning (N.)—Meinung (f.), Bedeutung (f.)

means—Mittel (n.)

meantime—unterdessen, indessen

meanwhile—unterdessen, indessen

measles—Masern (pl.)

measure (v.)—messen

measure (N.)—Maß (n.)

meat—Fleisch (n.)

medicine (faculty)—Medizin (f.)

medicine (drug)—Arznei (f.)

Mediterranean—das Mittel-ländische Meer

meet—begegnen (d.), treffen (acc.)

meet (assemble)—sich versammeln

meet (to go and)—entgegengehen (d.)

meeting—Versammlung (f.)

melancholy (adj.)—schwermütig

melancholy (N.)—Schwermut (f.)

melt—schmelzen

mend (v.)—verbessern, ausbessern (reg.)

mend (darn)—flicken (reg.)

mention (v.)—erwähnen (reg.)

merchant—Kaufmann (m.)

mere(ly)—bloß, nur

merit (v.)—verdienen (reg.)

merit (N.)—Verdienst (n.)

merry—fröhlich, heiter, lustig

midday—Mittag (m.)

middle—Mitte (f.)

middle aged (adj.)—im mittleren Alter

Middle Ages—Mittelalter (n., sing.)

middle (in the m.)—inmitten (gen.), in der Mitte von

midnight—Mitternacht (f.)

mile—Meile (f.)

milk—Milch (f.)

mill (factory)—Fabrik (f.)

mill (flour)—Mühle (f.)

million—Million (f.)

mind (n.)—Gemüt (n.), Geist (m.)

mind (v.)—achten (auf), acht geben (auf)

mine—der (die, das) meinige

minute—Minute (f.)

miracle—Wunder (n.)

mirror—Spiegel (m.)

miser—Geizhals (m.)

miserable—elend

miserly—geizig

misery—Elend (n.)

misfortune—Unglück (n.)

Miss (young lady)—Fräulein (n.)

miss (train)—verfehlen

miss (v.)—fehlen, ermangeln

mislay (v.)—verlegen (reg.)

mist—Nebel (*m.*)

mistake—Fehler (*m.*), Irrtum (*m.*)

mistake (for)—halten (für)

mistaken (to be)—sich irren (*reg.*)

misty—neblig

modest (*adj.*)—bescheiden

modesty—Bescheidenheit (*f.*)

moment—Augenblick (*m.*), Moment (*m.*)

Monday—Montag (*m.*)

money—Geld (*n.*)

monkey—Affe (*m.*)

monotonous—eintönig

month—Monat (*m.*)

monthly—monatlich

mood—Laune (*f.*)

moody—launig

moon—Mond (*m.*)

moonlight—Mondschein (*m.*)

more—mehr

more (all the)—um so mehr

moreover—übrigens, überdies

morning—Morgen (*m.*)

morning (in the)—am Morgen

mortal(ly)—tötlich

most (*adv.*)—am meisten

most (of the)—die meisten

mostly—meistens

mother—Mutter (*f.*)

mother-in-law—Schwiegermutter (*f.*)

motor bus—Autobus (*m.*)

motor car—Auto (*n.*)

mount (*v.*)—steigen (auf), besteigen

mountain—Berg (*m.*)

mountainous—gebirgig

mountain range—Gebirge (*n.*)

mourn (*v.*)—trauern (*reg.*)

mourning—Trauer (*f.*)

mouse—Maus (*f.*)

mouse trap—Mäusefalle (*f.*)

mouth (of person)—Mund (*m.*)

mouth (of animal)—Maul (*n.*)

mouth (of river)—Mündung (*f.*)

move (*v.*)—bewegen (*reg.*), entfernen (*reg.*)

movement—Bewegung (*f.*)

mow—mähen (*reg.*)

much—viel

mud—Schmutz (*m.*)

muddy—schmutzig

murder (*N.*)—Mord (*m.*)

murder (*v.*)—morden (*reg.*)

murderer—Mörder (*m.*)

N

nail—Nagel (*m.*)

name (*N.*)—Name (*m.*)

name (*v.*)—nennen

narrow—eng, schmall

nation—Nation (*f.*), Volk (*n.*)

national—national

native (*N.*)—Eingeborne (*m.*)

native country—Vaterland (*n.*) Heimatland (*n.*)

native town—Heimatstadt (*f.*)

natural—natürlich

nature—Natur (*f.*)

naughty—unartig, böse

near (*adj.*)—nahe

near (*adj.*)—nahe bei, nahe an

near (*v.*)—sich nähern (*d.*)

nearest (*adj.*)—nächste

necessary—nötig, notwendig

neck—Hals (*m.*)

neckerchief—Halstuch (*n.*)

need (*v.*)—brauchen (*acc.*), bedürfen (*gen.*)

need (*N.*)—Not (*f.*)

needless—vergeblich, unnötig

needy (*adj.*)—dürftig, arm

neglect (*v.*)—vernachlässigen

neglectful—nachlässig

negligence—Nachlässigkeit (*f.*)

neighbour—Nachbar (*m.*)

neighbourhood—Nachbarschaft (*f.*)

neighbouring (*adj.*)—benachbart

neither . . . nor—weder . . . noch

nephew—Neffe (*m.*)

nest—Nest (*n.*)

Netherlands—die Niederlande

never—nie, niemals

nevertheless—nichtsdestoweniger

never yet—noch nie

new—neu

new (of bread)—frisch

news (*N.*)—Nachricht (*f.*), Kunde (*f.*)

news (any ?)—etwas Neues ?

newspaper—Zeitung (*f.*)

New Year—Neujahr (*n.*)

New Year's day—Neujahrstag (*m.*)

next (*adj.*)—der (die, das) nächste

next day—den (am) nächsten Tag

next door—nebenan

nice—hübsch

nickname—Schimpfname (*m.*)

niece—Nichte (*f.*)

night—Nacht (*f.*)

nightingale—Nachtigall (*f.*)

no—nein

no (*adj.*)—kein, keine, kein

noble (*adj*)—edel

nobleman—Edelmann (*m.*)

noble courage—Edelmut (*m.*)

nobody—niemand

nobody but—niemand als

nobody else—niemand anders

noise—Lärm (*m.*), Geräusch (*n.*)

noiseless—geräuschlos

noisy—lärmend

nominate—ernennen

none (*pron.*)—keiner, keine, keins

noon—Mittag (*m.*)

no one—niemand

nor—auch nicht

North—Norden (*m.*)

North America—Nordamerika (*n.*)

northern—nördlich

North Sea—Nordsee (*f.*)

Norway—Norwegen (*n.*)

Norwegian—Norweger (*m.*)

Norwegian (*adj.*)—norwegisch

nose—Nase (*f.*)

not—nicht

not any—keine

not anybody—niemand

not anything—nichts

not at all—gar nicht

nothing—nichts

nothing at all—gar nichts

nothing but—nichts als, lauter

notice (*v.*)—bemerken, beobachten

notice (*N.*)—Bemerkung (*f.*)

notion—Idee (*f.*), Begriff (*m.*)

not long ago—unlängst

not until—erst

notwithstanding—dessenunge= achtet

not yet—noch nicht
nourish (v.)—nähren (reg.)
nourishment—Nahrung (f.)
novel—Roman (m.), Novelle (f.)
November—November (m.)
now—nun, jetzt
now-a-days—heutzutage
now and then—dann und wann
nowhere—nirgends
number (N.)—Zahl (f.),
    Nummer (f.)
number (a n. of)—eine Anzahl
    von
nurse (N.)—Krankenpflegerin (f.)
nurse (v.)—pflegen (reg.)
nut—Nuß (f.)
nut tree—Nußbaum (m.)

O

oak tree—Eiche (f.), Eichbaum
    (m.)
oar (N.)—Ruder (n.)
oath—Eid (m.)
oats—Hafer (m.)
obedience—Gehorsam (m.)
obedient—gehorsam
obey—gehorchen (d.)
object (N.)—Gegenstand (m.)
object (v.)—einwenden
objection—Einwand (m.)
obliged (adj.)—verbunden
obliged (to have to)—müssen
occasion (N.)—Gelegenheit (f.),
    Anlaß (m.)
occasion (v.)—veranlassen
occasion (on this o.)—bei dieser
    Gelegenheit

occasional(ly)—gelegentlich
occupation—Beschäftigung (f.)
occupied (adj.)—beschäftigt
occupy (v.)—beschäftigen (reg.)
occur (v.)—geschehen, sich
    ereignen, vorkommen
occurrence—Ereignis (n.)
ocean—Ozean (m.), Meer (n.)
October—Oktober (m.)
odd (adj.)—sonderbar,
    eigentümlich
of course—natürlich
offence (N.)—Beleidigung (f.)
offend (v.)—beleidigen
offer (v.)—anbieten, offeriren
offer (N.)—Anerbieten (n.),
    Offerte (f.)
office—Büro (n.), Schreibstube (f.)
office (abstr.)—Amt (n.)
officer (mil.)—Offizier (m.)
official (adj.)—amtlich
official (N.)—Beamte (m.)
old—alt
old age—Alter (n.)
on account of—wegen (gen.)
once—einmal, einst
once for all—ein=für allemal
one (pron.)—man
on it (them)—darauf
only—nur, bloß
only (not until)—erst
on this side of (prep.)—diesseit
    (gen.)
on that side of (prep.)—jenseit
    (gen.)
open (adj.)—offen
open (v.)—öffnen, aufmachen
    (reg.)
opening—Öffnung (f.)

opera—Oper (*f.*)
opinion—Meinung (*f.*)
opposite (*prep.*)—gegenüber (*d.*)
opulence—Reichtum (*m.*)
opulent—reich
or—oder
orchard—Obstgarten (*m.*)
order (command)—Befehl (*m.*)
order (*N.*)—Ordnung (*f.*)
order (to command)—befehlen (*d.*)
order (goods)—bestellen (*reg.*)
order (for goods)—Bestellung (*f.*)
orderly—ordentlich
or else—sonst
organ (of body)—Organ (*n.*)
organ (mus.)—Orgel (*f.*)
ornament (*N.*)—Verzierung (*f.*),
   Zierat (*m.*)
ornament (*v.*)—verzieren,
   schmücken (*reg.*)
other (*adj.*)—der (die, das) andere
otherwise—anders, sonst
ought to—sollte
ours (*pron.*)—der (die, das) unsrige
out of (*prep.*)—aus (*d.*)
outbreak—Ausbruch (*m.*)
out of it—daraus
out of tune—verstimmt
outside (*adv.*)—draußen
outside (to go)—hinausgehen
outside (to come)—heraus=
   kommen
oven—Ofen (*m.*)
over (*prep.*)—über (*d. or acc.*)
overcoat—Überrock (*m.*)
overcome (*v.*)—überwinden
over it (them)—darüber
overnight—über Nacht
overnight (to stay)—übernachten

owe (*v.*)—schulden (*d.*)
own (*adj.*)—eigen
own (*v.*)—besitzen
owner—Besitzer (*m.*),
   Eigentümer (*m.*)
ox—Ochs (*m.*)

P

pack (*v.*)—einpacken (*reg.*)
Pacific Ocean—das Stille Meer
pagan (*N.*)—Heide (*m.*)
pagan (*adj.*)—heidnisch
page—Seite (*f.*)
page (boy)—Edelknabe (*m.*),
   Page (*m.*)
pain (*N.*)—Schmerz (*m.*)
pain (*v.*)—schmerzen (*reg.*)
painful—schmerzlich
painless—schmerzlos
paint (*N.*)—Farbe (*f.*)
paint (*v.*)—malen (*reg.*)
painter—Maler (*m.*)
painting (*N.*)—Gemälde (*n.*)
pair (*N.*)—Paar (*n.*)
pal—Freund (*m.*), Kamerad (*m.*)
palace—Palast (*m.*)
pale (*adj.*)—bleich, blaß
pale (to turn)—erbleichen,
   erblassen
paper—Papier (*n.*)
paper (newspaper)—Zeitung (*f.*)
parcel—Gepäck (*n.*), Packet (*n.*)
pardon (*v.*)—verzeihen (*d.*)
pardon (*N.*)—Verzeihung (*f.*)
parents—Eltern (*pl.*)
parlour—Wohnstube (*f.*),
   Wohnzimmer (*n.*)

parrot—Papagei (*m.*)
part (*N.*)—Teil (*m.*)
part (*v.*)—scheiden
part (on my)—meinerseits
partly—teilweise
partake (*v.*)—teilnehmen (an, *d.*)
partition wall—Vorwand (*f.*)
pass (*v.*)—vorbei (vorüber) gehen
  (an, *d.*)
pass (exam.)—bestehen
pass (time)—verbringen,
  zubringen
pass (of time)—vergehen,
  verfließen
passenger—Passagier (*m.*),
  Reisende (*m.*)
passenger train—Personenzug
  (*m.*)
passed—vorüber, vorbei
passion—Leidenschaft (*f.*)
passionate(ly)—leidenschaftlich
pastime—Zeitvertreib (*m.*)
pastime (as a)—zum Zeitvertreib
pasture—Weide (*f.*)
path (*N.*)—Pfad (*m.*)
patience—Geduld (*f.*)
patient (*adj.*)—geduldig
patient (*N.*)—Patient (*m.*),
  Kranke (*m.*)
pause (*N.*)—Pause (*f.*)
pause (*v.*)—zögern (*reg.*),
  anhalten
pay—zahlen, bezahlen
payment—Zahlung (*f.*)
pea—Erbse (*f.*)
peace—Friede (*m.*)
peaceful—friedlich
peach—Pfirsich (*m.*)
pear—Birne (*f.*)

pear tree—Birnbaum (*m.*)
peasant—Bauer (*m.*)
peg—Stift (*m.*)
pen—Feder (*f.*)
penalty—Strafe (*f.*)
pencil—Bleistift (*m.*)
penetrate—durchdringen
penholder—Federhalter (*m.*)
penny—Pfennig (*m.*)
pepper—Pfeffer (*m.*)
perceive—bemerken,
  wahrnehmen, einsehen
performance—Vorstellung (*f.*)
perfume—Wohlgeruch (*m.*),
  Aroma (*n.*)
perhaps—vielleicht
peril—Gefahr (*f.*)
perish (*v.*)—umkommen
permission—Erlaubnis (*f.*)
permit—erlauben (*d.*),
  gestatten (*d.*)
Persia—Persien (*n.*)
Persian—Persier (*m.*)
Persian (*adj.*)—persisch
persist (in)—beharren (in),
  bestehen (auf)
persuade—überreden
persuasion—Überredung (*f.*)
philosopher—Philosoph (*m.*)
photographer—Photograph (*m.*)
piano (*N.*)—Klavier (*n.*), Piano
  (*n.*)
piano (*adj.*)—sanft
pickpocket—Taschendieb (*m.*)
picture—Bild (*n.*), Gemälde (*n.*)
picture book—Bilderbuch (*n.*)
picture gallery—Gemäldegallerie
  (*f.*)

piece—Stück (n.)

pig—Schwein (n.)

pillar box—Briefkasten (m.)

pincers (pair of)—Zange (f.)

pine (tree)—Tanne (f.),
Tannenbaum (m.)

pink—rosenrot

pious (adj.)—fromm

pipe—Pfeife (f.)

pit (N.)—Grube (f.)

pitch dark—stockdunkel

pity (N.)—Mitleid (n.),
Erbarmen (n.)

pity (v.)—bemitleiden, sich
erbarmen (gen.)

place (N.)—Ort (m.), Stelle (f.)

place (put)—stellen, legen

plain (adj.)—einfach, schlicht

plait (v.)—flechten

planet—Planet (m.)

plant (N.)—Pflanze (f.)

plant (v.)—pflanzen (reg.)

plate—Teller (m.)

platform—Bahnsteig (m.),
Bühne (f.)

play (N.)—Spiel (n.)

play (v.)—spielen (reg.)

playground—Spielplatz (m.)

plaything—Spielzeug (n.)

pleasant—angenehm

please (if you p.)—bitte

please (v.)—gefallen (d.)

pleased (adj.)—zufrieden

pleasure—Vergnügen (n.)

pluck (v.)—pflücken (reg.)

plum—Pflaume (f.)

plumage—Gefieder (n.)

plum tree—Pflaumenbaum (m.)

pocket—Tasche (f.)

pocket book—Brieftasche (f.)

pocket handkerchief—Taschen=
tuch (n.)

poem—Gedicht (n.)

poet—Dichter (m.)

poetry—Poesie (f.), Dichtung (f.)

point (N.)—Punkt (m.), Spitze (f.)

point out (v.)—bezeichnen

point to (v.)—weisen (auf),
hinweisen

pointed (adj.)—spitzig

poison—Gift (n.)

Poland—Polen (n.)

Pole—Pole (m.)

police—Polizei (f.)

policeman—Polizeidiener (m.),
Schutzmann (m.)

Polish (adj.)—polnisch

polite—höflich

politeness—Höflichkeit (f.)

poor—arm

popular—beliebt

porter—Gepäckträger (m.),
Dienstmann (m.)

Portugal—Portugal (n.)

Portuguese—Portugiese (m.)

Portuguese (adj.)—portugiesisch

position—Lage (f.), Stelle (f.)

post (N.)—Post (f.), Postamt (n.)

post (by)—mit der Post

post (v.)—auf die Post (das
Postamt) tragen

postcard—Postkarte (f.)

postman—Briefträger (m.)

post office—Post (f.), Postamt (n.)

postpone—verschieben, aufschieben

pound—Pfund (n.)

pound (by the)—pfundweise

pour (v.)—gießen

pour (rain)—in Strömen regnen

poverty—Armut (f.)

power—Kraft (f.), Macht (f.), Stärke (f.)

powerful—kräftig, stark, mächtig

powerless—machtlos

power of will—Willenskraft (f.)

practical (adj.)—praktisch

practice—Übung (f.)

practise—üben, ausüben (reg.)

praise (N.)—Lob (n.)

praise (v.)—loben, rühmen (reg.)

praise (oneself)—sich rühmen (gen.)

praiseworthy—lobenswert

pray (beg)—bitten

pray—beten

prayer—Gebet (n.)

preach—predigen (reg.)

preacher—Prediger (m.)

precede—voran (voraus) gehen (d.)

precept (N.)—Beispiel (n.)

precipitous—steil

preparation—Vorbereitung (f.)

prepare—vorbereiten, zubereiten

prescribe—verschreiben

prescription—Rezept (n.)

present (adj.)—anwesend, gegenwärtig

present (v.)—vorstellen

present (N.)—Geschenk (n.)

presently (adv.)—gleich

press (v.)—drücken, drängen (reg.)

press (in)—im Druck

pressure—Druck (m.)

presume—vermuten

pretend—tun (als ob), sich stellen (als ob)

pretext—Vorwand (m.)

pretty (adj.)—hübsch

pretty (adv.)—ziemlich

prevent—hindern (an, acc.), verhindern

price—Preis (m.)

pride—Stolz (m.), Hochmut (m.)

prince—Fürst (m.)

prince (royal)—Prinz (m.)

principal (N.)—Prinzipal (m.)

principal (town)—Hauptstadt (f.)

principality—Fürstentum (n.)

principally (adv.)—hauptsächlich

print (v.)—drucken (reg.)

print (in)—im Druck

printer—Buchdrucker (m.)

prison—Gefängnis (n.)

prisoner—Gefangene (m.)

probably—wahrscheinlich

procure—verschaffen (reg.)

produce—hervorbringen, erzeugen

production—Erzeugnis (n.), Produktion (f.)

profession—Beruf (m.)

professional man—Berufsmann (m.)

profit (N.)—Ertrag (m.), Gewinn (m.)

profit (v.)—Nutzen ziehen (aus)

profound—tief

prohibit—verbieten

prohibition—Verbot (n.)

prolong—verlängern

pronounce (v.)—aussprechen

pronunciation—Aussprache (f.)

proof—Beweis (m.)

proper (adj.)—passend, nett

property—Eigentum (n.), Besitztum (n.)

proposal (N.)—Antrag (m.)
propose (v.)—beantragen
proprietor—Besitzer (m.),
  Eigentümer (m.)
protect—schützen
protection—Schutz (m.), Obdach
  (n.)
protestant (N.)—Protestant (m.)
protestant (adj.)—protestantisch
proud (of)—stolz (auf)
prove (v.)—beweisen
proverb—Sprichwort (n.)
proverbial—sprichwörtlich
provide—versehen (mit)
provisions—Lebensmittel (pl.),
  Proviant (m.)
provost—Bürgermeister (m.)
Prussia—Preußen (n.)
Prussian—Preuße (m.)
Prussian (adj.)—preußisch
psalm—Psalm (m.)
pull (v.)—ziehen
punish—strafen (reg.)
punishment—Strafe (f.)
pupil—Schüler (m.), Schülerin
  (f.)
purse (N.)—Geldbeutel (m.)
pursue—verfolgen
push—stoßen, treiben
put (lay)—legen (reg.)
put (upright)—stellen (reg.)
put (into)—stecken (reg.)
put (off)—verschieben, aufschieben
put (on)—anziehen
put (on a hat)—aufsetzen (reg.)
puzzle (N.)—Rätsel (n.)

Q

quality—Eigenschaft (f.),
  Qualität (f.)
quantity—Menge (f.),
  Quantität (f.)
quarrel—Streit (m.), Zank (m.)
quarter—Viertel (n.)
quarter of an hour—Viertelstunde
  (f.)
queen—Königin (f.)
queer—sonderbar, fremd
quick—schnell, rasch
quicken (v.)—beschleunigen (reg.)
quiet—ruhig, still
quire—Buch (n., sing.)
quite—ganz
quiver (v.)—zucken, zittern

R

race (N.)—Wette (f.)
racecourse—Rennplatz (m.)
rage (N.)—Wut (f.)
rage (v.)—wüten (reg.)
raging (adj.)—wütend
rails—Geleis (n.), Gleis (n.)
railway—Eisenbahn (f.)
railway station—Bahnhof (m.)
rain (N.)—Regen (m.)
rain (v.)—regnen (reg.)
rainy—regnerisch
raise—heben, erheben
rapid—schnell
rare (adj.)—selten
rather (sooner)—eher
rather (adv.)—ziemlich
ray (N.)—Strahl (m.)

read (v.)—lesen
read (to someone)—vorlesen
reader (N.)—Lesebuch (n.)
reading book—Lesebuch (n.)
ready (adj.)—bereit
ready (to get)—bereiten
real (adj.)—echt
realise—verwirklichen
really—wirklich, eigentlich
realm—Reich (n.)
rear (educate)—erziehen
reason (cause)—Grund (m.)
reason (sense)—Vernunft (f.)
reasonable—vernünftig
rebuild (n.)—umbauen
receipt (N.)—Empfang (m.)
receive—empfangen, erhalten, bekommen
recent(ly)—neulich, kürzlich
reckon (on)—rechnen (auf) (reg.)
recognise—erkennen
recognition—Erkenntnis (f.)
recollect (v.)—sich erinnern (an)
recollection—Erinnerung (f.)
recommend—empfehlen
recommendation—Empfehlung (f.)
recover (v.)—wiederfinden
recover (after illness)—sich erholen, genesen
recruit—Rekrut (m.)
recuperate (v.)—sich erholen
red—rot
red (to get)—erröten (reg.)
reddish—rötlich
reflect (v.)—nachdenken (über, acc.), überlegen (reg.)
reflect (of light)—zurückwerfen

reflection (thought)—Betrachtung (f.), Überlegung (f.)
reflection (of light)—Widerschein (m.)
refresh (v.)—erfrischen (reg.)
refreshment—Erfrischung (f.)
refusal—Verweigerung (f.)
refuse (v.)—verweigern (reg.), abschlagen
regret (v.)—bedauern (reg.)
regret (N.)—Bedauern (n.)
regretful—bedauernswert
rejoice (v.)—sich freuen (über, acc.)
relate—erzählen (reg.)
related (to)—verwandt (mit)
relation—Verwandte (m.)
release (v.)—freilassen, befreien (reg.)
relief (N.)—Erleichterung (f.)
relieve (v.)—erleichtern (reg.)
relinquish—verzichten (auf), aufgeben
rely (on)—sich verlassen (auf)
remain—bleiben
remedy (v.)—abhelfen (d.)
remedy (N.)—Heilmittel (n.)
remember—sich erinnern (an)
remembrance (in . . . of)—zur Erinnerung (an)
remind—erinnern (an)
remove—entfernen (reg.)
remove (flit)—umziehen
renew—erneuern (reg.)
renounce—verzichten (auf)
renovate—umbauen
rent (N.)—Miete (f.), Mietzins (m.)

rent (*v.*)—mieten (*reg.*)

repast—Mahlzeit (*f.*), Essen (*n.*)

repeat (*v.*)—wiederholen (*reg.*)

repeatedly—wiederholt

repel (*v.*)—vereiteln

repent (*v.*)—bereuen

repentance—Reue (*f.*)

repetition—Wiederholung (*f.*)

reply (*v.*)—erwidern, antworten

reply (*N.*)—Antwort (*f.*)

report (*N.*)—Bericht (*m.*)

report (*v.*)—berichten (*reg.*)

repose (*v.*)—ruhen (*reg.*)

repose (*N.*)—Ruhe (*f.*)

represent—darstellen, vertreten

representative—Vertreter (*m.*)

reproach (*v.*)—vorwerfen

reproach (*N.*)—Vorwurf (*m.*)

reptile—Reptil (*n.*)

request (*v.*)—bitten, ersuchen

request (*N.*)—Bitte (*f.*)

require—brauchen (*reg.*)

rescue—retten (*reg.*)

rescue (*N.*)—Rettung (*f.*)

rescuer—Retter (*m.*)

resemble—gleichen (*d.*), ähneln (*d.*)

reserve (a seat)—besetzen, reserviren

reserve (the right)—vorbehalten

resin—Harz (*n.*)

resist—widerstehen

resistance—Widerstand (*m.*)

resolution—Entschluß (*m.*)

resolve (*v.*)—sich entschließen

resound (*v.*)—erklingen

respect (*N.*)—Achtung (*f.*)

respect (*v.*)—achten

rest (*N.*)—Ruhe (*f.*)

rest (*v.*)—ruhen, ausruhen (*reg.*)

retain (keep)—behalten

return (give back)—zurückgeben

return (come back)—zurückkommen, zurückkehren

return (go back)—zurückgehen

return (*N.*)—Rückkehr (*f.*)

reveal—offenbaren

revelation—Offenbarung (*f.*)

revenge (*N.*)—Rache (*f.*)

revenge (*v.*)—sich rächen (*reg.*)

reward (*v.*)—belohnen (*reg.*)

reward (*N.*)—Belohnung (*f.*)

ribbon—Band (*n.*)

rich—reich

riches—Reichtum (*m.*)

riddle—Rätsel (*n.*)

ride—reiten

rider—Reiter (*m.*)

rifle—Gewehr (*n.*)

right (*adj.*)—recht

right (*adv.*)—rechts

right (to be)—recht haben

right (*N.*)—Recht (*n.*)

ring—Ring (*m.*), Kreis (*m.*)

ring (bell)—läuten (*reg.*), klingeln (*reg.*)

ripe—reif

ripen (*v.*)—reifen (*reg.*)

rise (*v.*)—aufstehen, sich erheben

rise (sun)—aufgehen

risk (*v.*)—wagen

risk (*N.*)—Gefahr (*f.*)

risky—gefährlich

river—Fluß (*m.*)

roam (*v.*)—schweifen (*reg.*)

roar (*v.*)—brüllen

roar (of water)—braufen, raufchen (reg.)

rob—rauben, ftehlen

robber—Räuber (m.)

rock—Felfen (m.)

rock (cradle) (v.)—wiegen (reg.)

roll (v.)—rollen (reg.)

roll (of bread)—Brötchen (n.)

roof—Dach (n.)

room (space)—Raum (m.)

room—Zimmer (n.)

room (next door)—Nebenzimmer (n.)

rooster—Hahn (m.)

root (N.)—Wurzel (f.)

Roumania—Rumänien (n.)

Roumanian—Rumäner (m.)

Roumanian (adj.)—rumänifch

round—rund

round about way—Umweg (m.)

row (v.)—rudern (reg.)

rowing boat—Ruderboot (n.), Kahn (m.)

rub—reiben

rudder—Ruder (n.)

rude (adj.)—frech, unhöflich

rue (v.)—bereuen (reg.)

rule (N.)—Regel (f.)

rule (over)—herrfchen (über), beherrfchen

rule (as a)—in der Regel

run (v.)—laufen

run (of a story)—lauten (reg.)

rung (of ladder)—Sproffe (f.)

rush (v.)—ftürzen (reg.)

Russia—Rußland (n.)

Russian—Ruffe (m.)

Russian (adj.)—ruffifch

rust (N.)—Roft (m.)

rust (v.)—roften (reg.)

rustle (v.)—raufchen

S

sacrifice (N.)—Opfer (n.)

sacrifice (v.)—opfern (reg.)

sad—traurig

safe (adj.)—ficher

safety—Sicherheit (f.)

sagacious—fcharffinnig, klug

sagacity—Scharffinn (m.), Klugheit (f.)

sage (N.)—Gelehrte (m.)

sail (N.)—Segel (n.)

sail (v.)—fegeln, fahren

sailing boat—Segelfchiff (n.)

sailor—Matrofe (m.)

saint (N.)—Heilige (m.)

saint (adj.)—heilig

sake (for the s. of)—um ... willen

sake (for my s.)—meinetwillen

sale—Verkauf (m.)

salt—Salz (n.)

salute—grüßen, begrüßen, falutiren (mil.)

salvage (v.)—flüchten (reg.)

same (adj.)—gleich, felb

sand—Sand (m.)

sandwich—Brötchen (n.)

sandwich (ham)—Schinkenbrötchen (n.)

satisfaction—Befriedigung (f.)

satisfactory—befriedigend

satisfied (adj.)—zufrieden, befriedigt

satisfy—befriedigen

Saturday—Samstag (m.), Sonnabend (m.)
saucer—Untertasse (f.)
sausage—Wurst (f.)
savant—Gelehrte (m.)
save (v.)—retten, sparen (reg.)
Saxon—Sachse (m.)
Saxon (adj.)—sächsisch
Saxony—Sachsen (n.)
say—sagen (d.)
scales—Wage (f., sing.)
scare away—verscheuchen
scatter—zerstreuen
scent—Wohlgeruch (m.), Aroma (n.)
school—Schule (f.)
schoolhouse—Schulhaus (n.)
schoolroom—Schulzimmer (n.)
scissors—Schere (f., sing.)
scold—schelten, tadeln (reg.)
Scotland—Schottland (n.)
Scotsman—Schotte (m.)
Scottish——schottisch
sea—Meer (n.)
search (v.)—suchen (reg.)
seaside (at the)—am Meer
seaside (to the)—ans Meer
season—Jahreszeit (f.)
seat (N.)—Platz (m.), Bank (f.)
second (N.)—Sekunde (f.)
secret (adj.)—geheim
secret (N.)—Geheimnis (n.)
secure (adj.)—sicher
secure (v.)—sichern (reg.)
see—sehen, schauen (reg.)
see (by)—ersehen (aus)
seed (N.)—Same (m.)
seek—suchen (reg.)
seem (v.)—scheinen

seemingly—scheinbar
seize (v.)—ergreifen, erfassen
seldom—selten
select (v.)—erwählen (reg.), auswählen (reg.)
selection—Auswahl (f.)
sell—verkaufen (reg.)
sell (out)—ausverkaufen (reg.)
send—senden, schicken (reg.)
send (for)—holen lassen
sensible—verständig
sentinel—Wache (f.), Wachposten (m.)
separate (v.)—scheiden, trennen (reg.)
separate (apart) (adj.)—getrennt einzeln
September—September (m.)
servant—Diener (m.), Dienstmädchen (n.)
serve (v.)—dienen (reg., d.)
service (N.)—Dienst (m.)
set (v.)—setzen (reg.)
set (a table)—decken (reg.)
set (of sun)—untergehen
set (out)—abreisen (reg.)
several—mehrere
severe (adj.)—streng, ernst
shade (N.)—Schatten (m.)
shadow (N.)—Schatten (m.)
shady (adj.)—schattig
shake (v.)—schütteln
shame (N.)—Schande (f.)
shape (N.)—Gestalt (f.)
shape (v.)—gestalten (reg.)
share (v.)—teilen (reg.)
share (N.)—Teil (m.)
sheath—Scheide (f.)
shed (tears)—(Tränen) vergießen

sheep—Schaf (n.)

sheet (of paper)—Bogen (m.)

sheet lightning—Wetterleuchten (n.)

shelter (N.)—Schutz (m.), Obdach (n.)

shelter (from)—schützen (vor) (d.)

shepherd—Hirt (m.), Schäfer (m.)

shield (N.)—Schild (m.)

shield (b.)—schützen (reg.)

shilling (German)—Mark (f.)

shine (v.)—scheinen, leuchten (reg.)

shoe—Schuh (m.)

shoelace—Schuhschnur (f.)

shoemaker—Schuhmacher (m.)

shoot (v.)—schießen

shop—Laden (m.), Kaufladen (m.)

shore—Ufer (n.), Küste (f.)

short—kurz

short (in . . .)—kurz

shorten (v.)—verkürzen (reg.)

shortly—bald, kurz

shot (abst.)—Schuß (m.)

shot (pers.)—Schütze (m.)

shoulder—Schulter (f.)

show (v.)—zeigen, weisen

shrug (shoulder)—Achsel zucken

shudder (v.)—schaudern (reg.)

shudder (N.)—Schauder (m.)

shun (v.)—(ver) meiden

shut (v.)—zumachen (reg.), schließen

shutter (N.)—Fensterladen (m.)

sick—krank, unwohl

sick (turn so)—erkranken (reg.)

sickness—Krankheit (f.)

side—Seite (f.)

sight—Gesicht (n.), Anblick (m.)

sign (beckon)—winken (reg.)

sign (N.)—Zeichen (n.)

sign (v.)—unterschreiben

signature—Unterschrift (f.)

signboard—Schild (n.)

signify (v.)—bedeuten

silence—Schweigen (n.)

silence (v.)—schweigen (reg.)

silent (adj.)—schweigsam, ruhig

silent (to be)—schweigen (irreg.)

silk—Seide (f.)

silver (N.)—Silber (n.)

silver (adj.)—silbern

similar—ähnlich (d.), gleich (d.)

similarity—Ähnlichkeit (f.)

simple (adj.)—einfach, schlicht

simplicity—Einfachheit (f.)

simplify—vereinfachen

since (prep.)—seit (d.)

since (adv.)—seither

since (conj.)—seitdem

sing—singen

single (adj.)—einfach

singly—einzeln

sister—Schwester (f.)

sister-in-law—Schwägerin (f.)

sit—sitzen

sit down (v.)—sich setzen

site (N.)—Lage (f.)

situated (to be)—liegen

situation—Lage (f.)

skate (v.)—schlittschuhlaufen

skater—Schlittschuhläufer (m.)

skates—Schlittschuhe (m., pl.)

sketch (N.)—Skizze (f.)

sky—Himmel (m.)

skylight—Dachfenster (n.)

slaughter (v.)—schlachten

sledge—Schlitten (m.)

sleep (v.)—schlafen

sleep (N.)—Schlaf (m.)
sleep (in)—sich verschlafen
sleeping car—Schlafwagen (m.)
sleepy—schläfrig
slender—schlank
slice (N.)—Schnitte (f.), Scheibe (f.)
slide (v.)—gleiten
slim—schlank
slip (v.)—ausgleiten
slip of the pen—Schreibfehler (m.)
slow—langsam
slumber (v.)—schlummern (reg.)
slumber (N.)—Schlummer (m.)
sly (adj.)—schlau, listig
small—klein
smash (v.)—zerschlagen
smell (v.)—riechen, duften (reg.)
smell (N.)—Geruch (m.), Duft (m.)
smile (v.)—lächeln (über, acc.)
smile (N.)—Lächeln (n.)
smith—Schmied (m.)
smithy—Schmiede (f.)
smoke (N.)—Rauch (m.)
smoke (v.)—rauchen
smoking compartment—Abteil für Raucher
smooth—glatt, eben
snail—Schnecke (f.)
snatch (from)—entreißen
snow (N.)—Schnee (m.)
snow (v.)—schneien (reg.)
snowball—Schneeball (m.)
snowman—Schneemann (m.)
soap—Seife (f.)
soar (v.)—schwirren
soft—weich, sanft
soften (v.)—weichen (reg.)
soil (loam)—Erde (f.)

soil (N.)—Schmutz (m.)
soil (v.)—beschmutzen (reg.)
soiled (adj.)—schmutzig
sojourn (v.)—sich aufhalten
sojourn (N.)—Aufenthalt (m.)
soldier—Soldat (m.)
some (pl.)—einige, ein paar
somebody—jemand
somehow—irgendwie
someone—jemand
sometimes—manchmal
sometimes . . . sometimes—bald . . . bald
somewhat—etwas, ein wenig
somewhere—irgendwo
son—Sohn (m.)
son-in-law—Schwiegersohn (m.)
song—Lied (n.), Gesang (m.)
songster—Singvogel (m.)
soon—bald
sooner—früher
sooner (rather)—eher
sorrow (N.)—Leid (n.), Sorge (f.)
sorry (to be)—leid tun (d.)
soul—Seele (f.)
sound (N.)—Ton (m.), Laut (m.)
sound (v.)—lauten, tönen (reg.)
soup—Suppe (f.)
sour—sauer
source (spring)—Quelle (f.)
south—Süden (m.)
South America—Südamerika (n.)
southern—südlich
souvenir (N.)—Erinnerung (f.), Andenken (n.)
Spain—Spanien (n.)
Spaniard—Spanier (m.)
Spanish—spanisch
spade—Spaten (m.)

spark—Funke (*m.*)
sparkle (*v.*)—funkeln (*reg.*)
speak—sprechen, reden (*reg.*)
speaker—Redner (*m.*)
special (*adj.*)—besonder
specimen—Muster (*n.*),
  Exemplar (*n.*)
spectacle—Schauspiel (*n.*),
  Anblick (*m.*)
spectacles (pair of)—Brille (*f.*,
  sing.)
spectator—Zuschauer (*m.*)
speech—Rede (*f.*)
speed—Schnelligkeit (*f.*)
spend (time)—zubringen,
  verbringen
spend (money)—ausgeben
spendthrift—Verschwender (*m.*)
spill—vergießen
spin—spinnen
spinning wheel—Spinnrad (*n.*)
spinster—Jungfrau (*f.*)
spite (*N.*)—Trotz (*m.*)
spite (*v.*)—trotzen (*d.*)
spite (in . . . of)—trotz (*gen.*)
spoil (*v.*)—verderben
spoon—Löffel (*m.*)
spot (place)—Ort (*m.*)
sprain (*v.*)—verrenken (*reg.*)
sprain (*N.*)—Verrenkung (*f.*)
spread (*v.*)—verbreiten (*reg.*)
spring (*N.*)—Feder (*f.*)
spring (*v.*)—laufen, springen
spring (season)—Frühling (*m.*)
spring (water)—Quelle (*f.*)
spy—Spion (*m.*)
spy (*v.*)—spähen, spioniren
squander (*v.*)—verschwenden (*reg.*)
squanderer—Verschwender (*m.*)

squandering (*adj.*)—ver=
  schwenderisch
stair—Treppe (*f.*)
stair (up the . . .)—die Treppe
  hinauf
stair (down the . . .)—die Treppe
  hinunter
stale (*adj.*)—altbacken
stamp—Briefmarke (*f.*)
stand (*v.*)—stehen
star—Stern (*m.*)
state (*v.*)—erklären (*reg.*),
  erwähnen (*reg.*)
state (condition)—Zustand (*m.*)
state (polit.)—Staat (*m.*)
station—Bahnhof (*m.*), Station
  (*f.*)
stay (*v.*)—sich aufhalten, bleiben
stay (*N.*)—Aufenthalt (*m.*)
stay over night—übernachten
steal—stehlen
steam—Dampf (*m.*)
steamer—Dampfer (*m.*),
  Dampfschiff (*n.*)
steel—Stahl (*m.*)
steep—steil
stem (trunk)—Stamm (*m.*)
step (of stair)—Stufe (*f.*),
  Tritt (*m.*)
step (stride) (*N.*)—Schritt (*m.*)
step (stride) (*v.*)—schreiten
step (*v.*)—treten
step (in)—eintreten (in)
step (on)—ertreten
stick (*N.*)—Stock (*m.*)
stick (be sticking)—stecken (*reg.*)
stick on—ankleben
sting (*N.*)—Stachel (*m.*)
sting (*v.*)—stechen

stir (move)—sich bewegen, sich regen

stirring (*adj.*)—aufregend, erregend

stocking—Strumpf (*m.*)

stone—Stein (*m.*)

stony (*adj.*)—steinern

stoop—sich bücken, sich beugen (*reg.*)

stop (cease)—aufhören (*reg.*)

stop (stay)—sich aufhalten

stop (of train)—anhalten

stopping place—Haltestelle (*f.*)

storey—Stockwerk (*n.*), Stock (*m.*)

story—Geschichte (*f.*), Erzählung (*f.*)

stout—dick

straight—gerade

straight on—gerade aus

straits (*N.*)—Meerenge (*f., sing.*)

strange (*adj.*)—fremd

strange (odd)—sonderbar

stranger—der Fremde

stream—Bach (*m.*), Fluß (*m.*)

stream (*v.*)—strömen (*reg.*)

strict (*adj.*)—streng

strike (*v.*)—schlagen

strike (the eye)—auffallen

strike out—ausstreichen

striking (*adj.*)—auffallend

string—Schnur (*f.*)

strive (*v.*)—streben (nach)

strong—stark, kräftig

stroke (*N.*)—Strich (*m.*)

stroke (*v.*)—streichen

stroke (pet) streicheln (*reg.*)

student—Student (*m.*)

study (*v.*)—studiren (*reg.*)

study (abstr.)—Studium (*n.*)

study (room)—Studierzimmer (*n.*)

stupid—dumm, einfältig

stupidity—Dummheit (*f.*)

subject—Untertan (*m.*)

sublime (*adj.*)—erhaben

subscribe (*v.*)—unterschreiben

subterranean—unterirdisch

succeed (*v.*)—gelingen

success (*N.*)—Erfolg (*m.*)

successful—erfolgreich

successful (to be)—Erfolg haben

succession (in)—nacheinander

suffer (*v.*)—leiden, dulden

suffering (*N.*)—Leiden (*n.*)

suffice (*v.*)—genügen (*reg.*)

sufficient—genügend, genug

suit (*v.*)—passen (*d.*)

suit (of clothes)—Anzug (*m.*)

suitable (*adj.*)—passend

suite—Gefolge (*n.*)

sultry—schwül

sum (*N.*)—Summe (*f.*)

summer—Sommer (*m.*)

summer house—Gartenhaus (*n.*)

summit—Gipfel (*m.*)

sun—Sonne (*f.*)

Sunday—Sonntag (*m.*)

sundial—Sonnenuhr (*f.*)

sunrise—Sonnenaufgang (*m.*)

sunset—Sonnenuntergang (*m.*)

superior (*adj.*)—erhaben

supper—Nachtessen (*n.*)

sure (*adj.*)—sicher

surface—Fläche (*f.*)

surprise (*v.*)—überraschen

surprise (*N.*)—Überraschung (*f.*)

surround (*v.*)—umgeben

~urroundings—Umgebung (*f.*)
suspect—verdächtigen (*reg.*),
    ahnen (*reg.*)
suspicion—Verdacht (*m.*)
suspicious—verdächtig
swarm (*N.*)—Schwarm (*m.*)
swear (*v.*)—schwören
Swede—Schwede (*m.*)
Sweden—Schweden (*n.*)
Swedish (*adj.*)—schwedisch
sweet—süß
swell (*v.*)—schwellen
swim—schwimmen
swing (*v.*)—schwingen
Swiss—Schweizer (*m.*)
Swiss (*adj.*)—schweizerisch
Switzerland—die Schweiz
sword—Schwert (*n.*)
sympathy—Teilnahme (*f.*)
symptom—Symptom (*n.*)

T

table—Tisch (*m.*)
table cloth—Tischtuch (*n.*)
tail—Schwanz (*m.*)
tailor—Schneider (*m.*)
take—nehmen
take care—sich in acht nehmen
take care of—achten (auf),
    besorgen (*reg.*)
take leave—Abschied nehmen
take part (in)—teil nehmen (an,
    d.)
take place—stattfinden
take (a walk)—machen (einen
    Spaziergang)
talk (*v.*)—reden (*reg.*), sprechen

tall—groß, hoch
tame (*adj.*)—zahm
tame (*v.*)—zähmen (*reg.*)
tanner—Gerber (*m.*)
tannery—Gerbe (*f.*)
tarry (*v.*)—zögern (*reg.*)
taste (*v.*)—schmecken (*reg.*),
    kosten (*reg.*)
taste (*N.*)—Geschmack (*m.*)
tavern—Schenke (*f.*), Wirtshaus
    (*n.*)
tax (*N.*)—Steuer (*f.*)
tea—Tee (*m.*)
teach—lehren (*reg.*)
teacher—Lehrer (*m.*), Lehrerin
    (*f.*)
tear (*v.*)—reißen, zerreißen
tear (*N.*)—Träne (*f.*)
tears (to shed)—Tränen vergießen
tears of joy—Freudentränen (*f.*,
    pl.)
telegram—Depesche (*f.*),
    Telegramm (*n.*)
tell—sagen (*reg.*), erzählen (*reg.*)
tempt—versuchen (*reg.*)
temptation—Versuchung (*f.*)
tender (*adj.*)—weich, zart, sanft
tenfold—zehnfach
term (school)—Semester (*n.*)
terminate (*v.*)—enden, beendigen
termination—Endung (*f.*)
terminus—Hauptbahnhof (*m.*)
terrible—schrecklich, fruchtbar
terrify—erschrecken (*reg.*)
terror—Schrecken (*m.*)
test (*N.*)—Prüfung (*f.*)
test (*v.*)—prüfen (*reg.*)
than—als
thank (*v.*)—danken (*reg.*, d.)

thankful—dankbar

thankless—undankbar

thanks (N.)—Dank (m., sing.)

that (rel. p.)—welcher (e, es), der, die, das

that (dem. p.)—jener (e, es)

thaw (v.)—auftauen (reg.)

thaw (N.)—Tauwetter (n.)

the . . . the . . . —je . . . desto

theatre—Theater (n.)

then—dann

there—da, dort

thereby—dadurch

therefore—daher, deshalb

thick—dick, dicht

thimble—Fingerhut (m.)

thin—dünn, mager

think—denken

third (N.)—Drittel (n.)

thirdly—drittens

thirst (N.)—Durst (m.)

thirst (v.)—dürsten, Durst haben

thirsty—durstig

thither—dorthin, dahin

thorn—Dorn (m.)

thorny—dornig

thorough(ly)—gründlich

though (conj.)—obgleich, obschon

thought—Gedanke (m.)

thoughtful—gedankenvoll, bedacht

thoughtless—gedankenlos, unbesonnen

thousand—tausend

thrash (corn)—dreschen

thread—Faden (m.)

threat—Drohung (f.)

threaten—drohen (reg., d.)

threefold—dreifach

three kinds of—dreierlei

threshold—Schwelle (f.)

thrice—dreimal

thrive (v.)—gedeihen

throat—Kehle (f.)

through (prep.)—durch (acc.)

through it—dadurch

throw—werfen

thumb—Daumen (m.)

thunder (N.)—Donner (m.)

thunder (v.)—donnern (reg.)

thunderstorm—Gewitter (n.)

Thursday—Donnerstag (m.)

ticket—Fahrkarte (f.), Billet (n.)

ticket office—Schalter (m.)

tidy (adj.)—sauber, rein

tie (neck-tie)—Kravate (f.)

tie (v.)—binden

tight—eng

tile (N.)—Ziegel (m.), Dachziegel (m.)

till—bis

time (N.)—Zeit (f.)

time (numeral)—mal, Mal (n.)

time (in . . .)—zu rechter Zeit, rechtzeitig

timely (adj.)—zeitig

time table (rail)—Fahrplan (m.)

time table (school)—Stundenplan (m.)

tip (N.)—Spitze (f.)

tiptoe—Zehenspitze (f.)

tired—müde, satt (gen.)

title (N.)—Titel (m.), Überschrift (f.)

to (a person)—zu (d.)

to (a place)—nach (d.)

to-day—heute

toe (N.)—Zehe (f.)

to it (them)—dazu
to-morrow—morgen
to-morrow morning—morgen
  früh
tongs—Zange (f., sing.)
tongue—Zunge (f.)
tooth—Zahn (m.)
toothache—Zahnweh (n.)
toothbrush—Zahnbürste (f.)
torment (N.)—Qual (f.)
torment (v.)—quälen (reg.)
totter (v.)—wanken (reg.)
touch (v.)—berühren (reg.)
tough (adj.)—zähe
towards—gegen (acc.)
towel—Handtuch (n.)
tower—Turm (m.)
town—Stadt (f.)
town council—Stadtrat (m.)
town hall—Stadthaus (n.)
toy—Spielzeug (n.)
trace (N.)—Spur (f.)
train (N.)—Zug (m.)
translate—übersetzen (reg.)
translation—Übersetzung (f.)
travel (v.)—reisen (reg.)
traveller—Reisende (m.)
travelling companion—
  Mitreisende (m.)
travelling trunk—Reisekoffer (m.)
tread (v.)—treten
treasure (N.)—Schatz (m.)
treasure (v.)—schätzen (reg.)
tree—Baum (m.)
tremble (v.)—zittern, zucken
trial (attempt)—Versuch (m.)
trifle (N.)—Kleinigkeit (f.)
trouble (v.)—bemühen (reg.)

trouble (N.)—Mühe (f.)
trouble (about)—sich bekümmern
  (um)
true—wahr
trunk (of tree)—Stamm (m.)
trust (v.)—trauen (d.)
trust (N.)—Vertrauen (n.)
truth—Wahrheit (f.)
try (attempt)—versuchen
Tuesday—Dienstag (m.)
tune (N.)—Melodie (f.), Weise
  (f.)
tune (v.)—stimmen (reg.)
tune (out of)—verstimmt
Turk—Türke (m.)
Turkey—die Türkei
Turkish—türkisch
turn (v.)—wenden, umwenden,
  drehen
turn (ill)—erkranken
turn round—(sich) umwenden
twig—Zweig (m.), Ast (m.)
twine (N.)—Bindfaden (m.)
tyrant—Tyran (m.)

U

umbrella—Regenschirm (m.)
unavoidable—unvermeidlich
unbearable—unerträglich
uncle—Onkel (m.), Oheim (m.)
uncomfortable—unbequem,
  umbehaglich
unconscious—unbewußt
under (prep.)—unter (d. or acc.)
under it (them)—darunter
understand—verstehen

undertake—unternehmen

undertaking (*N.*)—Unternehmen (*n.*), Unternehmung (*f.*)

undisturbed (*adj.*)—ungestört

uneasy—unruhig

unfavourable—ungünstig

unfold (*v.*)—entfalten

unfortunate—unglücklich

unfortunately—unglücklicherweise, leider

ungrateful—undankbar

unhealthy—ungesund

unintentional(ly)—unabsichtlich

U.S.A.—die Vereinigten Staaten von Nordamerika

unite (*v.*)—vereinen

university—Universität (*f.*)

unkind—unfreundlich

unless—wenn . . . nicht

unlucky—unglücklich

unpack (*v.*)—auspacken (*reg.*)

unreasonable—unvernünftig

unripe—unreif

unsuccessful—erfolglos

untidy—schmutzig

until—bis

unusual(ly)—ungewöhnlich

uphill—bergauf, bergan

upon (*prep.*)—auf (*d. or acc.*)

upright (erect)—aufrecht

upright (honest)—ehrlich

upside down—verkehrt, umgekehrt

upstairs (to be)—oben

upstairs (to come)—herauf (kommen)

upstairs (to go)—hinauf (gehen)

urge (*v.*)—drängen

urgent (*adj.*)—dringend

use (*N.*)—Gebrauch (*m.*)

use (*v.*)—gebrauchen (*reg.*), Gebrauch machen (*von*)

used to—gewöhnt (an, *acc.*)

useful—nützlich

usual (as . . .)—wie gewöhnlich

usual(ly)—gewöhnlich

V

vain—eitel

vain (in)—umsonst, vergebens

valley—Tal (*n.*)

valuable—wertvoll, schätzbar

value (*N.*)—Wert (*m.*)

value (*v.*)—schätzen (*reg.*)

valueless—wertlos

vanity—Eitelkeit (*f.*)

vapour (*N.*)—Dampf (*m.*)

vault (*N.*)—Gewölbe (*n.*)

vegetables—Gemüse (*n., sing.*)

veil (*N.*)—Schleier (*m.*)

vengeance—Rache (*f.*)

venture (*v.*)—wagen (*reg.*)

venture (*N.*)—Wagnis (*n.*)

very—sehr, gar

vest—Weste (*f.*)

vex (*v.*)—ärgern (*reg.*)

vexation—Ärger (*m.*)

vexing (*adj.*)—ärgerlich

victim—Opfer (*n.*)

vie (*v.*)—wetteifern (*reg.*)

view (*N.*)—Ansicht (*f.*)

view (outlook)—Aussicht (*f.*)

view (*v.*)—besehen, ansehen, anschauen

village—Dorf (*n.*)

village inn—Dorfschenke (*f.*)

vine—Rebe (*f.*)

vinegar—Essig (*m.*)

vineyard—Weingarten (*m.*)

violet (*N.*)—Veilchen (*n.*)

violin—Violine (*f.*), Geige (*f.*)

violin player—Violinspieler (*m.*), Geiger (*m.*)

visible—sichtbar

visit (*N.*)—Besuch (*m.*)

visit (*v.*)—besuchen, einen Besuch machen (*d.*)

vocabulary—Wörterbuch (*n.*)

voice (*N.*)—Stimme (*f.*)

volume—Band (*m.*)

vote (*N.*)—Stimme (*f.*)

vote (*v.*)—stimmen (*reg.*)

vow (*N.*)—Eid (*m.*), Gelübde (*n.*)

vow (*v.*)—geloben (*reg.*)

vowel—Vokal (*m.*)

voyage—Seereise (*f.*)

vulgar—gemein

W

wade (*v.*)—waten (*reg.*)

wag (tail)—wedeln (den Schwanz)

wager (*v.*)—wetten (*reg.*)

wages—Lohn (*m., sing.*)

waist—Gestalt (*f.*)

waistcoat—Weste (*f.*)

wait (for)—warten (auf, *acc.*)

waiter—Kellner (*m.*), Ober (*m.*)

waiting room—Wartesaal (*m.*), Wartezimmer (*n.*)

waitress—Aufwärterin (*f.*)

waken (*trans.*)—wecken (*reg.*)

walk (*N.*)—Spaziergang (*m.*)

walk (*v.*)—zu Fuß gehen, spazieren

walk (take a w.)—einen Spaziergang machen

walking stick—Spazierstock (*m.*)

wall (inside)—Wand (*f.*)

wall (outside)—Mauer (*f.*)

wallpaper—Tapete (*f.*)

walnut—Nuß (*f.*)

wander (roam)—wandern (*reg.*)

wanderer—Wandersmann (*m.*)

want (*N.*)—Mangel (*m.*)

want (for w. of)—aus Mangel an

want (*v.*)—wünschen, wollen

wanting (*adj.*)—mangelhaft

warm—warm

warmth—Wärme (*f.*)

warn (*v.*)—warnen (*reg.*)

warning (*N.*)—Warnung (*f.*)

wash (*v.*)—waschen

waste (*v.*)—verschwenden (*reg.*)

waste (*N.*)—Verschwendung (*f.*)

watch (clock)—Uhr (*f.*)

watch (guard)—Wache (*f.*)

watch (*v.*)—wachen, bewachen

watch case—Uhrgehäuse (*n.*)

watchmaker—Uhrmacher (*m.*)

water (*N.*)—Wasser (*n.*)

water (plants)—begießen

water (anim.)—tränken (*reg.*)

waterfall—Wasserfall (*m.*)

wax (*N.*)—Wachs (*n.*)

wax candle—Wachskerze (*f.*)

way—Weg (*m.*)

way (manner)—Weise (*f.*)

way (in this w.)—auf diese Weise

weak—schwach

weakness—Schwäche (*f.*), Schwachheit (*f.*)

wealth—Reichtum (*m.*)

wealthy—reich, wohlhabend

weapon—Waffe (f.)
wear (v.)—tragen
weather—Wetter (n.)
wed (v.)—heiraten, trauen
wedding—Heirat (f.), Hochzeit (f.)
Wednesday—Mittwoch (m.)
weeds—Unkraut (n., sing.)
week—Woche (f.)
weekly—wöchentlich
weep (v.)—weinen (reg.)
weigh—wiegen, wägen
weight (N.)—Gewicht (n.)
weir—Damm (m.), Wehr (n.)
well (N.)—Brunnen (m.)
well (adv.)—gut
well (of health)—wohl, gesund
well behaved—artig
well cooked—gar gekocht
west—Westen (m.)
western—westlich
wet—naß
wet (v.)—nässen (reg.)
what—was
whatever—was . . . auch
wheel—Rad (n.)
when—wann, wenn
where—wo, wohin, woher
whereby—wodurch
whether—ob
which (rel. pron.)—welcher (e, es)
    der, die, das
while (N.)—Weile (f.)
while (conj.)—während, indem
whistle—pfeifen
whistle (N.)—Pfeife (f.)
white—weiß
Whitsunday—Pfingstsonntag (m.)
Whitsuntide—Pfingsten (pl.)
who—wer

who (rel. pron.)—welcher (e, es)
    der, die, das
whole—ganz
wholesome—gesund
whom—wen
whomsoever—wen . . . auch
whose (rel. pron.)—dessen, deren
whose (inter. pron.)—wessen
why—warum
wide—weit, breit
widow—Witwe (f.)
widower—Witwer (m.)
wife—Frau (f.), Gemahlin (f.),
    Gattin (f.), Buhle (f.)
will (N.)—Wille (m.)
will (v.)—wollen
willow—Weide (f.)
willpower—Willenskraft (f.)
win (v.)—gewinnen
win (N.)—Gewinn (m.)
wind—Wind (m.)
wind (up clock)—aufziehen
window—Fenster (n.)
window pane—Fensterscheibe (f.)
window shutter—Fensterladen
    (m.)
wine—Wein (m.)
wineglass—Weinglas (n.)
wing (N.)—Flügel (m.)
winter—Winter (m.)
wipe (v.)—wischen (reg.)
wire (N.)—Draht (m.)
wire (v.)—drahten (reg.),
    telegraphiren
wireless—D.T., drahtlose
    Telegraphie (f.), Radio (n.)
wish (N.)—Wunsch (m.)
wish (v.)—wünschen, wollen,
    verlangen (reg.)

with—mit (d.)
wither (v.)—verwelken (reg.)
withered (adj.)—welk, trocken
with it (them)—damit
without—ohne (acc.)
withstand—widerstehen
witness (N.)—Zeuge (m.)
witness (abst.)—Zeugnis (n.)
witness (v.)—zeugen, bezeugen
  (reg.)
wonder—(N.)—Wunder (n.)
wonder (v.)—sich wundern
wonderful—wunderbar
wont (to be)—pflegen (reg.)
wood—Holz (n.), Wald (m.)
wooden—hölzern
wool—Wolle (f.)
word—Wort (n.)
word for word—wörtlich
work (N.)—Arbeit (f.)
work (v.)—arbeiten (reg.)
workman—Arbeiter (m.)
works—Fabrik (f.)
world—Welt (f.)
worm—Wurm (m.)
worth (adj.)—wert
worth while—der Mühe wert
worthy—würdig (gen.)
wound (N.)—Wunde (f.)
wound (v.)—verwunden (reg.)
wrist—Handgelenk (n.)
wristlet watch—Armuhr (f.)

write—schreiben
writing (abst.)—Schrift (f.)
writing paper—Schreibpapier (n.)
wrong (N.)—Unrecht (n.)
wrong (to be)—unrecht haben

Y

yard—Hof (m.)
yard (measure)—Elle (f.)
year—Jahr (n.)
yearly—jährlich
yearn (v.)—sich sehnen (nach)
yearning (N.)—Sehnsucht (f.)
yellow—gelb
yellowish—gelblich
yesterday—gestern
yet (still)—noch
yet—doch, dennoch
yield—weichen, nachgeben
yonder—drüben
young—jung
youth (abst.)—Jugend (f.)
youth (lad)—Jüngling (m.)

Z

zeal (N.)—Eifer (m.)
zealous—eifrig